福建省高校就业创业金课配套教材
课赛融合课程精品教材

# 大学生创新创业教育与实践

王 宏 主 编
黄昌兴 范瑜楠 张 航 陈 艳 副主编

电子工业出版社
Publishing House of Electronics Industry
北京·BEIJING

## 内 容 简 介

本书是编写团队对多年从事创新创业教育经验的总结，共十一个项目，主要内容包括创新创业概述、创新意识与创新思维、创新方法与创新能力、创新成果的保护与转化、创业机会与创业风险、创业者与创业团队、商业模式、创业资源与创业融资、创业计划与项目路演、创办企业、企业管理。

本书知识全面、内容丰富、案例新颖，有利于激发创新思维，提升创业能力。本书既可作为高等院校创新创业课程的教材，也可作为有志于从事创新创业的人士了解、学习创新创业知识的参考用书。

未经许可，不得以任何方式复制或抄袭本书之部分或全部内容。
版权所有，侵权必究。

图书在版编目（CIP）数据

大学生创新创业教育与实践 / 王宏主编．—北京：电子工业出版社，2023.8
ISBN 978-7-121-46340-2

Ⅰ.①大… Ⅱ.①王… Ⅲ.①大学生－创业 Ⅳ.①G647.38

中国国家版本馆 CIP 数据核字（2023）第 175529 号

责任编辑：孙 伟
印　　刷：三河市良远印务有限公司
装　　订：三河市良远印务有限公司
出版发行：电子工业出版社
　　　　　北京市海淀区万寿路 173 信箱　　邮编：100036
开　　本：787×1092　1/16　　印张：17.75　　字数：454.4 千字
版　　次：2023 年 8 月第 1 版
印　　次：2024 年 8 月第 2 次印刷
定　　价：56.80 元

凡所购买电子工业出版社图书有缺损问题，请向购买书店调换。若书店售缺，请与本社发行部联系，联系及邮购电话：(010) 88254888，88258888。

质量投诉请发邮件至 zlts@phei.com.cn，盗版侵权举报请发邮件至 dbqq@phei.com.cn。

本书咨询联系方式：(010) 88254608，sunw@phei.com.cn。

# 前　　言

新时代的发展呼唤创新创业。青年一代，尤其是大学生，是社会中最富活力、最有闯劲的群体，蕴含着改造客观世界、推动社会进步的无穷力量，是社会经济发展的主力军。新时代青年要立大志、乘大势、创大业，在国家建设和社会发展的大环境中寻找机遇，勇做创新创业的"弄潮儿"，让创新成为青春远航的动力，让创业成为青春搏击的能量。

高等教育阶段是大学生学习知识、培养能力、规划职业、尝试创业的黄金时期，也是大学生步入社会的重要准备期。高等院校作为创新驱动继承和发扬的战略高地，是新知识、新科技、新思想诞生的摇篮，是培养创新型高素质人才的高地。高等院校创新创业教育的开展，对提高人才培养质量，促进大学生充分就业具有重要意义。近年来，高等院校通过健全就业创业工作机构，建立创新创业教育课程体系，开辟创新创业实践场地，落实创新创业专用经费等举措，推动创新创业教育持续蓬勃发展。

基于以上形势，本书以习近平新时代中国特色社会主义思想为指导，借鉴国内外先进创新创业理论，围绕"科学性、先进性、适用性"这一基本要求，构建了章节之间依次递进、有机衔接、科学合理的知识体系。本书共十一个项目，内容主要包括创新创业概述、创新意识与创新思维、创新方法与创新能力、创新成果的保护与转化、创业机会与创业风险、创业者与创业团队、商业模式、创业资源与创业融资、创业计划与项目路演、创办企业、企业管理。

与目前市场上的其他同类教材相比，本书具有以下特点。

（1）立德树人。本书秉承创业教育与思政教育同向同行的编写理念，通过思政教育引领学生树立正确的创新创业观，将个人发展与国家需要相结合，树立家国理想，明确使命担当。

（2）结构清晰。本书内容集实践性、科学性和系统性于一体，遵循"新想法—新产品—新企业"逻辑，按照创新创业实践的一般流程，以项目为主线，加入项目导学、开篇案例、名人名言、案例阅读、拓展阅读、项目实训等栏目，结构清晰，便于阅读。

（3）资源丰富。本书提供了丰富的配套教学资源，包括微课视频、在线题库、课件、教案等，读者可以登录华信教育资源网免费注册后进行下载。

（4）赛课融合。本书以中国国际"互联网+"大学生创新创业大赛为切入点，根据参赛流程设计章节模块，选取新文科、新工科、新医科、新农科等各领域获奖案例，有效指导学生开展创新创业实践活动。

由于编写人员水平有限，书中难免会存在不足之处，敬请广大专家、同行和读者批评指正。

编　者

2023 年 6 月

# 目 录

**项目1 创新创业概述** ································································· 1
  项目导学 ················································································ 1
  开篇案例 ················································································ 2
  任务1.1 认知创新 ···································································· 4
    1.1.1 创新的概念 ······························································· 4
    1.1.2 创新的类型 ······························································· 5
  任务1.2 认知创业 ···································································· 7
    1.2.1 创业的概念 ······························································· 7
    1.2.2 创业的要素与步骤 ······················································ 8
    1.2.3 创业精神与人生发展 ·················································· 11
  任务1.3 了解创新创业政策 ······················································· 15
    1.3.1 大学生自主创业政策 ·················································· 15
    1.3.2 各地市创新创业政策 ·················································· 17
  拓展阅读 ··············································································· 18
  项目实训 ··············································································· 19

**项目2 创新意识与创新思维** ······················································· 22
  项目导学 ··············································································· 22
  开篇案例 ··············································································· 23
  任务2.1 培养创新意识 ····························································· 24
    2.1.1 创新意识的内涵 ························································ 24
    2.1.2 创新精神的表现 ························································ 24
    2.1.3 大学生培养创新意识的途径 ········································· 25
  任务2.2 培养创新思维 ····························································· 27
    2.2.1 创新思维的内涵 ························································ 27
    2.2.2 思维定式的表现 ························································ 28
    2.2.3 常见的创新思维 ························································ 30
  项目实训 ··············································································· 37

## 项目3　创新方法与创新能力 ... 39
### 项目导学 ... 39
### 开篇案例 ... 40
### 任务3.1　巧用创新方法 ... 41
#### 3.1.1　头脑风暴法 ... 41
#### 3.1.2　奥斯本检核表法 ... 43
#### 3.1.3　"5W1H"分析法 ... 44
#### 3.1.4　九屏幕法 ... 45
#### 3.1.5　金鱼法 ... 46
### 任务3.2　提升创新能力 ... 47
#### 3.2.1　创新能力的内涵 ... 47
#### 3.2.2　创新能力开发的理论依据 ... 47
#### 3.2.3　大学生提升创新能力应遵循的原理 ... 48
#### 3.2.4　大学生提升创新能力的途径 ... 49
### 任务3.3　运用设计思维开发产品 ... 50
#### 3.3.1　设计思维概述 ... 50
#### 3.3.2　运用设计思维开发产品的5个步骤 ... 50
### 项目实训 ... 51

## 项目4　创新成果的保护与转化 ... 53
### 项目导学 ... 53
### 开篇案例 ... 54
### 任务4.1　创新成果概述 ... 55
#### 4.1.1　创新成果的概念 ... 55
#### 4.1.2　创新成果的特征 ... 56
#### 4.1.3　创新成果的分类 ... 56
### 任务4.2　创新成果的保护 ... 58
#### 4.2.1　著作权 ... 59
#### 4.2.2　专利权 ... 63
#### 4.2.3　商标权 ... 67
### 任务4.3　创新成果的转化 ... 72
#### 4.3.1　创新成果转化的内涵 ... 72
#### 4.3.2　创新成果转化的方式 ... 73
### 拓展阅读 ... 75
### 项目实训 ... 77

## 项目5　创业机会与创业风险 ... 81
### 项目导学 ... 81
### 开篇案例 ... 82

任务 5.1　识别创业机会 ········································································· 84
　　　　5.1.1　创业机会概述 ······································································· 84
　　　　5.1.2　创业机会的识别 ···································································· 87
　　任务 5.2　评价创业机会 ········································································· 91
　　　　5.2.1　创业机会的主观评价 ······························································ 91
　　　　5.2.2　创业机会的客观评价 ······························································ 92
　　任务 5.3　防范创业风险 ········································································· 98
　　　　5.3.1　创业风险的概念 ···································································· 98
　　　　5.3.2　创业风险的分类 ·································································· 100
　　　　5.3.3　创业风险的管理 ·································································· 103
　　任务 5.4　大学生创业项目的选择 ·························································· 109
　　　　5.4.1　创业项目的概念 ·································································· 109
　　　　5.4.2　创业项目的来源 ·································································· 109
　　　　5.4.3　大学生选择创业项目的原则 ·················································· 110
　　拓展阅读 ······························································································ 111
　　项目实训 ······························································································ 113
项目 6　创业者与创业团队 ·········································································· 115
　　项目导学 ······························································································ 115
　　开篇案例 ······························································································ 116
　　任务 6.1　评估创业素质 ······································································· 119
　　　　6.1.1　创业者的概念 ····································································· 119
　　　　6.1.2　创业者应具备的素质 ···························································· 119
　　任务 6.2　组建创业团队 ······································································· 128
　　　　6.2.1　创业团队概述 ····································································· 129
　　　　6.2.2　创业团队的组建原则 ···························································· 131
　　　　6.2.3　创业团队的组建流程 ···························································· 133
　　任务 6.3　管理创业团队 ······································································· 136
　　　　6.3.1　创业团队管理概述 ······························································· 136
　　　　6.3.2　创业团队管理的方法 ···························································· 138
　　项目实训 ······························································································ 139
项目 7　商业模式 ······················································································· 143
　　项目导学 ······························································································ 143
　　开篇案例 ······························································································ 144
　　任务 7.1　理解商业模式 ······································································· 145
　　　　7.1.1　商业模式的概念 ·································································· 145
　　　　7.1.2　商业模式的特征 ·································································· 147
　　　　7.1.3　商业模式的类型 ·································································· 148

VII

| 任务 7.2　设计商业模式 | 153 |
| --- | --- |
| 　　7.2.1　商业模式画布 | 154 |
| 　　7.2.2　商业模式创新 | 159 |
| 项目实训 | 163 |

## 项目 8　创业资源与创业融资 … 166

| 项目导学 | 166 |
| --- | --- |
| 开篇案例 | 167 |
| 任务 8.1　获取创业资源 | 168 |
| 　　8.1.1　创业资源概述 | 168 |
| 　　8.1.2　创业资源的获取 | 171 |
| 任务 8.2　整合创业资源 | 174 |
| 　　8.2.1　资源整合的内涵 | 174 |
| 　　8.2.2　创业资源整合的过程 | 175 |
| 　　8.2.3　创业资源整合的途径 | 176 |
| 8.3　开启创业融资 | 177 |
| 　　8.3.1　创业融资的概念 | 177 |
| 　　8.3.2　创业融资的过程 | 177 |
| 　　8.3.3　创业融资的方式 | 180 |
| 　　8.3.4　创业融资的渠道 | 182 |
| 　　8.3.5　创业启动资金的测算 | 187 |
| 拓展阅读 | 190 |
| 项目实训 | 192 |

## 项目 9　创业计划与项目路演 … 194

| 项目导学 | 194 |
| --- | --- |
| 开篇案例 | 195 |
| 任务 9.1　撰写创业计划书 | 196 |
| 　　9.1.1　创业计划书概述 | 196 |
| 　　9.1.2　撰写创业计划书的前期准备 | 198 |
| 　　9.1.3　创业计划书的基本结构 | 200 |
| 　　9.1.4　创业计划书的主体内容 | 201 |
| 　　9.1.5　创业计划书的撰写步骤 | 205 |
| 任务 9.2　大学生创新创业大赛 | 208 |
| 　　9.2.1　大学生创新创业大赛概述 | 208 |
| 　　9.2.2　中国国际"互联网+"大学生创新创业大赛 | 212 |
| 任务 9.3　设计项目路演 | 218 |
| 　　9.3.1　项目路演概述 | 218 |
| 　　9.3.2　项目路演的核心内容 | 219 |
| 　　9.3.3　项目路演 PPT 制作要点 | 222 |

拓展阅读·················································································································224
项目实训·················································································································225

## 项目 10　创办企业·································································································229

项目导学·················································································································229
开篇案例·················································································································230
任务 10.1　与企业相关的法律法规·············································································230
  10.1.1　企业组织形式的选择·················································································230
  10.1.2　企业应遵守的相关法律·············································································234
  10.1.3　企业注册登记的流程·················································································238
任务 10.2　设计企业选址方案·····················································································242
  10.2.1　企业选址的影响因素·················································································243
  10.2.2　企业选址的策略与技巧·············································································245
拓展阅读·················································································································245
项目实训·················································································································247

## 项目 11　企业管理·································································································248

项目导学·················································································································248
开篇案例·················································································································249
任务 11.1　企业人力资源管理·····················································································250
  11.1.1　人力资源管理概述·····················································································250
  11.1.2　企业组织架构的设计·················································································254
  11.1.3　企业人力资源管理策略·············································································255
任务 11.2　企业营销管理·····························································································259
  11.2.1　营销管理概述·····························································································260
  11.2.2　企业市场定位·····························································································261
  11.2.3　企业市场营销策略·····················································································262
任务 11.3　企业财务管理·····························································································266
  11.3.1　财务管理概述·····························································································266
  11.3.2　企业账目管理·····························································································266
  11.3.3　企业的财务风险与防范措施·····································································267
  11.3.4　中小企业上市途径·····················································································269
项目实训·················································································································270

# 项目1　创新创业概述

## 项目导学

**【项目导入】**

青春，意味着无限可能，内含着创新创业伟力。在《新时代的中国青年》白皮书中有这样一组数据：北斗卫星团队核心人员平均年龄36岁，量子科学团队成员平均年龄35岁，中国天眼FAST研发团队成员平均年龄仅30岁。一大批有志青年挑大梁、担重任，生动展现了新时代中国青年奋发进取的精神风貌。

青年是社会上最富活力、最具创造性的群体，理应走在创新创业前列。以聪明才智贡献国家，以开拓进取服务社会，这是成长成才的时代要求，也是强国有我的青春责任。在"大众创业，万众创新"的时代感召下，如何把握新机遇，提升创新创业能力，是每一位大学生都应该认真思考的问题。

试问：你了解创新创业吗？你理解创新创业对社会和个人的重要意义吗？你知道国家支持大学生创新创业的相关政策吗？

**【知识目标】**

1. 掌握创新的概念，熟悉创新的类型。
2. 掌握创业的概念，理解创业的要素与步骤。
3. 了解"大众创业、万众创新"背景下大学生自主创业的政策。

**【能力目标】**

1. 理解创新与创业的联系，提升创新创业综合能力。
2. 能够发现自身创业精神的不足，制订科学的创新创业精神培育计划。
3. 具备分析创业政策和利用创业政策的能力。

**【素养目标】**

1. 树立创新意识，领会我国实施创新战略的重要意义。
2. 培养敢为人先、不怕失败的创业精神，自觉提升创业能力。
3. 理解创业活动的价值和风险，树立科学的创业观。

## 开篇案例

### 民用无人机领军者汪滔：不忘初心　飞得更高

纯白色的"X"型机体，四支飞快转动的螺旋桨，机腹吊挂迷你相机——这是目前全球范围内"出镜率"最高的一款航拍无人机，曾出现在热门影视剧中。但更具意义的是，救援人员利用它参与了尼泊尔地震的援救工作，航拍灾情。由深圳市大疆创新科技有限公司研发生产的无人机，凭借自主研发的完整技术链条，引领全球无人机技术革新和消费热潮，以中国智造让世界耳目一新。

企业掌门人汪滔，"80 后"，内心始终澎湃着对飞行的向往与渴望。

"不要强调困难，强调解决方案"

一架红色的双翼螺旋桨飞机模型显眼地"停放"在汪滔的办公桌上——是他喜欢的宫崎骏电影里王牌飞行员的战机。

生于 1980 年的汪滔，带领一家员工平均年龄 20 多岁的高科技企业，研发了名为"大疆精灵 Phantom"的一体式航拍无人机。它在 2013 年的问世，开辟了电子消费品中"飞行照相机"的全新品类，掀起的无人机热潮延至今日。

当 26 岁的汪滔一边攻读香港科技大学硕士学位，一边在深圳一所民房里创立大疆时，只是想心无旁骛地把直升机航模的飞行控制技术做好。

而随后几年间，汪滔团队先后在直升机飞行控制系统、多轴飞行器飞行控制系统、陀螺稳定云台等航拍无人机的核心技术领域取得突破，渐渐引起业界的关注。

云台，是指安装、固定摄像机的支撑设备，由于飞行器在空中难以避免抖动，云台技术对空中影像的成像质量至关重要。2012 年初，大疆在纽伦堡国际玩具展上发布了三轴"禅思 Zenmuse"云台。"很多人都震惊了，因为这是第一次有人在空中成像技术中使用直接驱动技术，我们将行业标准提升了几十个层级。"汪滔说。

为了研发这款让人"震惊"的产品，汪滔投入了约 3 年时间，"过程当然很困难，"他说，"但做的是自己喜欢的事情，还是感觉很愉悦。"

这个 34 岁的科技型总经理拒绝"苦难叙事"。在他的办公室门口贴着一张"进门议事须知"，其中有一条写明："不要强调困难，强调解决方案"。在他眼里，科研的攻坚克难并不是苦大仇深的事情，而是纯粹并快乐的。

虽是"标准理工男"，但汪滔对市场和用户需求有着高度的敏锐和快速的反应。在 2013 年"精灵 Phantom"问世之前，无人机航拍需要用户自己组装飞行器、安装相机。"精灵"则实现了高度技术集成，不需要组装、"开箱即飞"，使无人机航拍进入普通人的生活。"我们有点像汽车启蒙时代的福特。"汪滔说，"只有做出整体化的产品，才能开辟较大的市场。我们瞄准这个点，抢占了先机。"

谈到技术，身材瘦削的汪滔显得"霸气侧漏"：拥有 800 多人研发团队的大疆，从飞行控制、云台、图像传输到摄像机的完整技术链条都是自主的。

**像拔着自己的头发往上拽：做"宇宙第一"**

"悟空""哪吒""筋斗云""风火轮"……大疆的销售收入有八成来自海外市场，很多产品都起了富有中国文化特色的名字。

一个筋斗云飞出十万八千里——这些妙趣横生的名字既展现了汪滔壮志凌云的心境，又带有几分理想主义和天马行空的童真。大疆传奇最初的缘起，就是汪滔的童年梦想。

"我小时候看过一个漫画叫《动脑筋爷爷》，迷上了直升机，其实那时候我根本没有见过真正的直升机。"高中时代，汪滔拥有自己第一架直升机模型，但他发现操控模型很难随心所欲，"飞起来很快就坠毁了，还在我手上留了一道疤，那个时候我有个梦想，就是自己做一台全自动飞机。"

从航模少年到民用无人机研发企业的领军者，汪滔觉得，这个梦想"除了一些核心技术还需要提升"，基本上已经实现了——"精灵"已经飞翔在全球各个角落，技术先进、品质稳定、设计时尚，赢得用户甚至竞争对手的尊重。

而在海外拓展的过程中，屡屡听到别人说大疆"不像一家中国公司"，这让汪滔心情复杂。"改革开放以来我们已经有了很大的飞跃，但还没有完全摆脱低价、低附加值的标签。我希望从我做起，改变这个状况。"

"乔布斯说过一句话，'归根结底这是品位的问题'。你到底做大批量便宜货，还是做一些极致的产品获得高附加值，都是你自己的品位给予的选择。"汪滔对产品有着严苛的要求，甚至连外包装都要亲自"抠"细节。

"我希望中国制造很快也会变成'高质量'和'品位'的代名词，这是我现阶段的梦想。"汪滔说，"大疆要做宇宙第一。我们就要把目标定得最高，然后努力做到。"

**机器人赛事——他与后来者对话的一种方式**

大疆总部所在地深圳历来是中国创新创业的一片热土，记者在这里接触了不少"创客"、孵化器管理者和科技部门官员，经常会被问到："你知道大疆吗？"大疆的故事正在不断地被分享，鼓舞着更多年轻的创业者。

从2015年5月23日起，由大疆主导的首届"RoboMasters 2015全国大学生机器人大赛"将陆续在六个城市展开角逐，全国共有240支队伍报名参赛，来自北大、清华、同济等150余所高校。

"一级方程式可以让舒马赫成为超级巨星，为什么我们的发明家、工程师不能有一个平台，让他们也成为明星呢？做不成明星也不要紧，提高能力，成为各行各业的核心人才，这是我的初衷。"

在香港求学期间，汪滔曾经两次参加"RoboCon亚太大学生机器人大赛"，从第一次因为电池没有充电而意外失利，到第二次带领团队拿下亚洲第三的成绩，汪滔认为参赛是给他打下"最深烙印"的经历。"不光是团队协作、技术，还有对观点的坚持和建立团队，都非常有帮助。"

而今，让"RoboMasters"成为观赏性更好的、受关注程度更高的机器人赛事，为国内的工科学生提供同样、甚至更好的机会，成为他与后来者对话的一种方式。

"我希望大家能够为最初的梦想，从事自己喜欢做、擅长做的事情，把事情做好，在这个基础上让世界变得更加美好一点。"这是他对创业者们的"心里话"。

（资料来源：人民网）

**思考讨论：**
1. 谈谈汪滔创业成功的原因是什么。你从汪滔身上学习到哪些创新创业精神？
2. 谈谈创新与创业间的关系。企业的创新活动对创业成功有何意义？

## 任务 1.1　认知创新

### 名人名言

物竞天择，优胜劣汰；苟不自新，何以获存。

——梁启超

处处是创造之地，天天是创造之时，人人是创造之人。

——陶行知

### 1.1.1　创新的概念

创新（Innovation）一词起源于拉丁语，原意有三层含义：一是更新，二是创造新的东西，三是改变。在经济学上，创新的概念首先由美籍奥地利经济学家熊彼特在1912年的《经济发展理论》一书中提出，他认为，经济发展不是基于人口、财富的积累性增加而带来的规模扩大，而是经济社会不断实现的生产要素和生产条件的"新组合"，这些新组合就是"创新"。根据他的定义，创新就是一种"新的生产函数的建立"，即"企业家对生产要素的新组合"，其目的在于获取潜在的超额利润。

熊彼特认为创新有五种，主要包括：①引入一种新的产品或赋予产品一种新的特性；②引入新的生产方法，即采用新的工艺或新的生产组织方式；③开辟一个新的市场；④获取原材料或半成品的一个新的来源；⑤创建一个新组织。

本书将创新的定义归纳为：创新是创新主体在特定环境中突破常规，于实践中改进或创造出新产品、新方法、新流程的活动。

### 知识拓展

**中国创新指标体系**

据国家统计局社科文司《中国创新指数研究》课题组测算，2020年中国创新指数达到242.6（以2005年为100），比上年增长6.4%。测算结果表明，2020年，我国创新能力和水平保持持续提升，创新环境不断优化，创新投入继续增加，创新产出较快增长，创新成效进一步显现。中国创新指标体系包括4个领域21个指标体系。

（一）创新环境

创新环境领域主要反映驱动创新能力发展所必备的人力、财力等基础条件的支撑情况，以及政策环境对创新的引导和扶持力度，共设5个评价指标：①劳动力中大专及以上学历人数；②人均GDP；③理工科毕业生占适龄人口比重；④科技拨款占财政拨款的比重；⑤享受加计扣除减免税企业所占比重。

（二）创新投入

创新投入领域通过创新的人力财力投入情况、企业创新主体中发挥关键作用的部门（研发机构）建设情况以及创新主体的合作情况来反映国家创新体系中各主体的作用和关系。该领域共设6个评价指标：①每万人R&D（研究与试验发展）人员全时当量；②R&D经费占GDP比重；③基础研究人员人均经费；④企业R&D经费占主营业务收入比重；⑤有研发机构的企业所占比重；⑥开展产学研合作的企业所占比重。

（三）创新产出

创新产出领域通过论文、专利、商标、技术市场成交额反映创新中间产出结果。该领域共设5个评价指标：①每万人科技论文数；②每万名R&D人员专利授权数；③发明专利授权数占专利授权数的比重；④每百家企业商标拥有量；⑤每万名科技活动人员技术市场成交额

（四）创新成效

该领域通过产品结构调整、产业国际竞争力、节约能源、经济增长等方面，反映创新对经济社会发展的影响。该领域共设5个评价指标：①新产品销售收入占主营业务收入的比重；②高新技术产品出口额占货物出口额的比重；③单位GDP能耗；④人均主营业务收入；⑤科技进步贡献率。

（资料来源：中华人民共和国国家统计局网站）

### 1.1.2 创新的类型

目前，根据不同的分类方式，可以把创新分为以下类型。

#### 1. 按创新的应用方式分类

按创新的应用方式分类，创新可分为产品创新、工艺创新、营销创新和管理创新。

（1）产品创新。产品创新指性能和特征上全新的或有显著改进的产品（商品或服务）。

（2）工艺创新。工艺创新指采用全新的或有显著改进的生产方式和传输方式等，在技术、装备、软件等方面有显著改进。

（3）营销创新。营销创新指采用新的营销方式，在营销理念、产品设计或包装、分销渠道、促销方式等方面有显著改进。

（4）管理创新。管理创新指企业把新的管理要素（如管理方法、管理手段、管理模式等）或管理要素组合引入企业管理系统，更有效地实现组织目标的创新活动。

#### 2. 按创新的表现形式分类

按创新的表现形式分类，创新可以分为发现、发明和革新。

（1）发现。发现与科学相关联，是指观察事物而发现其原理或法则，即发现已经存在但不为人知的规律、法则或结构和功能。

（2）发明。发明与技术和工艺相关联，与发现密切相关。发现是通过观察事物而发现其原理；发明则是根据发现的原理进行制造或运用，产生出一种新的物质或行动。

（3）革新。革新即变革或改变原有的观念、制度或习俗，提出与前人不同的新思想、新学说、新观点，创立与前人不同的艺术形式等。

### 3. 按创新活动中的创新对象分类

按创新活动中的创新对象分类，创新可以分为知识创新和技术创新。

（1）知识创新。知识创新是指通过科学研究获得新的基础科学知识和技术科学知识的过程。知识创新为认识世界、改造世界提供了新理论和新方法，为人类文明的进步和社会的发展提供了不竭动力。

（2）技术创新。技术创新是指企业应用创新的知识和技术，采用创新的生产方式和经营管理模式，提高产品质量，开发生产新的产品，提供新的服务，占据市场并实现市场价值。

### 4. 按创新的来源分类

按创新的来源分类，创新可以分为自主创新、模仿创新。

（1）自主创新。自主创新是相对于技术模仿、引进而言的一种创造活动，是指通过拥有自主知识产权、独特的核心技术并在此基础上实现新产品价值的过程。自主创新是最根本的创新，是对人类文明进步做出领先贡献的最为重要的体现形式。自主创新一般有三大特点：一是首创性，前所未有、与众不同；二是突破性，在原理、技术、方法等某个或多个方面实现了重大变革；三是带动性，在对科技自身发展产生重大牵引作用的同时，有可能引发一国经济结构和产业形态的重大变革。

（2）模仿创新。模仿创新即通过模仿而进行的创新活动，一般包括完全模仿创新和模仿后再创新两种模式。完全模仿创新，指对市场上现有的技术进行仿制；模仿后再创新，指在学习他人技术后，通过创新而超过他人。模仿创新的优势在于可节约大量研发及市场培育费用，能规避新产品市场成长初期的不稳定性，降低市场开发的风险。但模仿创新者难免在技术上受制于人，因为模仿者是新技术的跟随者，可能遇到技术领先者的技术壁垒和市场壁垒以及法律制度方面的障碍。

> **案例阅读**
>
> **自主创新打破技术封锁，我国首创世界最薄玻璃仅 0.12mm**
>
> 超薄玻璃也叫超薄电子触控玻璃，是电子信息显示产业的核心材料，是用来做手机、计算机、电视机显示屏的基础材料。玻璃越薄，透光性、柔韧性就会越好，重量也会随之减轻。但是玻璃太薄又非常易碎，怎样让玻璃既薄又有足够的强度和韧性，是个世界难题。
>
> 我国高端玻璃产业由于起步较晚，基础比较弱，常被国外"卡脖子"，在技术层面上被封锁了不短的一段时期。在二战过后不久，英国皮尔金顿玻璃公司突然向世界宣布，玻璃浮法成型工艺研制成功。此消息一出，立即遭到世界多国哄抢，都想着买下专利吃到第一波红利。但令人愤慨的是，皮尔金顿与大多数国家都达成了合作，但独独对中国进行技术封锁。这样的情况让当时的中国玻璃行业意识到，必须要走一条自主创新的道路。
>
> 因为起步较晚，又没有任何经验可以借鉴，当时中国的装备和工艺都跟国外存在一定

差距，根本无法做出厚度 1.1 毫米以下的超薄玻璃。

为了不再受国外的技术掣肘，中国工程院彭寿院士带领中国建材集团旗下的研究所开始对超薄玻璃制造工艺进行技术攻坚，经过了多年的艰难摸索，最终成功将拥有完全自主知识产权的中国制造超薄玻璃带上了历史的舞台。

2013 年，我国科学家成功突破了 0.55 毫米级别的超薄玻璃量产制造工艺，虽然还和其他国家的顶尖水平有不小的差距，但它成功让国外向我国进口的超薄玻璃无法坐地起价，让当时的超薄玻璃市场价直接下降到了原来的三分之一。

自此以后，全球整个超薄玻璃的市场份额迅速被我国抢占，只花了 4 年的时间，我国的超薄玻璃就占据了全球市场份额的四成，国内市场份额的八成。见到如此惊人的成绩后，我国科学家并未停下前进的脚步，利用高昂利润将自主研发道路形成了一个极佳的良性循环，开始向全球顶尖水平迈进。

到了 2016 年，我国科学家成功将超薄玻璃厚度突破到 0.15 毫米；到了 2018 年，再次创下新高，将超薄玻璃厚度突破到了 0.12 毫米，已经成功达到只比一张纸略厚一点，但家用轿车以 150 kM/h 的速度撞击都毫发无损的世界顶尖水平。

坚持与创新，让中国的超薄玻璃在国内国际市场上不断开疆拓土。

**案例点评**：当今社会，综合国力竞争的核心就是自主创新能力的竞争。超薄玻璃的案例让我们成功认识到，唯有提高自主创新能力，掌握自主知识产权，打破发达国家及其跨国公司的技术壁垒，才能为提高我国国际竞争力和抗风险能力提供重要支撑。

# 任务 1.2　认知创业

## 名人名言

树无根不长，人无志不立。

——《论语·子罕》

道虽迩，不行不至；事虽小，不做不成。

——《荀子·修身》

### 1.2.1　创业的概念

创业是一种普遍的社会现象和人类活动，学者们对创业的定义有很多。"创业"一词，在《辞海》中的解释为"创立基业"，张衡《西京赋》中提到"高祖创业，继体承基"。在《新华词典》中创业的解释为"创办事业"。而"事业"是指人所从事的，具有一定目标、规模和系统而对社会发展有影响的经常活动。哈佛大学史蒂文森教授 1985 年对创业做了定义，他认为创业是不拘泥于当前资源条件的限制去追求机会，将不同的资源组合利用和开发并创造价值的过程。

从广义看，可以把创业理解为开创新事业。从狭义上看，创业是指创业者发现创业机会，承担风险，将自己拥有的资源以一定的方式整合优化，创办新企业，为社会和个人创造价值和财富的活动。

创业更侧重财富创造，更加关注市场和顾客。创新和创业是相辅相成、无法割裂的关系。创新是创业的手段和基础，而创业是创新的载体。有了创新不一定能走向创业，创新只是为创业成功提供了可能性和必要准备。创业也不是一定需要创新，但成功的创业活动离不开创新。创业者只有通过创新，才能使所开创的事业生存、发展并保持持久的生命力。

### 知识拓展

#### 年轻人更容易创业成功的原因

在互联网时代，许多著名的公司都是由年轻人创造的。比尔·盖茨创立微软公司时20岁，乔布斯创立苹果公司时21岁，佩奇创立谷歌公司时25岁，扎克伯格创立Facebook时20岁。在中国也不乏这样的例子：创办网易时丁磊26岁，创办腾讯时马化腾27岁，创办百度时李彦宏31岁，创办三一重工时梁稳根也仅30岁。刘瑞明曾在《福布斯》杂志上撰文，认为年轻人创业成功是因为下列四点。

其一，年轻时更容易为兴趣和理想创业——这样的创业也更容易取得成功。季逸超开发"猛犸"浏览器、黄一孟创办免费娱乐资源共享平台VeryCD、袁旭开发"迅游游戏加速器"——这些都是他们的个人兴趣所在，甚至在开始时都没考虑过如何营利，但他们的产品现在都成为细分领域的佼佼者。

其二，年轻时更容易找到志同道合的创业伙伴。创业需要互相信任、高效的团队。在各种信任关系中，除了家族血缘关系，同学和校友是最值得信赖的关系之一。如微软的盖茨和艾伦，Google的佩奇和布尔，Facebook的扎克伯格和他的室友，复星的郭广昌和梁信军等。

其三，年轻时创业更容易把握年轻消费者需求。尤其是在互联网及娱乐市场，年轻创业者最清楚年轻消费者的需求，从而为他们提供更佳体验。季逸超的"猛犸"浏览器、黄恺的"三国杀"游卡桌游等，都是根据他们自己及其周边同学、朋友的需求进行设计的，因此更容易赢得年轻消费者，更容易把握市场。

其四，年轻时创业即便失败也有很多机会"站起来"。许多优秀的年轻创业者中有不少人都有多次创业经历，因为年轻，即便失败，也更容易"站起来"，何况失败也能为他们今后的成功带来经验积累。

### 1.2.2 创业的要素与步骤

#### 1. 创业的要素

任何创业都是一系列创业要素组合的结果，美国著名学者蒂蒙斯将商业机会、资源和团队看作是创业过程最重要的三个要素，蒂蒙斯创业三要素模型如图1-1所示。创业过程依赖于这三个要素的匹配和均衡，它们决定了创业过程向什么方向发展。

图 1-1　蒂蒙斯创业三要素模型

（1）商业机会（简称商机）是创业过程的核心驱动力。创业活动的本质就是发现各种商业机会，然后开发这些商业机会，实现这些商业机会的价值。

（2）资源是创业成功的必要保证。商业机会的开发离不开资源的投入，资源就是实现商业机会的工具，包括财务资源、客户资源、技术资源、人力资源、管理资源等各种创业资源。

（3）团队是创业过程的主导者。人在任何生产活动中都是核心要素，好的商业机会和优秀的资源需要优秀的团队来运营。

根据蒙蒂斯的观点，整个创业过程就是商业机会、团队、资源三个要素间平衡和匹配的结果。创业过程的起点是商业机会，商业机会的形式、大小和深度决定了资源与团队所需的形式、大小与深度。团队的作用是利用其创造力在模糊、不确定的环境中发现商业机会，获取并整合资源，领导企业实现商业机会的价值。在创业过程中，资源与商业机会间经历着一个"适应→差距→适应"的动态过程。资源的投入量与商业机会的回报越匹配，创业就发展得越好。

### 2. 创业的步骤

创业包括如下 6 个步骤。

#### 1）产生创业动机（决定成为创业者）

创业动机是创业者创业的源动力，它能够推动创业者去发现和识别市场机会。创业活动的主体是创业者，创业活动的开展首先取决于一个人希望成为创业者。创业动机的产生受三方面因素的影响：个人特质、创业机会、创业的机会成本。

#### 2）识别创业机会

识别创业机会是指创业者对可能成为创业机会的诸多事件的分析和对创业预期结果的判断。国家产业政策的调整、新技术的出现、人口结构的变化等都可能带来创业机会。创业者应具有敏锐的观察力，能够及时、准确地识别创业机会，并对创业机会进行评估和筛选。

#### 3）获取和整合资源

资源是创业的基础条件，获取和整合资源是创业者开发创业机会的重要手段。创业者要开发创业机会，实现创业机会价值，必须确定创业过程中所需的资源。首先要评价创业者的当前资源，发现资源缺口，其次要及时获取所需资源，并尽可能地对其进行控制与整合。

#### 4）创办新企业

创办新企业需要完成包括企业选址、企业名称设计、企业形式选择、企业工商登记注册、

5）管理并使企业成长

企业管理既需要做好企业内部的各项管理工作，包括战略管理、人力资源管理、市场管理、财务管理等，也需要应对企业成长过程中遇到的各种风险和挑战。创业者要不断学习成长，把企业做活、做大、做强。

6）收获回报

收获回报是创业者进行创业的目的。回报可以是多种多样的，创业者对创业的满意度在很大程度上取决于其创业动机。创业成功后能够给创业者带来的回报不仅有财富的增加，还有情感的满足，能让创业者获得成功的喜悦及自我价值的实现。

### 案例阅读

#### 华为在逆境中屹立不倒的砝码

华为是"华为技术有限公司"的简称，它无疑是当代中国最具代表性的现代化高技术民族品牌企业，是中华民族企业发展的一面旗帜。2018年的贸易战，华为遭受到美国各方面的制裁，但并没有束缚住不屈不挠、越挫越勇的华为人，华为依然扛住了重压，交上一份靓丽的成绩单，全球销售收入依然同比增长，全球共持有有效授权专利85000多件，90%以上专利为发明专利，全球5G标准专利拥有量世界第一。

华为在一系列极其不利的外部环境中，屹立不倒的原因主要有以下几点。

一是放眼全球的企业格局与胸怀。华为作为全球化公司，网罗世界各地最优秀人才，外国科学家占有很大比例，外籍员工有4万人。华为秉承"三人行，必有我师"的理念，向一切优秀文化学习。学习苹果、学习爱立信、学习微软的可学之处，学习亚马逊的开发模式、学习"谷歌军团"的作战方式，学习这类企业一切成功之处，并与之展开合作，彼此成就。

二是居安思危的传统文化力量。任正非2019年初在接受媒体采访时坦言："应该说，我们今天可能要碰到的问题，在十多年前就有预计，我们已经准备了十几年，我们不是完全仓促、没有准备地来应对这个局面。这些困难对我们会有影响，但影响不会很大，不会出现重大问题。"任正非的自信就是来自于早有防范。也正是因为早有准备，在美国对华为芯片及技术输出禁令发出的第二天，之前为公司的生存打造的"备胎"，一夜之间全部"转正"，为华为的正常业务保驾护航。

三是延揽人才的聚贤能力。华为从德国、日本二战后的经济振兴经验上，看到了人才对一个企业的重要与价值。以高于西方公司的薪酬，延揽各方人才是华为成功很重要的一点。华为至少有700名数学家、800多名物理学家、120多名化学家、六七千名基础研究的专家、六万多名各种高级工程师、工程师。华为全球研发人员9.6万多名，约占公司总人数的49%左右，这为华为抢占技术制高点奠定了人才这一最宝贵的资源基础。

四是独特的企业制度设计。华为长期以来坚持"财散人聚"的理念，建立了广泛的利益分享机制，任正非只保留 1.01% 的股份，其余都与员工分享，把股份分光，通过积累分红的方式，凝聚队伍，把公司做大。华为有三位轮值董事长，每六个月换一个人。轮值的作用：让公司长期保持新鲜感；保持干部稳定性；下台期间就是他们准备再次上台的充电时间。

五是先进的企业文化塑造。培养企业的狼性文化：敏感性、团队性、不屈不挠性。能知道客户的需求在哪儿，能知道十年、二十年后科学技术的方向在哪儿。对市场的敏感、对客户需求的敏感、对新技术的敏感，代表一种敏锐的认识；狼不是单独出击，而是群体作战，代表了团队精神；不屈不挠，拼死拼活也要做成这件事。

六是踏实苦干的务实精神与创新能力。把搞研发的人从社会演讲台上"请"下来，老老实实回到科研室搞研发，让搞销售的人去讲。及时洞察问题，化危为机。利用美国的打压，消除情怨，唤起全员危机意识，打起精神，迎接挑战。近十年，华为投入研发费用总计超过 6000 亿元人民币，在 2019 年的恶劣形势下，华为依然对研发保持了较高投入，研发费用达 1317 亿元人民币，占全年销售收入 15.3%。

（资料来源：《祖国》杂志第 59 期）

## 1.2.3 创业精神与人生发展

### 1. 创业精神的内涵与表现

创业精神是指在创业者的主观世界中，那些具有开创性的思想、观念、个性、意志、作风和品质等。创业精神经常表现为机会导向、创新冒险和坚毅进取等特征。机会导向指创业者具有敏锐的市场洞察力，能看到一般人发现不了的机会，并能积极采取行动去实现机会价值。创新冒险指创业者在追求机会过程中需要应对各种不确定性及风险，需要创业者采取创新的方式去应对。坚毅进取指面对行动过程中的困难甚至失败，创业者体现出来的迎难而上、在失败中崛起的精神面貌。

总体上来看，创业精神是一种独特的心态，这种心态在对商业机会和资源的重视程度方面与普通人不同，其实质就是以创新为基础的行为与思维方式，就是不满足于现状，改变旧有条件，寻求解决问题的新途径。创业精神要求人们充满活力、满怀热情地创造并实施新想法。

### 案例阅读

**董明珠谈企业家精神：创新引领　做有家国情怀的企业家**

中国企业家的责任和使命是什么？如何为企业家精神注入新内涵？珠海格力电器股份有限公司董事长兼总裁董明珠接受新华网专访时表示，一个好的企业家是有社会使命的，一定要有责任感。

"企业家不仅要讲家国情怀、社会责任，更要培养一代代年轻人的大爱精神，这样的

> 人才队伍才能让中国制造有序发展，让世界爱上中国造。"董明珠说。
>
> **激活创新"驱动器"　赋能高质量发展**
>
> 2021年11月18日，格力电器迎来30岁"生日"。打造智能家居生态圈、智能装备加速自动化生产、精密模具树立技术新标杆……三十年来，格力坚守"让世界爱上中国造"的初心，为推动我国制造业迈上新台阶贡献力量。
>
> "格力对自主创新的坚守从未改变，今天我们对创新有了更深层次的理解。"董明珠说，企业家要坚定走自主创新的道路，一方面提升企业的核心优势，另一方面满足消费者美好生活的需求。截至2021年11月，格力已拥有33项国际领先技术。
>
> 除了技术上的创新，进入互联网时代，市场发生了巨大变化，企业的思路也需要转变。"格力董明珠店"上线、开展全国巡回直播、创新运营模式……格力以更全面的、全局的视角发掘企业组织、运营形式，谋求在数字化时代实现新发展。
>
> **涵养人才"蓄水池"　赓续企业家精神**
>
> "对于一个企业家来说，重要的是要记住自己的使命与职责，对国家、对社会应该扮演什么角色。"董明珠认为，企业家重要的责任使命之一是培养人才。企业家创造机会给年轻人发挥，才有可能打下坚实基础，做出专业化的产品，品牌才能走向世界。
>
> 目前，格力电器已有1.6万名研发人员和3万多名技术工人。从2007年起，格力电器开始自建员工住宿房，投资近6亿元为员工解决住宿难题。2021年，格力3700多套人才公寓已陆续投入使用。同时，格力还推行全员加薪、奖励创新型人才、解决员工子女"上学难"等举措。
>
> 随着《横琴粤澳深度合作区建设总体方案》出台，粤港澳大湾区建设更上一层楼。格力电器总部落户横琴，充分利用其区位优势，把握粤港澳大湾区发展的历史机遇，提升企业国际竞争力。
>
> "格力电器是广东的企业，是大湾区制造业的组成部分。在未来大湾区发展过程当中，首先要有自信，然后有互信。相信格力电器将与大湾区一起，开启崭新未来。"董明珠说。
>
> （资料来源：新华网）

### 2. 大学生创新创业教育的意义

当前，我国大力提倡和鼓励大学生自主创业，并出台了一系列优惠政策，越来越多的大学生投入到创业的浪潮中。创业是一项高风险的活动，为什么国家要鼓励大学生创业呢？因为创业对于个人和社会来说，具有以下重要意义。

#### 1）大学生创新创业教育是实施创新驱动发展战略的客观要求

"创新是一个民族进步的灵魂，是一个国家兴旺发达的不竭动力，也是一个政党永葆生机的源泉"。2015年，李克强总理在政府工作报告中明确提出要"大众创业、万众创新"。此后，国家采取了多项举措，坚定实施创新驱动发展战略，充分激发群众的智慧和创造力，打造中国经济新引擎。青年一代，尤其是大学生，是社会经济发展的主力军。如果大学生失去了创新的冲动和欲望，而仅仅安于现状和守成，那么中华民族最终将失去发展的不竭动力。创业意识和创新精神绝不仅是创业的同学所应考虑的事情，即使是在其他岗位就业的大学毕业生也不该失去创新之"心"。加强大学生创新意识和创新能力的培养，是深化高等教育改革的重要途径，更是为各行各业输送拥有创新精神和创业品质的优秀人才的关键渠道。因此，对在校大学生进行创新创业教育是顺应知识经济时代发展的必然选择，是实施创新驱动发展战略的客观需要。

2）大学生创新创业教育是解决就业问题的主要抓手

随着全国高校持续扩招，高等教育已完成从"精英教育"向"大众教育"的转变，高校毕业生呈现出逐年增加的趋势，2022年我国大中专院校毕业生超过千万，高校就业形势日趋严峻。据相关数据，在美国，创业型企业在第一年平均创造300万个就业岗位，可见创业型企业对于解决就业问题贡献巨大。同样，我国沿海发达地区的民营企业蓬勃发展，不仅有效地缓解了当地政府的就业压力，而且为社会创造了巨大财富。因此，鼓励学生从就业走向创业，将自己兴趣和梦想结合在一起，通过自身的努力拼搏，创造出适应时代要求和人们需要的产品或服务，满足社会需求，获得个人财富，无疑是大学生在社会中实现自我价值的一种重要方式。大学生自主创业不仅可以解决自身的就业问题，还可以为社会创造新的就业岗位，促进国民经济的持续健康发展。

3）大学生创新创业教育是推动社会进步的关键力量

从全球范围来说，人类进入21世纪，创新创业已成为经济发展的源动力。放眼当今世界，发达国家在发展过程中，无一不是靠着个人创业，带动社会经济发展、促进社会进步的。大学生自主创业比重越高，社会发展程度也就越高。创业活动有利于培养全社会的创新创业精神和形成鼓励创业、容忍失败的社会氛围，在成就创业者个人财富的同时，也推动社会不断向前迈进。大学生通过创新创业教育，尝试各种内容和形式的创业活动，在为自身创造美好生活的同时，也会推动社会发展，实现自我价值和社会价值。

因此，在"大众创新，万众创业"的时代，每一个想实现自我价值的大学生都应不甘寂寞，寻找自己的起点和位置，发挥自己的特长和潜能，以积极的心态投身到滚滚的创新创业大潮之中，抓住时代给予我们的各种机遇，在实践中提升创新创业精神，磨炼意志品质，努力成长为更有理想、有信念、有力量的新时代中国青年。

## 案例阅读

### 水果篮子——助力果农果商发家致富

2019年8月，四川省国际"互联网+"大学生创新创业大赛青年红色筑梦之旅赛道。成都职业技术学院毕业生钟艺彬带着自己的项目"水果篮子"经过重重关卡，与众多本科院校同场竞技，凭借项目的巨大优势最终获得了省级金奖。

**草根创业，助力果农脱贫致富**

成都职业技术学院是全国深化创新创业教育改革示范校，学院构建了"全覆盖、分层次、菜单式"创新创业教育课程体系，通过"创新创业公共必修课程+专创融合课程+创新创业实践课程"学习，提高学生创新能力，为学生埋下创业的种子。

钟艺彬系成都职业技术学院2015届汽车检测与维修专业毕业生，他大一时通过"创新创业学"课程初步接触了创新创业意识，于是召集本班同学在学校的创业夜市开始摆摊设点，销售女生服饰及相关产品，初步尝试创业过程。虽然在夜市赔了一个精光，但是他并没有放弃创业的想法。

大二期间，钟艺彬进入创业项目小班学习，了解到创业项目成功的几大因素。在做了详细的市场调查之后，他与财经分院的同学组建团队，通过了学校创业街项目答辩，在学校开设了天天Fresh水果吧，开启了人生第二次创业。由于水果销售季节性较强，虽然销售旺季赚到了人生的第一桶金，但是最后只做到了盈亏平衡。

毕业后回到家乡，面对山区农果商缺乏渠道、信息闭塞、交通不便、产品滞销等痛点问题，他看在眼里，急在心里。2019年，他开始运营"水果篮子"项目，致力于为偏远地区果农果商增产增收。钟艺彬发挥自身优势，立足贫困地区实际，探索推进以企业为龙头的"1+3"扶贫模式（企业+果农，企业+果商，企业+消费者），立足贫困县水果资源丰富但缺乏渠道、信息闭塞、交通不便及利润微薄的现状，依托公司帮扶模式，通过产地直供解决果农的产品滞销问题，通过品牌效应解决单店竞争力弱的问题，通过0加盟费打开果农和果商的销路，通过专销专供降低价格为消费者提供物美价廉的新鲜水果，为全国几十个贫困县市提供资金、技术、市场、渠道等资源，把贫困地区特有资源优势有效转化为发展优势，激发农村经济活力，带动贫困户脱贫致富，走出了一条精准扶贫的创新路子。

**回归母校，进行创业孵化实践**

"做产品是一种情怀，做商品是种生意，好的创业就是赋予生意一种情怀。"这是钟艺彬最喜欢的一句话，也正是因为对这句话的信仰和坚持，他才一直将"情怀+公益"作为公司文化融入每个产品与每项服务，最终有了公司今天的模样。

栎果科技公司成立于2019年，在成都创业学院的孵化培育下，线上营业额达4000万元，新增直营店20家、加盟店50家，全国农场12家，全国批发供应商35家。依托母校构筑的全链条创新创业教育模式，"水果篮子"项目起步后，钟艺彬回到母校，母校为他提供了孵化场地、创业培训及一对一企业导师指导等，使公司年流水接近1.2亿元，年净利润约800万元，直接带动78人就业。此外，通过公司的运营，直接带动社区347户果商创业，间接带动973人就业，其中应届大学生132名，低保人员243名，平均每个合作果农年增收1.5万元。

**找准定位，"小水果"的"大梦想"**

公司成立初期，只有包括钟艺彬在内的三位草根创始人。三个来自不同城市的"80后"年轻人在成都相遇，他们的创业故事也就此拉开序幕。成都这座城市赋予草根创业者最大的能量就是，无论你什么时候进入，只要勤奋永远都不算晚。

钟艺彬表示，在未来三年内，"水果篮子"直营店将超500家，联营加盟店超4000家，每年直接带给果农的收益超1亿元，此后，将迅速带动上万人创业就业。

"水果篮子"让钟艺彬找到了自己的创新路径，把原有的"缺乏渠道""信息闭塞""交通不便"等果农果商无法解决的痛点问题各个击破，让他最后得以创立自己的公司和品牌，一步步做大做强，实现从草根创业到年入千万的创业佳绩。

**坚守初心，永葆热情，未来可期**

早在公司创立之前，钟艺彬就曾以个人名义积极投身于各项社会公益事业之中。坚守初心，永葆热情，公司发展至今，服务范围越来越广，规模也越来越大，但三位联合创始人从来没有在前进的道路上迷失过初心与方向，他们仍然秉持着最初的梦想和最饱满的热情，投身于自己的事业当中，投身于公益扶贫之中！

关于未来，栎果科技公司仍将继续保持坚定的信念，不忘初心，永葆热情，深耕"水果篮子"项目，全力以赴共创未来新篇章！

## 任务1.3 了解创新创业政策

### 名人名言

因天之时，因地之势，依人之利而所向无敌。

——诸葛亮

风声、雨声、读书声，声声入耳；家事、国事、天下事，事事关心。

——顾宪成

### 1.3.1 大学生自主创业政策

随着我国"大众创业、万众创新"热潮的蓬勃兴起，为了鼓励和支持大学生创新创业，国务院先后出台了许多支持和优惠政策，涉及金融贷款、场地、培训、指导、税收、学籍管理等。了解这些政策，对于大学生投身于创新创业实践十分必要。

**1. 税收优惠政策**

（1）持人社部门核发《就业创业证》的高校毕业生在毕业年度内创办个体工商户的，可按规定在3年内以每户每年12000元为限额（最高可上浮20%，具体由各省、自治区、直辖市人民政府根据本地区实际情况确定）依次扣减其当年实际应缴纳的增值税、城市维护建设税、教育费附加、地方教育附加和个人所得税。

（2）对高校毕业生创办小微企业的，可按规定享受小微企业普惠性税费政策；创办个体工商户的，对其年应纳税所得额不超过100万元的部分，在现行优惠政策基础上减半征收个人所得税。

### 2. 担保贷款和贴息政策

#### 1）担保贷款和贴息支持

可在创业地申请创业担保贷款，最高贷款额度为 20 万元，对符合条件的个人合伙创业的，可根据合伙创业人数适当提高贷款额度，最高不超过贷款总额的 10%。对 10 万元及以下贷款、获得设区市级以上荣誉的高校毕业生创业者免除反担保要求；对高校毕业生设立的符合条件的小微企业，最高贷款额度提高至 300 万元，财政按规定给予贴息。

#### 2）创业担保贷款申请程序

申请创业担保贷款贴息支持的个人和小微企业应向当地人力资源和社会保障部门申请资格审核，通过资格审核的个人和小微企业，向当地创业担保贷款担保基金运营管理机构和经办银行提交担保和贷款申请，符合相关担保和贷款条件的，与经办银行签订创业担保贷款合同。

### 3. 资金扶持政策

#### 1）免收有关行政事业性收费

毕业 2 年以内的普通高校毕业生从事个体经营的，3 年内免收管理类、登记类和证照类等有关行政事业性收费。

#### 2）求职创业补贴

对在毕业学年有就业创业意愿并积极求职创业的低保家庭、贫困残疾人家庭、原建档立卡贫困家庭和特困人员中的高校毕业生，残疾及获得国家助学贷款的高校毕业生，给予一次性求职创业补贴。

#### 3）一次性创业补贴

对首次创办小微企业或从事个体经营，所创办企业或个体工商户自工商登记注册之日起正常运营 1 年以上的离校 2 年内高校毕业生，试点给予一次性创业补贴。

#### 4）享受培训补贴

对大学生在毕业年度内参加创业培训的，按规定给予培训补贴。

### 4. 工商登记政策

创办企业，只需填写"一张表格"，向"一个窗口"提交"一套材料"，登记部门直接核发加载统一社会信用代码的营业执照，"多证合一"。

### 5. 户籍政策

高校毕业生可在创业地办理落户手续（直辖市按有关规定执行）。

### 6. 创业服务政策

#### （1）免费创业服务

有创业意愿的高校毕业生可免费获得公共就业和人才服务机构提供的创业指导服务。

#### （2）技术创新服务

各地区、各高校和科研院所的实验室以及科研仪器、设施等科技创新资源可以面向大学生开放共享，提供低价、优质的专业服务。

#### （3）创业场地服务

鼓励各类孵化器面向大学生创新创业团队开放一定比例的免费孵化空间。政府投资开发的孵化器等创业载体应安排30%左右的场地，免费提供给高校毕业生。有条件的地方可对高校毕业生到孵化器创业给予租金补贴。

#### （4）创业保障政策

加大对创业失败大学生的扶持力度，按规定提供就业服务、就业援助和社会救助。毕业后创业的大学生可按规定缴纳"五险一金"。

### 7. 学籍管理政策

#### （1）折算学分

各高校要设置合理的创新创业学分，建立创新创业学分积累与转换制度，探索将学生开展自主创业等情况折算成学分。

#### （2）弹性学制

学校可以根据情况建立并实行灵活的学习制度，可放宽学生修业年限，允许保留学籍休学创业。

## 1.3.2 各地市创新创业政策

全国各地市情况不同，其出台的大学生创新创业政策也各有不同。下面以福州市为例，介绍大学生创新创业扶持政策。

### 1. "植根榕城"优秀创业项目资助

毕业五年内全日制普通大中专院校（含技校）毕业生在福州市工商注册开业三年内的创业项目，可给予3万元至10万元的资金扶持。

### 2. 创业担保贷款贴息

在福州市创业的大中专院校（含技校）在校生及毕业5年内大中专院校毕业生，可申请个人最高30万元，小微企业300万元创业担保贷款。个人贷款期限最长不超过3年，小微企业贷款期限最长不超过2年，累计次数不超过3次，政府部门给予贴息支持。

### 3. 一次性创业补贴

对首次创办小微企业或从事个体经营的毕业5年内大中专院校（含技校）毕业生，在创办企业或以灵活就业人员身份缴纳职工社会保险的，由创业地所在县（市）区给予5000元的一次性创业补贴，带动就业人数5人及以上的，给予1万元的一次性创业补贴。

### 4. 创业租用场地补贴

大中专院校（含技校）在校生及毕业5年内毕业生在福州市创业（在各类创业孵化基地、创业园等已享受政府租金优惠政策的除外）租用1年以上经营场地的，可享受最长2年、不超过实际支付场地租金50%、每年最高3000元的创业资助。

### 5. 创业带动就业补贴

在福州市工商注册不超过三年的小微企业（以工商营业执照为准，不含个体工商户），与新招用人员签订 1 年以上期限劳动合同，招收的应届高校毕业生、就业困难人员每人一次性给予补贴 1000 元，其他人员每人一次性给予补贴 500 元。企业累计享受补贴总额不超过 3 万元。

### 6. 创业工位

福州市高校毕业生创业孵化示范园面向社会提供 122 个开放式工位，全日制普通高校（含香港、澳门、台湾全日制高校）毕业年度内的在校生和毕业时间五年内的往届生以及取得教育部学历认证的归国留学生可申请入驻，企业必须由高校毕业生担任法定代表人，且高校毕业生认缴出资比例不低于 30%。

### 7. 自主创业税收政策认定

持《就业创业证》或《就业失业登记证》的毕业年度内高校毕业生、登记失业半年以上人员、零就业家庭、城市低保家庭登记失业人员，自主创业从事个体经营的，在 3 年内按每户每年 14400 元为限额依次扣减其当年实际应缴纳的增值税、城市维护建设税、教育费附加、地方教育附加和个人所得税。

## 拓展阅读

### 高等教育"四新"学科建设

**一、新工科**

新工科是近年报考季、就业季搜索榜的高频词汇，其概念最早于 2017 年 2 月 18 日，由教育部在复旦大学召开的高等工程教育发展战略研讨会上提出。它主要指：针对新兴产业的专业，以互联网和工业智能为核心，包括大数据、云计算、人工智能、区块链、虚拟现实、智能科学与技术等相关工科专业，并将智能制造、云计算、人工智能、机器人等用于传统工科专业的升级改造。从目前国内大学的专业设置情况看，电子技术、计算机技术、网络与信息工程、安全工程、新能源、功能材料等专业都可纳入新工科的范畴。

新工科更强调学科的实用性、交叉性与综合性，尤其注重信息通信、电子控制、软件设计等新技术与传统工业技术的紧密结合。新工科人才不仅在某一学科专业上学业精深，而且还应具有"学科交叉融合"的特征；不仅能运用所掌握的知识解决现有的问题，还有能力学习新知识、新技术解决未来发展出现的问题，对未来技术和产业起到引领作用；不仅在技术上优秀，还懂得经济、社会和管理，兼具良好的人文素养。可以说，新经济对人才提出的新的目标定位与需求为新工科提供了契机，新经济的发展呼唤新工科。

**二、新医科**

新医科是指通过探索全球工业革命 4.0 背景下的卓越医学人才教育新模式，实现医学从"生物医学科学为主要支撑的医学教育模式"向以"医文、医工、医理、医 X 交叉学科支撑的医学教育新模式"的转变。目前，我国已开设了精准医学、转化医学、智能医学等新医科专业。

新医科重点在于推进医工理文融通，紧密结合以人工智能为代表的新一轮科技革命和产业革命，全面整合精准医学、转化医学等方兴未艾的医学新领域，将传统医学与机器人、人工智能、大数据等进行融合。作为构建健康中国的重要基础，新医科要适应新一轮科技革命和产业变革的要求，实现从治疗为主到生命全周期、健康全过程的全覆盖，提升全民健康力。

### 三、新农科

目前，我国已开设智能农业、农业大数据、休闲农业、森林康养、生态修复、农业智能装备工程等新农科专业。

新农科是对传统农林学科的"提档升级"，与工科、文科、理科、信息科学的相互融合。新农科要面向新农业，确保国家粮食安全和绿色发展，推动我国由农业大国向农业强国跨越。新农科要面向新乡村，致力于促进乡村产业发展、城乡融合和乡村治理，促进乡村成为安居乐业的美好家园。新农科要面向新农民，致力于服务农业新型经营主体发展，培育新型职农民，助推乡村人才振兴。新农科要面向新生态，致力于人与自然和谐共生，践行"绿水青山就是金山银山"理念，助力美丽中国建设。

### 四、新文科

新文科是文科教育的创新发展，要培养知中国、爱中国、堪当民族复兴大任新时代文科人才，培育新时代社会科学家，构建哲学社会科学中国学派以及创造光耀时代、光耀世界的中华文化。新时代新使命要求文科教育必须加快创新发展，新文科建设是提升综合国力、坚定文化自信、培养时代新人、建设高等教育强国、文科教育融合发展的必然选择。进一步打破学科专业壁垒，推动文科专业之间深度融通、文科与理工农医交叉融合，融入现代信息技术赋能文科教育，实现自我的革故鼎新，新文科建设势在必行。

要坚持走中国特色的文科教育发展之路，不断提高高等文科教育的时代性、科学性和创造性；要坚持不懈挖掘新材料、发现新问题、提出新观点、构建新理论，加强对实践经验的系统总结，形成中国特色文科教育的理论体系、学科体系、教学体系；立足两个大局，不断从中华优秀传统文化中汲取力量，主动适应并借力现代信息技术手段，实现文科教育高质量高水平发展；根据各自学科专业特点，结合行业领域特定问题，促进八大学科门类特色发展，实现文史哲促人修身铸魂、经管法助力治国理政、教育学培元育才、艺术学美人化人。

## 项目实训

1. 搜集并汇报本专业大学生创新创业的典型案例。

（1）学生每4~6人为一组，分组搜集本专业大学生创新创业的典型案例。

（2）各组梳理汇报提纲，制作汇报的PPT，撰写汇报的演讲稿，选出1人进行汇报。汇报后，根据教师和同学的建议对PPT进行改进。PPT可以从"案例内容、案例评价、案例启发"3个方面来设计制作。

2. 模拟创业体验。

开展旧物营销活动，活动内容不局限于旧物销售，可以是其他的商品或服务。学生每4～6人为一组，搜集自己不打算继续使用的旧物品（如日常用品、服装、书籍等），每天利用中午与下午的课余时间各1小时，在校园内自行选择人流密集的地方进行物品销售。记录自己的销售成果，体会创收的乐趣。

3. 分析以下案例并回答问题。

### 青年创业者陈艺帆：在传播中传承闽南文化

"来甲薄饼啦！"视频里，青年小伙儿陈艺帆和年逾花甲的省级非遗传承人"薄饼嫂"吴招治一起吆喝着。不到一分钟的短视频，这一老一少在轻松的互动中，把同安薄饼的做法和特色生动地呈现在了屏幕上。

这是创业青年陈艺帆众多短视频作品中的一个。作为土生土长的闽南人，这位年轻的"90后"，将镜头对准"薄饼嫂"这样的非遗传承人以及闽南传统文化、美食、习俗等，借助短视频等新媒体手段，用年轻一代喜欢的方式讲好"闽南故事"，以传播做传承。

**传播可以有力量**

出生于集美的陈艺帆，也在厦门上大学，并且选择了闽南语方言方向的播音与主持专业。

"一开始我也很迷茫，但是作为闽南语主持人的哥哥给了我建议，恰好我也喜欢播音主持。"陈艺帆说，虽然未来充满了不确定，但他仍然决心试一试。

大学四年，他学习了解了许多闽南文化知识，对闽南文化渐渐有了兴趣，也萌生出传播闽南文化的使命感。大学期间，他参与了"寻找非遗传承人"项目，在福建寻找6位省级非遗传承人，免费为他们创立新媒体账号，并用短视频传承非遗文化。毕业后，他和哥哥共同进行短视频创业，运营抖音账号"门下虫人"，致力于利用短视频传播闽南本土文化，带动本地餐饮、文旅等发展。

"门下虫人"推出的"闽南大喇叭"原创视频被各大主流媒体、平台、自媒体转载，获得无数好评，登上央视新闻及微博热搜榜第六名。在陈艺帆看来，这也更坚定了他做短视频的初心，用传播推动闽南文化的传承，传播也可以充满力量。

**把文化传承做成事业**

陈艺帆的平台账号叫"门下虫人"，顾名思义就是闽南人的意思。陈艺帆说，"门下虫人"有两个板块：一是探寻非遗，二是介绍闽南特色的吃喝玩乐。探寻非遗的过程中，他也帮助非遗传承人运营账号，做直播。

虽然在数字经济的风口下，闽南文化的线上传播难度很大，但陈艺帆还是义无反顾，并通过组建视频团队，做起了直播、开户、推广。

"很多从事短视频这一行业的人都太浮躁，想当网红赚很多钱，但又难以坚持，因为他们大多数没有静下心来认认真真做内容。"陈艺帆认为，要想做好传播和传承，关键在于做出精品的内容。

为此，陈艺帆和团队沉下心来打磨内容，围绕非遗技艺和闽南传统文化，"门下虫人"推出了聚焦漳州龙窑、泉州提线木偶、鼓浪屿馅饼、长泰的竹编制作技艺等在内的"守忆人"

短视频合集。2021年7月,泉州申遗成功,陈艺帆也在计划探寻更多的非遗印记,传播非遗文化。如今,精心培育也逐渐有了效果,目前,"门下虫人"已拥有40多万的粉丝,相关视频的获赞量超过160万次。

"利用平台的影响力,我们也在帮助更多闽南传统文化走出'深巷',比如通过直播帮助一些非遗产品转型升级,更好地发展。"陈艺帆说,生活在闽南地区,处处都有感悟,也越来越觉得宣传闽南非遗文化是很有意义的事。

就在2021年8月12日联合国"国际青年节"当天,陈艺帆作为致力于传播家乡文化的厦门新媒体工作者,入选巨量引擎温情人物纪录片《炬光2:创业青年的新可能》的创业人物之一。陈艺帆说,他将继续把文化传承作为事业,展示新一代青年人的风采。

(资料来源:福建日报)

(1)陈艺帆是如何实现自己的创业初心的?谈谈创业初心对创业活动的重要性。

(2)搜集你家乡关于大学生返乡创业的相关政策,思考返乡创业的可行性。

# 项目 2　创新意识与创新思维

## 项目导学

**【项目导入】**

当前我国经济发展模式正处于由"中国制造"向"中国创造"转变的过渡时期，创新促进经济发展已成为共识。我国经济社会发展越来越需要具有创新思维和能力的人才，而当代大学生是国家人力资源的重要部分，是祖国未来建设的新生力量，当代大学生是否具备创新意识和创新思维，关系到整个中华民族和社会主义事业的未来。

创新意识是社会生活发展的需要，是人类意识活动中的一种积极的、富有成果性的表现形式，是人们进行创造活动的出发点和内在动力，是创造性思维和创造力的前提。大学生要想实现创新，就必须激发自身的创新意识和创新思维，培养自身的创新兴趣，树立正确的创新动机，厚植为国为民的创新情感，锤炼坚定的创新意志，在专业学习中坚持不懈地发现问题、分析问题、解决问题，敢于突破常规，将自身培养成党和国家需要的创新型人才，在实现中华民族伟大复兴的历史征程中贡献自己的青春力量。

试问：你具备创新意识吗？你存在哪些思维定式？你知道如何培养自身的创新思维吗？

**【知识目标】**

1. 掌握创新意识的内涵，掌握创新思维的内涵。
2. 了解思维定式的表现，掌握发散思维、收敛思维等常见的创新思维。

**【能力目标】**

1. 能够通过训练激发自我的创新意识，培养创新精神。
2. 能够摆脱思维定式，用创新思维提升解决问题的能力。

**【素养目标】**

1. 明确创新的重要性，激发内心深处的创新意识。
2. 打破思维枷锁，培养创新思维，树立创新意识。

> **开篇案例**

### 与众不同的人

亨利和杰米是美国旧金山某个小农镇的两个年轻人，他们出身都很穷苦，一同靠开山卖石头来赚钱谋生，不过两人的思维截然不同：亨利花费大气力将石块砸成碎石子，然后卖给那些盖房子的人，还要给人家负责送过去。而杰米呢，他对开山开出来的石头，没有进行任何改动，而是直接将其运到码头，卖给加州那些有钱的花鸟商，因为石头形态各异，杰米认为与其卖重量，不如转而卖造型，这样才容易卖出高价。

三年后，亨利的穷苦生活得到了些好转，而杰米成为小农镇中第一个买下小汽车的人。

后来，这个小农镇出了新的规定：不许再开山卖石，山上只允许种树，所以很多人开始转而种水果尤其是种鸭梨，因为这里的气候地理比较适宜，种出来的鸭梨肉脆汁浓，非常可口，各地的客商都跑来进货，他们的鸭梨和其他水果甚至远销国外。

就在小农镇上的人为种鸭梨所赚到的钱而兴奋不已时，曾卖过石头、也种过鸭梨的杰米却做出令人吃惊的决策，他卖掉果树，开始种柳树编筐子。原来，他发现，外地来的客商根本不用担心买不到好的鸭梨，他们愁的是买不到盛鸭梨的好筐子。不久之后，杰米靠卖筐子赚到的钱是其他人卖鸭梨平均收入的三倍还要多。

又过了三年，杰米成为小农镇上第一个盖起豪华别墅的人。

再后来，一条铁路从小农镇边上贯穿南北，从小农镇上车后，往北可以到达纽约，往南可以直抵佛罗里达。随着小农镇的开放，那些果农们更加富裕了，他们开始做起了水果加工，一些有头脑的人还准备一起办厂。那么杰米呢，他在做什么？他在自家的地头砌了一堵高达三米、长达百米的墙，这堵墙面向铁路，两旁正是无尽的梨园。坐火车从这里路过的人，在欣赏美景时，都会看到这堵墙上醒目的广告。凭这堵墙，杰米每年有近10万美元的额外广告收入。又过了两年，杰米在小农镇上办起了服装加工厂……

有一次，某国际大公司的美洲区代表约翰逊到旧金山考察，在沿途中听到了关于杰米的传奇故事。他被杰米所拥有的罕见的商业思维所震惊，当即下决心将杰米请到自家公司。

约翰逊很快就找到了杰米，当时，杰米正在自己的服装店门口与对门的店主吵架，因为杰米店里的一套礼服标价600美元，对面就标价580美元；而当杰米降到580美元时，对门就降价到550美元……一个月下来，杰米的服装店仅卖出9套礼服，而对面的店却卖出90套。

看到这种情形后，约翰逊十分失望，认为自己是被讲故事的人欺骗了。然而，在弄清事情真相之后，约翰逊当即决定以百万美元的年薪聘请杰米。原来，对面的那个店也是属于杰米的。

又过了一年多，杰米已经成为约翰逊手下最得力的助手。这天，当约翰逊问到杰米对做生意赚钱的感受时，杰米深有感触地表示：事实上，人贫穷并不可怕，可怕的是思维贫穷。做生意，要想赚钱，就必须有与众不同的创新思维，如此，才会有与众不同的巨大收获。

**思考讨论：**

1. 案例中杰米每一次的成功源自于什么样的思维方式？
2. 这个案例对于你的思维创新有哪些启示？

## 任务 2.1　培养创新意识

### 名人名言

咱们不能人云亦云，这不是科学精神，科学精神最重要的就是创新。

——钱学森

具有能进行创造性活动的意识是巨大的幸福，也是人活着的伟大证明。

——马修·阿诺德

### 2.1.1　创新意识的内涵

创新意识是指人们根据社会和个体生活发展的需要，产生创造前所未有的事物或观念的动机，并在创造活动中表现出的意向、愿望和设想。它是人们进行创造活动的出发点和内在动力，是创造性思维和创造力的前提。人们只有在强烈的创新意识引导下，才可能产生强烈的创新动机，才能充分发挥创新的潜能。

### 2.1.2　创新精神的表现

创新精神是指能够综合运用已有的知识、信息、技能和方法，提出新方法、新观点的思维能力和进行发明创造、改革、革新的意志、信心、勇气和智慧。

创新精神主要表现为以下四大精神内涵。

#### 1. 推陈出新精神

创新精神是一种勇于抛弃旧思想、旧事物，创立新思想、新事物的精神。例如，不满足已有认知，不断追求新知识；不满足现有的生活生产方式、方法、工具、材料、物品，根据实际需要或新的情况不断进行改革和革新；不墨守成规，敢于打破原有框框，探索新的规律、新的方法；不迷信书本、权威，敢于根据事实和自己的思考，质疑书本和权威；不盲目效仿别人的想法、说法、做法，坚持独立思考，说自己的话，走自己的路；不喜欢一味模仿，追求新颖、独特、与众不同；不僵化、呆板，灵活地运用已有的知识和能力解决问题等。这些都是创新精神的具体表现。

#### 2. 科学精神

创新精神是科学精神的一个方面。第一，创新精神以敢于摒弃旧事物、旧思想，创立新事物、新思想为特征，同时，创新精神又要以遵循客观规律为前提，只有符合客观需要和客观规律时，创新精神才能顺利地转化为创新成果。第二，创新精神提倡新颖、独特，同时又要受到一定的道德观、价值观、审美观的制约。第三，创新精神提倡独立思考、不人云亦云，但并不是不倾听别人的意见、孤芳自赏，而是要团结合作、相互交流。第四，创新精神提倡大胆尝试、不怕犯错误，但并不是鼓励犯错误。第五，创新精神提倡不迷信书本、权威，但并不是反对学习前人经验，因为任何创新都是在前人成就的基础上进行的。总之，要用全面、辩证的观点看待创新精神。只有具有创新精神，我们才能在未来的发展中不断开辟出新的天地。

### 3. 开拓精神

创新意味着开拓，进入新的领域，走前人没有走过的路，做前人没有做过的事。面对着未知的空间，只有开拓才能进入，只有开拓才有可能创新。开拓精神是一种创造精神，开拓依靠创造，创造出新的方法、新的产品、新的事物，才称得上是开拓。开拓的过程就是创造的过程。开拓精神是一种探索精神，开拓需要探索，应该怎样创新，没有现成的答案或标准的模式，只能在探索中开拓，在试验中前进。开拓精神表明了主体的不自满心态，即使取得了相当的成就，达到了相当的高度，也总是把目标定在没有攀登过的高峰上，总是要不断打破纪录，挑战极限。开拓精神鼓励主体不满足于现有状态，用积极的、开放的、上进的态度看待世界、对待未来。

### 4. 冒险精神

创新面对的是不确定性空间，德鲁克认为，创新有着独特的风险与内在的不可预见性，它是变化不定、难以控制的。创新包含着风险，有研究指出即使是在技术创新的初始阶段，也包含着失误风险、中断风险、时间风险、竞争风险、市场风险等。因此，创新本身就是冒险，创新需要具备冒险精神。冒险精神不是胡来蛮干，而是和科学精神相统一的冒险精神，是富于理性的冒险精神。冒险精神就是追求成功又不怕失败，在失败的可能中谋求成功，勇于创新又承担代价，以必要的代价换取利益。

## 2.1.3 大学生培养创新意识的途径

大学生要想培养创新意识，避免消极思维定式的影响，可以通过以下途径。

### 1. 处处留心、勤于观察

"欲要看究竟，处处细留心"这句话的意思是想要把事情搞清楚、弄明白，就要注意仔细观察。在生活中，只要留心观察，就能从一些细小的地方或平常的事情中获得知识。历史上有不少科学家都通过留心观察生活中一些极其普遍的现象而萌发奇想，并以其大胆的思考和尝试而改变了世界。例如，瓦特因留心壶盖在水烧开后的跳动而发明了蒸汽机，牛顿因留心树上苹果会落地而发现了地球引力等。当有人嘲笑爱迪生做灯丝实验失败了1000次时，爱迪生说："至少我已发现1000种材料不适合做灯丝。"观察是提升创造力的前提，大学生要做有心人，要善于观察身边的人和事，善于思考，关注社会、关注生活、关注民生，这样才能提升对问题的洞察力，开启创新人生。

### 2. 敢于质疑、善于提问

质疑是人类思维的精髓，"学源于思，思源于疑"，大胆质疑是培养大学生创新意识的重要途径。敢于质疑就是主动自觉地去发现问题、解决问题，用怀疑和批判的眼光看待一切事物，既敢于肯定，更敢于否定。爱因斯坦说过："提出问题比解决问题更重要。"创新思维是以提出问题为起点的，提出问题是取得知识的先导，只有提出问题，才能解决问题，认知才能前进。对每一种事物都能提出疑问，是许多新事物、新观念产生的开端。大学生不要盲目地听从他人，而要敢于打破对传统、权威、书本的迷信，敢于质疑，善于提问，只有这样才能不断激发创新意识。

### 3. 博学广闻、精通专业

创新建立在知识积累基础上，知识本身蕴含丰富的创造力，没有知识的深厚积淀，创新就失去了物质基础。博学广闻就是学识广博，见闻丰富，这是实现大学生创新的知识源泉。精通专业就是努力学习，全面掌握专业知识和专业技能。大学生要具备勤奋求知精神，博览群书，广泛涉猎各种知识，认真学好专业知识，积极参加社会实践活动，努力运用现代化科学知识和科学手段，研究并解决社会发展中的各种实际问题，真正做到专创融合、终身学习，在自主创新中发挥生力军作用。

### 4. 坚持不懈、勤于实践

大学生要实现创新，就要把刨根问底、坚持不懈的精神运用到学习和生活中，探究各种事物的本源及实质，不断钻研，锲而不舍，一步步地找寻正确的结果。古人云："读万卷书，行万里路。"大学生除了要努力学习，让自己的拥有丰富的才识，还要学以致用，将理论与实践结合起来。纵观现实中的每项发明，无论是成功与失败，都是无数次创新思维和实践过程的结合。"实践是检验真理的唯一标准"，大学生只有脚踏实地参与社会实践，才能经受锻炼，增长才干，实现知识和行动的有机统一。

---

**案例阅读**

**屠呦呦：不慕浮华　醉心青蒿**

2015年10月5日，一个名字在中华大地沸腾，并响彻全球，她就是"屠呦呦"。因为发现青蒿素，屠呦呦获得了该年的诺贝尔生理学或医学奖，成为迄今为止第一位获得诺贝尔奖的中国本土科学家，实现了中国人在自然科学领域诺贝尔奖零的突破。

时光倒流至20世纪60年代，屠呦呦和青蒿素故事开始的时间。当时，引发疟疾的疟原虫出现强大的抗药性，原有治疗药物失效，全世界都在受疟疾之苦。越南战场上，疟疾愈演愈烈，越南政府向我国请求支援；在国内，疟疾也多次大范围爆发，平均发病率居高不下。

1967年5月23日，我国启动"523"项目，全国60多个单位的500余名科研人员投入到抗疟新药的研发中。年仅39岁，却已在中医药研究领域打下了坚实基础的屠呦呦临危受命，成为课题攻关的组长。

简陋的设备、匮乏的资源、稀缺的人手，摆在屠呦呦面前的，是一个堪比攀登珠峰的艰难挑战。3个月里，屠呦呦带领组员翻阅上百份中国古代医学典籍，从2000多个抗疟药方中精选了640个方药，开始逐一排查实验。

在经历了190次失败，筛选了300余种中草药后，受东晋葛洪《肘后备急方》中一段关于青蒿描述的启发，屠呦呦终于在1971年10月4日，发现191号青蒿乙醚中性提取物样品对疟原虫的抑制率达到 100%。临床阶段，屠呦呦以身试药，亲自证实了青蒿素抗疟疗效的安全可靠。

如今，以青蒿素为基础的联合疗法，已经成为世界卫生组织推荐的抗疟疾标准疗法。作为青蒿素的重要发现者之一，屠呦呦的这一成果挽救了数百万人的生命。

"呦呦鹿鸣，食野之蒿"，似乎早在父亲给屠呦呦取名字时，就注定了她与青蒿的不解之缘。在屠呦呦的手里，这株小草改变并走向了世界！

（资料来源：光明网）

## 任务 2.2　培养创新思维

### 名人名言

思维是灵魂的自我谈话。

——柏拉图

能正确地提出问题就是迈出了创新的第一步。

——李政道

### 2.2.1　创新思维的内涵

#### 1. 创新思维的概念

创新有法，思维无法，贵在创新，重在思维。创新思维是指以新颖独创的方法解决问题的思维过程。通过这种思维能突破常规思维的界限，以超常规甚至反常规的方法、视角去思考问题，提出与众不同的解决方案，从而产生新颖的、独到的、有社会意义的思维成果。

#### 2. 创新思维的特征

创新思维是人类思维活动中最积极、最活跃、最富有成果的一种思维形式，作为思维的一种高级形式，它具有以下基本特征。

1）突破性

创新思维是突破性思维，要创新首先要对已掌握的知识信息进行加工处理，从中发现新的关系，形成新的组合，并产生突破性成果。《孙子兵法》中的"置之死地而后生"和《三国演义》中的"草船借箭""空城计"典故，都是突破常规思维的经典案例。创新思维的突破性要求人们不拘泥于原有的经验和知识，不迷信、不盲从、不满足于现在的方法和方案，经过自主独立思考，突破前人，超越常规，产生新的思维成果。

2）批判性

创新思维具有的批判性特征，是指在创新思维过程中，人们通过反思、分析问题，对既有知识、经验与思维定式进行评价性的质疑，重新做出决定并解决问题。如果没有批判性的心态，人类就不会进步。

### 3）敏捷性

思维的敏捷性以思维的灵活性为基础，思维敏捷的人往往具有良好的观察力及注意力，善于从普通的事物中发现不寻常的因素。创新思维的敏捷性要求人在思维方法、方式、途径、程序等方面没有固定的框架，能在短时间内迅速调动思维，当机立断，迅速解决问题。

### 4）综合性

创新过程中既有知觉的洞察和灵感的闪现，又有想象的驰骋和类比的启迪，更不乏演绎与归纳、发散与集中、假象与试探。人们只有突破思维定式的约束，综合运用多种创新思维，才会有非同寻常的创新。

### 5）可塑性

创新思维的可塑性是指人们可以利用大脑和心理的发展规律，通过环境的改善、经验的积累、后天的学习和行为的习惯化来挖掘自身蕴含的创新思维潜能，重塑创新思维。

## 知识拓展

### 王国维的三境界论

我国晚清学者王国维在《人间词话》中说："古今之成大事业、大学问者，必经过三种之境界：'昨夜西风凋碧树。独上高楼，望尽天涯路'。此第一境也。'衣带渐宽终不悔，为伊消得人憔悴'。此第二境也。'众里寻他千百度，蓦然回首，那人却在灯火阑珊处'。此第三境也。"

第一境界："昨夜西风凋碧树。独上高楼，望尽天涯路"。这词句出自北宋晏殊的《蝶恋花》，原意是说，"我"上高楼眺望所见的更为萧飒的秋景，西风黄叶，山阔水长，案书何达？在王国维此句中可理解为，做学问成大事业者，首先，要有执着的追求，登高望远，察明路径，明确目标与方向。

第二境界："衣带渐宽终不悔，为伊消得人憔悴"。这引用的是北宋柳永《蝶恋花》最后两句词，原词表现作者对爱的艰辛和爱的无悔。王国维以此两句来比喻要成就大事业，不是轻而易举、随便可得的，必须坚定不移，经过一番辛勤劳动，废寝忘食，孜孜以求，直到人瘦带宽也不后悔。

第三境界："众里寻他千百度，蓦然回首，那人却在灯火阑珊处"。这词句是引用南宋辛弃疾《青玉案》词中的最后三句。梁启超称此词"自怜幽独，伤心人别有怀抱"。这是借词喻事，与文学赏析已无交涉。王国维以此词最后的三句为"境界"之第三，即最终最高境界。要达到第三境界，必须有专注的精神，反复追寻、研究，下足功夫，自然会豁然贯通，有所发现，有所发明。

## 2.2.2 思维定式的表现

### 1. 思维定式的概念

思维定式也称"惯性思维"，是人们在长期的思维实践中形成的思考问题时的一种惯用的、格式化的固定模式，是由先前的活动而造成的一种特殊的心理准备状态。

思维定式既有正面效应，也有负面效应。在环境不变的条件下，思维定式能够使人们应用已掌握的方法迅速解决问题；而在情境发生变化时，它则会妨碍人们采用新的方法。消极的思维定式会限制人们积极性、主动性、创造性的发挥，制约人们进取意识、创新意识的拓展，是束缚创造性思维的枷锁。正如法国生物学家贝尔纳所说："妨碍人们学习的最大障碍，并不是未知的东西，而是已知的东西。"

> **案例阅读**
>
> **蜜蜂和苍蝇的故事**
>
> 把六只蜜蜂和同样多的苍蝇装进一个玻璃瓶中，然后将瓶子平放，让瓶底朝着窗户。结果发生了什么情况？蜜蜂不停地想在瓶底上找到出口，一直到它们力竭倒毙或饿死；而苍蝇则会在不到两分钟之内，穿过另一端的瓶颈逃逸一空。由于蜜蜂基于出口就在光亮处的思维方式，想当然地设定了出口的方位，并且不停地重复着这种"合乎逻辑"的行动。
>
> 可以说，正是由于这种思维定式，它们才没有能走出"囚室"。而那些苍蝇则对所谓的逻辑毫不留意，全然没有对光亮处的思维定式，而是四下乱飞，终于走出了"囚室"。

### 2. 思维定式的表现

#### 1）从众型定式

从众型定式表现为跟从大众、服从大众的意志和行为。拥有这种思维定式的人，在认知事物、判断是非时，往往会附和多数人的意见，人云亦云，缺乏自己的独立思考。

#### 2）权威型定式

在思维领域，我们习惯于引用权威的观点，不加思考地以权威的是非为是非，这就是权威型定式。权威型定式会让我们不敢多想一步，思维故步自封。只有敢于打破权威型定式，才能提出自己独立的思想，解决一些科学难题。

#### 3）经验型定式

经验型定式表现为以经验作为处理问题、完成任务、判断是非的标准。经验是相对稳定的东西，然而，正因为经验具有稳定性，可能导致人们过分依赖甚至崇拜经验，从而形成经验型定式，结果就会因循守旧，限制头脑的想象力，造成创新思维能力的下降。

#### 4）书本型定式

书本是千百年来人类经验和体悟的结晶，但是，由于客观实际是不停变化的，加之前人受知识条件的局限，书本知识与客观实际可能存在一定的差距，二者并不完全吻合。倘若我们脱离实际，照搬照抄书本知识，就会使自己局限于书本知识之内，从而束缚创新思维的发挥。

#### 5）自我贬低型定式

有的人经历过一些挫折和失败，做事没有信心，总认为"我不行，我做不到"，不敢再去尝试，由此形成恶性循环——因没有自信而不去做，因不做而更加没有自信，最终饱受自我批判、自我贬低的折磨。

思维定式容易产生功能固着心理，使人们只能看到事物通常的功能，而看不到它的其他用途。思维定式还容易产生刻板印象，影响对事物的判断和解决问题的能力。

> **案例阅读**
>
> 谁和谁吵？
>
> 一位公安局长在路边同一位老人谈话，这时跑过来一位小孩，急促地对公安局长说："你爸爸和我爸爸吵起来了！"老人问："这孩子是你什么人？"公安局长说："是我儿子。"请你回答：这两个吵架的人和公安局长是什么关系？这一问题，在100名测试的人中只有两人答对！后来对一个三口之家问这个问题，父母没答对，孩子却很快答了出来："局长是个女的，吵架的一个是局长的丈夫，即孩子的爸爸；另一个是局长的爸爸，即孩子的外公。"
>
> 为什么那么多成年人对如此简单的问题解答反而不如孩子呢？按照成年人的经验，公安局长应该是男的，从男局长这个思维定式去推想，自然找不到答案；而小孩子没有这方面的经验，也就没有思维定式的限制，因而一下子就找到了正确答案。

### 2.2.3 常见的创新思维

#### 1. 逆向思维

逆向思维也叫"求异思维"，它是将司空见惯的、似乎已成定论的事物或观点反过来思考的一种思维方式。在日常生活中，常规思维难以解决的问题，通过逆向思维却可能轻松化解。逆向思维是发现问题、分析问题和解决问题的重要手段，有助于克服思维定式的局限性，其思维方法主要有如下三种。

（1）反转型逆向思维法。反转型逆向思维法是指从通常思考问题思路的相反方向进行思考的一种思维方法。

> **案例阅读**
>
> 晴天和雨天
>
> 一位母亲有两个儿子，大儿子开染布作坊，小儿子做雨伞生意。每天，这位老母亲都愁眉苦脸，天下雨了怕大儿子染的布没法晒干，天晴了又怕小儿子做的雨伞没有人买。一位邻居开导她，叫她反过来想：雨天，小儿子的雨伞生意做得红火；晴天，大儿子染的布很快就能晒干。逆向思维使这位老母亲眉开眼笑，活力再现。

（2）转换型逆向思维法。转换型逆向思维法是指由于解决问题的常规手段受阻而转换成另一种手段，或者转换思考的角度，以使问题得到解决的一种思维方法。

> 📖 **案例阅读**
>
> 圆珠笔的发明
>
> 圆珠笔是匈牙利人拜罗在 1938 年发明的,但一直有漏油的缺点。为此,人们一直在寻找耐磨的笔珠材料,但进展不大。1950 年,日本发明家中田藤三郎运用逆向思维很快解决了问题。他通过研究发现,圆珠笔在写到两万个字时开始漏油。既然这样,如果把油墨控制到只能写 1.5 万字左右,不就可以解决漏油问题了吗?经过试验,很快获得了成功。

(3)缺点型逆向思维法。缺点型逆向思维法是指将事物的缺点变为可利用的东西,化被动为主动,化不利为有利的一种思维方法。

> 📖 **案例阅读**
>
> "凤尾裙"与"无跟袜"
>
> 某时装店的经理不小心将一条高档裙子烧了一个洞,其身价一落千丈。如果用织补法补救,也只是蒙混过关,欺骗顾客。这位经理突发奇想,干脆在小洞的周围又挖了许多小洞,并精于修饰,将其命名为"凤尾裙"。一下子,"凤尾裙"销路顿开,该时装商店也出了名。逆向思维带来了可观的经济效益。无跟袜的诞生与"凤尾裙"异曲同工。因为袜跟容易破,一破就毁了一双袜子,商家运用逆向思维,试制成功"无跟袜",创造了非常良好的商机。

### 2. 发散思维

发散思维又称"辐射思维""放射思维""扩散思维",是指在对事物或问题的研究过程中,保持思想活跃和开放状态的一种思维方式。从一定程度上说,人与人之间创新能力的差别就体现在发散思维能力上。

发散思维具有以下特性。

(1)流畅性。发散思维的流畅性指在尽可能短的时间内生成并表达出尽可能多的思维观点,并较快地适应、消化新的思维观点。流畅性反映的是发散思维的速度和数量特征。

(2)变通性。发散思维的变通性就是指克服人们头脑中某种自己设置的僵化的思维框架,按照某一新的方向来思索问题。变通性使发散思维沿着不同的方面和方向扩散,使思维表现出极其丰富的多样性和多面性。

(3)独特性。发散思维的独特性指人们做出不同寻常的、异于他人的新奇反应的能力。独特性是发散思维的最高目标,是发散思维最本质的要求。

大学生应勤于实践,有意识地从多种维度发散自己的思维,通常可以按照以下 7 种常见的训练方法,训练自身的发散思维。

（1）材料发散法。材料发散法是指以某个物品的"材料"为发散点，设想它的多种用途。例如，粉笔有哪些用途？粉笔可以用来写字、当裁剪衣服用的画粉、当打鸟用的子弹、当武器掷人、当颜料、当飞行棋棋子、当表演道具（香烟）等。

（2）功能发散法。功能发散法是指从某事物的功能出发，构想出获得该功能的各种可能性。例如，在寒冷的冬天如何御寒？可以多穿衣服、包裹棉被、穿高分子发热材料衣服、抱团取暖、摩擦、运动、喝酒、喝热水、吃热的食物、吃辣椒、烤火、开暖气、开空调、点燃壁炉等。

（3）结构发散法。结构发散法是指以某事物的结构为发散点，设想出利用该结构的各种可能性。例如，"立方体"结构能用来做什么？可以用来做工具箱、行李箱、收纳盒、收纳凳、包装盒、保鲜盒、香烟盒、火柴盒、车厢、集装箱、船舱、房间等。

（4）形态发散法。形态发散法是指以某事物的形态为发散点，设想出利用该形态的各种可能性。例如，铃声可以用来做什么？可以表示一段时间、发出警告和提示、驱赶鸟群等。

（5）组合发散法。组合发散法是指以某事物为发散点，尽可能多地把它与别的事物组合成新事物。例如，音乐可以同哪些东西组合在一起？音乐可以和摩托车、汽车、礼物、音乐盒、布娃娃、玩具等组合在一起，变成新事物。

（6）方法发散法。方法发散法是指以某种方法为发散点，设想出利用该方法的各种可能性。例如，用"摩擦"的方法可以做哪些事情？可以用来生火、发声、站立、固定、起电、抓痒、搓污垢、磨刀、取暖等。

（7）因果发散法。因果发散法是指以某事物发展的结果为发散点，推测出造成该结果的各种原因，或者由原因推测出可能产生的各种结果。例如，某同学创业成功的原因可能与以下关键词有关：创新思维、爱冒险、不服输、肯吃苦、爱学习、懂管理、热爱自由、使命感强烈、改变世界、利他精神、商业机会、团队、资源、融资、口才、责任、自信、机会、政策、人脉、素质等。

大学生可按照以上 7 种方法训练发散思维，往往能够达到触类旁通、推陈出新的效果，使自己逐渐具有多方位、多角度、多方法思考的良好习惯。

## 知识拓展

### 如何解决电梯问题

某工厂的办公楼原是一片 2 层建筑，占地面积很大。为了有效利用地皮，工厂新建了一幢 12 层的办公大楼，并预备拆掉旧办公楼。

员工搬进了新办公大楼不久，便开始抱怨大楼的电梯不够快、不够多，尤其是在上下班高峰期，他们得花很长时间等电梯。人们想出了如下几个解决方案。

1. 上下班高峰期，让电梯分奇数楼层和偶数楼层停。
2. 安装几部室外电梯。

3. 把公司各部门的上下班时间错开，避免拥挤的情况。
4. 在所有电梯旁边的墙面上安装镜子。
5. 搬回旧办公楼。

面对以上这些方案，你会选择哪一个？

这家工厂最终采用了第4种方案，并成功地解决了问题。因为，当员工们忙着在镜子前审阅自己，或是偷偷观察别人，人们的注意力不再集中于等待电梯上，焦虑的心情得到放松。不是大楼缺电梯，而是人们缺乏耐心。

### 3. 收敛思维

收敛思维又称"聚合思维""集中思维"，是指在发散思维的基础上，将获得的若干信息或思路加以重新组织，使之指向一个正确的答案、结论、方案的一种思维方式。具体说来，就是对发散思维提出的多种设想进行整理、分析、选择，再从中选出最有可能、最经济、最有价值的设想，并加以深化和完善，从而获得一个最佳的方案。

收敛思维能使思维始终集中于同一方向，使思维条理化、简明化、逻辑化、规律化。

> **案例阅读**
>
> **丰田五问**
>
> 大野是丰田汽车的总经理。有一次，生产线上有台机器老是停转，修了多次都无效。
> 大野问："为什么机器停了？"
> 工人答："因为超负荷，保险丝烧断了。"
> 大野问："为什么超负荷呢？"
> 答："因为轴承的润滑不够。"
> 大野问："为什么润滑不够？"
> 答："因为油泵吸不上油来。"
> 大野问："为什么吸不上油来呢？"
> 答："因为油泵的轴磨损，松动了。"
> 这样，大野还不放过，又问："为什么磨损了呢？"
> 答："因为没有安装过滤器，混进了铁屑。"
> 于是，大野下令给油泵安装过滤器，终于使生产线恢复了正常。

收敛思维与发散思维，如同"一枚钱币的两面"，是对立的统一，具有互补性，不可偏废。一般来说，思考问题时，可以先发散后收敛。发散思维有利于人们思维的广阔性和开放性。而收敛思维则不一样，它有助于从各种思路中选取精华，有利于取得突破性进展。发散思维与收敛思维是创新过程中相辅相成的统一体，二者缺一不可。

> **案例阅读**
>
> 发散思维和收敛思维的综合运用
>
> 　　1960 年，英国某农场主为节约开支，购进一批发霉花生喂养农场的十万只火鸡和小鸭，结果这批火鸡和小鸭大都得癌症死了。不久，我国某研究单位和一些农民用发霉花生长期喂养鸡和猪等家畜，也产生了上述结果。1963 年，澳大利亚又有人用发霉花生喂养大白鼠、鱼、雪貂等动物，结果被喂养的动物也大都患癌症死了。
>
> 　　在不同地区，用发霉花生喂养的不同种类的动物都患了癌症，因此发霉花生是致癌物。后来又经过化验研究发现：发霉花生内含有黄曲霉素，而黄曲霉素正是致癌物质，这就是收敛思维法的运用。
>
> 　　运用发散思维，会继续思考什么问题？
>
> 　　既然黄曲霉素是致癌物质，那么凡是含有黄曲霉素的食物也都是致癌物。除发霉花生含有黄曲霉素外，还有哪些食物含有黄曲霉素呢？

### 4. 联想思维

　　联想思维是指在头脑中将某一事物的形象、特征或其他属性与其他相关事物联系起来的一种思维方式。人们常说的"由此及彼""由表及里""举一反三"等都是联想思维的体现。

　　心理学家哥洛万斯和斯塔林茨曾用实验证明，任何两个概念词语都可以经过四到五个阶段，建立起联想的关系。联想思维能力越强，越能把意义上跨度很大的不同事物联结起来，从而使构思的格局变得更加广阔。联想思维在创新活动中起到开拓思维和启迪思维的引导作用，可以使我们扩展思路、升华认识、把握规律。联想思维可分为以下 4 种类型。

　　（1）相似联想。相似联想是指由某一事物或现象的刺激而想起在形状、功能、结构等方面相似的其他事物，并由此受到启发，产生新的思维方式。例如，鲁班由手被茅草划伤展开联想，最终发明锯子。

> **案例阅读**
>
> 隐身衣
>
> 　　苏联卫国战争期间，列宁格勒遭到德军的包围，经常受到敌机的轰炸。在这紧急关头，苏军伊方诺夫将军一次视察战地，看见有几只蝴蝶飞在花丛中时隐时现，令人眼花缭乱。这位将军随即产生联想，并请来昆虫学家施万维奇，让他们设计出一套蝴蝶式防空迷彩伪装方案。施万维奇参照蝴蝶翅膀花纹的色彩和构图，结合防护、变形和仿照三种伪装方法，将活动的军事目标涂抹成与地形相似的巨大多色斑点，并且在斑点上印染了与背

景相似的彩色图案。就这样，使苏军数百个军事目标披上了神奇的"隐身衣"，大大降低了重要目标的受损率。

（2）对比联想。对比联想是指发明者对某事物的属性、特点、结构、功能、顺序等方面进行相反的比较而形成的联想。对比联想使人容易看到事物的对立面，对于认识和分析事物有重要的作用。例如，由加湿器联想到除湿器，由吸尘器联想到电吹风，等等。

（3）相近联想。接近联想是指由一个事物联想到在时间、空间或某种联系上相接近的另一个事物。例如，由蓝天联想到白云，由嫦娥联想到月亮，等等。

（4）因果联想。因果联想是指由事物可能存在的因果关系引发的联想，或由原因联想结果，或由结果联想原因。

### 5. 灵感思维

灵感思维是指在对于事物的接触及思考过程中，因受到某种启发而突然涌现，使问题得到解决的一种思维方式。

灵感思维是在抽象思维和形象思维的基础上产生的顿悟式的思维，通常是非自觉的、可遇而不可求的。

### 案例阅读

#### 沃尔特·迪斯尼的故事：灵感来自老鼠

他是一个只有二十一岁的画家，揣着仅有的四十美元离开家乡，来到堪萨斯城谋生。他去了一家报社应聘，但主编不满意他的作品，认为他的作品缺乏新意。后来，他只好到一座教堂作画，但报酬很低，他没有钱交房租，只好租用了一家废弃的车库作为画室兼住所。他每天都要在那个充满汽油味的车库里工作到深夜。而且，每天睡觉以后，他都会听到老鼠吱吱叫。他太累了，完全没有精力去赶走那只老鼠，所以只能和老鼠和平共处。

一天半夜，画家抬起头来，看见幽暗的灯光下有一双亮晶晶的小眼睛在闪动。在后来的日子里，他和这只小老鼠朝夕相处，经常在黑暗中互相看着对方。有时候，小老鼠会在地板上做着各种动作，偶尔还会大胆地跳上画家的画板，在上面跳来跳去。在艰难的岁月中，画家和老鼠仿佛建立了一种默契和友谊。

不久之后，画家要离开了，他在好莱坞找到了一份工作，为一部动画片设计形象。但是，他设计的动画形象仍然遭到了否定，他又一次失败了。

在遭遇多次失败之后，画家甚至开始怀疑自己的能力。又是一个不眠之夜，画家突然想到了那双亮晶晶的小眼睛，灵感就像黑夜的一道光芒闪现在他的脑海里。画家立刻爬起来，打开灯，支起画架，于是一个全世界最受欢迎的动画形象——米老鼠诞生了。

> 他就是美国最著名的画家沃尔特·迪斯尼，他创造了风靡全球的米老鼠。此后，他用自己的灵感和能力，筑起了他的迪斯尼王国。
>
> 有的人不愿意面对失败，或不愿意承认失败。如果你把失败当成人生的必修课，那么你就会发现，几乎所有的失败经历都会给你带来宝贵的财富。

## 思政课堂

### 人人皆可创新

面对人民日益增长的美好生活需要，我们必须把创新摆在国家发展全局的核心位置。但有人认为创新是年轻人的事情，也有人觉得只有科技工作者才具备创新能力。事实上，人人皆可创新。

习近平总书记指出："哲学社会科学创新可大可小，揭示一条规律是创新，提出一种学说是创新，阐明一个道理是创新，创造一种解决问题的办法也是创新。"可以说，这一重要论述适用于各个领域。创新具有丰富内涵和多样形式，只要能突破陈规、有所推进，无论大小都可以称得上是创新。生活从不眷顾因循守旧、满足现状者，从不等待不思进取、坐享其成者，而是将更多机遇留给勇于和善于创新的人。只要积极进取、敢想敢做，就能进行不同程度、不同类型的创新。

创新不唯年龄。年轻意味着思想活跃、易于接受新鲜事物，尤其是在"互联网+"条件下，确实有一大批年轻人登上创业创新舞台，但创新并不只是年轻人的事。"蛟龙号"载人深潜项目总设计师徐芑南，66岁重返工作岗位，77岁评上院士，81岁仍在不断创造中国载人深潜新纪录。不仅在载人深潜、航空航天、高铁等领域，而且在金融投资、新兴产业等领域，都有老一辈佼佼者。他们经验丰富、见闻广博，往往更能抓住事物的要害，在很多关键岗位上发挥着举足轻重的作用。

创新不唯学历。学历代表的主要是人们受教育程度，而不一定是实际工作能力。农民工赵正义只有初中文化程度，但他苦心钻研15年，发明了高效、节能、环保的新型塔基，并获得国家科学技术进步二等奖。这样的人和事还有很多。一些人由于各种原因，错失到大学深造的机会，但他们从未放弃学习，而是一直努力吸取新知识，不断提高解决实际问题的能力，具有出类拔萃的创新能力。

创新不唯职业。广大知识分子堪称创新的主力军，但创新是全方位、多层次、宽领域的，工人、农民等各类群体中也涌现出大量创新人才。"抓斗大王"包起帆立足本职岗位、勇于开拓创新，走上了世界工程技术的最高领奖台。还有"金牌工人"许振超，从一名普通工人自学成为"桥吊专家"，练就"一钩准""一钩净""无声响操作"等绝活，先后6次打破集装箱装卸世界纪录，使"振超效率"闻名遐迩。

三百六十行，行行出状元。一个人不论年龄、身份和教育背景如何，只要有一定专业知识或专门技能，就能进行创新，为社会发展进步做出贡献。中国特色社会主义进入新时代，为各类人才创新提供了更为广阔的舞台和难得的机遇。当前，我国创新创造能力还不能满足经济社会发展需求，与发达国家相比仍有较大差距。我们要不拘一格选才、育才、用才，让每一个有志成才的人都有创新空间，形成人人皆可创新、人人尽展其才的生动局面。同时，要坚持尊重劳动、尊重知识、尊重人才、尊重创造的方针，让每一个为国家和人民做出创新性贡献的人都能得到物质回报、精神激励。

（资料来源：人民网）

## 项目实训

1. 根据自身实际，制订一份创新意识提升计划。
2. 分析以下案例并回答问题。

### "独食"餐饮的弄潮儿

朱婷婷，襄阳职业技术学院护理专业 2017 届毕业生，创办湖北岁稔年丰网络科技有限公司，经营杭州良弥一味独食火锅、成都壹位屋独食火锅等 5 家直营店，不到 3 年发展了 200 余家加盟店，带动 300 余人创业、1500 余人就业，从一名高职毕业生逆袭成为千万富翁。朱婷婷独具匠心地打造"独食火锅"系列品牌，掀起一波新"食"尚，将"一人一份"用餐制推行得风生水起，成为中国独食经济的领航者。2020 年 6 月，她的"独食火锅"故事被改编成了创业青春偶像电视剧。

**一念创新，激活"创业"基因**

2014 年，温州女孩朱婷婷承载着家人的希望进行襄阳职业技术学院学习，在校期间她积极参加多项演讲比赛并获奖。大一下学期，她在"双创"老师引导下，参加了学校创业计划大赛并获得二等奖，激发了她的创业梦想和激情。她组建"育婴树"项目团队参加 2016 "中国创翼"创新创业大赛获得银翼奖。2017 年，她参加第三届"互联网+"创新创业大赛获得铜奖。从此，激活了她作为温州人特有的"创业"基因，给予她源源不断的创业动力。

**一心创业，扬起"饮食品牌"梦想**

毕业后，朱婷婷回到家乡温州继续她的创业梦想，她决心考察调研饮食市场。于是她进入一家餐饮公司担任总经理助理，入职仅半个月，就凭借策划出轰动整个温州的"七夕龙虾花束活动"升任为企划总监。2017 年下半年，朱婷婷加入浙江博多集团创始人计划，自主经营"西点艾克炸鸡汉堡"和"良弥一味独食火锅"两个品牌。其中西点艾克在温州开设了 3 家直营店，带动 20 余人就业。"独食火锅"开业即火爆，开业首日仅 17 个餐位的小店营业额破万元，得到年轻人群体的广泛关注和认可。

**一展雄姿，勇亮"独食"锋芒**

时有所需，必有作为。朱婷婷认为，在创新中创业，只有着力解决社会痛点的创业才能在市场中有竞争力。"独食火锅"的火爆引导她进一步深入调研，将目标锁定在超过两亿的单身群体上。她坚信这是一个巨大的潜在市场，她希望为这群人打造一个独享空间，从空间、服务到菜品，处处营造一种优越轻松的独处感。在她这里，"独食"的孤独感变成"优越感"和"趣味感"。让一个人的饭既好吃又有趣。基于这样的判断，她加强了研发能力，统一了团队形象，通过严格的标准作业指导、完善的供应链体系和特色的商业模式吸引加盟商，勇作"独食"餐饮的领航者。

　　天高任鸟飞，在这个创新创业的时代，朱婷婷已经成长为一只雄鹰，天空永远广阔，创业的梦想没有尽头。她坚信：只要不断创新，就一定创赢未来。

（1）朱婷婷成为"独食"餐饮领航者前做了哪些创业准备工作？

（2）朱婷婷的哪些做法体现了创业者的创新意识和创新思维？

# 项目3  创新方法与创新能力

## 项目导学

【项目导入】

"创新是一个民族进步的灵魂,是一个国家兴旺发达的不竭动力,也是一个政党永葆生机的源泉"。当今时代,知识经济已露端倪,科技创新不断涌现,社会发展日新月异。随着知识时代的到来,一个国家竞争实力将更大程度地集中在国民文化素质,特别是创新能力上。党的十八大以来,我国不断深化高等学校创新创业教育改革,修订人才培养标准、改革教学育人机制、加强师资队伍建设、强化创业实践训练、构建创业帮扶体系,把创新创业教育融入人才培养中,为建设创新型国家提供源源不断的人才智力支撑。

"工欲善其事,必先利其器"。做任何事情,本质上都是在找方法。在创新创业的道路上有很多前人总结出来的具有普遍规律的技巧和方法,为大学生开展创新创业活动保驾护航。在知识经济时代下,当代青年要像海绵吸水一样汲取知识,掌握创新方法,终身勤奋学习,积极实践,提高创新能力,让创意创造的火花释放巨大能量,转化为助推经济社会发展的强大动能。

试问:你是否对创新创业实践开始跃跃欲试、摩拳擦掌,但却不了解如何创新、怎样创新。你了解创新的主要方法吗?你知道一个产品从无到有的一般设计过程吗?

【知识目标】

1. 掌握头脑风暴法、奥斯本检核表法、"5W1H"分析法等创新方法。
2. 了解大学生提升创新能力的途径。
3. 了解运用设计思维开发产品的5个步骤。

【能力目标】

1. 能够运用头脑风暴法、奥斯本检核表法等创新方法设计产品。
2. 能够运用设计思维开发产品。
3. 能够在实际生活中,提升发现问题、分析问题、解决问题的能力。

【素养目标】

1. 树立以人为本的用户观和科学规范的创新观。
2. 形成产品迭代思维,培养精益求精的工匠精神。
3. 激发问题意识,培养正确的成长观,树立创新强国的使命感和责任感。

## 开篇案例

### 智能分类垃圾桶

相信很多人都遇到过这样的困扰，自从实行了垃圾分类，手上的垃圾如何进行正确分类成为一件令人头疼的事情。"如果垃圾桶能自己分类就好了"，这可能是大部分人都会有的想法，宁波财经学院的一群大学生把这个想法变成了现实。

这个名为"绿蚁乐投"的智能分类垃圾桶外观上和路边的普通简易分类垃圾桶区别不大，但只有一个投递识别口，只需将垃圾投入识别口，垃圾桶就会自动开启扫描识别，将垃圾投放到所属的分类中。垃圾桶上还有流量检测系统，桶内垃圾投放量达到80%，指示灯会就会显示红色，避免用户过度投放。整个垃圾桶主要由内置太阳能蓄电池供能，保证系统的正常运行。

这款垃圾桶的目标定位精准，主要安放于街道两侧和社区。从前期在校内主干道和在杭州某小区物业办公楼的试点投放情况来看，效果还不错，垃圾分类准确率达到了81%。

余见烙是"绿蚁乐投"智能分类垃圾桶研发团队的负责人，这款智能分类垃圾桶的设计灵感就源自他的一次自动贩卖机的购物经历。"当时就想贩卖机可以自动递送商品，为什么不能反着来，我们给垃圾桶送东西，让垃圾桶自动分类回收呢。"自此，研发一款智能回收垃圾桶的想法在余见烙的心里生根发芽。

2017年，余见烙带着智能分类垃圾桶的项目抱着试试看的想法报名参加了校内的创新创业大赛，没想到获得了二等奖。这给了他很大的鼓舞，宁波财经学院葛云峰老师看了余见烙的项目后鼓励他组建团队，将产品研发落地。

余见烙找到了就读于电气自动化专业的杨克锟，两人一拍即合，开始研发垃圾桶。没有团队，他们四处搜罗"大神"，很快组起了一支12人的团队；没有资金，余见烙拿出了自己存了几年的压岁钱和兼职攒下的工资……

余见烙和团队成员经过实地调研，查阅了大量的资料后发现，目前中国市场没有研发专门针对街道垃圾的智能分类垃圾桶，大多垃圾回收的企业都是针对小区产生的垃圾种类做产品。余见烙果断选择转型，和其他企业错位发展，研发专门针对街道垃圾回收的智能分类垃圾桶。

从理论到落地，团队走了很多弯路，花了整整五个月才做出了第一台样机。在余见烙的设想里，研发出来的智能分类垃圾桶要有一个强大的数据库，能够实现精准识别、自动分离、后台实时监控等功能。但由于选择了国内相对空白的领域，加之技术团队都是在校学生，没有足够的专业技术和实践经验，技术问题成为项目推进的最大阻力。

最难的技术问题是控制系统——单片机系统的设计。团队埋头研究了两个月都没有任何进展，团队的士气跌落到谷底，几度想要放弃。葛云峰老师一直挂心余见烙团队的项目，他知道团队没有多余的资金聘请更加专业的技术人员，就帮他们联系了专家。依据专家给出的建议，团队重新设计单片机，更改数据库，于2018年11月做出了第一台样机，并在2019年2月，成功申请了一项实用新型专利。

余见烙团队先后获得国家级奖项2个，省级奖项3个，市级、校级奖项5个。通过参加比赛获得的奖金，也成为了团队创业的资金来源之一。

（资料来源：中国教育网）

**思考讨论：**
1. 谈谈余见烙团队发明智能分类垃圾桶的过程包含哪些步骤？
2. 如何设计以人为本的创业项目？

# 任务 3.1　巧用创新方法

## 名人名言

成功=艰苦的劳动+正确的方法+少谈空话。

——爱因斯坦

企业一旦站立到创新的浪尖上，维持的办法只有一个，就是要持续创新。

——张瑞敏

创新方法是人们根据创新思维的发展规律及大量成功的创新实例，归纳出的一些具有普遍规律的技巧和方法。创新方法是建立在认识规律基础上的创造学理论和创新方法论，可以直接指导人们开展创新活动，对增强创造能力和创新能力有显著作用。

### 3.1.1　头脑风暴法

#### 1. 头脑风暴法的概念

肖伯纳曾说过："倘若你有一个苹果，我也有一个苹果，我们彼此交换这些苹果，那么，你和我仍然只有一个苹果。但是，倘若你有一种思想，我也有一种思想，我们彼此交流这些思想，那么我们每个人将各有两种思想。"头脑风暴法就是这种促进人们思想交流的创新方法。

头脑风暴法，也叫智力激励法、自由思考法，由美国创造学家亚历克斯·奥斯本发明，是一种无限制地自由联想和讨论的方法，目的在于产生新观念或激发创造性设想。

#### 2. 头脑风暴法的实施原则

实施头脑风暴法时，群体讨论的方式十分关键，即群体能否进行充分、非评价性和无偏见的交流。因此，实施头脑风暴法应遵循如下原则。

（1）自由畅谈原则。自由畅谈原则是指创造一种自由、活跃的气氛，使参与者不受任何条条框框的限制，放松思想，从不同角度、不同层次、不同方位大胆地展开设想，从而尽可能提出标新立异、与众不同的想法。

（2）禁止批评原则。禁止批评原则是指每个人都不得对别人的设想提出批评意见，因为批评对创造性思维会产生抑制作用。即使自己认为是幼稚的、错误的，甚至是荒诞离奇的设想，亦不得予以批评。

（3）追求数量原则。追求数量原则是指尽可能多地提出设想。每个参与者都要抓紧时间多思考，多提方案。至于设想的质量问题，则可留到会后的设想处理阶段去解决。

（4）延迟评判原则。延迟评判原则是指当场不对任何设想做出评价，既不肯定或否定某个设想，也不对某个设想发表评论性的意见。

### 3. 头脑风暴法的操作程序

#### 1）确定议题

根据实际工作内容确定好议题，明确议题需要讨论的具体内容及通过议题需要达成的目标。

#### 2）确定人员和时间

议题确定后，邀请议题所涉及的相关人员参加会议，并告知会议时间。

#### 3）记录会议内容

会上引导参会人员根据议题集思广益、畅所欲言，并安排人员记录各种想法和观点。

#### 4）方案整合

将搜集到的想法和观点进行整合，整理出各种可行方案并对其进行评估，得出最优方案。

#### 5）达成目标

将最优方案应用到工作中，进行实践和总结。

---

### 案例阅读

#### 这个"大学生班组"不简单

"小林，你来试一下，这个硬度够不够。"说话间，只见四五个大汉站在一个约 0.15 米厚、2 米长、1 米宽的镂空踏板上晃动着……这样的画风经常出现在中国兵器动力院山柴公司机加三厂曲轴班组的创新小实验中。

该班组共有 53 人，其中高级技师 2 人、技师 2 人、高级工 41 人。小林就是该班组的班组长李小林，因他大学毕业就在一线岗位从事生产并且表现优异，故他所带的班组也被称为大学生班组。

近年来，该班组针对班组建设、工作方法、流程改动等难点，提出合理化建议 73 条、精益生产项目 10 余个，皆被采纳实施。成绩的背后，作为班组长的李小林自有一套"管理经"：积极响应公司合理化建议工作，鼓励班组职工开动脑筋，自行查找问题，充分利用每周例会展开头脑风暴。在这样的管理模式下，该班组成员结合生产实际和切身体会，勇敢表达自己的想法，经常会碰撞出思想的火花。

一型号曲轴曲臂需要 4 道工序、4 台设备、5 至 8 名工人，耗时 260 分钟，加工精度却得不到保障。针对这一问题，李小林在班组讨论中提出了改进意见，通过反复验证，成功实现 1 套工序、1 台设备、1 名工人完成加工，不但加工精度得到保障，而且降低了劳动强度。"以前总觉得合理化建议一定要大改造、大工程，现在感到只要能优化操作环节、改善工作环境、利于节能降耗、消除不安全隐患，不起眼的'小事'都能通过我们的建言献策得到完善和改变。"该班组成员姜帅对定期的"头脑风暴"深有感触。

"全能型"班组长李小林格外注重"多能工"的培养。他通过建立班组量化考核机制，对"多能工"进行合理补贴，在班组内形成人人争着学技能的良好氛围。

该班组职工孙营江在完成斜孔专机本职工作的基础上，调试了3台数控车，并发挥"传帮带"作用培养出4名数控车操作工。赵兰军虽是一名劳务派遣工，但是充分发挥自身特长，一人操作5台设备，主动加班加点，为班组解决了人员不足的问题。"'多能工'的培养，不仅让我的收入变高了，还让我掌握了更多的专业技术，使我更乐意去承担更多的工作！"赵兰军说。

除了完成生产任务，该班组还积极学习先进技术，利用车间现有数控车床，对试制产品进行技术攻关，不仅提高了工作效率，还消除了加工瓶颈。在全体成员的团结合作下，该班组先后获得了质量信得过班组、五好一准确班组、标杆班组等称号。

单丝不成线，独木不成林。团队的力量从来都是"1+1>2"，该班组为同一个目标努力奋斗，展现出所向披靡的力量，真的超"硬核"。

（资料来源：人民网）

## 3.1.2 奥斯本检核表法

### 1. 奥斯本检核表法概述

奥斯本检核表法是以该方法的发明者奥斯本命名的，该方法的核心是改进，引导主体在创造过程中对9个方面的问题进行思考，以便启迪思路，开拓想象空间，产生新设想、新方案。

### 2. 奥斯本检核表法的内容

奥斯本检核表法中的问题可归纳为9类，即9大检核类别。这9大检核类别分别是：能否他用、能否借用、能否扩大、能否缩小、能否改变、能否替代、能否调整、能否颠倒、能否组合，奥斯本检核表法的内容如表3-1所示。

表3-1 奥斯本检核表法的内容

| 序号 | 检核类别 | 检核内容 |
|---|---|---|
| 1 | 能否他用 | 现有的东西（如发明、材料、方法等）有无其他用途？保持其原状不变能否扩大用途？对其稍加改变，有无别的用途 |
| 2 | 能否借用 | 能否从别处得到启发？能否借用别处的经验或发明？外界有无相似的想法，能否借鉴？过去有无类似的东西可供模仿？谁的东西可供模仿？现有的发明能否引入其他的创造性设想之中 |
| 3 | 能否扩大 | 现有的东西能否扩大使用范围？能不能增加一些东西？能否通过添加部件，达到提高强度、延长使用寿命、提高价值、加快转速的目的 |
| 4 | 能否缩小 | 缩小一些怎么样？现在的东西能否缩小体积、减轻重量、降低高度？能否省略某些部分 |
| 5 | 能否改变 | 现有的东西能否做某些改变？改变一下会怎么样？能否改变一下形状、颜色、音响、味道？是否可改变一下产品型号、模具、运动形式？改变之后，效果又将如何 |
| 6 | 能否替代 | 能否由别的东西替代、由别人替代？能否用别的材料、零件代替，用别的方法、工艺代替，用别的能源代替？能否选取其他地点 |

续表

| 序号 | 检核类别 | 检核内容 |
|---|---|---|
| 7 | 能否调整 | 能否调换一下先后顺序？能否调换元件、部件？能否改成另一种安排方式？原因与结果能否对换位置？能否变换一下日程 |
| 8 | 能否颠倒 | 倒过来会怎么样？左右、前后能否调换位置？里外能否调换？正反能否调换？能否用否定代替肯定 |
| 9 | 能否组合 | 组合起来会怎么样？能否装配成一个系统？能否将目的进行组合？能否将各种想法进行组合？能否将各种部件进行组合 |

应用奥斯本检核表法，有利于突破不愿提问的心理障碍。上述9组问题不是奥斯本凭空想象的，而是他在研究和总结大量近现代科学发现、发明、创造事例的基础上归纳出来的。

以杯子为例，说明奥斯本检核表的具体应用，如表3-2所示。

表3-2 杯子的奥斯本检核表

| 序号 | 检核问题 | 创新思路 | 创新产品 |
|---|---|---|---|
| 1 | 能否他用 | 当灯罩 装食品 当量具 当装饰 拔火罐 当圆规 | 装饰品 |
| 2 | 能否借用 | 自热杯 磁疗杯 保温杯 电热杯 音乐杯 防爆杯 | 自热磁疗杯 |
| 3 | 能否缩小 | 微型杯 超薄杯 伸缩杯 扁形杯 勺形杯 | 伸缩杯 |
| 4 | 能否改变 | 塔形杯 动物杯 防溢杯 自洁杯 密码杯 幻影杯 | 自洁幻影杯 |
| 5 | 能否扩大 | 不倒杯 防碎杯 消防杯 过滤杯 多层杯 | 防碎杯 |
| 6 | 能否替代 | 纸杯 一次性杯 竹木制杯 可食用杯 塑料杯 | 可食用杯 |
| 7 | 能否调整 | 系列装饰杯 系列高脚杯 系列口杯 酒杯 咖啡杯 | 系列高脚杯 |
| 8 | 能否颠倒 | 透明不透明 彩色非彩色 雕花非雕花 有嘴无嘴 | 不透明雕花杯 |
| 9 | 能否组合 | 与温度计组合 与香料组合 与中草药组合 与加热器组合 | 与加热器组合 |

**3. 奥斯本检核表法的实施步骤**

（1）根据创新对象，明确需要解决的问题。

（2）根据需要解决的问题，参照表3-2中列出的检核问题，运用丰富想象力，逐题进行强制核对、讨论，写出新设想。

（3）对新设想进行筛选，将最具有价值和创新性的设想筛选出来。

**4. 奥斯本检核表法在实施过程中的注意事项**

（1）要联系实际，一条一条地进行检核，不要有遗漏。

（2）多检核几遍，往往效果会更好，更有利于选择出所需创新、发明的设想。

（3）在检核每项内容时，要尽可能地发挥自己的想象力和联想力，产生更多的创造性设想。进行检核思考时，可以将每大类问题作为一种单独的创新方法来运用。

（4）检核方式可根据需要，一个人检核可以，3~8人共同检核也可以。集体检核可以互相激励，产生头脑风暴。

### 3.1.3 "5W1H"分析法

**1. "5W1H"分析法的概念**

"5W1H"分析法又称"六问分析法"。该方法利用5个以字母W开头的问题和1个以字母 H 开头的问题进行设问，能发现解决问题的线索，寻找创新思路，进行设计构思，从而产生新的创意。"5W1H"分析法是通过引导人们进行思维发散和思维收敛来解决问题的创新方法。

这 6 个问题的内容如下。

（1）What——是什么？目的是什么？做什么工作？

（2）Why——为什么？为什么要这么做？理由何在？原因是什么？为什么造成这样的结果？

（3）When——何时？什么时间完成？什么时机最适宜？

（4）Where——何处？在哪里做？从哪里入手？

（5）Who——谁？由谁来承担？谁来完成？谁负责？

（6）How——怎么做？如何提高效率？如何实施？方法怎样？

"5W1H"分析法通过对要解决问题的目的、对象、地点、时间、人员和方法提出一系列的询问，对现有的问题进行系统、全面、深入的思考，进而达到启发创新的目的。该方法要求创新主体从上述六个方面进行系统思考，进而打破思维惯性，启发创新思维。

### 2. "5W1H"分析法的实施步骤

（1）对某种现行方法或现有产品，从"5W1H"六个角度分析并提问。

（2）将发现的疑点、难点列出。

（3）讨论分析疑点、难点，寻找改进措施。

若现行的方法或现有产品经"5W1H"分析法分析后基本满意，则认为该方法或产品可取；若分析后发现其中的某些方面存在问题，则就在这些方面加以改进。

## 3.1.4 九屏幕法

使用九屏幕法可以帮助设计人员分析和解决问题，找到（当前）系统、（当前系统的）超系统和（当前系统的）子系统及其过去和未来，共同组成九个屏幕，九屏幕法的基本图式如图 3-1 所示。九屏幕法是一种直观的图解方法，能将系统的时间和空间变化清楚地展示出来，激发创新设想。

图 3-1 九屏幕法的基本图式

绘制九屏幕法的基本图式时，横轴代表时间，包括过去、现在、未来，纵轴代表系统，包括子系统、系统、超系统。

### 3.1.5 金鱼法

#### 1. 金鱼法简介

金鱼法的名字源自俄罗斯作家普希金的童话故事《渔夫和金鱼的故事》，故事描述了渔夫的愿望通过金鱼变成了现实。金鱼法是一种克服思维惯性的方法，它能将"幻想"的、"不现实"的问题的求解思路转化成可行的解决方案。

#### 2. 金鱼法的主要步骤

（1）将问题分为现实和幻想两部分。
（2）问题1：幻想部分为什么不现实？
（3）问题2：在什么情况下幻想部分可以变为现实？
（4）列出子系统、系统、超系统的可利用资源。
（5）从可利用资源出发，提出可能的解决方案。
（6）将经过上述步骤后仍未解决的问题分为现实和幻想两部分，回到第（1）步，重复上述步骤。

---

**案例阅读**

**金鱼法案例**

以机床的滚珠丝杠螺母副为例说明用金鱼法解决问题的步骤。

问题：机床工作台由电动机驱动，工作台做直线运动，而电动机一般做旋转运动。因此，需要用运动变换机构——滚珠丝杠螺母副。由于滚珠丝杠螺母副存在精度差、易磨损等问题，耗费不必要的能源，影响加工精度，使加工速度的提高也受到限制。如何解决该问题？

运用金鱼法的解题流程如下。

**1. 将问题分为现实和幻想两个部分。**

现实问题：由于滚珠丝杠螺母副存在精度差、易磨损等问题，耗费不必要的能源，影响加工精度，使加工速度的提高受到限制。

幻想部分：滚珠丝杠螺母副精度足够、无磨损，不耗费不必要的能源。

**2. 问题1：幻想部分为什么不现实？**

在现有科学技术条件下，制造技术及材料加工工艺还有欠缺，且在工作过程中摩擦必不可少，所以幻想部分具有不现实性。

**3. 问题2：在什么情况下幻想部分可变为现实？**

在科学技术高度发达，制造技术、材料加工工艺完善的前提下，幻想部分可变为现实。

**4. 列出子系统、系统、超系统的可利用资源。**

子系统：螺母副、回珠管、滚珠。

系统：精度差、易磨损，耗费不必要能源的滚珠丝杠螺母。

> 超系统：精度足够、无磨损，不耗费不必要能源的滚珠丝杠螺母。
>
> **5. 从可利用资源出发，提出可能的解决方案。**
>
> 利用现有的先进制造技术及加工工艺，对滚珠丝杠螺母副进行精度优化设计，同时进行磨损分析，减少磨损、消除噪声。
>
> **6. 将经过上述步骤后仍未解决的问题分为现实和幻想两部分，回到第1步，重复上述步骤。**
>
> 找出仍未解决的问题，重复上述步骤，直至获得最优方案。

## 任务 3.2　提升创新能力

### 名人名言

非经自我发奋所得的创新，就不是真正的创新。

——松下幸之助

每一天创新一点点，是在走向领先。每一天多做一点点，是在走向丰收。每一天进步一点点，是在走向成功。

——邹金宏

### 3.2.1　创新能力的内涵

创新能力又称"创造力"，特指创造者进行创新活动的能力，也就是产生新的想法、新的事物、新的理论的能力。也可以说，创新能力就是创造者通过创新活动、创新行为而获得创新成果的能力，是一个人在创新活动中所具有的提出问题、分析问题和解决问题这三种能力的总和。

近20多年来，世界上的许多发达国家都已普遍意识到创新和创造力开发的紧迫性，并在教育界、科技界、经济界甚至政界等广泛开展创新教育和创造活动，产生了很好的社会效益和经济效益。

事实上，创新能力的提升并非高不可攀，也并非与普通人无缘。只要按照创新理论去学、去想、去练、去干，并努力做到持之以恒，任何人都能掌握创新思维的基本方式、方法，都能通过有意识地运用所学知识进行创新活动，创造性地解决学习、工作和生活中的问题，从而获得创新意识和创新能力。

### 3.2.2　创新能力开发的理论依据

（1）人人都具有创新能力，即创新能力人皆有之。除了少数智力低下的人，一切正常人都具有创新能力，这一论断是20世纪心理学研究的重大成果之一。

（2）创新能力通过教育和训练是可以提高的，即创新能力可以开发。这就是说，创新能力并非在任何情况下都能自发地表现出来，它是需要开发才能得以展示的。

以上两条创新能力开发的理论依据，常被人们称为创新能力开发的基本原理或基本规定，在创新能力开发理论中占有举足轻重的重要地位。

（3）创新能力和智力不完全是一回事。智力的一般理解是人能动地掌握知识和应用知识，解决实际问题的综合能力，常由观察能力、记忆能力、思维能力、想象能力和实践能力组成。创新能力与智力至少在范畴上、层次上、本质特征上是不同的，但它们是紧密联系的，创新能力是智力发展的最高表现。

（4）个人追求成功的主体性潜在动机是创新能力开发的根本动力，如积极性、参与性、自主性、迫切性等都是它的种种描述。

（5）创新能力与职业成就成正比。有人认为仅在科学技术、艺术这所谓创造性职业中这一理论依据才成立，其实不然，在所有职业领域，个人或集体的创新能力对成就都有决定性影响。

### 3.2.3 大学生提升创新能力应遵循的原理

创新能力虽然是正常人的普遍属性，但每个人的创新能力并非在任何情况下都能自由表现出来。只有按照一定的开发原理和开发方法去挖掘，才能将头脑中潜在的创新能力有效释放出来。在创新能力的开发过程中，大学生应遵循以下原理。

#### 1. 压力原理

在当前的竞争社会中，大学生要正确对待压力。没有压力，人的意志会衰退、智慧会枯竭、才干会丧失。适当的压力，能激发起大学生强烈的创造欲望，调动起大学生旺盛的创造劲头。压力通常来自以下几个方面。

其一，社会压力。大学生对国家、对人民、对社会的强烈使命感和责任感，都可以转化为压力，并进一步转化为创造的动力。例如，鲁迅在早年时曾准备行医报国，但当他发现中国的积弊主要在于文化的落后和文明的愚昧时，便弃医从文，以笔为枪，唤醒中华民众。

其二，经济压力。经济发展水平是国家强盛、人民富裕的主要标志。不断增加经济压力，不断进行反馈调节，使人们时刻想到"穷则思变"，能促使人们去开发自己的创新能力，以获得更好的经济效益。

其三，工作压力。工作压力有利于人们朝着既定目标从事创造活动。在工作、学习、生产中，适当的工作压力，便于创新能力的发挥。

其四，自我压力。在创造和工作过程中，人们会给自己拟定若干奋斗目标，这些目标会转化为一种自我压力，促使人们开拓进取。事实上，为人类做出重大贡献的科学家，其成功大多都与自我压力有关。

其五，逆境压力。自古磨难出英雄，大学生对逆境压力要有正确的认识，不能简单地把逆境看作阻碍自我创新能力开发的消极因素，应该在逆境中奋起、在拼搏中成长。

#### 2. 轰击原理

轰击原理能形象地描述外部冲击和干预对创新能力开发的影响作用。具体说来，轰击原理可分为信息轰击原理和心理轰击原理。

其一，信息轰击原理。大学生只有在高强度、高频率、高档次的信息刺激中才能触发自己的创造思维和创造意识。信息的数量太少、强度太弱、档次太低，则难以在大学生的大脑中产生深刻持久的冲击作用，因而谈不上轰击的效果。要形成信息轰击，就应该设法增加信息的数量、增大信息的流量、提高信息质量。当今时代是信息的时代，大学生应多看、多听、多记、多想、多写，应争取更多的教育、培训、深造机会，应积极参与考核、评价、审查等有冲击性的智能活动，应参加各种类型的学术交流，真正利用信息轰击原理来有效开发自身的创新能力。

其二，心理轰击原理。经常与他人交谈，彼此交换意见、商榷探讨、质疑争论，都属于心理轰击的范畴。心理轰击也是开发大学生创新能力的途径之一。因为大家彼此交换意见能取长补短，彼此商榷探究能振奋精神，彼此质疑争论能激发智力。争论可以开阔视野、丰富知识，使思路更加宽广，从而有利于创造性思维和创造性人格的形成。例如，在1902至1905年期间，爱因斯坦经常同索洛文、贝索等年轻朋友在瑞士伯尔尼一家咖啡馆聚会，研讨各种学术问题，这些人颇具真知灼见的议论和争论，促进了彼此创造性思维的发展。爱因斯坦关于狭义相对论的第一篇论文就是在这种争论所造成的心理轰击气氛中诞生的。

### 3.2.4 大学生提升创新能力的途径

#### 1. 善于发现，关心社会生活

创新能力的提升要求大学生要善于发现，因为创新能力的高低很大程度上表现为大学生发现问题能力的高低。只有先发现问题，才能进而用科学的方法分析问题，最终解决问题。牛顿通过苹果为什么掉在地上这个事件，开始深入研究，最后发现了万有引力。大学生要热爱生活、关注生活、享受生活，这是创新的前提和基础，这样我们创新的灵感源泉才不会枯竭，因为灵感来源于生活。如果对生活是一种漠视的态度，又何来灵感？创新不可能凭空而来，创新能力不是突然就提高的，而是经过多看、多听、多想的积累，不断提高的。

#### 2. 勤于思考，开拓创新思维

创新能力的培养需要大学生能够在变化中发现问题、分析问题、解决问题。普朗克说过"思考可以构成一座桥，让我们通向新知识"。思维创新是行动创新的先导，只有在生活中善于运用不同的思维方式，在思维不断转换的情况下，才能够提高头脑的灵活程度。大学生精力充沛，知识丰富，想要提升创新能力，就需要大胆想象，勤于思考，突破思维定式，要活学活用所学知识，多一些奇思妙想，从不同视角分析问题，发现事物的发展规律，不断求新求异。

#### 3. 刻苦学习，理论联系实际

唯有刻苦学习，才能在变化的社会中获得安身立命的根本。大学校园为大学生提供了在知识海洋中遨游的理想环境，大学生要充分利用好大学的软硬件资源，刻苦学习专业知识，有针对性地加强课题研究，运用科学的方法制订研究方案，最终用研究的方法解决问题。同时，要理论联系实际。毕竟书本知识是死的，只有理论联系实际，才能学以致用。

#### 4. 勇于尝试，积极投身实践

"实践是检验真理的唯一标准"，越是积极地从事创新实践，就越能积累创新经验，锻炼创新能力。大学生在校期间应积极参加各类创新创业实践活动，在导师帮助下，充分利用大学的实验室和科研资源，引导自身对于科学前沿的认知，提高实验动手能力；主动参加各类创新创业培训讲座及训练活动，积极参加各类学科竞赛及创新创业竞赛，以赛促学，在比赛中体会项目从无到有的过程，全方位培养自身的创新思维和创新能力；积极参加社会实践，面向实践岗位和企业的实际问题，思考解决办法，提升创新能力。

## 任务 3.3　运用设计思维开发产品

### 名人名言

纸上得来终觉浅，绝知此事要躬行。

——陆游

科学绝不是一种自私自利的享乐。有幸能够致力于科学研究的人，首先应该拿自己的学识为人类服务。

——马克思

### 3.3.1　设计思维概述

世界经济论坛发布的"2020年人才市场最看重的10项技能"中把"解决复杂问题"这一技能放在了第一位。世界上所有注重创新教育的国家和地区，都极其注重训练学生解决现实问题的能力。欧美学校都钟爱一个名为"设计思维"（Design Thinking）的创造力训练方法。

所谓设计思维就是通过提出有意义的创意和想法，来解决特定人群实际问题的一种思维方式，它可以帮助各种专业背景的人通过创新的解决方案解决问题。

"设计思维"发源于设计界，后来被各行各业借鉴，斯坦福大学设计学院把它归纳成一套科学方法论后，迅速风靡全球。

### 3.3.2　运用设计思维开发产品的 5 个步骤

#### 1. 同理心思考

运用设计思维的第一步，是建立"同理心思考"，即搜集对象的真实需求，目的是进行用户研究，从而了解用户真正关心的东西。"同理心"和"同情心"有本质不同，比如有个人掉到山洞了，有"同情心"的人会说"你好可怜"，但有"同理心"的人会说"洞里这么冷，你一定不好受"。

建立"同理心"有两种常见方法，第一种方法是角色扮演。角色扮演让人们得以亲身体验对象的处境，用感同身受代替主观臆测。如香港理工大学的学生要为盲人做设计，动手之前，他们做了一个"一小时盲人体验"——蒙上眼睛在户外探索一小时。期间，学生们互相搀扶着上下楼梯，偶尔会碰上树木，在几个空间里探索前行，聆听声音，触摸不同的材质等。整个过程中，不时有学生发出呼救声，但慢慢地，他们安静下来，把自己当成盲人，去思考一些问题。他们发现与其设计一些东西帮助盲人，不如设计一些东西让盲人享受正常生活。

其中一位学生设计了"盲人用的跑步机",为盲人提供了一个安全的跑步地带。

建立"同理心"的第二种方法是采访。采访时可通过"5W1H"分析法对用户进行提问,了解用户的真实需求。

### 2. 定义问题

爱因斯坦曾说:"如果只给我一个小时拯救地球,我会花 59 分钟找准核心问题,然后用 1 分钟解决它。"运用设计思维的第二步,就是要"定义问题",即分析搜集到的各种需求,提炼要解决的问题。

定义问题的关键是要明确问题到底出在哪里,并用一句很精简的话告诉别人"你想如何解决什么问题"。比如老年人会说自己喜欢散步,和老朋友喝茶,在街角商店购物。通过深入分析,发现老年人喜欢外出的深层次原因是害怕孤单。最终定义的核心问题是"那我们该为老年做点什么,好解决他们害怕孤独的问题"。

### 3. 创意构思

如果说"同理心思考"和"定义问题"是发现问题的过程,那么运用设计思维的第三步"创意构思"就进入了分析问题和解决问题的阶段。创意构思即运用头脑风暴法等进行创意设计。创意构思只关注问题陈述并提出解决问题的想法,重点不在于获得一个完美的想法,而是要想出尽可能多的有创意的解决方法。

创意构思阶段可以运用头脑风暴法、奥斯本检核表法、"5W1H"分析法等常见的创新方法,最常采用的是头脑风暴法,即运用发散思维,尽可能多地写下脑海中一闪而过的创意点子,不拒绝任何疯狂的想法。

### 4. 原型实现

运用设计思维的第四步是原型实现,也就是动手把脑子中的想法制作成一个看得见摸得着的实体模型。原型实现的目的在于快速、廉价地测试或验证概念,以便设计师可以做出适当的改进或探索可能的方向。原型实现可以借助多种工具,产品类原型可以借助积木、橡皮泥、吸管、纸壳、3D 打印机等;服务类原型可以借用故事板,通过包含各种视觉元素(包括文本、图像、颜色)的拼贴画,将产品交互提炼成一系列插画故事呈现出来,帮助设计人员快速了解产品应用场景,激发对用户体验的理解,进而围绕用户痛点提出建议。

### 5. 实际测试

运用设计思维的最后一步是实际测试,即将原型放在场景中测试,得到用户反馈后,优化解决方案。测试的主要目的是检验用户的问题是不是真的得到了解决,测试的过程不可能一蹴而就,而是不断试错的过程。如果测试的结果没有解决用户的真实问题,要回到原型实现阶段进行重新设计,设计完成后再进行测试,直到获得一个能够解决实际问题的原型。

## 项目实训

1. 运用设计思维的 5 个步骤,以生活中某常见物品(如枕头、眼镜、自行车、电子表、电话、手机、空调等)为例,从用户的需求出发,对物品进行创意设计,制作创意产品发布会 PPT。

2. 分析以下案例并回答问题。

**可调式马鞍**

传统马鞍底部装上滑轨，用手轻轻拉伸，便可自如调节马鞍的大小……内蒙古自治区 19 岁的大一学生韩欣宜发明的一种"可调式马鞍"成品近日正式发布，这项发明已经获得国家实用新型专利。

这项发明来自内蒙古 19 岁女大学生韩欣宜，源于前年夏天她的一次草原骑马经历。"当时有家长想带孩子一起骑马游玩，但传统马鞍大小是固定的，只能单人使用，还有一些身材偏胖的人，马鞍的尺寸对他们来说很不舒适。"看到眼前的景象，韩欣宜在脑海中萌生了一个想法：能不能做一种可以调节大小的马鞍，方便更多人使用呢？

后来，韩欣宜和同学一起去溜冰，看到冰场上的孩子都穿着可调节尺寸的溜冰鞋，她突然被激发了灵感。"我当时就想，马鞍也可以借鉴溜冰鞋的原理，在底部安装滑轨，伸缩调节大小。"于是她设计了一种"可调式马鞍"，最终获得国家实用新型专利。

2018 年夏天，韩欣宜考入了内蒙古师范大学文化产业管理专业。入学后，她的发明引起了文化产业发展研究中心主任边建平的注意。"边老师鼓励我既然有想法，又获得了专利，就应该尽快把产品做出来，让更多人享受到它。"韩欣宜说。

从设计制作方案、选材料，到最终制做出成品，前后共历时两个多月。"之前觉得只是装个滑轨，很简单，装完后才发现马鞍底部凸出两根滑轨，根本卡不住马背，我又全部拆掉，在马鞍底部抠了两个凹槽，重新安装滑轨。"韩欣宜说，许多创意设计往往是理想化的，只有实际动手操作，才知道存在哪些问题，从而不断完善和优化设计。

边建平表示，在文化产业领域，创意和版权至关重要。大学生思维活跃，处于创意井喷时期，高校要着力为大学生搭建平台，鼓励大学生发挥创新创意思维，同时也要注重强化大学生版权保护意识，把创新成果转化成实际产品，创造出更大的社会价值。

（资料来源：新华社）

（1）韩欣宜发明"可调式马鞍"的初心是什么？

（2）"可调式马鞍"的开发过程是如何体现设计思维的具体运用的？

# 项目4　创新成果的保护与转化

## 项目导学

**【项目导入】**

创新成果是发明创造者经过长时间的艰苦努力，甚至在花费了大量的人力、物力、财力后，才能取得的成果，是发明创造者劳动和智慧的结晶。任何人只要想加入创业大军、实现人生梦想，毫无疑问，都不希望自己的产品或创意，在没有得到自己许可的情况下被仿制。如果仿制盛行，创新成果得不到保护，会恶化创业市场环境，极大遏制人们进行原创的动力，也会让经济社会发展丧失了本源力量。

当前，全面加强知识产权保护工作，已是举国上下的价值共识。当前，创新驱动发展战略开始全面实施，"大众创业、万众创新"的时代潮流激荡人心，依法保护知识产权，鼓励创新、保护创造的现实意义尤显重要。2018年9月国务院印发的《关于推动创新创业高质量发展打造"双创"升级版的意见》中，明确提出"强化知识产权保护""全面加强知识产权执法维权工作力度"等要求，这为适应"大众创业、万众创新"的新形势，催生更加蓬勃的创新创业热潮奠定了坚实的基础。当代大学生肩负着推动科学技术发展的重任，要学会保护自身的创新成果，学会将创新成果转化为现实生产力。

试问：你知道什么是创新成果吗？你知道如何运用法律武器保护自身的创新成果吗？你清楚创新成果如何转化为现实生产力吗？

**【知识目标】**

1. 掌握创新成果的概念和特征。
2. 掌握知识产权保护的基本内容。
3. 掌握创新成果转化的方式。

**【能力目标】**

1. 能够撰写专利权申请书。
2. 能够运用法律知识保护创新成果。
3. 能够转化自身的创新成果。

**【素养目标】**

1. 尊重知识产权，自觉维护法律权威。
2. 树立保护创新成果的意识。
3. 加强产学研合作，增强协同创新意识。

## 开篇案例

### 从"破坏王"到"发明王"

刘俊森自大二开始,潜心钻研,两年的时间中创新发明项目高达30多项:可冬暖夏冷的"冷热两用水杯",安全且节省空间的"床上折叠防盗笔记本电脑桌",可自动搅拌的"水杯综合台",实用高效的"多功能餐盘",可随意调节厚度的"自动切菜机",带自动驱蚊的"全自动垃圾箱",等等,并荣获国家级、省级、校级多项发明荣誉。

**8岁"偷拆"家中电器,父母眼中的"破坏王"**

刘俊森是河南科技学院资源与环境学院植物保护专业2009级的学生,是1989年出生于濮阳市八公桥镇刘海村的农家子弟。从小时候起,他对新奇的事物便有强烈的兴趣,总想了解个究竟,也正是因为这些强烈好奇的求知欲望,他曾经是父母眼中"最淘气"的孩子。

8岁那年,刘俊森的家里置办了一台电视机,看着荧屏上的各种影像画面,他对电视机产生了极其强烈的好奇心,他很想知道电视机屏幕后面是不是有一群人在表演,于是便萌发了拆开看看的念头。但又不敢让父母知道,终于在一天下午,家人都下地干活的时候,他蹑手蹑脚地站在凳子上,开始对电视的后盖进行了拆卸,没想到竟然还真的让他拆下来了,除了看到一个"大疙瘩"(显像管),还有各种线路外,并没有找到一个人影,这多少让他有些失望,不甘心的他,又将电源接上,目不转睛地盯着电视机的背面,结果还是没有找到所谓的"一群人在表演"。就在他准备继续"研究"下去的时候,家人全回来了,结果父母将他狠狠训了一顿。

有趣的事还不止这些。家中的可充式手电筒也差点遭遇他的"肢解",当他将手电筒夹在衣服下腋窝中,准备拿出家在外面拆卸时,被细心的母亲发现,举手间,手电筒应声落地。为了"琢磨"闹钟的结构,他将自己仅有的几十块压岁钱,拿去买了5个小闹钟,悄悄拆开"研究",结果晚上家人都熟睡时,5个闹钟在床下全部振铃,惊慌的父母来到他的房间,发现又是一场闹剧而哭笑不得。

**15岁发明"花生犁",村民眼中的"聪明孩"**

刘俊森与其他农家孩子一样,闲暇之余要帮父母下地干活,当他看到农民农忙之时的劳累,便萌发了通过发明帮助农民减轻劳作之累的念头,于是"农用花生犁"设计思想因此而诞生。

然而,要搞一项新发明可不是件容易事,仅有一个好的创意是远远不够的。发明之初,他遭遇的最大困难,便是对拖拉机液压升降系统的不了解。第一次,他找到电焊工按照他的设计方案去制作,当拖拉机带着花生犁下地试验的时候,结果不是犁掉了大量花生果,便是将花生棵埋在了地下,第一次试验以失败而告终。但刘俊森并没有气馁,又经过两三次试验,一步步地摸索出了将拖拉机的液压升降系统由最初的固定模式,改为可根据花生棵的大小、地块的平整度、花生品种的不同而手动灵活调节的模式,以适应不同的下犁要求,这一次他成功了。

最后,他的发明创造被刘海村周边的一个小型机械加工厂以5000元的价格买走。他的发明成果很快在本村及周边农村得到推广,大幅提高了生产效率。虽然他所得费用不多,但却是对自己第一次成功发明的肯定，这让刘俊森欣喜不已。村民见到刘俊森的父母张口便夸："恁（你）家的小孩儿，可是真'能'啊！咱老百姓种地这么多年，也没谁想出个这'法'！"他也因此成了刘海村的"小能孩"。

**23 岁 30 余项发明，师生眼中的"发明王"**

2009 年，刘俊森以优异的成绩考入河南科技学院资源与环境学院植物保护专业，开始了对梦想的追求，他的特长和能力在大学中很快便崭露头角。自大二开始，他的发明设计达 30 余项，其中 5 项已成功申获国家专利，正在审批的就达 18 项。

2010 年 10 月，刘俊森创办了河南科技学院首个大学生创业基地，带动十多个创业项目，培养出 150 名具有很强的创业和创新能力的学生，受益学生 3000 余人。不仅如此，刘俊森还被河南科技学院资源与环境学院院长吸收到他研究的香瓜的保鲜课题中，直接参与课题研究，为滑县八里营香瓜公司设计了保险窖并承担了他们的 200 吨的保鲜库的设计工作；为河南科技学院资源与环境学院设计并建造了全校第一个自动化昆虫吊飞实验室；为河南农业科学院解决了农用大棚的夏日降温问题；协助济南军区坦克部队维修坦克；荣获 2010 年度雷力集团的大学生创业表彰。

2012 年 5 月，在河南科技学院首届"雏鹰杯"创业大赛中，刘俊森带领团队荣获金奖，并获得了河南天行健汽车服务有限公司提供的"爱车 e 家雏鹰起飞"10 万元大学生创业扶持基金，这笔款项将帮助他们完成自动泊车、定速巡航、远程控制、安全逃生等汽车技术的攻关。

（资料来源：光明网）

1. 谈谈刘俊森两年发明设计达 30 余项的原因？
2. 结合刘俊森的历程，谈谈创新成果具有哪些特点？

# 任务 4.1　创新成果概述

## 名人名言

如果学生在学校里学习的结果是使自己什么也不会创造，那他的一生将永远是模仿和抄袭。

——托尔斯泰

发明家全靠一股了不起的信心支持，才有勇气在不可知的天地中前进。

——巴尔扎克

### 4.1.1　创新成果的概念

创新成果是指为了一定的目的，创新者遵循事物发展的规律，对事物的整体或其中的某些部分进行变革，从而取得的对社会进步、经济发展具有学术意义或使用价值的创造性智力劳动的成果。创新成果是一种智力产物，是人类为了探索自然、社会的奥秘及规律，为了解决自身发展过程中的问题，运用已有的科学知识，通过调查、观察、试验等形式进行实践的产物。

### 4.1.2 创新成果的特征

创新成果有别于一般的实践成果,它有自身的独特性,主要表现在以下几点。

#### 1. 新颖性

简单理解新颖性就是"前所未有",用新颖性来判断劳动成果是否为创新成果时有两层含义:一是指创新成果是具有创造性的,之前没有过类似的东西,科学史上的原创性成果,大多属于这一类;二是指虽然已有类似的东西,但通过创新使其在某些方面有了新的突破。新颖性是创新成果有别于一般劳动成果的最鲜明、最根本的特征。

#### 2. 目的性

人类的创新活动通常是一种有特定目的的生产实践。比如,科学家进行生物遗传技术的研究,目的在于认识生物遗传进化的现象,发现遗传的规律,更好地为人类服务。因此,创新成果往往具有明确的目的性。

#### 3. 时效性

社会在不断发展,技术在不断进步,求新是创新活动的内在要求。当一项创新成果出现后,往往由于技术进步或社会需要,原有的成果会不断被新成果所替代,产品的升级换代就是创新成果时效性的具体表现。每一次创新成果都不是最终结果,创新过程本身就是一个不断前进的过程。

#### 4. 价值性

创新成果的目的性要求创新活动必然有自己的价值取向。一般来说,创新成果一般都会满足某些主体的某些需要,其满足主体需要的程度越大,价值也就越大。创新成果的价值性或为经济价值,或为学术价值,或为艺术价值,或为使用价值。历史上三次科技革命促进了社会生产力的飞速发展,蒸汽机、电力、计算机等创新成果为人类带来了巨大的价值。

#### 5. 风险性

任何创新成果在其诞生之初都面临着技术的不稳定性和市场前景的不确定性,这种不确定性事实上是所有创新的共同特性。创新成果的取得具有很大的风险性,如果创新活动失败,会让创新主体的所有投入无法收回,但创新一旦成功,其成果通常会为创新主体带来较大的收益。高风险和高收益并存,风险性也是创新成果较为鲜明的特征。

### 4.1.3 创新成果的分类

对于创新成果的分类方式有很多,依据创新对象的不同,主要把创新成果分为知识创新成果,技术创新成果,制度创新成果和文化、艺术类的创新成果等。

#### 1. 知识创新成果

知识创新成果一般是一些基础性研究或应用成果。知识创新成果为人类进步和社会发展提供源源不断的动力,它为人类认识世界、改造世界提供新理论和新方法。例如,经典力学体系的建立、量子纠缠理论的提出等都属于知识创新成果。

## 2. 科技创新成果

科技创新成果是指为提高生产力水平，通过辩证思维、实验研究、调研考察、开发实践，取得新的成就，并通过技术鉴定或得到社会认可，具有一定学术意义或实用价值的创造性智力劳动成果。例如，智能手机、智能机器人等都属于技术创新成果。

## 3. 制度创新成果

制度创新成果是指在人们现有的生产和生活环境条件下，为实现社会的持续发展和变革，创设新的、更能有效激励人们行为的制度。例如，社会养老保险制度、医疗保险制度、街道的居民公约等都属于制度创新成果。

## 4. 文化、艺术类创新成果

文化、艺术类创新，既存在创新的一般概念，又有自己独特的个性特征。文化、艺术类创新就其本质而言，是一种超越，又是一种变革，还是在发展中的一种继承。

### 案例阅读

**全国首个！哈尔滨工程大学海洋机器人集群实现全自主作业**

2021年2月初，由哈尔滨工程大学（哈工程）水下机器人技术国家级重点实验室牵头的海洋机器人集群智能协同技术项目群成功让海洋机器人学会了团队协作，流畅的典型任务演示顺利通过了海试验收，这也标志我国海洋机器人集群智能协同技术取得实质性突破并达到了国际先进水平，在国内首次实现了海洋机器人集群智能协同架构模式从集中式（有中心）/混合式发展为分布式（无中心），系统协同智能化水平从半自主升级为全自主，适应任务场景及环境从确定结构化拓展为未知非结构化。

**集群智能协同项目完成海试**

海面上，多个海洋机器人列队出征，他们通过组网通信共享信息，随着作业局势的不断改变，快速变换着独特的队形，在线执行的观察、调整、决策、行动等动作一气呵成，最终完成协同探测、作业等任务，这些长着"大脑"和"眼睛"的机器人们可以完全自主作业，不需要人的干预。

**让海洋机器人学会团队协作**

海洋机器人集群智能协同属于"人工智能+海洋无人系统"深度融合发展的一项基础性、创新性技术，作为引领未来装备发展、作业模式变革的一项前沿颠覆性技术领域而备受各国关注及倾力投入，也是"十三五"期间一项具有标志性意义的科研项目。海洋机器人集群智能协同技术项目群包含4个项目，系统庞大、涉及关键技术众多、复杂性高，为此，哈工程水下机器人技术国家级重点实验室联合多家业内优势单位组建了一支国内一流的科研攻关团队。

就像自然界中鱼群、狼群、蜂群一样，海洋机器人也"长着"耳眼、大脑和手脚，具备环境感知、自主决策和执行任务能力，海洋机器人集群系统实现了这些智能机器人互联互通、态势共享、群策群力，从而在未知的海洋环境中全自主地完成协同探测、作业等任务。

"2个或多个机器人协同作业，不是简单的功能叠加，而会出现1+1>2的群体智能效应，涌现出全新的协同行为模态，从而完成更加复杂的协同任务。"集成项目负责人哈工程船舶工程学院教师廖煜雷介绍，"我们的集群协同技术能支持至少50个机器人共同作业，机器人可以随时加入或退出集群，集群系统自主快速重构并重新分配任务，从而改变作业规模或效率；同时，机器人集群协同技术可实现机器人全自主操作，也可根据需求实现人机相互协作。"

**平均年龄26岁的"群智团队"不负重托**

群智团队共20余人，平均年龄只有26岁，但这群年轻人为了科研不怕吃苦的拼劲让老师们十分感动。

"团队中很多研究生从2020年6月一直到海试结束的200余天，仅仅休息过几天，有的研究生为了完成任务几次将手术延期。"受任务复杂性、环境不确定性影响，试验中集群系统遇到了很多突发事件，但为了顺利完成科研任务，团队克服烈日暴晒、海况恶劣、水土不服等困难，始终坚守在科研一线和试验现场，不负重托顺利完成了科研任务。

经过近两年的攻坚克难，他们突破了信息共享、协同感知、敏捷编队、协同决策、人机协同、作业策略、系统集成等关键核心技术，成功研制出具备多协同任务模式、多智能模态、弹性可重构的海洋机器人集群智能协同技术演示系统，有力推动了海洋机器人集群智能协同的理论创新及技术发展。

"我们是站在巨人的肩膀上前行。"据决策项目负责人哈工程船舶工程学院副院长李晔介绍，"我国第一代智能水下机器人名叫'智水'，是水下机器人的奠基人徐玉如院士带领团队呕心沥血浇灌而来。所以我们给新一代海洋机器人集群智能协同技术演示系统取名为'群智演示系统'，寓意着传承和群体智慧，从'八五'到'十三五'，一代代哈工程人传承着前人为国效力、矢志不渝的拼搏精神，推动我国智能海洋机器人技术研究达到国际先进水平。"

（案例来源：央视新闻客户端）

## 任务4.2　创新成果的保护

### 名人名言

人们从别人的发明中享受了很大的利益，我们也应该乐于有机会以我们的任何一种发明为别人服务；而这种事我们应该自愿和慷慨地去做。

——富兰克林

不掌握自主知识产权，就谈不上真正的自主创新。而核心专利是自主创新的脊梁，一项核心专利可以成就一个企业，形成一个产业。

——宋柳平

创新的最终目标就是将创新成果转化为现实生产力，而创新成果保护是其转化的重要前提。创新成果是一种无形资产，具有获得知识产权保护的价值。一般认为，对创新成果的保护，主要体现在知识产权的法律保护上。在知识经济发展的大趋势下，大学生创业者作为"双创"生力军，增强自身的知识产权保护意识尤为重要。

### 知识链接

知识产权的英文为"Intellectual Property"，也被翻译为智力成果权、智慧财产权、智力财产权，通常被理解为"基于创造成果和工商标记依法产生的权利的统称"。最主要的三种知识产权是著作权、专利权和商标权。

## 4.2.1 著作权

#### 1. 著作权的概念

著作权是指自然人、法人或者其他组织对文学、艺术和科学作品享有的财产权利和精神权利的总称。著作权通常指版权。广义的著作权还包括邻接权，即"与著作权有关的权利"。

#### 2. 著作权的主体

著作权的主体也称著作权人，是指依照著作权法，对文学、艺术和科学作品享有著作权的自然人、法人或者其他组织。

以著作权的取得方式为标准划分，著作权的主体可以分为原始主体（原始著作权人）和继受主体（继受著作权人）。

原始主体即作品创作完成时，直接依照著作权法和合同约定即刻对创作的作品享有著作权的主体。继受主体即通过继承、受让、受赠等方式获得著作权的主体。

#### 3. 著作权的客体

著作权的客体也称作品，是指文学、艺术和科学领域内具有独创性并能以一定形式表现的智力成果。作品首先要具有独创性，即作品系作者独立完成，而非抄袭，同时要满足一定的创造性，体现一定的智力水平和作者的个性化表达。其次作品要具有有形性。思想是抽象的、无形的，不受法律保护，仅当思想以一定形式得以表现之后，方能够被他人感知，才能成为受法律保护的作品。《中华人民共和国著作权法》第三条规定，本法所称的作品，是指文学、艺术和科学领域内具有独创性并能以一定形式表现的智力成果，包括以下九种类型。

（1）文字作品。文字作品是指小说、诗词、散文、论文等以文字形式表现的作品。

（2）口述作品。口述作品是指即兴的演说、授课、法庭辩论等以口头语言形式表现的作品。

（3）音乐、戏剧、曲艺、舞蹈、杂技艺术作品。音乐作品是指歌曲、交响乐等能够演唱或者演奏的带词或者不带词的作品；戏剧作品是指话剧、歌剧、地方戏等供舞台演出的作品；

曲艺作品是指相声、快书、大鼓、评书等以说唱为主要形式表演的作品；舞蹈作品是指通过连续的动作、姿势、表情等表现思想情感的作品；杂技艺术作品是指杂技、魔术、马戏等通过形体动作和技巧表现的作品。

（4）美术、建筑作品。美术作品是指绘画、书法、雕塑等以线条、色彩或者其他方式构成的有审美意义的平面或者立体的造型艺术作品；建筑作品是指以建筑物或者构筑物形式表现的有审美意义的作品。

（5）摄影作品。摄影作品是指借助器械在感光材料或者其他介质上记录客观物体形象的艺术作品。

（6）视听作品。视听作品是指摄制在一定介质上，由一系列有伴音或者无伴音的画面组成，并且借助适当装置放映或者以其他方式传播的作品。

（7）工程设计图、产品设计图、地图、示意图等图形作品和模型作品。图形作品是指为施工、生产绘制的工程设计图、产品设计图，以及反映地理现象、说明事物原理或者结构的地图、示意图等作品；模型作品是指为展示、试验或者观测等用途，根据物体的形状和结构，按照一定比例制成的立体作品。

（8）计算机软件。计算机软件是指计算机程序及其有关文档。

（9）符合作品特征的其他智力成果。符合作品特征的其他智力成果是无法归入前述分类的作品的其他智力成果，用以涵盖立法者未能预见到的新形式的作品，使之能够得到相应的保护。

《中华人民共和国著作权法》明确规定了不予保护的对象，包括：（1）法律、法规，国家机关的决议、决定、命令和其他具有立法、行政、司法性质的文件，及其官方正式译文；（2）单纯事实消息；（3）历法、通用数表、通用表格和公式。此外，创意、题材、操作方法、技术方案、实用功能等属于思想层面的，不构成作品，不受著作权法的保护。

## 案例阅读

### 惨痛的教训

作为 2016 年全国大学生创业英雄十强，武汉研途有家科技有限公司董事长刘恒曾因知识产权保护意识薄弱而受到惨痛的教训。

在 2016 年一次项目融资谈判中，这个在校大学生由于对知识产权保护相关的法律了解不足，在没有与对方签订商业谈判接触保密协议书的前提下，就将手上的商业资料悉数发了过去。

对方全面掌握了刘恒项目创意中的商业秘密，又没有约束条款，就想撇开刘恒独自经营。这导致刘恒在后续的谈判中极为被动。本来 3 个月就可以谈下来的项目，对方却拖了 9 个月，最终也没有达成合作意向。

"双创"最关键的是对知识的创新，打造核心技术壁垒，保护好自主知识产权才能具备竞争力。与创业学生交流时，武昌理工学院创新创业中心周登江常常分享这样一个案例。2002 年武汉市某著名食品企业在成立之初，有自己的品牌，但没及时进行商标注册。结果被别人注册成功，企业反倒成了侵权方，最后花了80万元才买回自己的商标。

辅导大学生创业多年的华中师范大学中科创业学院执行副院长丁玉斌介绍，大学生创业过程中因为知识产权保护意识不足而受伤害的不在少数。

（资料来源：中国青年报）

### 4. 著作权的取得

著作权的取得，主要分为自动取得和注册取得两大类。

（1）自动取得，是指著作权自作品创作完成时自动产生，不需要履行任何批准或登记手续。

（2）注册取得，是指以登记注册为取得著作权的条件，作品只有登记注册或经批准后才能取得著作权。

在我国，著作权是自作品创作完成之日起自动产生的，无须经过任何批准或登记手续。此外，无论作品是否发表，在其被创作完成的那一刻就能享有著作权保护。著作权人可以申请我国著作权管理部门对作品著作权进行登记，但登记不是著作权产生的法定条件。作品登记过程仅对作品的权属信息做形式审查，一般对著作权的归属只能起到初步证明的作用。

### 5. 著作权的内容

著作权的内容是指著作权人依照法律享有的专有权利的总和，根据《中华人民共和国著作权法》，著作权内容包括著作人身权和著作财产权。

#### 1）著作人身权

著作人身权包括：（1）发表权，即决定作品是否公之于众的权利。发表权只能行使一次，除特殊情况外，仅能由作者行使。（2）署名权，即表明作者身份，在作品上署名的权利。署名权包括作者决定是否署名，署真名、假名、笔名，禁止或允许他人署名等权利。（3）修改权，即修改或者授权他人修改作品的权利。（4）保护作品完整权，即保护作品不受歪曲、篡改的权利。

#### 2）著作财产权

著作财产权包括：（1）复制权，即以印刷、复印、拓印、录音、录像、翻录、翻拍、数字化等方式将作品制作一份或者多份的权利。（2）发行权，即以出售或者赠与方式向公众提供作品的原件或者复制件的权利。（3）出租权，即有偿许可他人临时使用视听作品、计算机软件的原件或者复制件的权利。（4）展览权，即公开陈列美术作品、摄影作品的原件或者复制件的权利。（5）表演权，即公开表演作品，以及用各种手段公开播送作品的表演的权利。（6）放映权，即通过放映机、幻灯机等技术设备公开再现美术、摄影、视听作品等的权利。（7）广播权，即以有线或者无线方式公开传播或者转播作品，以及通过扩音器或者其他传送符号、声音、图像的类似工具向公众传播广播的作品的权利。（8）信息网络传播权，即以有线或者无线方式向公众提供，使公众可以在其选定的时间和地点获得作品的权利。（9）摄制权，即以摄制视听作品的方法将作品固定在载体上的权利。（10）改编权，即改变作品，创作出具有独创性的新作品的权利。（11）翻译权，即将作品从一种语言文字转换成另一种语言文字的权利。（12）汇编权，即将作品或者作品的片段通过选择或者编排，汇集成新作品的权利。(13)应当由著作权人享有的其他权利。

### 6. 著作权的侵权

著作权侵权是指未经著作权人许可，擅自实施受著作权人专有权利控制的行为，但法律另有规定的除外。

#### 1) 著作权侵权行为的种类

(1)直接侵权。直接侵权指行为人实施的行为直接侵犯了被实施对象的著作权。如未经著作权人许可在广告文案中使用他人的摄影作品。

(2)间接侵权。间接侵权指行为人的帮助或教唆等行为促成了直接侵权人的侵权行为得以发生或继续。如向直接侵权人提供破坏技术措施的服务，又如视频网站经营者在经权利人投诉后未能下线网站内相关的盗版视频内容。

#### 2) 应当承担民事责任的侵权行为

应当承担民事责任的侵权行为包括：（1）未经著作权人许可，发表其作品的；（2）未经合作作者许可，将与他人合作创作的作品当作自己单独创作的作品发表的；（3）没有参加创作，为谋取个人名利，在他人作品上署名的；（4）歪曲、篡改他人作品的；（5）剽窃他人作品的；（6）未经著作权人许可，以展览、摄制视听作品的方法使用作品，或者以改编、翻译、注释等方式使用作品的，本法另有规定的除外；（7）使用他人作品，应当支付报酬而未支付的；（8）未经视听作品、计算机软件、录音录像制品的著作权人、表演者或者录音录像制作者许可，出租其作品或者录音录像制品的原件或者复制件的，《中华人民共和国著作权法》另有规定的除外；（9）未经出版者许可，使用其出版的图书、期刊的版式设计的；（10）未经表演者许可，从现场直播或者公开传送其现场表演，或者录制其表演的；（11）其他侵犯著作权以及与著作权有关的权利的行为。

---

**案例阅读**

**上海好记星教育科技有限公司侵害著作权案**

外语教学与研究出版社有限责任公司（以下简称外研社）系《新标准英语》（小学、中学）教材的著作权人。上海好记星教育科技有限公司（以下简称好记星公司）生产好记星平板电脑并通过线上、线下方式销售，消费者利用好记星平板电脑通过联网和输入验证码可下载外研社《新标准英语》教材的电子版本及对应音频资料。外研社认为好记星公司的上述行为侵害了其图书作品著作权，请求法院判令好记星公司赔偿经济损失。山东省菏泽市中级人民法院认为，被诉平板电脑中加载的图书作品文字版本等内容均与涉案图书作品文字内容相同，好记星公司以出售的平板电脑为载体向公众提供涉案图书作品的复制件，侵犯了涉案图书作品的复制权、发行权，判决好记星公司赔偿经济损失 20 万元。好记星公司不服一审判决，向山东省高级法院提起上诉。2021 年 8 月 19 日，山东省高级人民法院做出终审判决：驳回上诉，维持原判。

评语：随着新技术、新模式不断出现，作品载体越来越多样化，获得作品的技术手段也日新月异。本案中，被诉侵权人以出售平板电脑并提供下载作品的方式向公众提供权利作品的复制件，系以新的载体和方式实施侵害著作权的行为，应予制止。本案的裁判，严厉打击了新类型著作权侵权行为，有力保护了权利人的合法权益，对于促进新产业、新模式的规范化、法治化发展具有重要意义。

（资料来源：山东省高级人民法院）

### 4.2.2 专利权

#### 1. 专利权的概念与特征

专利权是指政府有关部门向发明人授予的在一定期限内生产、销售或以其他方式使用其发明创造的独占权或专有权，具有三个基本特征。

（1）排他性，也称独占性或专有性。专利权所有人对其拥有的专利权享有独占或排他的权利，未经其许可或者出现法律规定的特殊情况，任何人不得使用，否则即构成侵权。

（2）时间性。时间性指法律对专利权的保护不是无期限的，而是有时间限制的，超过这一时间限制则不再予以保护，专利随即成为人类的共同财富，可被任何人使用。

（3）地域性。地域性指任何一项专利权，只在特定的地域内受到法律保护。该地域通常是一个国家或多个国家。

#### 2. 专利的类型

《中华人民共和国专利法》第二条规定，发明创造是指发明、实用新型和外观设计。

发明，是指对产品、方法或者其改进所提出的新的技术方案。发明专利能够获得较长的保护时间，但授权标准较高，程序耗时较长。实用新型，是指对产品的形状、构造或者其结合所提出的适于实用的新的技术方案。外观设计，是指对产品的整体或者局部的形状、图案或者其结合以及色彩与形状、图案的结合所做出的富有美感并适于工业应用的新设计。

授予专利权的发明和实用新型，应当具备新颖性、创造性和实用性。授予专利权的外观设计，应当具备新颖性、区别性且不与他人在先合法权利相冲突。虽然外观设计和实用新型与产品的形状有关，但两者的目的却不相同，前者的目的在于使产品形状产生美感，而后者的目的在于使具有形态的产品能够解决某一技术问题。例如，一把雨伞，如果它的形状、图案、色彩相当美观，那么应申请外观设计专利，如果它的伞柄、伞骨、伞头结构设计精简合理，既可以节省材料又有耐用的功能，那么应申请实用新型专利。

#### 3. 专利申请的原则

为了更好地保护发明创造，发明创造者必须及时向有关部门申请专利。申请专利应遵循以下原则。

（1）形式法定原则。申请专利的各种手续，都应当以书面形式或国家知识产权局规定的其他形式办理。以口头、电话等非书面形式办理的各种手续均视为未提出，不产生法律效力。

（2）单一性原则。一件专利申请只能限于一项发明创造。但是，属于一个总的发明构思的两项以上的发明或者实用新型，可以作为一件申请提出；同一产品两项以上的相似外观设计,或者用于同一类别并且成套出售或者使用的产品的两项以上外观设计,也可以作为一件申请提出。

(3)先申请原则。两个以上的申请人分别就同样的发明创造申请专利的,专利权授予最先申请的人。

### 4. 专利权人的权利

（1）独占实施权

独占实施权包括两方面：一是专利权人自己实施其专利的权利,即专利权人对其专利产品依法享有的进行制造、使用、销售、允许销售的专有权利,或者专利权人对其专利方法依法享有的专有使用权以及对依照该专利方法直接获得的产品的专有使用权和销售权。而是专利权人禁止他人实施其专利的特权,除专利法另有规定的以外,发明和实用新型专利权人有权禁止任何单位或者个人未经其许可实施其专利。

（2）转让权

转让权是指专利权人将其获得的专利所有权转让给他人的权利。转让专利权的,当事人应当订立书面合同,并向国务院专利行政部门登记,由国务院专利行政部门予以公告。专利权的转让自登记之日起生效。中国单位或者个人向外国人转让专利权的,必须经国务院有关主管部门批准。

（3）许可实施权

许可实施权是指专利权人通过实施许可合同的方式,许可他人实施其专利并收取专利使用费的权利。

（4）标记权

标记权即专利权人有权自行决定是否在其专利产品或者该产品的包装上标明专利标记和专利号。

（5）请求保护权

请求保护权是专利权人认为其专利权受到侵犯时,有权向人民法院起诉或请求专利管理部门处理以保护其专利权的权利。保护专利权是专利制度的核心,他人未经专利权人许可而实施其专利,侵犯专利权并引起纠纷的,专利权人可以直接向人民法院起诉,也可以请求管理专利工作的部门处理。

（6）放弃权

专利权人可以在专利权保护期限届满前的任何时候,以书面形式声明或以不缴纳年费的方式自动放弃其专利权。

放弃专利权时需要注意两个问题,一是在专利权由两个以上单位或个人共有时,必须经全体专利权人同意才能放弃。二是专利权人在已经与他人签订了专利实施许可合同许可他人实施其专利的情况下,放弃专利权时应当事先得到被许可人的同意,并且还要根据合同的约定,赔偿被许可人由此造成的损失,否则专利权人不得随意放弃专利权。

专利权人除了享受以上权利外,还应履行按规定缴纳专利年费以及不得滥用专利权的义务。

### 5. 专利申请的流程

专利申请的程序包括提交申请、受理、初步审查、公布、实质审查及授权6个阶段。其中，实用新型和外观设计的专利申请不进行公布和实质审查。

（1）提交申请。申请人向国家专利行政部门提出专利申请，并提交相关文件。提交的文件必须采用书面形式，并按照规定的格式填写。申请发明或实用新型专利的，应当提交请求书、说明书及其摘要、权利要求书等文件；申请外观设计专利的，应当提交请求书、该外观设计的图片或照片，以及对该外观设计的简要说明等文件。

（2）受理。国家专利行政部门收到专利申请后进行查看，对符合受理条件的专利申请，国家专利行政部门将确定该专利的专利申请日，并发放申请号和受理通知书，然后通知申请人缴纳申请费。对不符合受理条件的专利申请，则不予受理。

（3）初步审查。按照规定缴纳完申请费的专利申请自动进入初审阶段。在初审阶段，国家专利行政部门要对申请是否存在明显缺陷进行审查。对审查合格的，将发放初审合格通知书。

（4）公布。专利申请从获得初审合格通知书起进入公布阶段。公布以后，该专利申请就获得了临时保护。

（5）实质审查。在实质审查阶段，国家专利行政部门将对专利申请是否具有新颖性、创造性、实用性及法律规定的其他实质性条件进行全面审查。

（6）授权。经实质审查未发现驳回理由的，由国家专利行政部门做出授予专利权的决定，并发放专利证书，同时予以登记和公告。专利权自公告之日起生效。

发明专利权的期限为20年，实用新型专利权的期限为10年，外观设计专利权的期限为15年，均自申请日起计算。若出现专利权人没有按照规定缴纳年费或专以书面声明放弃其专利权的，专利权在期限届满前终止。

根据《中华人民共和国专利法》第二十五条规定，对下列各项，不授予专利权：（1）科学发现；（2）智力活动的规则和方法；（3）疾病的诊断和治疗方法；（4）动物和植物品种；（5）原子核变换方法以及用原子核变换方法获得的物质；（6）对平面印刷品的图案、色彩或者二者的结合做出的主要起标识作用的设计。第（4）项所列产品的生产方法，可以依法授予专利权。

### 6. 专利侵权相关规定

《中华人民共和国专利法》第十一条规定，发明和实用新型专利权被授予后，除《中华人民共和国专利法》另有规定的以外，任何单位或者个人未经专利权人许可，都不得实施其专利，即不得为生产经营目的制造、使用、许诺销售、销售、进口其专利产品，或者使用其专利方法以及使用、许诺销售、销售、进口依照该专利方法直接获得的产品。外观设计专利权被授予后，任何单位或者个人未经专利权人许可，都不得实施其专利，即不得为生产经营目的制造、许诺销售、销售、进口其外观设计专利产品。

《中华人民共和国专利法》第七十五条规定，有下列情形之一的，不视为侵犯专利权：（1）专利产品或者依照专利方法直接获得的产品，由专利权人或者经其许可的单位、个人售出后，使用、许诺销售、销售、进口该产品的；（2）在专利申请日前已经制造相同产品、使用相同方法或者已经作好制造、使用的必要准备,并且仅在原有范围内继续制造、使用的;(3)临时通过中国领陆、领水、领空的外国运输工具,依照其所属国同中国签订的协议或者共同参加的国际条约,或者依照互惠原则,为运输工具自身需要而在其装置和设备中使用有关专利的;(4)专为科学研究和实验而使用有关专利的;(5)为提供行政审批所需要的信息,制造、使用、进口专利药品或者专利医疗器械的,以及专门为其制造、进口专利药品或者专利医疗器械的。

## 案例阅读

### 维权成本高赔偿低 大学生创业者专利维权何去何从

数年前,一个大学生创业公司的专利维权案,登上了2016年武汉市保护知识产权十大典型案例。

这家被侵权的公司名为武汉毳雨环保科技有限责任公司(以下简称毳雨公司),核心技术是由武汉科技大学学生李恒2012年在校研发出的一种"高空喷淋降尘系统"。该系统通过将水雾化进行高空喷淋,吸附工地现场空气中的灰尘颗粒和杂质,达到润湿地面和防止尘土重新扬起的效果,改善城市环境。

武汉市建设科学技术委员会曾专门组织评审,认为该技术成果属国内首创。依托该成果申请到的国家专利,李恒在校开始了创业。

**被侵权获赔2.8万元**

2016年8月,毳雨公司销售人员发现武汉某环保公司制造了模仿该专利技术的塔吊喷淋装置,并销售给两家公司共6套设备,在武汉某大桥和某地铁工地投入使用。

为此,毳雨公司以涉嫌侵犯其专利权为由,向武汉市科技局(知识产权局)申请立案。经调查,武汉市科技局(知识产权局)认定毳雨公司被侵权。

结果是,侵权企业一次性赔偿毳雨公司2.8万元。考虑到给环境带来的不利影响,原施工现场继续使用已安装的塔吊喷淋装置。

"这2.8万元,也是我们磨破嘴皮才要到的。"李恒说,侵权企业一共销售了6套设备,每套市场售价4万元。"依照专利法规定,根据侵权人因侵权获得的收益和处罚标准系数测算合计,至少要赔偿我们30万元以上。"

可提出这一要求后,对方就一直以"没钱"等理由拒绝赔偿。李恒无奈之下只好一步步妥协,当面交涉了不下6次,可还是一直谈不拢。最后,对方只答应赔给2.8万元。

这不是毳雨公司第一次遭遇专利侵权,毳雨公司至少遭遇过5次侵权,李恒在维权之路上备尝艰辛。

**谁来帮大学生创业者维权**

李恒的维权经历不是个案。一直以来,维权成本高、周期长、举证难、赔偿低是制约知识产权司法保护的瓶颈。

"最近出版的《浙江省知识产权司法报告》显示,小微企业知识产权被侵犯的案例数据是最多的。"武汉知识产权研究会常务理事蔡祖国分析,知识产权保护部门力量薄弱,企业本身不愿意选择成本高的维权方式,企业对专利权益了解不全面等是当前小微企业专利维权难的主要原因。

他表示,"双创"背景下,大学生创业企业不断涌现,知识型创业是最大特点,也是国家经济转型升级的热切期盼。这类企业起点高、成长快,但知识产权侵害却可能直接将其扼杀在摇篮里。

"小微企业维权还是得走司法程序,但难点在证据搜集。"蔡祖国建议,在采用诉讼方式维权时,在诉讼地域管辖、证据保全等方面,必须运用专业化的思维方式来处理。可以把所有的侵权方告到同一个法院。"一并起诉,告倒一家就可以产生震慑作用。"

他还呼吁政府加快立法和制度建设,加大侵权处罚力度。为大学生创业提供维权信息服务,帮助搜集证据,减免一部分打官司的费用,分担维权成本。

尽管维权一路艰难,但李恒没有放弃,还加大了公司技术研发投入,在他看来,知识才是大学生创业最大的"杀手锏"。

（资料来源：中国青年报）

### 4.2.3 商标权

#### 1. 商标的概念和作用

商标是用以区别商品和服务来源的商业性标志,由文字、图形、字母、数字、三维标志、颜色组合、声音或者上述要素的组合构成。

商标最主要的功能是来源识别功能。经营者将商标使用于自己的商品或服务上,使消费者通过商标认识、记住自己的商品或服务,了解自己商品或服务的质量、品质特点,建立自己的信誉,消费者则可以通过商标选购心仪的商品或服务。除此之外,商标可以促使商标使用人努力保持、提高商品和服务的质量,因此,商标就有了另一派生功能,即质量担保功能。

#### 2. 商标权的取得

商标权是指商标所有人依法对其商标享有的受国家法律保护的专有权。商标所有人拥有依法支配其商标并禁止他人侵害的权利,包括商标所有人对其商标享有的排他使用权、收益权、处分权、续展权和禁止他人侵害的权利。商标权的取得方式包括通过使用取得商标权和通过注册取得商标权两种方式。

1）使用取得原则

使用取得原则是指商标权的获得的依据是商标在商业活动中被真实使用,注册只是证明享有商标权的初步证据。该原则认为,商标只有真实地使用,才能发挥商标的功能和作用,无使用的商标无必要给予商标权保护。

2）注册取得原则

注册取得原则是指商标权的获得的依据是商标行政管理部门的核准注册,未注册的商标不能享有商标权的保护。注册取得原则容易诱发商标的恶意注册,但该原则的优势在于安全和效率。在我国,商标注册是取得商标权的基本途径。《中华人民共和国商标法》第 3 条规定:"经商标局核准注册的商标为注册商标,商标注册人享有商标专用权,受法律保护。"同时我国商标立法上也不断强化对未注册商标的保护。

### 3. 不能作为商标使用的标志

《中华人民共和国商标法》第十条规定，下列标志不得作为商标使用。

（1）同中华人民共和国的国家名称、国旗、国徽、国歌、军旗、军徽、军歌、勋章等相同或者近似的，以及同中央国家机关的名称、标志、所在地特定地点的名称或者标志性建筑物的名称、图形相同的。

（2）同外国的国家名称、国旗、国徽、军旗等相同或者近似的，但经该国政府同意的除外。

（3）同政府间国际组织的名称、旗帜、徽记等相同或者近似的，但经该组织同意或者不易误导公众的除外。

（4）与表明实施控制、予以保证的官方标志、检验印记相同或者近似的，但经授权的除外。

（5）同"红十字""红新月"的名称、标志相同或者近似的。

（6）带有民族歧视性的。

（7）带有欺骗性，容易使公众对商品的质量等特点或者产地产生误认的。

（8）有害于社会主义道德风尚或者有其他不良影响的。

县级以上行政区划的地名或者公众知晓的外国地名，不得作为商标。但是，地名具有其他含义或者作为集体商标、证明商标组成部分的除外；已经注册的使用地名的商标继续有效。

同时，《中华人民共和国商标法》规定，仅有本商品的通用名称、图形、型号的；仅直接表示商品的质量、主要原料、功能、用途、重量、数量及其他特点的以及其他缺乏显著特征的标志不得作为商标注册。若所列标志经过使用取得显著特征，并便于识别的，可以作为商标注册。以三维标志申请注册商标的，仅由商品自身的性质产生的形状、为获得技术效果而需有的商品形状或者使商品具有实质性价值的形状，不得注册。

### 4. 商标权的内容

商标权的内容是指商标权人依法享有的权利和承担的义务。根据《中华人民共和国商标法》规定，商标权人享有以下权利。

#### 1）专有使用权

商标权人有权在其核定的商品和服务项目上使用其核准注册的商标，未经商标权人许可，任何人不能在同一种或类似的商品与服务上使用与其注册商标相同或者近似的商标。

#### 2）商标处分权

商标权人有权按照自己的意志以许可、转让、出质和投资等方式处置其注册商标。

#### 3）使用注册标记权

商标权人有权在使用注册商标时标明"注册商标"字样或者注册标记"®"。

#### 4）有效期限

《中华人民共和国商标法》第三十九条规定，注册商标的有效期为十年，自核准注册之日起计算。《中华人民共和国商标法》第四十条规定，注册商标有效期满，需要继续使用的，商标注册人应当在期满前十二个月内按照规定办理续展手续；在此期间未能办理的，可以给予六个月的宽展期。每次续展注册的有效期为十年，自该商标上一届有效期满次日起计算。

期满未办理续展手续的，注销其注册商标，商标局应当对续展注册的商标予以公告。

> ### 案例阅读
>
> #### 两大凉茶广告之争：加多宝"销量领先"广告语被禁用
>
> 从商标之争、包装之争，再到广告之争，王老吉和加多宝"两罐凉茶"的纠纷一直持续。2019年8月16日晚间，广州白云山医药集团股份有限公司公告了三宗诉讼的结果。这场历时5年的广告语之争，最终以加多宝两句广告语被叫停，判赔广药方面100万元告终。
>
> **"全国销量领先"广告语禁用**
>
> 2019年8月16日，白云山发布的关于诉讼结果的公告显示，最高人民法院判决加多宝立即停止发布包含"中国每卖10罐凉茶7罐加多宝"广告词的广告以及立即停止使用并销毁印有"全国销量领先的红罐凉茶——加多宝"广告词的产品包装；并赔偿广药集团、王老吉大健康公司经济损失和合理费用共计100万元。同时，法院驳回了广药集团、王老吉其他诉讼请求。
>
> 根据白云山发布的公告，2013年，广药集团和王老吉大健康公司曾经将武汉加多宝、湖南丰彩好润佳商贸有限公司和潇湘晨报社一同告上法庭，理由是武汉加多宝、丰彩公司、潇湘晨报在其广告宣传或产品包装上使用"全国领先的红罐凉茶改名加多宝"或其他"改名"广告语的行为，严重损害了原告王老吉商标和商誉，构成不正当竞争；被告武汉加多宝、丰彩公司、潇湘晨报在其广告宣传或产品包装上使用含有"全国销量领先的红罐凉茶——加多宝""中国每卖10罐凉茶，7罐加多宝，怕上火，更多人喝加多宝，配方正宗当然更多人喝""加多宝凉茶获准为国家级非物质文化遗产代表作"等广告语，与客观事实不符，并有违国家禁止性法律规定，同样属于虚假宣传，且直接贬低、损害了原告的商标和商誉，构成不正当竞争。
>
> 此后，加多宝方面分别提起上诉，但二审均维持了原判。加多宝方面仍然不服判决，向最高人民法院提起了再审。最终审判结果即白云山公告中的内容。
>
> 对于这一结果，加多宝方面表示，最高人民法院的判决认为，加多宝使用"全国销量领先的红罐凉茶改名加多宝"等与"改名"相关的广告语，并不构成虚假宣传行为，公司对这一结果表示完全支持。对于最高人民法院判决武汉加多宝立即停用"中国每卖10罐凉茶7罐加多宝"等广告语，并赔偿广药集团、王老吉大健康公司共计100万元的结果，加多宝也表示完全支持。
>
> **14.4亿赔偿商标案悬而未决**
>
> 事实上，此案的宣判只是王老吉背后的广药集团与加多宝交锋的一个方面。王老吉与加多宝的纠纷远没有落幕。尤其是针对商标权一度高达14.4亿的判赔金额，更是关乎加多宝的未来。
>
> 2000年双方续签商标许可使用合同，规定药品属性的绿盒王老吉属广药集团，而饮

料属性的红罐王老吉则属于鸿道集团下属企业加多宝。

2011年，广药集团要求回笼王老吉的商标使用权。2012年5月，王老吉在状告加多宝侵犯王老吉商标权的一审中胜诉。2012年7月16日，北京市一中院最终裁定，加多宝禁用王老吉商标。加多宝随后将产品更名"加多宝凉茶"。

2014年，广药集团向广东省高院提起民事诉讼，要求判令加多宝赔偿2010年5月至2012年5月期间侵犯王老吉商标权给王老吉带来的经济损失共计10亿元，此后又将赔偿要求增加至29亿元。根据一审判决，加多宝方面共需赔偿广药集团经济损失和合理维权费用共计14.4亿元。今年7月1日，最高院裁定撤销14.4亿元商标侵权赔偿的一审判决，并将此案发回广东高院重审。

**官司热了 凉茶市场却凉了**

数据显示，2009—2012年之间，凉茶品类保持了16%—18%的高速增长，而2015年上半年凉茶市场的增速为零。另一组数字显示，2016年凉茶行业市场占整个饮料行业市场份额的8.8%，位居饮料行业第四大品类，销售收入达561.2亿元，同比增长4.2%，而2015年这一数字为10%。

具体到两家企业，加多宝在近几年间遭遇了裁员欠薪危机。曾因要与加多宝重组，中弘股份在2018年8月披露过加多宝的财报情况：2015年、2016年、2017年连续三年加多宝的净利润分别为-1.89亿元、14.8亿元、-5.83亿元。到2017年，加多宝已经资不抵债。加多宝随后表示，这一数据与事实严重不符。但是，占其包装量90%的中粮包装在2018年二季度突然决定停止供罐，似乎也从侧面印证了加多宝财务状况不佳。

根据白云山2018年财报，背靠广药集团的王老吉所在的大健康板块，主营业务收入同比上一年增长10.66%。而毛利率虽然达到了43.43%，但比上一年减少了1.82个百分点。不过，王老吉这两年也在改变经营策略，不仅签了知名艺人作为代言人，旗下也推出了椰汁、刺梨等新口味饮料，凉茶本身也在不断更改包装和口味。

有分析人士称，王老吉和加多宝两家纷争多年，耗费了自身企业大量资源，凉茶行业也没有能更进一步发展。在这一过程中，许多潜在竞争者和中小品牌均被两大巨头挤出市场之外。此外，仅存在两强的市场明显缺乏活力和创意，由于诉讼而固守的产品外观也已经与时代有所脱节。

业内人士认为当下市场环境，继续缠斗对两家已无好处，未来携手做大市场也许能够达成双赢，但是如今仍有关键官司尚未解决，"竞合"这一条路何时能开启仍旧未知。

（资料来源：人民网）

### 5. 商标注册的流程

要取得商标专用权，商标持有人需依照有关法律法规进行商标注册。商标注册的一般流程如下。

（1）选择注册方式。商标所有人可以自行通过国家知识产权局商标局的网上服务系统在线提交商标注册申请，也可以到国家知识产权局商标局委托地方市场监管部门或知识产权部门设立的商标受理窗口办理。

（2）准备资料。办理商标注册申请，应当提交下列文件：①商标注册申请书一份。申请人为法人或其他组织的，应当在申请书的指定位置加盖公章；申请人为自然人的，应当由申请人使用钢笔或签字笔在指定位置签字确认。②申请人身份证明文件及其复印件。③商标图样。④要求优先权的，应当提交书面声明，并同时提交或在申请之日起3个月内提交优先权证明文件。

（3）提出申请。《商标注册用商品和服务国际分类》将商品和服务分成了45个大类，其中商品为1～34类，服务为35～45类。申请注册时，申请人应按商品与服务分类表的分类确定使用商标的商品或服务的类别。同一申请人在不同类别的商品上使用同一商标的，应分别按不同类别提出注册申请。

（4）初步审定。对申请注册的商标，商标局自收到商标注册申请文件之日起9个月内审查完毕。对于符合商标注册有关规定的商标，予以初步审定公告。

商标注册采用申请在先原则，这意味着一旦发生有关商标权的纠纷，申请日靠前的商标将受到法律保护。所以，确定申请日十分重要。申请日以商标局收到申请书的日期为准。

（5）领取商标注册证。对初步审定公告的商标，自公告之日起3个月内无人提出异议的，予以核准注册，发给商标注册证，并进行公告。

### 6. 商标侵权的相关规定

商标侵权行为是指未经商标注册人的许可，在同一种商品或者类似商品上使用与其注册商标相同或者近似的商标。《中华人民共和国商标法》第五十七条规定，有下列行为之一的，均属侵犯注册商标专用权：（1）未经商标注册人的许可，在同一种商品上使用与其注册商标相同的商标的；（2）未经商标注册人的许可，在同一种商品上使用与其注册商标近似的商标，或者在类似商品上使用与其注册商标相同或者近似的商标，容易导致混淆的；（3）销售侵犯注册商标专用权的商品的；（4）伪造、擅自制造他人注册商标标识或者销售伪造、擅自制造的注册商标标识的；（5）未经商标注册人同意，更换其注册商标并将该更换商标的商品又投入市场的；（6）故意为侵犯他人商标专用权行为提供便利条件，帮助他人实施侵犯商标专用权行为的；（7）给他人的注册商标专用权造成其他损害的。此外，将他人注册商标、未注册的驰名商标作为企业名称中的字号使用，误导公众，构成不正当竞争行为的，依照《中华人民共和国反不正当竞争法》处理。

## 案例阅读

### 新余市一大学生开网店构成商标侵权 终审判决赔偿13万余元

2014年8月，江西省高级人民法院做出终审判决，被告人周某立即停止侵害郭东林持有的"以纯"注册商标专用权的行为，周某一家4人因侵害同一商标共赔偿13万余元。

**"以纯"起诉"以纯版型"侵权**

2011年10月1日，大学刚毕业的周某用本人及其父母和表妹的身份证，注册获得账户并经实名认证4个会员名，其中周某以"时尚潮流前线8090"网名开设店铺。

2014年1月底,"以纯"注册商标专用权人郭东林在新余市中级人民法院对4人提起侵害商标权诉讼,要求每人赔偿50万元。

郭东林起诉称,周某及其父母和表妹,未经他授权许可,擅自销售"以纯版型"的多款服装,使普通消费者误认为该网店是郭东林开设或者郭东林授权开设的。此侵权行为给以纯商标造成经济损失。

周某及其委托代理人向法庭申辩,其未用"以纯"作为店名,销售服装时未使用"以纯"吊牌,事实上并没有侵犯"以纯"商标权。面对消费者都曾声明不是"以纯"品牌,最终是否购买由消费者决定。网店只是少部分服装加入"以纯版型"文字,请求法院依法驳回。

**终审判决4人赔偿13万余元**

新余中院审理认为,周某销售行为,属于将"以纯"商标或与其近似的商标用于广告宣传行为,且没有说明销售"以纯版型"服装的合法来源,应认定不是"以纯"服装正品。周某等人的行为构成侵权,2014年5月,新余市中级人民法院判决,侵权人应停止侵害,赔偿损失8.4万余元。

郭东林不服一审判决,认为判决赔偿数额过低,提起上诉。江西省高级人民法院责令周某提供其网店经营具体数据,周某拒绝提交,按照民事诉讼证据规则,应认定周某的获利数额不止数千元,郭东林上诉原审判赔数额过低的理由部分成立,遂做出周某赔偿47003元,其父母赔偿54044元,周某表妹赔偿30003元的改判,加重了4人的赔偿责任。

(资料来源:江南都市报)

## 任务4.3 创新成果的转化

### 名人名言

各出所学,各尽所知,使国家富强不受外侮,足以自立于地球之上。

——詹天佑

发明家全靠一股了不起的信心支持,才有勇气在不可知的天地中前进。

——巴尔扎克

### 4.3.1 创新成果转化的内涵

熊彼特在《经济发展理论》一书中提出"技术创新说"和"技术转移说"观点,被认为是创新成果转化的概念雏形。到目前为止,对创新成果内涵的认识,国内外尚未形成完全统一的看法。

一般来说,创新成果转化概念有广义与狭义之分,广义的创新成果转化包括:科学研究成果向技术成果的转化,即基础研究、应用研究、试验发展;技术成果通过开发向生产领域的转化，即设计、试制、中间试验、工业性试验等；新技术在小范围应用成熟后向更大范围推广扩散。狭义的创新成果转化是指后两项。

《中华人民共和国促进科技成果转化法》第二条明确规定："本法所称创新成果转化，是指为提高生产力水平而对创新成果所进行的后续试验、开发、应用、推广直至形成新技术、新工艺、新材料、新产品，发展新产业等活动。"由此可见，可以看出创新成果转化被视为对创新成果进行后续试验到形成新产品、新工艺、新产业的活动，仅指应用科学成果的转化。

### 4.3.2 创新成果转化的方式

促进创新成果转化、加速创新成果产业化，已经成为世界各国科技政策的新趋势。我国在科技体制改革方面持续发力，在资源配置、计划管理、创新成果转化等方面出台多项重大改革措施。比如，国务院 2016 年 2 月印发的《实施〈中华人民共和国促进科技成果转化法〉若干规定》提出了更为明确的操作措施，强调要打通科技与经济结合的通道，促进"大众创业、万众创新"，鼓励研究开发机构、高等院校、企业等创新主体及科技人员转移转化创新成果，推进经济提质增效升级，使得创新成果转化为现实生产力的速度不断加快。不同类型的创新成果，其转化方式也大不相同。

**1. 按转化关系分类**

1）创新成果的直接转化

（1）自主创办企业。科技人员凭借自身技术成果入股创办或加入企业，政府在政策上给予该企业相应扶持。2018 年 9 月，国务院印发《关于进一步做好新形势下就业创业工作的意见》中，明确了以事前产权激励为核心的职务科技成果权属改革、"定向研发、定向转化、定向服务"的订单式研发和成果转化机制等 4 项科技成果转化激励政策，指出要调动科研人员创业积极性，鼓励利用财政性资金设立的科研机构、高等院校、职业院校，通过合作实施、转让、许可和投资等方式，向高校毕业生创设的小微企业优先转移创新成果。这种方式比较适合有技术傍身、怀揣创业激情的创新成果所有者。

（2）开展合作或合同研究。科研院所、高等院校等和企业共同参加国家制订的联合研究与开发计划，其成果直接应用于企业。而科研院所、高等院校与企业建立委托关系，为企业提供技术支持，称为"合同研究"。这种方式比较适合投入产出周期较短的创新成果研发。

（3）开展人才交流。科技人员交流是一种促进创新成果转化的直接、灵活的形式。在不影响完成单位自身的任务情况下，应鼓励科研院所研究人员和高等院校教师到企业中兼职。

2）创新成果的间接转化

（1）设立专门机构。通过设立专门的创新成果转化机构负责促进创新成果的转化。这种机构的类型很多。

（2）搭建网络平台。科研院所、高等院校自主搭建网络平台，通过网络平台进行技术交易，即按照"技术供方→网络平台→技术需方"模式交易。在该种模式下，技术供方发布技术产品、技术服务产品信息，技术需方选购交易的模式。这种方式比较适合有一定的创新成果储备、拥有较强科研实力的科研院所、高等院校。

## 知识拓展

### 硅谷模式

1951年，斯坦福大学建立了斯坦福工业园区，首创产学研合作的"硅谷模式"，融科学、技术、生产为一体，提高创新与产业化的速度和能力。以斯坦福、伯克利、加州理工等世界知名大学为依托，以中小型高技术企业群为基础，培育了思科、英特尔、惠普、朗讯、苹果等世界知名企业。研究院所、高等院校的技术研发和人才培养，与产业发展和企业需求紧密结合，形成了利益共同体。企业出资金、出项目，以较低成本获得和使用先进技术；科研院所、高等院校出智力、出技术，使科研成果更贴近市场需求。

### 2. 按转化主体分类

#### 1）自行转化

创新成果的权利人可以投资，对创新成果进行后续的试验、开发、应用或推广，以实现创新成果的转化。比如，可以自己投资开办企业来生产和推广自己研发的创新成果。在创新成果转化过程中，权利人要注意对创新成果进行有效管理。要对与知识产权相关的权利状态进行跟踪，避免自己的权利与他人权利产生冲突，同时也要预防和及时控制侵权行为。

#### 2）他人转化

这种转化方式包括向他人转让创新成果和许可他人使用创新成果两种情形。向他人转让创新成果，是指创新成果权利人将自己创新成果的所有权转让给他人所有，并由他人实施。许可他人使用创新成果，是指创新成果权利人在不转让创新成果的所有权的前提下，许可他人实施该创新成果，许可人由此支付一定的费用。许可人与被许可人通过达成许可合同来实施创新成果。

#### 3）合作转化

合作转化是指创新成果权利人以创新成果作为合作条件，与他人共同实施转化。创新成果权利人以提供创新成果作为合作条件，与他人共同对创新成果进行后续的试验、开发、应用、推广。

#### 4）投资转化

投资转化，是指创新成果权利人将创新成果作为一种投资条件，将创新成果作价，折算为股份或作为出资比例，投入企业中，由企业自行实施创新成果转化，而权利人则作为企业的股东，按照持股情况或出资比例分享收益，承担损失。

### 3. 按转化模式分类

#### 1）产学研结合共促创新成果转化

产学研结合共促创新成果转化是世界各国特别是发达国家普遍采用的方法。科研院所、高等院校与企业资源互通，优势互补，是科技转化为生产力的有效途径，也是创新成果转化的必由之路。在产学研结合共促创新成果转化的过程中，要突出以下几点。

（1）以市场为导向，以企业为主体。科研院所、高等院校应选择最佳时机将创新成果转化到企业，这样才有利于彻底改变科研与生产脱节的现象。

（2）政府积极推动合作，采取多种合作模式。政府必须为科研院所、高等院校、企业搭建起资源积聚的平台和桥梁，促进科技与企业的结合，促进创新成果的转化，积极推进产学研合作，具体措施包括共建技术开发中心、科研生产联合体、合作培训基地，开展合作研究、合作开发、联合攻关，建立基金会、设立产学研专项基金等。

2）风险投资促进创新成果转化

在创新成果转化初期阶段，企业很难从市场上进行直接融资，可以利用风险投资。企业分期在不同的发展阶段从风险投资机构得到一定的资金，而企业需要给风险投资机构一定的股份或认股期权，以及一定的企业经营或管理权。

3）大学科技园区助力创新成果转化

大学科技园区可利用其所拥有的研发人才、研发机构、研发场地、实验设备建立研发基地，吸引社会资金、企业及人才到园区创业，同时把科研成果与社会优势资源紧密结合起来，最终实现创新成果的转化。

## 拓展阅读

### 北京市创新成果转移转化的九大主要模式

**模式之一：中试模式**

中试模式分为"技术中试"与"市场中试"。技术中试是指实验室的技术成果，通过以市场为导向的技术熟化，变成可以为企业或生产部门接受的生产性商品技术；市场中试就是综合考虑原材料市场和产品终端市场的各种要素，利用中试中心的生产平台，生产具有中试规模的产品，在市场上进行营销，接受市场检验。这种模式典型案例——北京中科前方生物技术研究所将中试中心作为中试模式的试点平台，开展创新成果转化试验实践。到目前为止，中科前方公司对白灵菇、肉牛副产品、虾产品、竹笋、草莓、西瓜、大桃、玫瑰花等进行了深度开发与精深加工，并形成相关开发体系。

**模式之二：先出资示范，后宣传推广，再技术连锁转移模式**

在技术转移的实践中，应立足项目方和投资方的双重需求，实行"先出资示范，后宣传推广，再技术连锁转移"的模式。该模式切实降低了投资的风险，提高了成果转化的效率。这种模式典型案例——北京中捷京工科技发展有限公司。针对各大城市井盖不同程度丢失的情况，北京中捷京工科技发展有限公司筛选到北京交通大学的"新型防互开的井盖防盗装置"和"新型的雨水箅子用防盗装置"专利技术，并与北京交通大学、浙江南浔防盗设备厂、福建福州亚龙电器有限公司等组建了技术连锁转移联合体。进而先后在人民大会堂、首都机场、天津内环路、福建电力管道、浙江台州等地安装上了本产品；作为示范点，邀请有意向的客户到示范点亲自考察试用，打消投资方对技术风险的疑虑。近几年，该项目已经成功实现了向北京、上海、浙江、广东、福建、安徽、陕西、河北等省市的技术转移。

**模式之三：打造行业平台，开展技术转移模式**

可以通过技术论坛、专题展览展示和开展行业性的技术服务交流等工作，搭建国际化技术交流交易转移平台；针对市场对技术的需求采取调研、咨询等方式，协助相关院所完成技术开发与技术咨询服务工作，对市场所需的新技术产品，联合有关科研院所，共同攻关，最终完成技术项目开发与合作。这种模式典型案例——中材集团公司研究开发中心通过举办"国家水泥大会"这一世界水泥界的盛会，搭建水泥行业国际技术交流的平台，促进中国水泥工业的可持续发展。该中心已成功举办国内、国际技术交流交易会100多次，组织各种技术培训班近200次，培训人员近2万人，从而有力地促进了建材创新成果的转化。

**模式之四：技术整合联营模式**

可以通过购买或实施许可等方式与技术研发方（拥有者）达成合作协议，再联合生产企业或投资机构进行合作开发。这种模式典型案例——北京华创阳光医药科技发展有限公司。受北京摩力克基金有限公司委托，北京华创阳光医药科技发展有限公司负责"马来酸替加色罗项目"的临床研究方案设计、临床试验基地筛选、临床研究组织与监察、申报新药证书以及该技术未来转让相关工作。本案例的成功不但令研发方能够回笼资金继续新一轮的开发，而且让一个能够解决便秘型肠易激综合征用药需求的国内优秀新药品种尽快上市销售，实现了良好的社会与经济效益。

**模式之五：投资银行+管理咨询模式**

该服务模式的主要特点是将顾问与中介服务融合，在项目运作中与客户深度互动，将管理咨询贯穿于融资服务的全过程。这种模式典型案例——北京和君咨询有限公司。该公司在实际运作中，首先基于产业的角度，帮助客户进行战略规划，推动企业的业务转型。即帮助客户以新技术、新商业模式整合已有的业务和渠道资源等，协助并开拓新的领域，实现公司业务和商业模式的转型；以增资扩股等股权融资方式进行企业（项目）融资。目前，该公司已帮助几十家公司实现业务、商业模式转型和股权融资。

**模式之六：国际技术集成开发模式**

该模式首先将技术分解成若干个任务包，由牵头公司联合国内外知名的研究开发机构协作开发；或者通过购买或委托开发的方式，从国外引进小试技术，然后在国内组建一支由各知名单位或专家组成的团队，在消化吸收的基础上再创新，开发出工业化技术。这种模式典型案例——科威国际技术转移有限公司。大量中小纸厂由于污染严重而面临关停的局面。"无污染酸法制草浆"技术是一种低污染、低成本的麦草制浆技术，能有效帮助中小造纸企业摆脱困局。但这样的技术，中小纸厂自行开发是不现实的。科威国际技术转移有限公司从欧洲引进了相关技术，组织清华大学、北京林业大学等科研机构的多位专家、行业经验丰富的工程师进行技术攻关；联合日本丰田公司、天津轻机厂进行设备开发；并与山东的大型造纸企业合作建立中试基地。该技术开发成功后，向全国中小纸厂推广应用，从而以低廉的开发成本实现全行业技术升级，使众多中小企业得以生存和发展。

**模式之七：通过技术协同创新解决关键共性技术难题，推动骨干企业技术进步模式**

我国大部分科研机构都是按单一学科设立的，因此单个科研单位很难单独完成复杂且对系统集成水平要求较高的项目。面对这种困境，要充分发挥整合资源的优势，集成多个科研单位的技术优势进行集成创新，共同解决行业关键共性技术难题。这种模式典型案例——中国科学院北京国家技术转移中心。该中心紧密围绕北京市产业发展需求，在中国科学院北京分院指导下，为北京市众多科技企业提供技术分析、市场需求调研、知识产权战略规划、项目运营评估策划等专业咨询服务。

**模式之八：联合体技术转移模式**

联合体技术转移服务模式，即根据企业的技术需求，由国家级研究机构联合多个骨干企业建立"成果转化联合体"。联合体既是创新成果产业化的基地，同时又是一个巨大的新技术新产品辐射体。这种模式经典案例——中国农业科学院饲料研究所。该所的"7+1"技术转移现已发展为"10+1"模式，该转移模式已成为北京技术转移的一面旗帜，该联合体支持的北京留民营村新世纪养殖场生产的低胆固醇和高卵磷脂鸡蛋，产品主要销往京津各大超市，上市以来得到广大用户的认可，具有一定的市场份额和品牌优势，产生了较好的经济效益。

**模式之九：科研院所+公司+农户与市场需求+科研院所+农户模式**

对于农产品的推广和销售，公司可应用两种技术转移服务模式：一是"科研院所+公司+农户"的运作模式；二是"市场需求+科研院所+农户"的运作模式。这种模式典型案例——北京庞各庄乐平农产品产销有限公司。为了满足首都市民的需求并提高瓜农的经济收入，该公司研究、引进了小型西瓜立体栽培、断根嫁接等两项高产、优质栽培技术。不仅解决了西瓜连作重茬问题，还是预防西瓜枯萎病发生的一种有效手段，通过新技术的实施，提高了西瓜的综合品质，使西瓜提前上市7~10天，使西瓜增产、农民增收。

（资料来源：科技部火炬中心）

## 项目实训

1. 以小组为单位，根据各自拟定的"创新成果"，从技术领域、背景技术、内容等方面入手；撰写一份专利申请书，申请书需包含以下内容。
（1）发明或实用新型的名称。
（2）发明或实用新型所属技术问题。
（3）发明或实用新型需要解决的技术问题。
（4）发明或实用新型的主要技术特征。
（5）发明或实用新型的用途。
（6）发明或实用新型的化学式或附图一幅。
2. 分析以下案例并回答问题。

### 科技蓝"涂"——电路板精密钻孔保护专家

中国"互联网+"大学生创新创业大赛点燃了广大青年学子的创新激情和创业梦想，对以"科技"命名的湖南科技大学学生来说，更是一方挑战自我、展示自我、超越自我的广阔舞台。在第三届中国"互联网+"大学生创新创业大赛的决赛现场，湖南科技大学学生团队陈雷、郭家旺、杨雨婷等人的项目"科技蓝'涂'——电路板精密钻孔专用新型材料"在童杰成、周虎老师的带领下，一路披荆斩棘，最终获得银奖。虽然遗憾地与金奖擦肩而过，但项目独特的创新视角、过硬的技术实力、广阔的市场前景还是赢得了在场评委的赞誉。比赛结束后，立即有天使投资基金表示了对该项目的浓厚兴趣。

## 一、科教融合激发创新兴奋点

2012 年湖南科技大学就开始科教协同育人的尝试，出台了鼓励科研项目转化为教学资源的相关制度，选聘科研院所学术骨干进入相应专业教学委员会，共同设计人才培养方案，鼓励知名教授深度参与本科生培养，激发学生的创新创造热情，提供实实在在的创新平台和专业指导。科技蓝"涂"项目执行团队负责人陈雷，就是在这种背景下，大学一年级就被周虎教授选入电子新材料团队，与团队实验室研究人员和研究生一起进行科学研究。

刚进入周虎教授的实验室，陈雷可以说是兴趣满满，激情四射。但枯燥乏味的实验对初入大学的新生来说是一个极大的考验。高强度的实验操作、复杂的过程观察、枯燥的数据测量，再加上长时间处于实验的瓶颈期，让陈雷不久便打起了退堂鼓。"算了，就这样吧！""我还是规规矩矩回课堂学习吧，创新太难了！"他甚至一度对未来的大学生活也失去了信心。这时学院导师、研究生、高年级师兄师姐给了他悉心的关怀和指导，他们积极地与他交流实验体会、创新经验，探讨实验瓶颈的解决办法。在团队的指导和鼓励下，陈雷尝试将大的创新目标分解为一个个凭自己能力能完成的小创新点，随着一个个小创新点的完成，成功产生的喜悦渐渐累积，不知不觉，实验瓶颈渐次突破，最初的挫败感也烟消云散，取而代之的是战胜困难的勇气和实现创新的动力。科技蓝"涂"项目一做就是三年，烈日炎炎的暑假，他和团队成员依旧坚守在高温炉旁等待实验结果；冰冷刺骨的寒假，他和团队成员在实验室用冰冷的双手记录实验数据。陈雷对科研的坚守也收获了丰厚的回报。作为一名本科生，他参与申请中国发明专利 7 项，先后获得中国大学生自强之星、湖南省优秀毕业生、湖南省百佳大学生党员等荣誉称号，并在学科竞赛上获多项国家级、省级奖励，被新湖南、湘潭红网、校新闻网等媒体广泛报道。

## 二、注重实际探寻市场需求点

没有市场需求的技术便是无本之木、无源之水，只能束之高阁、纸上谈兵。我国 2017 年便将人工智能纳入国家发展战略，加大"资金、技术、人员"投入，将其打造成为中国经济发展的重要推动力。据估计，2030 年中国人工智能核心产业规模将超过 1 万亿元，带动相关产业规模超过 10 万亿元。PCB（印制电路板）是人工智能设备等电子产品的关键部件。PCB 行业发展至今，应用领域涉及通信、航空航天、工控医疗、消费电子、汽车电子等行业，几乎涵盖所有的电子产品。改革开放以来，由于中国在劳动力资源、市场、投资等方面的优惠政策，吸引了欧美制造业的大规模转移，大量的电子产品制造商将工厂设立在中国，由此带动了包括 PCB 在内的相关产业的快速发展。

据中国电子电路行业协会（CPCA）统计，2016 年我国 PCB 实际产量达到 2.30 亿平方米，产值达到 268.78 亿美元，占全球 PCB 产业总产值的 58%，位居世界第一。随着电子产品的轻薄化、智能化，对 PCB 的加工工艺、材料等也提出越来越严苛的要求。PCB 的加工往往需要经过一系列复杂步骤，钻孔是PCB加工步骤中的关键环节，是PCB生产成本中所占比例最大的一道工序，钻孔质量直接影响着整个PCB的品质。我国PCB高精度、小尺寸的钻孔技术并不成熟，长期依赖从日本进口高级盖板，加工成本高，国际竞争力弱。当时市场上广泛使用的普通盖板材料，由于其自身硬度大、无缓冲，导致钻头断钻率高，钻孔精度和质量差，无法满足PCB 0.2mm以下微小孔径钻孔要求。

在周虎老师的带领下，经过深入细致的调研分析，陈雷和他的团队坚信PCB高精度、小尺寸的钻孔技术大有可为。虽然难度巨大，但他们不想错过这个千载难逢的好机会，一定要解决我国"卡脖子"技术难题。于是，科技蓝"涂"团队瞄准普通材料不能满足高端PCB钻孔严苛要求的市场痛点，选择了"电路板（PCB）钻孔用盖板材料的制备及性能研究"这一项目，并向国内行业企业技术专家咨询、沟通，最终确定了开发新型材料盖板的实验方案。经过近三年的科技攻关，终于获得成功。项目产品顺利通过全球SGS和日本揖斐电公司等权威机构测试，技术达到了国际先进水平，与深圳市柳鑫实业股份有限公司进行合作生产的产品，被多家知名制造商应用到高端手机、平板电脑等电子设备的PCB加工中，成功进入了韩国、日本、欧盟等市场。

### 三、攻坚克难抢占技术制高点

在精准调研PCB行业需求后，陈雷和他的科技蓝"涂"技术团队研发出一种吸热与润滑型盖板材料。他们选用功能高分子材料、改性油脂、水性黏结树脂和铝箔等为主要材料，经过分散、辊涂、干燥等工序，制备出一类具有缓冲钻头、吸热、润滑等特殊功能的新型材料（盖板）。该产品具有双层结构，上方为功能高分子涂层，可熔融吸热，对钻头起到协同润滑的作用；下面一层是铝箔，起到支撑和协同散热的作用。

目前国内专业化生产PCB盖垫板的厂家并不多，尚未形成其独有的竞争优势，且生产规模小，产品成本高，价格竞争激烈，生产厂商基本无议价话语权。而科技蓝"涂"团队由于掌握核心技术，精准捕捉行业痛点，具有自身的核心竞争优势。这种新型盖板实现了功能树脂涂层与铝箔层的完美结合，各项性能超越日本同类产品，且综合加工成本低于日本盖板33%，打破了日本的技术垄断。

与国内外同类产品相比，该产品具有孔位精度高、孔壁质量优、断钻率低三大技术优势：首先是孔位精度高，功能涂层解决了钻头打滑难题，孔位精度提高63%；其次是孔壁质量优，熔融结晶解决了吸热润滑难题，孔壁质量提升64%；再次是断钻率明显降低，涂层树脂解决了钻孔缓冲难题，断钻率降低92%，非常适用于孔径在0.2mm及以下的高精尖PCB微钻孔。

### 四、文理渗透找准团队结合点

在科技发展日新月异的时代，社会分工日益细化和复杂，单枪匹马单打独斗已经成为历史，高素质、高效率的团队已经成为创新创业必不可少的核心要素。陈雷团队的组建得益于学校文理渗透、理工交融的学科专业布局，得益于学校积极鼓励的政策支持和日益浓郁的创新创业校园文化。实验方案确定以后，周虎老师便带领陈雷着手组建创业团队，在学校创新创业学院的努力协调下，教育部创新创业导师童杰成、全国创业培训优秀讲师何佳振等老师加入了项目的指导团队。学校还为项目牵线搭桥，邀请曾任中国PCB盖板龙头企业副总经理，从事PCB行业工作十余年，具有PCB行业丰富市场营销经验的罗小阳高级工程师担任项目顾问。

如何组建优秀学生团队？关键是找到大家共同的兴趣点，找准团队成员成长发展的结合点。科技蓝"涂"项目的技术含量高、市场前景好，这对充满了创新创业激情的科大学子来说具有极大的诱惑力，这必将是一次体验创新创业实战的难得体会。经过校园宣传推广和老师推荐，来自化学工程与工艺、材料科学与工程、经济学、工商管理等专业的优秀人才加入了项目团队。跨专业、学科组成的师生创业团队具有良好的合作互补性，大家充满激情、创新意识强，创业热情高，师生们都自觉加班加点，很快就制订出项目的市场推广实施方案。

### 五、产教融合创新应用对接点

为了快速实现成果转化，检验技术可行性及市场应用效果，科技蓝"涂"团队将第一代产品技术授权国内最大的盖板生产企业——深圳市柳鑫实业股份有限公司进行生产。结果显示，应用第一代产品技术，综合加工成本比传统盖板低46.6%，比日本进口盖板低33%。由于盖板材料价格低性能优，不到三年，该公司产品就覆盖了亚洲、欧美二十多个国家和地区，2017年销售收入超过2亿元。现在，中国PCB行业前20强企业中有12家正在使用基于该团队第一代技术开发的产品，这些企业的客户是大家熟知的苹果、英特尔、华为等知名企业，总数达50多家。运用新型盖板加工的高精度、小尺寸的PCB被广泛应用于消费类电子产品、智能可穿戴设备、人机交互、生物医疗电子、4G/5G通信、智能汽车、军工电子装备等诸多领域，团队创新成果通过产教融合方式成功实现了应用转化。

科技蓝"涂"团队将继续围绕PCB生产与升级主线，针对泛高端PCB行业，重点瞄准智能汽车、智能设备、军工应用等需求增长迅猛的领域进行研发。团队拟联合国际PCB生产企业，与中国电子电路行业协会CPCA，电子科技大学等高等院校，相关科研机构、行业企业展开合作，在专业化分工的基础上，整合PCB新材料产业创新资源，形成联合开发、优势互补、利益共享、风险共担的技术创新合作组织。创新创业大赛已经结束，但科技蓝"涂"的创业梦想没有止步，项目团队在深化创新创业的道路上继续踏浪前行。

（1）在国家创新创业教育大背景下，科技蓝"涂"项目对当代大学生有何启示？

（2）从创新创业角度看，高等院校师生共创的科技项目应如何尽快实现成果的应用与转化？

# 项目 5　创业机会与创业风险

## 项目导学

**【项目导入】**

创业的机遇无处不在，创业能否成功的关键在于能否正确地识别并抓住创业的机会，找到有效的市场需求，提供满足这种需求的产品或服务并从中获益。古人云：胜者先机而作，智者见机而行，愚者失机而悔。任何创业者想要成功，必须善于把握好创业机会。

青春意味着无限可能，青年拥有创新创业伟力。当前，在国家"双创"政策的引导下，社会各方对于大学生创业实践的支持力度不断加强，大学生创业热情高涨，近九成的在校大学生曾考虑过创业，近两成的学生有强烈的创业意愿。但创新创业活动具有很强的风险性，大学生创业往往面临着资金短缺、经验缺乏、创业能力弱等障碍。不管成功与否，当前越来越多的大学生拥有强烈的创业意愿，勇于和敢于在创新创业大潮中一试身手，这正是中国未来的希望所在。

试问：你善于发现创业机会吗？你知道如何识别和评价创业机会吗？你清楚创业所面临的一系列风险及应对措施吗？

**【知识目标】**

1. 了解创业机会的内涵和特征，熟悉创业机会的来源和影响创业机会识别的因素，掌握评价创业机会的方法。
2. 熟悉创业风险的概念和分类，掌握防范创业风险的方法。
3. 熟悉选择创业项目的概念和来源，掌握大学生选择创业项目的原则。

**【能力目标】**

1. 能够识别和把握创业机会。
2. 能够有效防范创业风险。
3. 能够根据自身资源选定合适的创业项目。

**【素养目标】**

1. 树立主动寻求创业机会的意识。
2. 树立创业风险意识，提升抗风险能力，为创业做好思想准备。
3. 树立以人为本的创业观，将个人理想和社会需求紧密结合。

## 开篇案例

### 24岁萌妹子变成"冰草女王"

近两年,冰草成为餐桌上的新宠,受到众多食客的追捧。可你知道吗?在江苏规模化种植冰草的第一人竟然是一位才24岁的萌妹子,她叫丁蓉蓉。四年前,刚考入大学的丁蓉蓉在国外初次遇到冰草,立刻被它附满"冰珠子"的外形和脆嫩多汁的口味"征服",回到国内后,丁蓉蓉不顾家人的反对,做出一个惊人决定,休学回老家试种外来物种冰草,引种驯化。

**初与冰草相遇 捕捉到商机**

2018年10月29日一大早,迎着初秋的阳光,丁蓉蓉和丈夫吴则锋两人来到南京谷里国家现代农业示范园冰草基地,采摘今年的第一茬冰草,每年的冰草"第一采"都是由他们两人一起完成,因为在他们看眼中,这个仪式感,象征着对冰草的尊重和送别。

吴则锋告诉记者:"我们现在量比较小,目前都是采摘配送到南京周边的五星级酒店,然后等到量大了以后,我们的销售模式是1+2+7,10%是我们在线上销售的,剩下的20%发往各大酒店,剩下的70%我们拿到南京众彩市场去批发。因为现在是做冰草品牌的阶段,一定要抢先占领这个市场。目前,大概一斤十元左右。"

在江苏地区,丁蓉蓉种植的冰草占据了40%的市场份额,可以说是名副其实的"冰草女王"。那么,这位90后女孩是如何与冰草结缘、并将事业一步步做大的呢?

1994年,丁蓉蓉出生于淮安一户农家,从小父母就告诉她,一定要好好学习,将来考上大学,然后找个体面的工作,过安稳日子。原本,丁蓉蓉的人生也许就按照父母的规划过一辈子,但一切在2013年改变了。这年,丁蓉蓉考入扬州工业职业技术学院,也是这一年,她去日本走亲戚,吃到一种蔬菜,只一口,丁蓉蓉就爱上了它——冰草。

经过和亲戚的攀谈,丁蓉蓉得知,冰草原产于非洲等地,叶面和茎上生有大量大型泡状细胞,里面填充有液体,在阳光照射下晶莹剔透,就像冰晶一样,因此得名冰草。冰草营养丰富,具有养颜抗衰老的功效,属于蔬菜中的贵族,在日本深受消费者喜爱。这时,丁蓉蓉捕捉到了一丝商机,冰草因为价格高、种植规模小,在国人的餐桌上并不常见,何不将冰草引种到国内?回国后,丁蓉蓉说服父亲试种冰草,然而"理想很丰满、现实很骨感",父亲试种冰草一年,反复实验都没有成功。

**休学替父"种田" 有梦就去追**

当时进口冰草种子价格昂贵,眼见父亲的投资打了水漂,一向不服输的丁蓉蓉觉得自己有必要做些什么,同时她也不想错过冰草在国内市场发展的机会,于是,刚上大二的她不顾家人的反对,毅然选择休学回老家淮安试种冰草,引种驯化。丁蓉蓉说:"甚至因为这个问题,每天跟家里人争执,吵得挺厉害的,父母不想自己的子女每天早早起来、很晚回来,整天搞得自己脏兮兮的,不像其他大学生,穿着光鲜亮丽。"

丁蓉蓉深知凭自己一个人的力量还不够,于是,她又劝说男朋友——正在青岛滨海学院就读的吴则锋休学和她一起来追梦。

吴则锋告诉记者:"当时很惊讶,我没想到她有这么大的勇气,休学去创业,回想了一下,我们从认识到她劝我休学来创业的时候,已经有四五年的时间,她的性格还是比较文静的。"

丁蓉蓉为了梦想休学，吴则锋为了爱情休学，在没有家人的支持和鼓励下，两个年轻人将家里留给他们结婚的五万多元全部投进了大棚，并在学校支持下，四处请教专家，一遍遍地实验。于他们而言，那是一段"衣带渐宽终不悔"的时光，没有白天和黑夜，吃住全在大棚里。终于，功夫不负有心人，他们通过对8个大棚、4个变量的反复实验，556天后，2016年，他们终于成功培育出新品种——"大叶冰草"，由此打破了国外垄断，并将种子价格降到了每斤3000元。

丁蓉蓉说："心里挺激动的，因为我们从国外引进的冰草种子价格挺贵的，达到50000一斤，我们自己成功培育出的这个种子，把成本给降下来了，然后我们的销售价格也会降低，使它能够更容易地进入销售市场，让普通大众都能够接受它、品尝它。"

### 创业遭重创　母校及时伸援手

不过，现实却给了他们当头一棒，由于两人一心扑在引种驯化上，对于如何营销却没有任何经验，结果导致冰草压在家里销不出去。最穷的时候，丁蓉蓉连200元都掏不出。这时，母校伸出了援手，让她顺利获得学校的创业雏鹰基金10000元。

扬州工业职业技术学院创新创业学院院长颜正英说："了解到丁蓉蓉的情况以后，学校组织了专家对她的项目进行了考察和评审以后，给了她10000块钱的支持，学校对学生项目的申报，工商税务、法律咨询、技术指导、市场开拓，都提供一站式服务。"

在母校一站式地帮助下，丁蓉蓉通过线上、线下双管齐下，一点一点地打开了市场。2018年6月，南京江宁区政府将她的冰草项目引进到南京谷里国家现代农业示范园，提供40亩的大棚给她从事冰草研究和种植。目前，她的种植基地面积从最初的数十亩迅速扩大到300多亩，成为华东地区最大的冰草种植基地，仅淮安基地，就带动当地几百家农户就业，丁蓉蓉也从一名普通的职业院校毕业生华丽变身为"冰草女王"。仅2018年上半年，基地的冰草、草莓、苦菊等农产品的营业额已突破1500万元，其中，冰草不但占据着淮安地区90%以上、江苏地区40%的市场份额，而且销往山东、安徽、四川等多个省份。

基地工人王祝华忍不住为丁蓉蓉点赞，并说道："他们有创业的精神，特别可嘉，能带动我们当地老百姓致富，在这方面值得我们学习。"

### 征集"梦想合伙人"　年轻人一起来扑腾

2018年10月15日，经学校推荐，在第四届中国"互联网+"大学生创新创业大赛总决赛上，丁蓉蓉与清华、浙江等国内名校学生同台竞技，最终以就业创业组第一名的成绩摘得金奖，项目还被评为"最佳带动就业奖"，并当场赢得了27家投资公司抛出的橄榄枝。

现在的丁蓉蓉经常被母校邀请回去给有梦想、爱追梦的学弟学妹们，分享自己的创业经验。未来，丁蓉蓉夫妇有一个小目标，那就是征集苏锡常地区，对种植冰草感兴趣的年轻大学生，一起来追梦。

丁蓉蓉说："我觉得奋斗，其实是一件挺幸福的事情，我回望自己走过来的每一个足迹，觉得自己没有虚度光阴，对于未来也充满希望和挑战。"

丁蓉蓉的故事告诉我们，不管你是名校学生，还是普通高校、职业院校的学生，有梦想就去追，只要认准了方向，经过不懈努力和大家的帮助，同样有可能成就出彩人生。

（资料来源：江苏教育频道）

**思考讨论：**
1. 谈谈丁蓉蓉是如何发现创业机会的？在创业过程中，她遇到了哪些困难，是如何克服的？
2. 在当前"大众创业，万众创新"的背景下，丁蓉蓉的创业故事对你有什么启示？

# 任务 5.1　识别创业机会

### 名人名言

机不可失，时不再来。

——张九龄

一个明智的人总是抓住机遇，把它变成美好的未来。

——托·富勒

## 5.1.1　创业机会概述

### 1. 创业机会的内涵

创业能否成功，一个十分重要的原因就是能否及时敏锐地洞察、发现创业机会，把握和驾驭创业机会。时势造就英雄，机会改变命运。

大学生要善于把握创业机会，创业机会总是偏爱有准备、有头脑的人。有些人认为商业机会就是创业机会，实际并不尽然。想要清楚地理解这个问题，需要弄清三个概念：机会、商业机会和创业机会。机会是指在实现某种目标的过程中骤然产生或经创造的可行的突破口、切入点、解决办法和条件等。商业机会是指为达到某种商业盈利目的，在商业活动过程中出现的可行的方式、方法或途径。比如，某个企业为推销其产品，积极利用公共活动和节假日开展促销行为，该企业就是以公共活动和节假日作为企业的商业机会。

创业机会是在社会经济活动过程中产生的一种带有偶然性且能被创业者识别和利用的契机。创业机会往往被理解为那些具有较强吸引力的、较为持久的有利于创业的商业机会，创业者据此可以为客户提供有价值的产品或服务，并获得商业利益。可以说，创业机会是一种特殊的商业机会，商业机会旨在改善现有的利润，而创业机会是一个潜在的机会，可能需要很长的时间才能创造价值，但其创造价值的能力要强于商业机会。

创业机会可以分为问题型、趋势型、创新型、组合型四种类型。问题型创业机会即现实中存在的未被解决的问题所产生的创业机会。趋势型创业机会是在变化中看到未来的发展方向，预测到将来的潜力和机会。创新型创业机会是通过技术创新带来的创业机会，如苹果、微软在别人短时间内没有的技术中获得的机会。组合型创业机会是将现有的两项以上的技术、产品、服务等组合起来，实现新的用途和价值而获得的创业机会。

### 2. 创业机会的特征

（1）普遍性。凡是有市场、有经营的地方，客观上就存在着创业机会。创业机会普遍存在于各种经营活动过程中。

（2）偶然性。对于一个创业者来说，创业机会的发现和捕捉带有很大的不确定性，任何创业机会的产生都有偶然性。

（3）时效性。创业机会往往存在于一定的时间、空间范围内，具有稍纵即逝的特点。随着客观条件的变化，创业机会可能会转瞬即逝。同时，这种时效性也表现为创业机会具有较强的价值回报。

（4）隐蔽性。创业机会往往隐藏在一些事物表象的深处，机会越大，隐蔽性越强。只有通过对信息去粗取精、去伪存真，才能透过偶然的现象看到事物的本质和发展趋势，从而发现创业机会。

### 3. 创业机会的来源

#### 1）来自问题的创业机会

创业的最终目的是通过能满足用户需求的产品或服务为社会创造价值。如果用户的需求没有被满足，这就成了所谓的"问题"。可以利用马斯洛需求理论，从生理、安全、社交、尊重、自我实现五个层次，分析哪些群体还有哪些没有被满足的需求，从而及时地发现问题，并且利用这些问题作为自己的创业机会。多家公司从人们出行中存在的打车难的问题出发，设计打车平台，为人们提供便捷的出行服务。

#### 2）来自变化的创业机会

世界著名的管理大师彼得·德鲁克曾经说："成功的创业者，就是那些善于在市场上寻找变化，并能随着这种变化做出及时、积极回应的投资人。"变化必然会带来新的需求，这就是创业者可利用的最佳创业机会。美国凯斯西储大学谢恩教授将来自变化的创业机会归纳为四种变革。

一是技术变革。技术变革可以为人们提供新的技术或手段，可以做成从前无法完成的事情，或者提高做事效率。例如，物联网、人工智能和云平台的出现为智能共享单车的诞生创造了技术条件。

二是政策和制度变革。政策和制度变革往往意味着消除障碍、扭转价值观念，进而带来新的创业机会。例如，环境保护政策的出台，为节能环保企业提供了市场机遇。

三是社会和人口结构变革。社会和人口结构变革可以改变人们的偏好，创造新的需求。例如，随着人口老龄化的发展和生育政策的调整，老年人健康保障用品、幼儿护理服务、亲子教育服务等相关领域涌现出新的创业机会。

四是产业结构变革。随着经济的发展和技术的进步，一个国家或地区产业结构和产业发展水平会不断发生变化，从而催生大量的创业机会。例如，我国近年来第三产业在国民经济中占比越来越高，消费者对生活服务的海量需求，催生了美团、阿里巴巴、携程等电商平台的兴起和高速发展。

#### 3）来自竞争对手的创业机会

创业机会还可以来自竞争对手的"缺陷"。在激烈的市场经济竞争中，创业者在埋头苦干时，不妨对比一下自己的同行，看看同行的企业在产品或服务上存在哪些问题，如果创业者的产品或服务能解决竞争对手存在的问题，那么创业者会发现一个相当不错的创业机会。

**4）来自创造发明的创业机会**

当今社会生产力已实现极大发展，每天都有大量的新产品被生产出来，这些新产品在更好地满足顾客需求的同时，也带来了创业机会。例如，随着计算机的诞生，计算机维修、软件开发、网络安全、图文制作等领域的创业机会随之诞生。如果创业者能够将自身的知识产权进行有效转化，也会借此发现新的创业机会。

**5）来自新知识、新技术的创业机会**

在知识经济时代，技术的不断进步和知识的逐渐普及蕴含了大量的商机。用新知识、新技术创业已成为必然趋势。例如，随着物联网技术的发展，在智能制造、智能家居、智能零售、智能安防、智能交通、智慧物流、智慧城市、智慧医疗、智慧农业等领域产生了大量创业机会。

### 案例阅读

#### 给狗狗一个"芯"身份

如今，宠物已是许多家庭不可或缺的角色，"吸猫""遛狗"也成为大多数人的情感寄托。

近年来，随着养宠行业呈井喷式增长，市民养宠行为不规范、宠物商家经营混乱、部门监管滞后等造成的宠物遗失、流浪狗伤人事件频繁出现。

在株洲，有这么一群大学毕业生瞄准了这些痛点，利用"物联网+大数据"，通过自主开发的App软件、小程序及云平台，与植入宠物狗体内的生物芯片相配合，憧憬着构建起宠物狗主人、商家、监管部门三方间的新型和谐养宠生态圈。

**一段"虐狗"视频，让他开启"狗狗事业"**

"我自己也养柯基和泰迪，是个不折不扣的'狗奴'。"2016年，从加拿大滑铁卢大学留学回国的卢佳明，萌发起自主创业的想法，但一番探寻后，迟迟找不到适合的项目。

迷茫之际，去年在国内发生的一则民生新闻，深深刺痛了他的心，从此坚定了他进军宠物行业的决心。

卢佳明说，当时，他在微博上看到一则视频：有一只得了狂犬病的金毛在大街上伤了人，当地执法部门工作人员用棍棒将其活活打死。事后，该视频迅速在网络上发酵，引起轩然大波。

"心爱的宠物狗成了流浪狗，引发的伤人纠纷屡见不鲜，如果得不到有效管理，它们最终难逃被打死的处境。"卢佳明拿出一份数据告诉记者，据中国动物保护协会统计，2018年全国救助城市流浪狗多达956万条，未救助的数量可能达到2000万条以上。并且由于多数流浪狗未绝育，产生的流浪二代、三代呈几何数量上涨，每年政府及相关公益团体花费在处理流浪狗问题上的费用多达数十亿元，耗费了大量财力、物力及人力。

社会痛点背后，同时也隐藏着巨大商机。《2018年中国宠物行业白皮书》显示，目前我国的中国宠物（猫狗）市场规模已经高达1708亿元，预计2020年我国的宠物市场将突破2000亿元。

2018年6月，卢佳明与一群志同道合的合伙人在高新区新马动力创新园内，成立了湖南派琦互联网科技有限责任公司，开启了他们的"狗狗事业"。

**借助小小芯片，打造新型养宠生态圈**

消毒、注入针头、植入芯片、拔出针头，前后不到1分钟，一颗米粒大小的芯片便被植入到了狗狗的肩胛骨、颈背处等疏松的皮下组织，一只宠物狗从此有了自己独一无二的"电子身份证"。

"我家的狗狗很闹腾，经常走丢，今天有了自己的'身份证'，再也不怕找不到它了。"日前，卢佳明带领团队来到芦淞区331生活区，免费为辖区养宠居民的狗狗植入电子芯片，抱着刚刚植入电子芯片的狗狗，肖悦如是说。

卢佳明介绍，每个电子芯片中都存储了一个国际通用的编码，而这个编码只能与一只宠物相对应，通过相应的扫描设备轻轻一扫，就可以了解到宠物的相关信息，包括养犬人的姓名、地址、电话，宠物谱系及防疫、繁殖状况等，这类芯片植入一次后可终身携带。

要养狗，先办证。然而宠物犬管理事多且复杂，一直让相关管理部门颇为头痛。

记者了解到，办理纸质证件是当前较为常见的宠物管理方法，尽管其在某种程度上规范了宠物管理，但是面对主人寻找丢失宠物、宠物被主人随意抛弃等问题，纸质证件发挥的作用显得相当无力。特别是在遇到宠物伤人纠纷事件时，因无法认定"此狗就是你养的"，往往出现无人来负责的尴尬局面。

但若是有了电子芯片，宠物的信息就一目了然，其主人也不能抵赖。同时，对个别主人随意遗弃宠物而引发流浪猫狗泛滥的社会问题，也能起到一定的遏制作用。

目前，该公司已与株洲小动物协会形成战略合作关系，并与株洲市住建局运营的物业管理平台联合，实现了全市400余家小区养宠情况的大数据分享。

（资料来源：株洲日报）

### 5.1.2 创业机会的识别

创业机会的识别是指创业者识别新的创业机会的过程，是创业的初始阶段。创业机会识别作为一种主动行为，带有浓厚的主观色彩。创业者的个体因素在创业机会识别过程中起到了重要作用。

**1. 影响创业机会识别的因素**

通常认为，影响创业机会识别的因素有以下4个。

**1）先前经验**

有调查发现，70%左右的创业机会，其实是在复制或修改以前的想法或创意，而不是全新创业机会的发现。在特定的产业中，先前经验有助于创业者识别创业机会。

**2）专业知识**

创业者拥有某个领域内的专业知识，往往会对该领域内的创业机会更警觉，进而更容易识别相关的创业机会。例如，计算机工程师就比律师更容易识别计算机领域内的创业机会。

**3）社会关系网络**

社会关系网络的广度和深度影响创业机会的识别，这是不争的事实。通常情况下，社会关系网络良好的人会比其他人容易识别创业机会。一项针对 65 家创业企业的调查显示，半数创业者是通过社会关系网络识别到创业机会的。

4）创造性

从某种程度上讲，创业机会的识别本身就是一个创造的过程，需要不断地发现问题、解决问题，开拓创新。只有具有创新思维的人，才能审时度势，创造性地捕捉和利用创业机会。在现实生活中，创造性强的人，往往能够开拓创新，敢为人先，更容易识别创业机会。

### 案例阅读

#### 胡润的财富排行榜

胡润，英国人，1970 年出生于卢森堡。1988 年，因得到赴日本留学机会，胡润第一次踏上亚洲的土地。在日本的经历让他爱上了中国汉字，并开始对中国产生了兴趣。于是在回国就读英国杜伦大学时，他选择了中文系。

1990 年，大学期间的胡润到中国人民大学深造了一年，毕业后胡润从事与父亲一样的会计行业。凭借中文优势，1997 年胡润从伦敦来到上海，搭上了中国改革开放的高速列车。当时，创业潮兴起，无数企业家发家致富，但受中国藏富思想的影响，多数拥有巨量资产的富豪不为外人所知。而多数人的天性中存有喜欢刺探别人隐私的微妙心理，尤其财富的多少，更是人们茶余饭后的谈资。正是这样的时代背景下，让胡润敏锐意识到机会来了。1999 年，胡润开始利用业余时间和假期，查阅了 100 多份报纸、杂志及上市公司的公告报表，凭着兴趣和职业特长，经历了几个月的折腾后，胡润终于排出了中国历史上第一份和国际接轨的财富排行榜。抱着试一试的态度，把排行榜用传真寄给了闻名世界的三份商业杂志《财富》《商业周刊》《福布斯》，结果第二天《福布斯》就给他回复"很感兴趣"。

自此，胡润抓住了这个千载难逢的机会，将自己的名片印上"福布斯中国首席调研员"。尽管在《福布斯》眼里他只是个自由撰稿人，但依靠大树好乘凉就是这个道理，一时间富豪榜成为了当时中国最火爆的话题，胡润也因此逐渐进入了公众的视野。后来这块市场蛋糕越来越大，潜在的商业价值越来越高，福布斯突然宣布与胡润终止合作，胡润于是自立门户与之分庭抗礼。因为之前积累了大量的人脉，他充分发挥想象力，跟进时代的步伐，不仅仅做富豪榜，还做原创文学 IP 价值榜，同时还细分出"中国白手起家女富豪榜""80 后白手起家富豪榜""胡润艺术榜""胡润慈善榜""区块链富豪榜""最具投资价值新星 50 强企业"等垂直榜单。

### 2. 创业机会的识别方法

创业者可以通过多种方法识别创业机会，常见的方法有四种，即通过系统分析、市场调研、问题导向、创新变革这四种方法识别创业机会。

1）系统分析

现如今绝大多数的创业机会，都需要通过系统分析才能够得以发现。为此，创业者需从企业的宏观环境（政治、法律、经济、社会、文化、技术、人口等）与市场环境（目标市场、用户、竞争对手、供应商等）的变化中找寻新的机会。系统分析已成为当前识别创业机会最常用的方法之一。

2）市场调研

"没有调研就没有发言权"，创业机会的识别离不开有效的市场调研。创业者可以通过与顾客、供应商、代理商等进行面对面沟通，获取资料与信息，也可以通过各类媒体、出版物、数据库等资料，获取想要的资料与信息。获得资料与信息后，将其进行分类，便于自己随时查询、使用。

3）问题导向

问题导向是识别创业机会最快速、最有效的方法。创业的根本目的是为顾客创造价值，解决顾客面临的问题。创业者分析问题时，需要全面了解消费者的需求，以及可能用来满足这些需求的手段。不过，在通过问题导向这种方法识别创业机会的过程中，要注意把控问题的难易度，结合实际提出解决方案。很多创业者都是从自己的"痛点"或身边人的"痛点"做起的。例如，城市交通拥堵，打车难是"痛点"，打车软件便横空出世；餐馆多、难甄别是"痛点"，餐饮点评网站便应时而现；一些青年大学生对学校食堂饭菜不甚满意或懒于走动等是"痛点"，外卖软件则异军突起；出门在外，手机没电而又急需使用是"痛点"，共享充电宝便应运而生。

4）创新变革

通过创新变革这种方法识别创业机会在高新技术行业中最为常见。创新变革是指针对目前明确的或者未来潜在的市场需求，探索相应的新产品、新服务等。一旦获得成功，创业者凭借其具有变革性、超额价值的新产品或新服务很容易就能够在市场中处于主导地位。例如，当看到智能手机热销时，很多人识别出智能手机背后隐藏的创业机会并获得成功：一是手机贴膜应运而生，二是手机阅读架悄然兴起，三是手机自拍杆顺势而出，四是手机充电宝备受青睐，五是各种适用于手机的 App 犹如雨后春笋般涌现。

## 案例阅读

### 共享自习室在南昌悄然兴起

近年来，在南昌市各区县人流量大、交通便捷的区域，陆续出现了一些规模不一的共享自习室。它们以整齐的桌椅、明亮的灯光、舒适安静的环境、浓厚的学习氛围，以及一群志同道合的"同路人"，吸引了许多学生和上班族前来提升自我、分享人生。这些独立的"格子间"，承载着许多年轻人的"考研梦""考公梦""创业梦"，见证了他们奋斗、拼搏、追梦的场景。

**共享自习室内部功能齐全**

在南昌，想找个离自己比较近的共享自习室并不难。打开某团购 App，搜索"自习室"，结果显示在南昌地区有 50 余个相关商户。人流量越大、交通越便捷的地方，共享自习室的数量越多。点开介绍页面，很多共享自习室在暑期推出了各类优惠套餐，根据学习时长，自习室销售小时卡、天卡、周卡、月卡、季卡，每天的费用在20元至30元之间，每月费用为500元左右。记者还注意到，在高校周边的一些共享自习室还提供住宿服务，住宿加自习室的费用大约为1000元每月。

"智能、自助"是许多共享自习室共同的标签。走进任意一家自习室，随处可见"请把外卖放在门口""请不要在自习室背书及接打电话""请将手机调成静音"等标语，屋内仿佛只能听见翻书和呼吸的声音。一排排自习座位整齐排列，每个座位都被打造成"格子间"，桌子长约80厘米、宽约60厘米，空间不大，配有书柜、台灯、插座等，通过小程序点亮台灯，一个专注、聚光的学习空间就此生成。为了让学习者节省时间、高效学习，共享自习室一般还会设置就餐区、饮品区、休息区、打印区、卫生间等公共区域，还会准备免费的小零食、咖啡、茶包等。

共享自习室的面积有大有小，但一般都不超过200平方米。除了自习室"标配"之外，为了吸引更多人前来学习，各大自习室都在努力提高服务水平、优化服务设施，让自己的自习室与众不同。位于某写字楼13楼的早鸟智慧共享自习室面积不到100平方米，里面有39个自习座位，依据学习者的需求划分为共享区、沉浸区和VIP区，其中沉浸区把每一个"格子间"都用布帘遮挡，为学习"保驾护航"。

把"考研梦"转化成"创业梦"

已是晚上八点半，位于南昌县莲塘镇莲安北路的乐独自习室里灯火通明，几乎每一个"格子间"里，都坐着坚持学习的人们。大家都在埋头学习，夜晚的自习室里显得格外安静。从桌上堆放的学习资料可以看出，他们中大部分都是在这里复习备战考研的。

"今年7月份就毕业了，没找工作准备考研。但是家里学习氛围不好，弟弟吵得很，各种诱惑又多，容易走神。这种付费自习室，氛围比较好，毕竟花了钱，就会尽量克制自己，不会想着玩手机。"大学刚毕业的周梓洁正埋头刷题，准备研究生入学考试，抓住去饮品区倒水的工夫，她和记者匆匆聊了几句，"相比来说，图书馆座位不好找，环境也不太好，关门时间又早。在这里学习时间更为自由，我办了月卡，座位也是固定的，有什么学习资料全都放在这里，随时可以过来学习。"

"我自己也曾是一名为'考研梦'而奋斗的学习者。"乐独自习室创办人谢锦涛告诉记者，几年前，他在省外读完大学后回到南昌，为了提升自己，他毅然加入了考研大军。但是由于没有合适的学习环境，学习效率比较低，他的考研之路走得并不顺利。"后来，我发现有些大城市已经出现了共享自习室。我觉得这是一个不错的项目，于是决定创业，把'考研梦'转化成'创业梦'，创办了莲塘镇第一家共享自习室。每当看到有考研者来这里学习，我都会跟他们分享自己的考研经历，以及在我们自习室考研成功的学习者的故事。看到他们一个个成功'上岸'，我也感到欣慰，觉得自己的价值和梦想得以实现。"

（资料来源：南昌日报）

## 任务 5.2　评价创业机会

### 名人名言

我极少能看到机会，往往在我看到机会的时候，它已经不再是机会了。

——马克·吐温

我们多人的毛病是，当机会朝我们冲奔而来时，我们兀自闭着眼睛，很少人能够去追寻自己的机会，甚至在绊倒时，还不能见着它。

——戴尔·卡耐基

虽然识别到了创业机会，但这并不意味着要立刻创业，更不意味着成功就在眼前。创业活动是创业者与创业机会的结合，并非所有的创业机会都有足够大的价值潜力来填补为把握创业机会所付出的成本。因此在整个创业过程中，还必须要对识别到的创业机会进行评价，即使这个过程很短暂，但非常重要，这个过程是创业者发现创业机会后做出是否创业决策的重要依据。

评价创业机会是一项复杂的工作，需要利用一定的科学方法，将主观评价和客观评价相结合。

### 5.2.1　创业机会的主观评价

创业者对创业机会的评价首先往往来自于他们的初始判断（主观评价），而初始判断通常就是假设加简单的计算。牛根生在谈到牛奶市场潜力时说："民以食为天，食以奶为先，而我国人均喝奶的数量只是美国的几十分之一。"也许这就是他对牛奶市场创业机会的直观判断。创业者可以从以下四个维度对创业机会做出主观评价。

**1. 评价创业机会所处的行业市场状态**

第一，评价进入行业市场的障碍。主要是评价竞争对手是否容易进入这个行业，如规模、成本、政策法规等方面有无限制。如果行业市场有越来越多的人进入，就说明该行业市场是有潜力的，但同时给自己带来了竞争压力，竞争对手不容易进入行业市场才对自己有利。行业市场规模大，则进入障碍相对低，行业市场竞争激烈程度也相对低。如果行业市场没有较明显的前景，利润空间又较小，就不值得进入。

第二，评价行业市场的供应商。评价能否与供应商建立良好的合作关系，能否尽可能地开拓多元化的进货渠道，这是在行业市场中立足并取得发展的保证。

第三，评价行业市场的消费者。如果一个行业市场的消费者讨价还价能力增强，导致竞争者互相争斗，那么这个行业市场就没有吸引力。好的创业机会要能提供消费者无法拒绝的好产品或者新服务。

第四，评价行业市场中替代品和竞品的威胁。如果替代品和竞品种类多，质量较好，那么要进入这个行业市场就要谨慎，最好回避。

第五，评价行业市场内部的竞争程度。如果行业市场内部竞争较激烈，则表示该行业市场相对处于稳定期或衰退期，说明这个行业市场在走下坡路，不宜进入。

第六，评价行业市场渗透力。这是一个最难评估的指标，一般情况下，当行业市场需求年增长率达到30%～50%时，该行业市场处于高速增长时期，是创业者的最佳进入时机。

第七，评价市场占有率。创业者有必要在创业前预估企业的市场占有率，以考虑企业未来的市场竞争力。市场占有率根据市场潜力和容量来预计，通常市场占有率低于5%时是不适合进入的。

### 2. 评价创业机会隐含的企业盈利能力

好的创业机会至少要创造15%以上的净利润。创业初期的创业者要特别谨慎，一般在企业创办4个月时要保证有一定的净利润，而且要保证企业的净利润呈明显上升趋势，1年内足以维持企业的生存。考虑到创业将面临诸多风险，企业运营到第3年，投资回报率应达到25%，而且企业后期持续投入资金、资产的额度与投资回报率成正比。这样才是好的创业机会，值得把握。根据有关行业调查结果，技术型和知识型创业者创办的企业，投资额度较小但投资回报率却较高。所以一般创业者事先需要制订并完善切实可行的创业计划，最大限度地降低创业风险，提高创业成功率。

### 3. 评价创业机会的竞争优势

首先要评价企业对行业市场的控制能力，如果企业能够在产品或服务的价格、投入成本和销售渠道等方面实现强有力的控制，那么就占据了行业市场的先机。比如拥有40%以上行业市场份额的企业，就可以实现对行业市场的控制。其次要评价阻挡其他企业进入行业市场的能力，一个行业市场内的企业数量越少，那么企业的利润越多，但这是极少数垄断性行业才具备的特征。最后要评价企业自身拥有的独特优势，如企业的某项专利、创业者的远见卓识、团队营销能力强等。

### 4. 评价利用创业机会的能力

第一是创业者的资金调配能力。建议创业者尽可能选择科技含量较高、投资成本较少、资金风险低的项目。第二是创业者的判断能力。创业者识别到创业机会后，首先要对这些创业机会做出正确的判断，及时做出创业行为决策。第三是创业者的管理能力。管理的主要内容包括人事管理、财务管理、业务管理和企业战略管理等。总的说来，创业者的管理能力表现在对企业资源的合理支配上。

## 5.2.2 创业机会的客观评价

对创业机会的主观评价只能对创业机会做出初步判断，进一步的创业决策还需依靠调查研究，对创业机会的价值做进一步的客观评价。下面介绍几种常用的客观评价创业机会的方法。

### 1. 蒂蒙斯创业机会评价模型

被誉为"创业教育之父"的美国百森商学院蒂蒙斯教授就创业机会提出了比较完善的评价模型。该评价模型通过8个方面的53项指标，让创业者从行业与市场、经济因素、收获条件、竞争优势、管理团队、创业者的个人标准、理想与现实的战略性差异、致命缺陷问题8个方面评价创业机会,蒂蒙斯创业机会评价模型的内容如表5-1所示。创业者可以据此来详细分析判断一个创业机会的价值与可行性。蒂蒙斯创业机会评价模型主要适用于具有行业经验的投资人或资深创业者对创业机会进行整体评价。

表5-1 蒂蒙斯创业机会评价模型的内容

| 评价因素 | 评价指标 |
| --- | --- |
| 行业与市场 | 1. 市场潜力大,可以带来持续收入 |
| | 2. 顾客可以接受产品(包括服务),愿意为此付费 |
| | 3. 产品的附加价值高 |
| | 4. 产品对市场的影响力大 |
| | 5. 产品生命长久 |
| | 6. 项目所在的行业是新兴行业,竞争不激烈 |
| | 7. 市场规模大 |
| | 8. 市场规模增长率为30%~50%,甚至更高 |
| | 9. 现有竞争企业的生产能力几乎完全饱和 |
| | 10. 项目所在行业在5年内能占据市场主导地位 |
| | 11. 产品拥有低成本的供货商,具有成本优势 |
| 经济因素 | 1. 达到盈亏平衡点所需要的时间为1.5~2年,甚至更短 |
| | 2. 盈亏平衡点不会逐渐提高 |
| | 3. 投资回报率在25%以上 |
| | 4. 项目对资金的要求不是很高,能够获得融资 |
| | 5. 销售额的年增长率高于15% |
| | 6. 有良好的现金流,现金收入能占销售额的20%~30%,甚至更多 |
| | 7. 产品毛利率达到40%以上 |
| | 8. 能获得持久的税后利润,税后利润率超过10% |
| | 9. 企业资产的集中程度低 |
| | 10. 运营资金不多,其需求量是逐渐增加的 |
| | 11. 研究和开发工作对资金的要求不高 |
| 收获条件 | 1. 项目带来的附加价值具有较高的战略意义 |
| | 2. 存在现有的或可预料的退出方式 |
| | 3. 资本市场环境有利,可以实现资本的流动 |
| 竞争优势 | 1. 固定成本和可变成本低 |
| | 2. 对成本、价格和销售的控制能力较强 |
| | 3. 已经获得或可以获得对专利所有权的保护 |
| | 4. 竞争对手尚未觉醒,竞争较弱 |
| | 5. 拥有专利或对专利具有某种独占性 |
| | 6. 拥有发展良好的网络关系,容易获得签订合同的机会 |
| | 7. 拥有杰出的关键人员和管理团队 |

续表

| 评价因素 | 评价指标 |
|---|---|
| 管理团队 | 1. 创业团队是一个优秀管理者的组合 |
| | 2. 行业和技术经验达到了本行业内的领先水平 |
| | 3. 管理团队的正直、廉洁程度能达到领先水平 |
| | 4. 管理团队知道自己缺乏哪方面的知识 |
| 创业者的个人标准 | 1. 个人目标与创业活动目标相符合 |
| | 2. 创业者可以做到在有限的风险下实现成功 |
| | 3. 创业者能承受薪水减少等损失 |
| | 4. 创业者渴望创业这种生活方式,而不只是为了赚大钱 |
| | 5. 创业者可以承受适当的风险 |
| | 6. 创业者在压力下身心状态依然良好 |
| 理想与现实的战略性差异 | 1. 理想与现实情况相吻合 |
| | 2. 管理团队已经是最好的 |
| | 3. 管理团队在客户服务方面有很好的理念 |
| | 4. 企业能顺应时代潮流 |
| | 5. 采用的技术具有突破性,不存在许多替代品或竞品 |
| | 6. 管理团队具备极强的适应能力,能快速地进行取舍 |
| | 7. 始终在寻找新的机会 |
| | 8. 产品定价与行业龙头企业的定价几乎持平 |
| | 9. 产品能够获得销售渠道,或已经拥有现成的销售渠道 |
| | 10. 能够接受项目失败 |
| 致命缺陷问题 | 创业机会不存在任何致命缺陷 |

在实际使用蒂蒙斯创业机会评价模型时,还要注意结合创业机会所属行业特征及创业机会自身属性等对模型进行梳理简化,以提高使用效能。

**2. 标准打分矩阵法**

标准打分矩阵法是指创业者选出对创业机会成功有重要影响的因素,再由专家小组对每一个因素进行"最好"(3分)、"好"(2分)、"一般"(1分)三个等级的打分,最后求出每个因素在各个创业机会下的平均分,形成打分矩阵表,标准打分矩阵表如表5-2所示。标准打分矩阵法包含10个主要的评价因素,创业者在实际使用该方法时,可以根据具体情况选择其中的全部或部分因素进行打分。

表5-2 标准打分矩阵表

| 标准 | 专家打分 | | | |
|---|---|---|---|---|
| | 最好(3分) | 好(2分) | 一般(1分) | 平均分 |
| 易操作性 | | | | |
| 质量和易维护性 | | | | |
| 市场接受度 | | | | |

续表

| 标准 | 专家打分 ||||
|---|---|---|---|---|
| | 最好（3分） | 好（2分） | 一般（1分） | 平均分 |
| 增加资本的能力 | | | | |
| 投资回报能力 | | | | |
| 专利权状况 | | | | |
| 市场规模 | | | | |
| 制造工艺的简单性 | | | | |
| 口碑传播潜力 | | | | |
| 成长潜力 | | | | |

标准打分矩阵法简单易懂、易操作，主要用于对不同创业机会的对比评价，其量化结果可直接用于创业机会的优劣排序。

### 3. 温斯丁豪斯法

温斯丁豪斯法用于计算和比较不同创业机会的优先级，温斯丁豪斯公式如下

$$\frac{\text{技术成功率} \times \text{商业成功率} \times \text{年均销售数} \times (\text{销售单价} - \text{成本}) \times \text{投资生命周期}}{\text{总成本}} = \text{机会优先级}$$

在该公式中，技术成功率和商业成功率以百分比形式表示；成本以单位产品成本计算；投资生命周期是指可以预期的年均销售数保持不变的年限；总成本是指预期的所有投入，包括研究、设计、制造和营销费用。将不同创业机会的具体数值带入计算，创业机会的优先级越高，越有可能成功。

例如，现有一个创业机会的技术成功率为60%，商业成功率为50%，在5年的投资生命周期中年均销售数量预计为200000个，销售单价为100元人民币，每个产品的全部成本为50元，研发费用为600000元，设计费用为80000元，制造费用为200000元，营销费用为120000元，则该创业机会的优先等级为

$$\frac{60\% \times 50\% \times 200000 \times (100-50) \times 5}{600000 + 80000 + 200000 + 120000} = 15$$

### 4. 珀泰申米特法

珀泰申米特法是一种预先设定好评价因素及其得分范围的评价方法，创业者可以通过计算创业机会的总得分来评价创业机会。珀泰申米特法评价表如表5-3所示，一般来说，理想创业机会的总得分应该高于15分。

表5-3 珀泰申米特法评价表

| 评价因素 | 得分（-2～+2） |
|---|---|
| 税前投资回报率 | |
| 预期的年销售额增长率 | |
| 产品生命周期中预期的成长阶段所占的时间 | |
| 从创业到销售额高速增长的预期时间 | |

续表

| 评价因素 | 得分（-2～+2） |
|---|---|
| 投资回收期 | |
| 企业获得行业领先地位的潜力 | |
| 商业周期的影响 | |
| 产品售价提高的潜力 | |
| 产品进入市场的容易程度 | |
| 产品经受市场检验时间 | |
| 对销售人员的要求 | |
| 总计 | |

### 5. 贝蒂选择因素法

贝蒂选择因素法是通过设定 11 个选择因素来对创业机会进行评价，贝蒂选择因素法评价表如表 5-4 所示，如果某个创业机会得到 6 个及以下的"是"选择，那么这个创业机会就很可能不可取；相反，如果这个创业机会得到 7 个及以上的"是"选择，那么这个创业机会的价值比较大。

表 5-4　贝蒂选择因素法评价表

| 评价因素 | 是/否 |
|---|---|
| 这个创业机会是否只有你一个人发现了 | |
| 初始的产品生产成本能否承受 | |
| 初始的市场开发成本能否承受 | |
| 产品是否具有高利润回报的潜力 | |
| 能否预测产品投放市场和达到盈亏平衡点的时间 | |
| 潜在的市场是否巨大 | |
| 产品是否是一个高速成长的产品 | |
| 产品是否拥有一些初始用户 | |
| 能否预测产品的开发成本和开发周期 | |
| 企业是否处于一个成长的行业中 | |
| 金融界是否能够理解产品和顾客对产品的需求 | |
| 总计 | |

#### 案例阅读

**大一男生寝室开"理发店"**

因为学长悄悄录下的一段视频经媒体发布后，四川希望汽车职业学院大一男生丁维杰在寝室内开"快剪理发店"的事儿"火了"。网友们美慕他是"别人家的室友"，找他预约理发的同学也排到了几天后，因为他剪得不赖还便宜，每次理发几乎只收五六元。

### "发型男"为省钱自购设备 拿室友试手后开起"理发店"

19岁的丁维杰是宜宾市翠屏区人，2018年9月进入位于资阳的四川希望汽车职业学院新能源汽车专业学习。"进入大学后，我就想找个兼职，挣点生活费。"丁维杰找了一圈，但学校食堂的洗碗工除了一天管三顿饭外并无工资，加上还要准备12月底的专升本考试，兼职的事便搁了下来。

自认为是一名"发型男"的丁维杰，高中起便常用剪刀为自己理发。高三的那个寒假，他还去理发店做了半个月兼职，虽然只是洗头、打杂，但他有空就看理发师如何理发。"半个月下来，虽然没怎么教过我，但我看着还是有一些初步了解。"

"进入大学后，一次参加学校的职业规划比赛，萌发了我要边学习边利用课余时间创业的想法。"为了省钱，丁维杰只花了200多元购置剪刀、梳子、电推剪、夹子、围布等理发工具。

为自己理发后，丁维杰感觉还不错，室友熊维光也决定试一试，让丁维杰替自己理发。当时，熊维光还是比较担心的，担心丁维杰剪不好，"剪了后，感觉还可以，他的手艺还不错。"

拿室友试手得到肯定后，丁维杰每天利用课余时间在网上看视频学理发，还边学边拿室友和同学继续试手。在室友的鼓励下，他在寝室开起了"快剪理发店"，开始面向全校男生。

### 每次收五六元同学直呼便宜 希望赚够零花钱就行

"班上51个男生，有一二十个同学找我剪头发。"在开起"快剪理发店"后，陆续有外班的同学找丁维杰理发。他说，"开店"大半个月，有30名左右其他班级的同学找自己理发。他的室友说，"开店"后，几乎每天都有其他同学找来。

丁维杰的"理发店"只负责剪，不负责洗，收费很便宜，大多是每次五六元，最贵不过八元。"同学觉得我剪得好的，多给我一两元。剪得不好的我退钱。"丁维杰说，半个多月来，只有一名同学来理发退了钱。"他说剪短点，我留长了些，他后来去外面剪了，所以把钱退了。"

后面，有学长来找他理发后，将悄悄拍下的视频发给媒体。经媒体发布后，丁维杰在学校"火"了，加上他此前通过社交平台发布的"宣传"，最近都有人在网上预约，要找他理发。丁维杰刚开始学，剪得比较慢，替1个同学理发1次得1个小时左右。

"他剪得还不错，和外面的理发店相比，也很便宜。"找他理过头发的同学说。丁维杰表示，他开"理发店"只是希望挣点零花钱，满足每天的吃饭钱就足够了。

据了解，丁维杰家境一般，自高中起便比较独立，寒暑假都会做一些兼职。通过单招考试后，他前往广东惠州打工，3个月挣了约1.5万元，除了缴纳专升本费用，购置吉他和手机外，第一学年12000元的学费他自己付了4000元。

"他是一个很有想法的人，到学校报到后就问了专升本的事，目前正在准备。"辅导员梁明琼的印象中，丁维杰比较上进，拿到了国家二级助学金。此外，他主动要求做班委，也进入了学生会，课余时间还组建了乐队等。"他和同学的关系也处得很好。"

> **学校鼓励他创业　决定免费提供场地**
>
> "对于学新能源汽车专业的同学来说,理发店虽然不是技术含量很高的创业,但很贴近生活。"四川希望汽车职业学院院长张建平表示,得知丁维杰开寝室"理发店"的事后,学校决定免费为丁维杰提供一个工作室,让其带一个团队创业。同时,现在国家大力支持大学生创新创业,学校也很重视,将帮助其申请创业资金。
>
> 丁维杰表示,接下来带着家庭比较困难的几名学生一起组建团队创业后,他也需要努力提高自己的理发水平。"学嘛,先从网上看视频学起。"他说,他要学会剪更多发型,也要尝试和学会替女生理发、烫发等。
>
> （资料来源：中国日报）

## 任务 5.3　防范创业风险

### 名人名言

居安思危,思则有备,有备无患。

——《左传》

人只有献身于社会,才能找出那实际上短暂而有风险的生命的意义。

——爱因斯坦

### 5.3.1　创业风险的概念

风险,是指一定环境、一定时间段内,影响决策目标实现的不确定性,或是某种损失发生的可能性。

创业风险,是指在创业过程中,由于创业环境的不确定性,创业机会与创业企业的复杂性,创业者、创业团队能力的有限性,而导致创业偏离预期目标的可能性及后果。

> **案例阅读**
>
> **勿入套路陷阱**
>
> 大一提宝马、大二买房子、大学生优质创业、找到校园财富密码、毕业前实现财富自由……一些教大学生如何创业的短视频,背后并不简单,它们在攫取网络流量的同时,吸引在校大学生付费加盟,借机推销"创业项目",而所谓的创业项目,实则让你不断拉人头入伙,发展下线,分提成。
>
> 近年来,记者发现有不少大学生在网上反映,称遭遇上述套路。记者经调查发现,这些所谓的创业项目背后,很可能存在涉嫌线上传销、虚假宣传等问题,而因为此类校园创

业短视频上当受骗的大学生还有很多。

**受骗大学生付费加盟创业 实为"拉人头"分提成**

2022年1月，某高校大一学生李琪（化名），无意间在快手刷到一个叫"校园达人吕不"的短视频创作者，其发布的内容都与校园创业有关，经常会分享一些所谓的"校园商机"，谈论成功之道，有时还会讲述自己曲折辉煌的创业历程。

李琪被视频内容吸引，也产生了在校园里创业赚钱的想法，于是添加了对方微信。没过多久，对方便向他推荐了一个叫"流量王"的创业项目，号称0门槛、0风险，包赚钱。在反复劝说下，李琪向对方先后转了500元定金与2480元尾款，共计2980元的加盟费。

付款之后，李琪被拉入了一个微信群，了解了他们所谓的赚钱方法，"只是让我运营自己的抖音号，发布一些与校园创业有关的视频，素材、文案都是他们统一提供的。"李琪向记者进一步说，"那些素材和文案，都是炫富、炫豪车，为的是把自己打造为成功创业青年人设，以此吸引粉丝私信，引诱他们付费加盟项目，这样，我就可以从加盟费中获得10%的提成。"

"这会不会是传销哦？"没过多久，李琪就意识到该项目不靠谱，便在群里提出质疑，没想到被踢出了群聊。

"像我这样的受害者，目前能联系到的有10多个，都是大学生。"通过李琪，记者联系到多位有相同遭遇的在校大学生，其中贵州某高校的聂婷（化名）告诉记者，当时可供选择的创业项目，除了"流量王"，还有"商店红包""原宇宙宠物店"等，"但无论是什么项目，都是一个幌子，最后都是让你'拉人头'，他会先用一些有产品的项目吊着你，让你觉得成本高或者发展太慢，再给你推荐一些所谓容易的项目，有人被宠物项目骗了一次，又被流量王项目再骗了一次。"

除了李琪与聂婷，也有其他参与者告诉记者，"如果你交的加盟费更多，那么你就可以升级为'合伙人'，拉人头拿的提成也就越多。"

**杭州警方将继续联系受害者 并帮助他们维权**

"我要求退款，但是他们一点都不在乎，甚至还说，让我有本事就去报警。"在被踢出群聊后，李琪向对方理论，要求退款，但并没有成功。李琪向记者讲述，对方坚称他的付费行为纯属自愿，而项目也没有任何问题，是他自己放弃，无法退款，"他们还说，如果我继续恶意投诉，影响其他学员，就要起诉我。"

在李琪提供的付款截图中，收款方显示名为杭州梦盈文化传媒合伙企业，通过天眼查搜索，发现该企业注册地为杭州市钱塘区，成立于2021年8月13日，目前为存续状态，因通过登记的住所或者经营场所无法联系被杭州市钱塘区市场监督管理局列为经营异常。

李琪告诉记者，他早就已向该企业所在地杭州市钱塘区市场监督管理局进行了举报，相关部门对他进行了回复：经查，举报事项不予立案，理由为该企业查无下落，无法联系，拟将该公司列入异常名录。

记者注意到，有一家名称为浙江国梦传媒集团有限公司的企业标识曾多次出现在"校园达人吕不"的短视频中，而在李琪展示的由对方提供的协议模板中也盖有该公司的公章。记者通过天眼查搜索发现，该公司于2019年9月24日成立，注册资本为5000万元人民币，而其法定代表人朱燚锋与杭州梦盈文化传媒合伙企业执行事务合伙人为同一人，同时也是所展示协议模板中的甲方。

记者通过电话联系到浙江国梦传媒集团有限公司，针对"流量王"等项目的拉人头、分提成模式，对方表示，这种模式都只是合理的二级分销，不是传销，完全合法。"如果真的是传销，警察早就把我们带走了。"在这之后，记者又多次致电该公司，均无人接听。于是，李琪向该企业所在地杭州市萧山区相关部门进行了举报并报警。

几天后，记者联系到杭州市萧山区市场监督管理局，其工作人员向记者表示，目前，该案件还在调查中。"相关企业法人一直无法联系，打电话也不接，我们打算先将该公司列为经营异常。"

记者又联系到杭州市萧山区公安分局市北派出所。民警向记者表示，经过多方询问与多次调查，发现该公司的宣传、经营方式的确存在着许多不合理流程，他们也将进一步加强监督工作。"近年来，网络传销类型多种多样，借助互联网的掩护，隐蔽性极强，有时执法部门即使发现涉嫌网络传销的线索，但由于难以形成有效证据链，定性也比较困难。"民警向记者表示，接下来，将继续联系相关受害者，了解更多情况，并主要针对退款问题，帮助他们进行维权。

**律师观点：切勿轻信网络创业 有线上传销嫌疑**

针对上述现象，记者咨询了北京万商天勤（成都）律师事务所彭露叶律师。"这种校园网络创业项目涉嫌传销。"彭露叶律师表示，在网络平台，线上传销骗局更为隐蔽，但无论披着何种"外衣"，其核心定义仍为：以推销商品、提供服务等经营活动为名，要求参加者以缴纳费用或者购买商品、服务等方式获得加入资格，并按照一定顺序组成层级，直接或者间接以发展人员的数量作为计酬或者返利依据，引诱、胁迫参加者继续发展他人参加，骗取财物。

"对于短视频中提到的合伙创业等说辞，大学生要提高警惕和辨别意识，一旦发现自己可能陷入传销骗局，应在保护自己安全的前提下立即退出，并且注意保存聊天截图付款记录等证据以便维权，向相关部门举报。"

成都某高校辅导员表示，当前，大学生在校创业的积极性越来越高，但由于缺乏社会经验，更容易轻信误信所谓的校园创业项目。"大学生创业和兼职，不要为利益驱动，轻信一些不切实际、不劳而获的创业方法，更不要轻易交纳各种费用，一定要到正规渠道调查咨询，量力而行。"

（资料来源：成都日报）

## 5.3.2 创业风险的分类

### 1. 按产生原因划分

按产生原因划分，创业风险可分为主观创业风险和客观创业风险。

（1）主观创业风险，指在创业阶段由于创业者的身体与心理素质等主观方面的因素导致创业失败的可能性。

（2）客观创业风险，指在创业阶段由于市场的变动、政策的变化、竞争对手的出现、创业资金缺乏等客观因素导致创业失败的可能性。

## 2. 按影响程度划分

按影响程度划分，创业风险可分为系统创业风险和非系统创业风险。

（1）系统创业风险，指源于创业者或创业企业之外的，由创业环境变化带来的风险。系统创业风险包括产品市场风险、资本市场风险等，创业者或创业企业无法对其进行控制或施加影响。

（2）非系统创业风险，指源于创业者或创业企业本身的商业活动和财务活动而引发的风险。非系统创业风险包括团队风险、技术风险、财务风险等，创业者或创业企业可以通过一定的手段对其进行预防和控制。

### 案例阅读

#### 大学生毕业加盟服装店被骗8000元

金陵晚报法援热线曾接到一个特殊的电话，打电话的是一名刚刚毕业的大学生小张（化名）。她称自己在创业初期就被人以"加盟费"为由骗了8000多元，现在不仅生意没做成，反而欠下了几千元的外债。更离谱的是，她压根儿没见到任何加盟产品。现在她求助金陵晚报法援热线，咨询自己该如何处理？

**没看到货就打钱了**

小张刚刚大学毕业，早在前几个月，她就在积极寻找合适的工作。可惜一时找不到心仪的工作，她就萌生了自主创业的想法。小张形容自己是个"雷厉风行"的人，进行了前期考察后，认定服装生意最赚钱。并且，她自认为考虑很周全，"做服装生意，一来可以在大学城附近开个门面，二来可以在网上销售。实体加网销，双管齐下。"

经过反复斟酌，小张决定先摆夜摊，从夜市积累资金，等到时机成熟后，再开实体店。

接下来，她通过网络选择了一家名为"致富全"的服装加盟店，小张了解到，这家服装店在网上反响不错，与对方取得联系，大概了解了情况后她就决定加盟。并且按照对方要求，先汇入了3000元的诚意金，随后加盟店让小张自己确定服装种类、款式，看中后便发货。

次日，小张确定好服装型号、数量，通知对方发货，这时，该加盟店通知其先打入5000元的服装流通金额，并承诺可以根据小张的实际销售情况调换服装数量及样式。看中样式可以自行更换，小张想都没想就答应了这一要求，创业心切的她，又找同学、亲戚借了几千元，凑足后将钱打过去。

转眼间，8000元的前期费用打过去半个多月了，小张却没收到任何货物，对方也没再跟自己联系。

这时，小张出了一身冷汗，怀疑自己被骗了。于是赶紧跟对方联系，得不到加盟商任何说法后，小张要求退款，但加盟商却百般推脱，最后直接关机。

> **几大疑点揭露骗局**
>
> 听过上述叙述，金陵晚报法援律师帮其分析，小张这才恍然大悟：自己上当受骗了。疑点一：小张没有拿到任何加盟许可或合同；疑点二：加盟商没有进行周密的考察工作，甚至没有提到相关方面的内容；疑点三：加盟商并未邮寄任何样品给小张参考；疑点四：加盟商通过QQ、电话与小张联系，并不确定其在相关部门是否注册备案；疑点五：这些所谓的加盟商利用大学生创业心理，不停地要求其付费；疑点六：加盟商一味地吹嘘成功运营史，但却从未证明。
>
> 根据小张提供的联系方式，金陵晚报记者试图联系对方，但对方手机一直处于"停机"状态。
>
> **律师建议想加盟先看对方有无资质**
>
> 江苏圣典律师事务所韩冰律师认为，小张的案例比较有典型性，许多大学生的自主创业意识高涨，但他们很容易成为加盟连锁骗局的猎物。
>
> 此案中，韩冰律师建议小张到公安机关报案。对于有相同困惑的大学生，韩冰律师建议加盟一家店，首先需要确定对方有无资质，要求对方提供合法的一系列手续，且代表签约的对象必须是公司的法定代理人。对于加盟合约而言，最好要求总部将管理规章附在合约上，成为合约的附件。
>
> （资料来源：金陵晚报）

### 3. 按内容划分

按内容划分，创业风险可分为机会选择风险、环境风险、人力资源风险、技术风险、市场风险、管理风险、财务风险等。

（1）机会选择风险，指创业者由于选择创业而放弃自己原先所从事的职业，所丧失的潜在晋升或发展机会的风险。

（2）环境风险，指由于创业活动所处的社会、政治、经济、法律环境等变化，或由于意外灾害导致创业者或创业企业蒙受损失的可能性。如战争、国际关系变化、宏观经济环境发生大幅调整、法律法规的修改等给创业活动带来的风险。

（3）人力资源风险，指由于人的因素对创业活动的开展产生不良影响或偏离经营目标的潜在可能性。创业者自身的素质和能力有限、创业团队成员的知识和技能水平不匹配、管理过程中用人不当、关键员工离职等因素是人力资源风险的主要诱因。

（4）技术风险，指由于技术方面的因素及其变化的不确定性而导致创业失败的可能性。技术成功的不确定性、技术前景、技术寿命、技术效果的不确定性、技术成果转化的不确定性，都会带来技术风险。

（5）市场风险，指由于市场情况的不确定性导致创业者或创业企业损失的可能性。市场风险包括产品市场风险和资本市场风险两大类。市场供给和需求的变化、市场价格变化、市场战略失误等都可能给创业活动带来一定的市场风险。

（6）管理风险，指管理运作过程中因信息不对称、管理不善、判断失误等影响管理水平而形成的风险。管理风险可能由管理者素质低下、缺乏诚信、权力分配不合理、决策失误等引起。

（7）财务风险。对创业所需资金估计不足，难及时筹措创业资金，创业企业财务结构不合理、融资不当、现金流管理不力，都可能会使创业企业丧失偿债能力，导致预期收益下降，形成一定的财务风险。

> **案例阅读**
>
> **开店半年就关门的汽车饰品店**
>
> 2018年8月，李某走上了创业之路。因为喜欢汽车，他把目标锁定在与汽车有关的项目上。不久，一家汽车饰品店在短暂的忙碌之后诞生了。然而仅仅半年，他就鸣金收兵。回忆那段创业的日子，让李某很是痛苦，感叹为什么付出了很多，回报却很少。其实，在创业之前，李某是做了充分准备的。因为喜欢汽车，他就琢磨着在汽车方面找路子。他先在网上搜集了一些关于汽车消费品的创业项目，然后根据实际情况，考虑到随着人们生活水平的提高，买车的人越来越多，而爱车的人一般都比较注重车内装饰，那么开一家汽车饰品店，生意应该不错。觉得自己的想法还是比较顺应市场发展的，李某忙碌地开始了第二步工作。他从网上搜索了一些经营汽车饰品的代理商，并对各家代理商的产品质量和价位进行了比较，然后选定了一家郑州的代理商。经过联系，他和那家代理商签好了协议，交了6000元的加盟费，就开始租房子、装修、进货，脑子里满是憧憬的李某很快就成了老板。但是现实给李某的热情浇了一盆冷水。开张后，顾客寥寥。尽管他店里的饰品很吸引眼球，无奈汽车饰品店所处的位置比较偏，路过的车倒是不少，但也仅仅是路过，而且大部分是大货车，根本不会在这样一个地段停车，更不会来买汽车饰品。李某每天都早早开店，很晚才打烊，商品的价位也定得很低。即便这样，开业半年，总共才卖出3000元的货。房租到期之后，李某不敢再恋战，把剩下的货放到朋友空着的车库里，从此不提开店的事。
>
> 李某的失败主要是因为选址不善。一个成功的选址应该从大处着眼，注重宏观环境的利用，充分调查了解该地区现有的设施情况和竞争对手的经营特色，清楚周围消费者的需求，同时选取人流量大的区域。李某选的位置太偏，定位也不准确，开业前未对周边环境做充分的市场调查，盲目选址，开业后不能满足周围消费者的需求。

### 5.3.3 创业风险的管理

#### 1. 风险识别

风险识别是指在风险事件发生之前，风险管理人员在搜集资料和调查研究的基础上，运用各种方法对尚未发生的潜在风险进行系统归类和全面识别的过程。其任务是查明各种不确定性因素和风险来源，预估各种风险事件的可能后果，确定哪些因素对创业构成威胁，哪些因素可能带来机会，从而为风险管理做好准备。风险识别的具体方法主要有以下四种。

（1）业务流程图法。创业者可以用绘制业务流程图的方式将企业从原材料采购直至产品到消费者手中的全部业务流程划分为若干环节，每一个环节再配以更为详尽的作业流程图，据此确定每一个环节需要进行重点预防和处置的风险。

（2）咨询法。创业者可以委托咨询公司对创业企业进行风险调查和识别，由其提出风险管理方案，供创业者参考。

（3）直接观察法。创业者可以直接观察创业企业的各种生产经营设施和具体业务活动，了解和掌握企业面临的各种风险。

（4）财务报表法。创业者可以分析资产负债表、损益表和现金流量表等报表，从中找出企业在何种情况下会有何种潜在损失及其成因。由于每个企业的经营活动最终都要涉及商品和资金，而财务报表可以集中反映商品和资金的流转情况，所以用财务报表法分析企业风险比较客观、准确。

### 2. 风险评估

风险评估是指在风险识别的基础上，对可能发生的某类风险的预计、度量等。在风险评估阶段，创业者可首先按照相关风险的发生概率，评估出大概率风险、一般风险和小概率风险，同时对风险事件可能带来的损失规模进行分析，以使风险分析科学化。然后，综合考虑风险事件的发生概率、损失程度与其他综合因素，并比较风险管理所需支付的费用。进而决定是否需要采取风险控制措施及控制措施实施到什么程度。

## 知识拓展

### 大学生创业需要避免的风险

大学生创业是一个机会，但也存在很多风险。大学生是否具备风险意识和规避风险的能力，将直接影响创业的成败。总结许多人的创业经验，有五大风险是大学生在创业过程中需要避免的。

**一、项目选择太盲目**

目前，大学生创业的项目选择多集中在高科技领域和智力服务领域，如软件开发、网络服务、家教中介、设计工作室等。此外，快餐、零售等连锁加盟店也是大学生青睐的创业项目。但是，大学生往往并不了解市场，大多是凭自己的兴趣和想象来决定投资方向的。

建议：大学生创业者在创业初期一定要做好市场调研，也可委托专业机构进行可行性研究，在了解市场的基础上创业。一般来说，大学生创业者资金实力较弱，应选择启动资金不多、人手配备要求不高的项目，从小本经营做起比较适宜。

**二、缺乏创业技能**

很多大学生创业者眼高手低，既不了解创业的相关政策法规，也没有在相关企业的工作、实践经历，缺乏能力和经验，却对创业的期望值非常高，这样的创业无异于纸上谈兵。

建议：一方面，去企业打工或实习，积累相关的管理和营销经验；另一方面，积极参加创业培训，积累创业知识，接受专业指导，提高创业成功率。

**三、融资渠道单一**

资金难筹几乎是每一个大学生创业者都会遇到的难题。银行贷款申请难、手续复杂，如果没有更广阔的融资渠道，创业计划只能是一纸空谈。

建议：广开渠道，除了银行贷款、自筹资金、民间借贷等传统方式外，还可以充分利用风险投资、天使投资、创业基金等融资渠道。

### 四、社会资源贫乏

由于长期身处校园，大学生掌握的社会资源非常有限，而企业创建、市场开拓、产品推介等工作都需要调动社会资源，大学生在这方面会感到非常吃力。

建议：平时多参加各种社会实践活动，扩大自己人际交往的范围。创业前，可以先到相关行业领域工作一段时间，通过这个平台，为自己日后的创业积累人脉。

### 五、管理过于随意

由于长期接受应试教育，不熟悉经营"规则"，一些大学生创业者虽然在技术上出类拔萃，但营销、沟通、管理方面的能力普遍不足。

建议：要想创业成功，大学生创业者必须技术、经营两手抓，制定科学规范的管理制度。可从合伙创业、家庭创业或低成本的虚拟店铺开始，锻炼创业能力，也可以聘用职业经理人负责企业的日常运作。

### 3. 风险防范

创业者评估风险后，若认为某类风险会给企业带来较大的损失，就可以针对该类风险采取相应的防范措施。创业者应对那些发生概率大、后果严重的风险进行重点防范。

#### 1）技术风险的防范

创业者降低技术风险的策略主要包括综合考虑企业自身技术能力、资金量和时间，选择技术获得途径等。若选择引进技术，则要在引进技术前对所引进技术的先进性、经济性和适用性进行评价；加强对员工的技术培训，提高员工对高科技设备的操作熟练度，减少不必要的风险损失；通过组建技术联合开发体或建立创新联盟等方式，减少技术风险发生的可能性；高度重视专利申请、技术标准申请等，通过法律手段降低技术风险出现的可能性。

#### 2）财务风险的防范

创业者可通过以下措施来防范财务风险：对创业所需资金进行合理估计，避免因资金问题影响企业的健康成长和后续发展；为创业企业建立信用，以提高成功筹集资金的概率；正确权衡企业的长远发展和当前利益，设置合理的财务结构，从恰当的渠道获得资金；妥善管理现金流，避免现金流断裂，进而造成财务拮据甚至破产清算的局面。

## 知识拓展

### 保住本金

在巴菲特的投资名言中，最著名的无疑是"成功的秘诀有三条：第一，尽量避免风险，保住本金；第二，尽量避免风险，保住本金；第三，坚决牢记第一、第二条"。为了保证资金安全，巴菲特总是在市场最亢奋、投资人最贪婪的时刻保持清醒的头脑而急流勇退。1968年5月，当美国股市一片狂热的时候，巴菲特却认为再也找不到有投资价值的股票了，他卖出了几乎所有的股票并解散了公司。结果在1969年6月，股市大跌，渐渐演变成了股灾。到

1970年5月，几乎每种股票都比上年初下跌了50%，甚至更多。

巴菲特投资稳健，绝不干"没有把握的事情"的策略使他躲避过一次次股灾，也使他所掌握的资本在机会来临时迅速增值。

3）市场风险的防范

创业者降低市场风险的策略包括：以市场及消费者的需求为生产的出发点，时刻关注市场变化，善于抓住机会；广泛搜集市场情报，并加以分析比较，制定有效的市场营销策略；摸清竞争对手底细，发现其创业思路与弱点；对各种成本精打细算，杜绝不必要的费用；健全符合自身产品特点的销售渠道；以良好诚信的售后服务赢得消费者的青睐。

4）管理风险的防范

创业者应谨慎选择创业团队成员，并积极构建团队的共同价值观和愿景。创业者应制订团队管理制度，规范团队纪律，用良好的制度和纪律来约束团队成员。同时，创业者要建立完善的员工选择标准，建立合理的信息沟通及汇报制度；努力寻找最能胜任某项工作的员工，并为其安排相应的岗位；友好地对待和鼓励员工；提升领导者自身的知识水平、沟通能力及决策能力。

大学生要创业，就一定要在风险和收益之间进行抉择和权衡，既不能为了收益而不顾风险的大小，也不能因害怕风险而错失良机，而是要在争取实现目标的前提下识别风险、评估风险、防范风险，这才是大学生创业者对待风险的正确态度。

## 案例阅读

### 创业企业的"非典型"失利样本

对于任何一家创业企业来说，成功的经验是相似的，而失败或正在泥淖中挣扎的则各有各的原因。经历了短暂的初创的喜悦，创业企业面临的是激烈的竞争、生存的危机，它们当中有的已黯然离场，有的还在苦苦坚守，不断调整、不断转型，希望自己成为那个笑到最后的人。

**功夫熊：无钱可烧　补贴策略可持续性遭质疑**

2014年年底，功夫熊联合创始人孟军贤执笔的一篇文章《上门按摩哪家强？功夫熊完胜蓝翔》一经其微信公众号发布，就将上门服务O2O这一商业模式和"功夫熊"这一品牌一齐推到了最广泛的消费者面前。

功夫熊是由两个出身于百度的年轻创业者——孟军贤和王润共同创立的上门按摩服务应用，该应用通过线上匹配用户和按摩技师的需求，提供包括颈肩按摩、腰背推拿、头部推拿、全身推拿等多种上门按摩服务，价格从100至300元不等。在功夫熊的创业者看来，和传统的实体店推拿服务相比，通过线上方式提供预约上门按摩有诸多优势，如覆盖范围比线下实体店广、比到店服务更加便利、服务价格会略低于线下实体店等。

功夫熊自2014年10月16日依托微信公众号正式上线以来，在不到两个月内，就完成两笔融资，而截至2015年2月，功夫熊平台上汇聚了50多名专业推拿师，每天在北京当地业务量为几百单。2015年5到7月间，功夫熊4次收购了5家上门服务O2O平台，并借此将服务范围扩展到了上海、广州、深圳、杭州、西安和成都等城市。

就在一切看似都在朝着积极的方向发展之时，功夫熊忽然陷入"讨薪风波"：有数名技师拉起横幅向功夫熊讨薪。功夫熊创始人兼CEO王润表示，这些讨薪者均是被平台品控查出问题的技师，因不满补贴被取消而闹事。而这次"讨薪风波"，再次令不少创业型企业所普遍采用的"补贴"策略的可持续性受到了市场的质疑。

据媒体报道，按照以往的补贴政策，功夫熊既要补贴消费者，也要补贴技师。平台通常按照按摩技师的客单价为其提供收益分成，此前为技师拿80%，平台抽取20%佣金，而后按50%收取。但是后来，功夫熊取消了对技师的补贴，只针对用户部分提供补贴。而这种政策的调整对功夫熊平台中的技师收入产生了影响，而技师拉横幅讨薪也被认为是由补贴政策的调整而催生的。与此同时，平台对消费者的补贴也由最初最高的每单90元减到后来的40元。随着消费者享受优惠幅度逐渐减小，客户黏性也在减弱。

实际上，不少创业型的O2O平台都会利用创业初期获得的风险投资来提供补贴，借此吸引供需双方入驻。然而，这种免费福利正在逐渐消失。风险投资公司正在逐步降低投资，倘若不能继续提供补贴，许多创业公司都将陷入困境。

2015年9月，有媒体报道称，功夫熊因B轮融资不成功，面临"无钱可烧"的危机。而后，王润公开发声表示，融资延迟并不代表公司倒闭，并将调整创业方向。

**黄太吉：互联网思维卖煎饼　爆红过后转型遇阻**

2012年，黄太吉在北京建外SOHO开了其第一家煎饼果子门店：10多平方米的店面，13个座位，煎饼果子能从早卖到晚，猪蹄需提前预约限量发售。以不同于传统餐饮店的互联网式思维进行营销的黄太吉，一时间带动煎饼果子这一传统早餐食品成为"网红"。

在黄太吉的创始人赫畅看来，互联网与其他媒介相比最显著的优势在于用户体验。他也借鉴这一思路，设置好玩和具有话题性的话题，与潜在消费者进行积极紧密的互动。食客在饭前、饭后与老板微博互动，第一时间将意见和感受反馈给商家。赫畅还借用一些其他互联网方法进行营销，比如黄太吉几乎每一款新菜都会推出试吃，在试吃3至5天后，根据网络上的食客反馈来调整口味，再正式推出。与此同时，黄太吉还推出限量限时、提前预订这种典型的"饥饿营销"方式。

赫畅曾表示，"获得用户对品牌的持续关注，才是最核心的价值。所以品牌层面应该延续互联网的营销手段、沟通方法，把用户体验作为第一位。我们认为，未来无论发展到什么样子，'黄太吉'这三个字才应该变成最值钱的资产。"

的确如赫畅所料，互联网营销独特的方式助推黄太吉品牌迅速爆红，然而，黄太吉在短暂爆红之后也迅速降温。实际上，黄太吉只是在营销环节运用了互联网思维，而在前端供应链环节、中间食品制作环节和终端点餐和支付上，仍是传统模式。繁华商业区的高昂租金、不尽如人意的销售业绩，令不少黄太吉煎饼店难逃关门厄运。赫畅此前公开承认，黄太吉有一半店面已经关闭，不过，他也表示，黄太吉正在进行公司战略的主动调整。

2015年10月,黄太吉高调宣布获得2.5亿元融资,正式向外卖平台转型,而黄太吉外卖平台最大的特点就是为合作商户提供外卖产品的代加工服务。2016年4月19日,黄记煌、仔皇煲、青年餐厅、东方饺子王、局气、很久以前、有饭等中国餐饮品类冠军品牌的创始人,就入驻黄太吉外卖平台与黄太吉创始人赫畅举行了签约仪式。不过,这条转型路看起来也并不顺畅,据一些媒体报道,原先签约合作的8个品牌中4个被替换了,替换比例超过50%。被替换的4个品牌都是垂直品类的知名品牌,而取代它们的多是新创立的餐饮品牌。

黄太吉的转型再次遭到了媒体的质疑:难道这个靠摊煎饼起家、获得上亿元融资、12亿元估值、顶着"互联网餐饮鼻祖"头衔的黄太吉真要"黄"吗?

**青年菜君:融资遇困境　业务已停摆**

多家生鲜领域电商企业在2016年遭遇到了前所未有的"寒冬",青年菜君就是其中之一。

青年菜君力求解决上班一族吃一顿温暖、放心晚餐的问题,其创始于2013年,公司三个联合创始人陈文、任牧和黄炽威均毕业于中国人民大学,公司网站上线于2014年年初。

创业初期,三位合伙人为了解决传统生鲜行业"最后一公里宅配的物流成本"和"损耗"两大痛点,确定了青年菜君的商业模式:通过前一天晚上用户的蔬菜半成品订单,去采购、生产、加工,杜绝损耗;同时在地铁站建立自提点,解决冷链宅配问题,让上班族能够省时省力地吃上干净可口的菜品。彼时的青年菜君也受到了资本的青睐:2014年9月,其拿到1000万元人民币A轮融资,投资方为梅花天使创投和九合创投。2015年3月,其再次拿到了B轮融资,投资方为联创策源、平安创新投资基金和真格基金。

由于地铁口人流量大,管理混乱,运营成本高,青年菜君的商业策略也发生了一定变化:其改为在社区设立自提点。2015年,青年菜君在北京160多个社区设立冷链自提柜,几乎覆盖整个北京城。而在2015年7月,青年菜君在原有自提柜的基础上还开通了宅配服务,并选择和第三方物流服务商进行合作。

商业策略的转向要求青年菜君在供应链铺设和物流建设方面投入更多资金,但就在2016年7月,市场传出了由于原已谈好的一家投资机构忽然"跳票",青年菜君资金无法正常周转的消息。青年菜君后来也对媒体承认目前青年菜君资金极度紧张,且存在"拖欠部分员工部分工资"的情况。据了解,青年菜君目前主要业务运营已经停摆。

作为曾经的明星创业企业,有分析指出,青年菜君之所以无法顺利完成融资,其原因在于,在2015和2016年,投资人对于O2O企业的态度发生了巨大的变化。也有业内人士质疑青年菜君本身的商业模式存在问题:"净菜+电商"是伪命题,"会做饭的自备食材,不会做饭的餐馆外卖,中间来一刀不科学"。另外,蔬菜、特别是净菜虽然有很大的利润空间,但依然是电商最忌讳的品类,因为相对于其本身的价值,蔬菜的仓储和物流成本都太高了,有分析指出,目前蔬菜类电商只有高附加值的有机蔬菜宅配模式可行。

(资料来源:经济参考报)

## 任务 5.4  大学生创业项目的选择

### 名人名言

一个人再有本事,也得通过所在社会的主流价值认同,才能有机会。

——任正非

要使周围的一切都大放光彩,自己也应该像蜡烛那样燃烧。

——高尔基

### 知识链接

创业活动中,创业项目是基础。创业项目是创业机会的具体化,是将创意转化为市场所需产品的实际表现。对创业机会进行识别和评估之后,创业者还需要结合自身条件,进一步评估创业机会的可行性;然后将创业机会进一步细化到产品或服务上去,选择合适的创业项目。创业项目选择得正确与否,决定了创业活动的成败。

### 5.4.1 创业项目的概念

目前,对于创业项目的概念并没有一个统一的表述。有人认为创业项目是能创造价值的产品或服务。有人认为创业项目是以下特征中的一个或多个的结合:介绍一种新产品或服务,介绍一种新的服务方法,开辟新的市场,开发新的供应渠道,推行一个新的产业组织。

### 5.4.2 创业项目的来源

对于当前的大学生来说,创业项目可以分为自主型创业项目和支持型创业项目。

#### 1. 自主型创业项目的来源

1)创业者的兴趣

在自己感兴趣的领域内寻找创业项目,创业者往往足够了解该领域内产品或服务供给的现状,从而能够准确地选定供给不足的产品或服务作为创业项目。同时,创业者也更可能全身心地投入到项目中,创造性地开发出新的产品或服务以满足市场需求。

2)创业者的专业特长

专业特长就好比一项创造价值的技术或工具,只要能够稳定地吸引客户,就能够保证项目稳定创收。因此,在创业者的专业特长领域内选择创业项目,能充分发挥创业者的个体价值,将技术优势投入到创业项目开发中。

3)创业者的发明和专利

发明和专利都是具有创新性的设想,如果能被开发出来进行产业化生产,将会带来巨大的社会财富。

#### 4）大学生的创业构思

当前全国大部分高校都有各类大学生创业计划大赛，各地和国家都有平台为有创意的大学生提供展示自己的舞台。这些比赛不仅有利于激发大学生们的创业意识，培养其创新能力，促进一些创业构思的诞生，而且能给予大学生一次模拟实施创业计划的体验和经历。

总之，发现自主型创业项目需要创业者充分认识自己，挖掘自身所具有的优势和所能掌控的资源。

### 2. 支持型创业项目的来源

#### 1）国家政策支持的行业

《国务院关于加快培育和发展战略性新兴产业的决定》将节能环保、新一代信息技术、生物、高端装备制造、新能源、新材料和新能源汽车七个产业列为现阶段的重点发展对象，在这些领域政府政策支持力度较大，未来发展前景广阔。

#### 2）投资界关注的行业领域

当前投资界关注的行业领域，也是创业项目的重要来源。特别是对大学生创业者而言，他们往往缺乏启动创业的资金，如果从投资界看好的领域中寻找创业项目，那么获取投资资金支持的可能性就会大大增强，从而减轻创业过程中的资金压力。

支持型创业项目是创业项目的外部源头。因此，大学生创业者需要充分分析自身所处的外界环境，在外界大力支持的行业领域中寻找创业项目，以达到事半功倍的效果。

## 5.4.3 大学生选择创业项目的原则

创业是一项系统工程，需要一定的资源、人脉和社会支持。大学生长期生活在校园里，对社会缺乏了解，创业想法往往因一时创业激情而起，容易把创业问题简单化、理想化，容易在没有进行前期市场调查和绩效分析时就盲目选择项目。因此，给出6条建议，帮助大学生更好地选择理想的创业项目，走向创业成功。

### 1. 选择自己熟悉的项目

创业是一项风险极高的活动，大学生的初次创业更是如此。在自己熟悉的领域中创业，会更加游刃有余。创业者应尽量选择自己熟悉的项目，充分利用自己的优势资源，如专有技术、行业从业经验、经营管理能力、个人社会关系等，这样既能较好地控制风险，又能够发挥自己的特长，形成自己的经营特色，在将来的市场竞争中占据主动地位。

### 2. 选择自己感兴趣的项目

古语云："知之者不如好之者，好之者不如乐之者。"人只有在做自己最喜欢的事情时，才会废寝忘食、不知疲倦，而创业最需要的是创业者坚持不懈的热情和执着。爱迪生一天平均有十八个小时待在实验室里，当他的家人劝他休息时，他说："我没有在工作，我一直在玩。"所以，爱迪生的成功是因为他做了自己最喜欢的事。最喜欢的事，才最有可能坚持到底，才不至于在遇到坎坷和困难时半途而废。兴趣是最好的老师，如果创业者选择自己感兴趣的创业项目，那么创业活动一般比较容易获得成功。

### 3. 选择自己擅长的项目

比尔·盖茨曾经说过："做你自己最擅长的事。"创业者最擅长的事，就是最有可能干好的事，也可以说是跟别人竞争时更具优势的事。人们在做自己擅长的事时，自信心最强，勇气最大，因此成功率最高。因此，创业者需要认真地分析自己的特点，找出自己的强项，特别是可以考虑和自己专业、特长、性格、能力相符的项目，这些自身擅长的项目可以充分发挥自己的长处，一定程度上也可以在创业初期为自己节省人力资源。在自己擅长的领域，也更容易找到理想的创业伙伴，组成志同道合的创业团队。

### 4. 选择能满足市场需求的创业项目

如果创业项目确实是创业者很熟悉也很擅长的项目，但是却属于市场需求越来越少或者即将衰退的夕阳产业，那么创业者也不要去做。因为在择己所爱、择己所长的同时，更要择世所需。创业者在选定项目之前，可以通过问卷、访谈、实地考察、试验等多种方式进行市场调查，获取市场需求的第一手资料，尤其要注意对市场空白进行研究，因为有空白就可能意味着存在未被满足的消费需求，形成巨大商机。如温州商人在欧盟宣布发行新货币后，就敏锐发觉了新欧元尺寸偏大，立刻意识到欧洲人的钱包可能尺寸不合适的客观事实，迅速筹集资金生产出一批专用于装欧元的大钱包，提前销往欧洲，填补市场空白，获得巨大成功。

### 5. 选择相对轻资产的项目

大学生创业的融资渠道较少，大部分创业者都是通过自有资金或者和亲朋好友借贷来筹集创业启动资金的，资金不足是大学生创业者普遍面临的困境。因此，大学生在初期创业时，应该尽量选择初始资金投入少、资金周转期短的项目，这样才能保证后期的项目运转有足够的资金，才有充足的现金流维持企业的正常经营。如果没有十足的把握，应尽量避免一开始创业就进入重资产的生产领域及需要大量库存的项目，因为这类项目需要投入大量的生产资料，所以大学生创业者应尽量发挥自身的专业优势和人力优势，选择一些投入小、资金周转快的项目，如外包服务、代理服务、信息服务、教育培训等。

### 6. 选择符合政策导向的项目

政策对于不同产业的导向，反映了国家对于不同产业的态度和这些产业未来可预见的前景，成功的创业者一定会时刻关注国家政策的变化。国家对于某些活动是明令禁止的，如制毒贩毒、生产和经营军火、传销等；有些领域是有限制条件的，如制药、烟草等；有些行业是有资质要求的，如大型建筑工程建造、矿山开采等。面向普通大众的民用商品领域，绝大部分是没有限制的，创业者只需要守法经营和依法纳税即可。国家扶持的产业往往是国家重点发展的项目，而这正是创业者所需要的商机。大学生创业者可以结合自身实际，在可享受国家优惠政策的项目中找到适合自己的创业项目，将小我融入到社会发展的大我中，紧跟时代浪潮，在创新创业中为社会做出贡献，实现自我的价值。

> **拓展阅读**
>
> **大学生创业建议项目**
>
> 大学生创业者一般可以考虑以下几类易于切入和运作的项目。

**1. 借助学校品牌的项目**

（1）各类教育与培训。若大学生所在的学校有医学、心理学、教育学专业，大学生创业者便可借助大学的品牌优势和专业师资资源，开展各种培训项目。

（2）成熟的技术转让。理、工、农、医类院校都有一些技术课题和成熟的技术项目。大学生创业者可以为这些技术寻找市场，实现技术转化。

（3）各种专业的咨询。经济管理等专业的大学生可成立企业咨询组织，邀请业内权威专家组成"专家顾问组"，向有需求的人员提供咨询服务。

**2. 利用优势的服务项目**

（1）家教服务中心。可以挑选能够胜任教学任务的同学组成团队，向社会提供家教服务。另外，还可以选择既有优势又有市场需求的家教科目，与重点中学、小学的老师合作推进项目的开展。

（2）成人考试补习。可以与本校的成人教育学院或其他相关部门合作，独立运作成人考试补习方面的项目。

（3）会议礼仪服务。成立一支大学生礼仪服务队，既可以与专业的礼仪公司合作，也可以直接服务于各类大型会议。

**3. 可以独立运作的专业项目**

（1）各种专业外包服务。一些研发或服务项目可以外包开发，适合专业人才或小团队独立运作。互联网又为这种运作方式提供了可行且便利的条件。大学生创业者可以充分利用互联网，以外包和分包的模式运作这些研发或服务项目。

（2）图书制作前期工作。例如，选题策划、文字录入、版式设计、包装设计、校对等，都适合具有该方面技能的大学生独立去做。

（3）各类平面设计工作。平面设计工作包括广告设计、宣传画设计、封面设计、商标设计等。这些都属于创意设计类项目，特别适合有艺术设计特长的大学生创业者。

（4）各种专项代理业务。专项代理业务主要包括专利申请代理、技术产权代理及各类注册代理，如商标注册、域名注册等。有相关业务知识的大学生可以选择这种业务项目进行创业。

**4. 利于对外合作的项目**

（1）婚礼化妆司仪。婚庆产业是长盛不衰的，又总是与节假日、双休日捆绑在一起，其服务内容包含多个类别，不限于化妆和司仪，其中任何一个项目都可以独立运作，并可以做得有特色，有创意。

（2）服装鞋帽设计。服装鞋帽的生命力在于其不断推出的流行款式，设计是这类创业项目的生命。大学生创业者可以先设计出新款鞋子并做出样品，然后让大鞋商订货，再拿订单委托鞋厂加工。

（3）各类信息服务。大到行业信息，小到名录，无论哪类信息都有商业价值，只要信息内容够专业、够翔实、够有深度，就会有人愿意购买这些信息。大学生创业者可以充分利用所学专业的相关信息，向有需求的人员提供信息服务。

**5. 小型多样的经营项目**

（1）手工制造。例如，一位大学女生把剪纸做得很专、很透、很有规模，不仅把剪纸产品销往了许多国家，还搞起了专业培训。

（2）特色专柜。例如，在黄山有一个幽静的山谷，那里的农民自己采摘、炒制野山茶。北京有一名大学生便在一家大型茶庄开设了一个专柜，专门销售这种野山茶。

（3）网络维护。许多企业、事业单位为了节约成本，使用兼职的网络维护员。有网络维护技术专长的大学生，不妨成立项目组，同时为多个客户做兼职网络维护服务。

（4）体育用品。例如，山东的一名大学生搞了个"体育文化工作室"，直接从厂家购进运动服装和体育用品，在本校和附近的几个学校销售，生意异常红火。

## 项目实训

1. 以小组为单位，结合所学专业和个人兴趣特长，运用系统分析、问题导向、市场调研、创新变革等方法，通过头脑风暴的方式展开创业机会探索活动，然后以书面形式把所想到的创业机会一一列出。

2. 运用蒂蒙斯评价模型等创业机会评价方法，评价上述创业机会是否可行；各小组分别选出 3 个最具创意、最具可行性的创业机会。

3. 各小组讨论是否有能力将上述创业机会，最终转化为创业项目。

4. 分析以下案例并回答问题。

### 90 后大学生 3 次创业 2 次失败　网售土鸡蛋月赚三四万

90 后创业者曹席斌和团队踏上创业之路时，经过两次失败，第三次找到了土鸡蛋项目，终于成功挣钱了。看看他三次项目的选择，或许对你创业有所启发。

**第 1 回合　开发社区消费 App**

记者走进九龙坡区石桥铺彩电中心附近一栋老居民房里。"墙是我们自己刷的，很简陋。刚起步，既是创业地也是住宿点。"一名戴着黑色眼镜、穿着黑色 T 恤的小伙迎了出来，露出有点尴尬的笑容。两室一厅简陋清水房里，四张拼凑的桌子在客厅，其他 3 个年轻人各自工作着。

小伙叫曹席斌，90 后，2013 年毕业于重庆工商大学化学工程系，毕业后没有回贵州老家，选择留在重庆创业。

2013 年初，曹席斌把创业目标瞄准了互联网市场。在他看来，互联网市场投入成本低，只要研发出一款消费 App 软件，就能带动时尚的消费观念，靠广告效益轻松盈利。

"3 个合伙人，3 万元创业基金，就想着创业。"曹席斌说，当时把目标锁定在社区 App 开发上，想着把社区的吃喝玩乐聚在一起，让社区居民形成一种消费群，却卡在了支付功能环节。只有硬着头皮推向市场，推广和物料成本没钱了，加 App 的人寥寥无几。一年时间，他的团队以失败告终。

**第 2 回合 靠咨询策划想赚钱**

第一次创业失败后,心有不甘的曹席斌想在创业中走出自己的一条路。他找来另外两个合伙人,凑齐 5 万元,想着做实实在在的项目。

曹席斌想运用互联网思维为客户做咨询策划,构建项目体系。在这条路上,很快又遇到挫折。首先是合伙人之间的分歧,其中一人是 60 后,彼此代沟太大。很多项目因意见不一,最后不了了之。

"更不幸的是顾客找我们做项目,中途不愿意做了,公司垫了钱,最后一分收不回。"曹席斌说,有次顾客想在沙坪坝区大学城做一个文创项目,建设创业咖啡馆,在前期策划形成双方敲定后,公司垫钱建设,结果顾客想法越来越多,改动了原策划,最后执行困难,顾客也不付钱。

这种亏吃了几次,一年后,公司被另一家公司收购。

**第 3 回合 高大上转卖土鸡蛋**

"年轻人创业,不能眼高手低。洋有洋的活法,土有土的价值。"曹席斌的父亲是贵州省地道农民,家里靠着卖农产品维持生活,他这样告诫连续创业失败的儿子。

父亲的话给了曹席斌启发,"为何不把土得有价值的东西,靠着互联网运出去。"经过在沿海城市的调研,结合重庆特色,曹席斌决定卖土鸡蛋。

曹席斌分析,土鸡蛋非常具有互联网精神。首先,现在大城市很难买到真正的土鸡蛋;其次,土鸡蛋价位很高,能否把土鸡蛋从生产源头直接送到客户手上,省掉中间环节的钱。

说干就干,曹席斌重新组建了创业团队,创建了姜戈互联网生态农场服务平台,开卖土鸡蛋并赚了钱。

**第三次创业 更容易成功?**

有关数据统计显示,创业成功者大部分的年龄是 30~38 岁,创业成功最高的概率是第三次创业。

重庆大学管理学教授曾国平表示,年轻人创业并不是连续两次失败,第三次创业便一定会成功,这只是个概率问题。创业更多的是需要人的洞察力和市场判断能力。创业,创字旁边是把刀,成功失败都是正常的。年轻人创业要认识市场,融入市场。很多年轻人投资打水漂是因为信息不对称,应该通过相关渠道掌握多样的全面信息。

(资料来源:重庆晚报)

(1)曹席斌前两次创业失败的原因有哪些?创业过程中存在着哪些风险?

(2)曹席斌是如何发现土鸡蛋的创业机会的?他第三次创业成功的原因有哪些?

# 项目6　创业者与创业团队

## 项目导学

### 【项目导入】

钢铁大王安德鲁·卡耐基曾经自豪地说:"把我的设备、市场、资金全部拿走,只留下我的人员与组织,四年后我仍是钢铁大王。"人力资源是21世纪最宝贵的资源,而创业者与创业团队作为一种稀缺的人力资源,其素质决定着创业活动能否取得成功。创业对于大多数人而言是一件极具挑战的事情。一个人要想成功创业,首先要具备基本的创业素质,才能克服创业过程中的艰辛,实现创业梦想;其次要拥有优秀的创业团队,创业团队的凝聚力和战斗力决定着创业企业能否生存发展。

当前,创新驱动成为经济增长主要动力,支持大学生创新创业,不仅可以缓解就业压力,更有利于培养大学生的创新意识和创业能力,激发整个社会的创新创造活力。大学生创业者若要取得创业的成功,就要努力提升自身的创业素质,组建优势互补的创业团队。

试问:你了解创业者需要具备哪些基本素质吗?你知道如何组建一支高效的创业团队吗?你懂得管理创业团队吗?

### 【知识目标】

1. 了解创业者的概念及创业者应具备的素质。
2. 掌握创业团队的概念及创业团队的组建原则。
3. 熟悉创业团队管理的方法。

### 【能力目标】

1. 能够对自身是否具备创业素质进行评估,通过多种途径提升自身创业素质。
2. 能够组建一支优势互补、结构合理的创业团队。
3. 能够采用多种方法对创业团队进行管理,提升自身领导力和沟通力。

### 【素养目标】

1. 学习优秀创业者的创新创业精神,形成敢为人先、责任担当的家国情怀。
2. 意识到团队合作的重要性,树立团队意识,在团队实践中不断提升自我。
3. 激发创新创业热情,认同创新创业带来的社会价值,主动投身创新创业活动。

## 开篇案例

### 理性与理想的碰撞：追访那些创业的年轻人

人社部数据显示，十年来，我国城镇新增就业年均超过 1300 万人。新增就业中，很重要的一部分是新增市场主体、初创企业增加的就业岗位。

在创业群体中，年轻人是不能忽略的新生力量，他们身上有新时代的印记——独立进取、充满理想。创业途中，难题此起彼伏，崩溃时有发生。坚持还是放弃？年轻的创业者们，做出自己的选择。

**先行者**

又是一顿边工作边匆忙吃下的午餐。

23 岁的向佳玥创业 3 年来，手机、电脑不离身，不自觉进入了"全天在线"状态。她的创业回忆里充满酸甜苦辣。

2019 年底，她开始在长沙创办民宿，从最初的 3 间发展到现在的 26 间。

彼时正是国内民宿飞速发展的时期。学生时代的向佳玥出门旅游时，接触并爱上这种生活方式——美观、文化特征明显、互动体验多。大学毕业后，向佳玥选择全身心投入创业，开启经营民宿的创业之旅。

创业者的忙碌超过预期。她从早上睁开眼睛，就要规划一天行程，接打客户电话、线上推广运营、订单处理、线下房间维护等，一直忙到深夜。

"我之前以为装修完房子就完成了创业，但后续的运营管理和维系客人才是真正的开始。"向佳玥说，看房子只是开办民宿的第一步，后续要跟踪了解当下流行风格的变化，在硬装和软装上保持积极活跃的审美。

由中国传媒大学创新创业教育中心联合风投机构 500 Global 共同编制的《2021 中国大学生创业报告》显示，受访大学生中，96.1%的大学生都有尝试创业的想法，然而真正付出行动的只有 14%。

大学生创业之路上的先行者们，往往果敢主动、敢为人先。

2016 年被湖南艺术职业学院录取后，陈清宇带着家里东拼西凑的一万元来长沙求学。在陌生的城市举目无亲，他靠兼职为家里减轻负担。

2017 年，他看到新媒体蓬勃发展中的商机，尝试搭建一个集外卖信息、交流互动于一体的校园应用小程序。尽管原始想法不错，可没有商家愿意相信一个毛头小子。

陈清宇先从身边人开始推广，再扩大至其他班级。功夫不负有心人，日复一日宣传、推介后，他在一家烧烤店筹到了第一个 1000 元，在一名老师处筹到第二个 1000 元。这 2000 元的启动资金，帮他把项目一点点做起来。随后多家餐饮店陆续入驻，业务范围扩大至"表白墙"、周边信息发布等，每个月营业额能达 20 万元。

"在学校电梯里听到同学谈论吃什么时，有人提出用我的小程序点餐，我内心很骄傲。"陈清宇说。

2019年大学毕业后，蒋连超来到洞庭湖畔的沅江市，成为一家农业公司的股东及联合创始人。他们以养殖、种植为主业，通过流转农民土地，建立起以芦花鸡、贵妃鸡和珍珠鸡为主要品种的大型养鸡场，目前在栏3000羽。同时，他们还打造了一个占地500多亩，集休闲农旅、中小学劳动教育基地于一体的现代农业综合体。

蒋连超认为，农业要有全局观意识，不能仅着眼于第一产业，应往二三产业延伸，形成产业链。为了提高农产品品质，他的团队摸索出农业精细化运作模式，对养鸡场进行提质改造，研究鸡的喂养专利、制作配方专利，并创新打造鸡蛋、鸡肉溯源系统，采用高科技设备设施，向现代农业目标迈进。

**同路人**

说唱还是诗歌？

陈清宇已经记不清，在制作一个以"廉洁文化"为主题的视频时，他和团队伙伴争论过多少次。为了视频的完美呈现，热血的年轻人"剑拔弩张"地投入到一次又一次"头脑风暴"中。

毕业后，在长沙马栏山视频文创产业园，"95后"陈清宇创办了一家新媒体公司。团队有十多位员工，以"95后"为主，从事视频制作、直播技术、活动策划执行等。

互联网产业成为大学毕业生创业的首选，而借助移动互联网媒介的加持，传媒领域的创新创业风口也越来越多。

需要创新创意头脑的视频文创产业里，年轻人人头攒动。长沙马栏山视频文创产业园有"中国V谷"之称，15.75平方公里的园区内，聚集着4400多家视频文创企业。

因为看好长沙的营商环境，陈清宇选择在这里创业。入驻"马栏山"后，他享受到园区的多项创业帮扶政策，如房租减免、优秀作品奖金、办税优惠等。

"马栏山"的创业氛围很好。"和圈子里的年轻人交流时，我感觉很轻松，也能遇见志同道合的人，启发新的灵感。"陈清宇说，在电脑前、吃饭时、拍摄中，不经意碰撞出许多创意点子，"小伙伴们给了我很大的力量，他们在身后，我感觉有了依靠。"

《2021中国大学生创业报告》显示，32.3%想创业的大学生认为自己需要一个能协助执行的合伙人。

蒋连超等6位合伙人中，除了大股东，其余都是年轻人。

做农业周期长、收益慢，投资一时半会儿看不到回报，一些招来的大学生不久就离开公司。去年，一位好友陪伴他创业9个月后，在微信上留下"大好前程陪你走一段，该谋生还是得谋生"的消息，决定离开。

这不是第一次有伙伴离开。送走好友后，蒋连超忍不住号啕大哭，甚至怀疑起自己创业的初衷。

把想法变成商品是一个艰辛的过程，创业中基本无休，小伙伴们常常身兼数职，有时过年还要加班。蒋连超说，"我有时责怪自己，恨自己能力不够，拉来学弟学妹一起创业，却给不了太多补贴，还让他们受苦。"

蒋连超心里愧疚，但没打算放弃。三年来，他劳心工作，白天在养鸡场里捡蛋、喂鸡，并打包、发货，饭点在农庄当服务员，还要挤出时间参加创业比赛。他一手搭建起公司电商销售平台后，晚上要加班写文案、运营线上店铺。

如今，公司有了30多位员工，近一半是"90后""00后"，蒋连超说："从认可我的人，到慢慢认可我的事业，不断有新鲜力量加入，为山村带来活力和新希望。"

**向未来**

创业者，往往有一颗强大的心。

2020年，公司业务急剧下滑，陈清宇不得不将车卖掉，以维持公司正常运转。他回忆说："那段时间该走的人走了，该留的也没留住，感觉没有希望了。"

他把公司的人召集起来，说明现实困难以及解决方案，恳请大家留下来。

正在迷茫之时，长沙马栏山视频文创产业园对在园区企业聚集区内办公的企业，推出3个月全额房租补贴以及电费、宽带费、公有云资源成本补贴的政策，给陈清宇打了一剂"强心针"。

《2021中国大学生创业报告》显示，成功创业者的人物画像包括不怕"脏"的手、聪明的"大脑"、一颗"超大心脏"和不敏感的"痛觉神经"。

2022年6月，人社部向社会公示18个新职业信息，其中就包括民宿管家，这让向佳玥更有斗志。她计划成立一个工作室，专门从事民宿设计，帮助更多从业者运营。

在创业过程中，向佳玥也越发感觉到整个社会日益体现"女性友好"。长沙坡子街派出所召集房东开会，搭建线上公安登记系统，确保民宿房东与公安的对接。"有了公安保驾护航，原本家里人会比较担心女孩子开民宿的安全问题，现在也不担忧了。"向佳玥说。

《2021中国大学生创业报告》显示，大学生创业的热度并没有显著减退，但越来越多的大学生正在更理性地看待创业。同时，伴随就业心态的变化，大学生的创业热度也逐渐归于理性。

创业半年时，大学学习测绘工程专业的蒋连超，看到同学纷纷在稳定的工作岗位上有所发展，而自己仍在小山村养鸡养鸭、培育果树，也曾感到落差和不平衡。

"梦想和现实是有差距的，创业没有表面看上去那么光鲜。"创业三年来，蒋连超的心态从一开始的兴奋冲动，途经过山车般波澜起伏后，逐渐走向平稳。

在他看来，经历的迷茫和挣扎终会变成宝藏和经验。渐渐地，他欣喜地看到公司的变化——销售农产品种类逐年增多，销售额增加，员工每年的分红变高……公司有一定社会影响力后，有的合伙人主动回来了。

农村广阔天地，大有可为。几年前参加创业比赛时，农业企业不多见。今年蒋连超参加"创青春"湖南省青年创新创业大赛时，有66个乡村振兴项目参加比赛，这让他更有信心，"农业是国之根本，发掘农业农村资源，投身其中，我感觉很有奔头。"

（资料来源：新华每日电讯）

**思考讨论：**

1. 通过案例，谈谈你对创业者的理解，你认为创业者在创业初期最需要具备哪些素质？
2. 谈谈你对创业团队的理解，大学生创业者在组建创业团队时应考虑哪些问题？

## 任务6.1 评估创业素质

### 名人名言

企业发展就是要发展一批狼。狼有三大特性：一是敏锐的嗅觉，二是不屈不挠、奋不顾身的进攻精神，三是群体奋斗的意识。

——任正非

想赢两三个回合，赢三年五年，有点智商就行；要想一辈子赢，没有"德商"绝对不行。

——牛根生

### 6.1.1 创业者的概念

关于创业者的概念，最早提出的是法国经济学家萨伊，他将创业者描述为"将经济资源从生产率较低的区域转移到生产率较高区域的人"，并认为创业者是"经济活动过程中的代理人"。著名经济学家熊彼特则认为"创业者应为创新者"。著名的管理学大师德鲁克将创业者定义为那些能"寻找变化并积极反应，把变化当作机会充分利用起来的人"。通过以上概念不难发现，创业者就是那些创业活动的推动者，或者是活跃在企业创立和成长阶段的企业经营者。具体来讲，创业者就是创造性地将商业机会转变为经济实体，并扮演经济实体中组织、管理、控制、协调等关键角色的个人。

### 6.1.2 创业者应具备的素质

创业者需要具备一定的素质和能力，创业者素质的高低决定着企业的成败。一般来说，成功的创业者所具备的素质包含创业知识、创业能力、心理素质、身体素质四大类。

#### 1. 创业知识

必备的创业知识是开展各种创业活动的基础。通常来说，一个人的知识越多，知识面越广，知识结构越合理，创造力就越大。创业知识主要包括职业知识、经营管理知识和综合性知识等。积累必要的创业知识，是成功创业的第一课。

1) 创业知识的类型

通常来说，创业者在工作中不需要面面俱到，但是熟练的专业知识、精湛的专业技能却是保证自己在业内游刃有余的必备条件。例如，开一家软件设计公司，倘若创业者自身都不懂软件，不仅控制不了产品质量，还容易致使队伍朝着错误的目标和方向前进。除应掌握必要的专业知识外，创业者还应掌握经营管理和综合性知识，一般包括以下种类。

（1）企业开业知识。企业开业知识包括有关私营及合伙企业、有限责任公司的法律法规。要了解怎样申请开业登记，哪些行业不允许私营，哪些行业的经营须办理前置审批手续，怎样办理税务登记,纳税申报有哪些规定和程序,如何领购和使用发票,银行开户程序和有关结算规定,成为一般纳税人有哪些条件,应该缴哪些税费且如何缴纳,怎样获得税收减征免征待遇,怎样进行账务票证管理,增值税率及计征方法,工商管理部门怎样进行经济检查,行业管理部门如何进行行业管理和检查,等等。

（2）营销知识。营销知识包括市场预测与市场调查知识,消费心理、特点、产品知识,定价知识和策略,销售渠道和销售方式知识,营销管理知识,互联网知识,等等。

（3）货物知识。货物知识包括批发、零售知识,货物种类、质量和有关计量知识,货物运输知识,货物保管储存知识,真假货物识别知识,等等。

（4）资金及财务知识。资金及财务知识包括货币金融知识,信用及资金筹措知识,资金核算及记账知识,证券、信托及投资知识,财务会计基本知识,外汇知识,等等。

（5）服务行业知识。服务行业知识包括服务行业管理的法律法规,相关专业服务的行业规则、业务知识,等等。

（6）法律知识。法律知识包括《中华人民共和国公司法》《中华人民共和国合同法》《中华人民共和国消费者权益保护法》《中华人民共和国反不正当竞争法》《中华人民共和国产品质量法》《中华人民共和国劳动法》《中华人民共和国知识产权保护法》等常用法律知识。

（7）劳动用工及社会保障知识。劳动用工及社会保障知识主要包括劳动合同制度中与签订、终止、解除劳动合同有关的规定及工伤保险、住院医疗、养老补贴等国家强制性综合保险制度。

（8）公共关系知识。公共关系知识主要包括日常公共关系知识和专业性公共关系知识。热情服务、礼貌待客、员工的日常形象礼仪等都属于日常公共关系知识。专业性公共关系知识包括广告策划、专题活动、危机事件处理、新闻策划等。

（9）演讲与口才知识。演讲与口才知识包括与交流、沟通、谈判等相关的知识,是创业者的基本功。创业者只有具备良好的口才,才能与顾客和员工进行有效沟通,达到管理的目的。

（10）人文知识。创业者应有意识地学习文学、历史、哲学、艺术等人文科学知识,做到涉猎广泛、知识渊博。有成就、有前途的创业者,一定是不断改善知识结构、提高经营能力的。

**2）大学生获得创业知识的途径**

从某种角度来看,大学生获取创业知识的途径就像学习机动车驾驶,不同阶段有不同的要求,又像是乘坐不同类型的飞机座舱,各有各的"享受"。

（1）"经济舱"。如今,不少大学都设了创业指导课,教授创业管理、创业心理等内容,旨在帮助大学生打好创业知识的基础。大学图书馆也提供创业指导方面的书籍,大学生可通过阅读增加对创业市场的认识。通过这种途径获得创业知识,无疑是最经济、最方便的。

（2）"商务舱"。创业是目前媒体报道的热门领域,无论是传统媒体,还是网络媒体,每天都提供大量的创业知识和信息。一般来说,经济类、人才类媒体是获取创业知识的首要选择,比较出名的有《创业家》《第一财经》等杂志,以及"全国大学生创业服务网"等专业网站。此外,各地创业中心、大学生科技园、留学生创业园等机构的网站,也蕴藏着丰富的创业知识。通过这种途径获得的创业知识，往往针对性较强。

（3）"头等舱"。商业活动无处不在，大学生平时可多与有创业经验的亲朋好友交流，甚至还可通过电子邮箱和电话拜访自己崇拜的商界人士，或向一些专业机构咨询。这些"过来人"的经验之谈往往比看书本的收获更多。通过这种途径能获得最直接的创业技巧与经验，将使大学生在创业过程中受益无穷。

（4）"驾驶舱"。大学生创业计划书大赛、大学生社团等创业实践活动，是大学生学习创业知识、积累创业经验的最好途径。此外，大学生还可通过创业见习、职业见习、兼职打工、求职体验、市场调查、组建企业等活动来接触社会、了解市场，并磨炼自己的心志，提高自己的创业综合素质，学以致用。通过这种途径获得的知识往往是最实用、印象最深刻的。

总之，创业知识广泛存在于大学生学习、生活的视野之中，只要善于学习，总能找到适合自己的创业知识。

### 2. 创业能力

创业能力是指创业者的专长、经验和技能，一般来说包含职业能力、经营管理能力和综合能力三种类型。

#### 1）职业能力

职业能力是指企业中与经营方向密切相关的主要岗位或岗位群所要求的能力。创业者在创办企业时，应该从自己熟悉的行业中选择项目。当然，创业者也可借助他人特别是雇员的知识技能来办好自己的企业，但如果能从自己熟知的领域入手，就能避免许多"外行领导内行"的尴尬局面，大大提高创业的成功率。

#### 2）经营管理能力

经营管理能力是一种较高层次的综合能力，是运筹性的能力，既涉及人员的选择、使用、组合和优化，也涉及资金的聚集、核算、分配、使用和流动。创业者应通过创业实践提高以下几种经营管理能力。

（1）信息搜集和处理能力。搜集和处理信息的能力在知识经济社会中至关重要。创业者不但应具备从一般媒体中搜集信息的能力，随着科技的进步和网络技术的普及，还应该具备从网络中搜集信息的能力。

（2）把握机会的能力。善于把握机会是成功创业者的主要特征。

（3）判断决策能力。创业者可通过市场调查，对消费需求、市场定位、自我实力、竞争对手等进行分析，再根据自身财力、社交圈、业务范围，依据"最适合自己的市场机会是最好的市场机会"的原则，做出正确决策，实现自己的创业目标。

（4）创新能力。创业者可通过创新创造活动，使自己的企业在产品、服务、管理、营销手段等方面别具特色、与众不同，并通过这种特色使自己的企业在行业市场中占有理想的份额。

（5）申办企业能力。申办企业的能力也是创业者应具备的能力。

（6）发现和使用人才的能力。一个成功的创业者，要会用人，不但能对雇员进行选择、使用和优化组合，而且能建立群体规范和价值观，形成群体的内聚力。

（7）融资、理财能力。创业者需具备资金筹措、分配、使用、流动、增值等能力。

（8）管理和控制能力。成功的创业者要在企业中开展规划、决策、管理、评估、反馈等活动，对企业进行管理、控制。

（9）商业策划能力。创业者应能通过策划完整的创业计划书，讲清楚企业的目标定位、产品或服务、市场营销、发展规划，这对管理企业、宣传企业、吸引投资都具有十分重要的作用。

### 3）综合能力

综合能力是创业成功的主要保证，是创业者应具备的核心能力。创业者在创业过程中，应提高以下五种综合能力。

（1）人际沟通能力。创业者不但要与消费者、本企业雇员打交道，还要与供货商、金融机构及同行业竞争者打交道，更要与各种管理部门打交道，因此，创业者应具备良好的人际沟通能力。

（2）谈判能力。一个成功的企业，必然有繁忙的商务谈判，谈判内容可能涉及供、产、销等多个环节，创业者必须善于抓住谈判对手的心理和实质需求，运用"双赢原则"，使企业获利。

（3）宣传能力。在激烈的市场竞争中树立良好的企业形象，是创业成功的主要条件。创业者应善于借助各种新闻媒体渠道，宣传自己的企业，提高企业的知名度。

（4）合作能力。创业者不但要与自己的合作者、雇员合作，也要与各种和企业发展有关的机构合作，还要与同行业竞争者合作。创业者要善于站在对方的角度思考问题，善于与他人合作共赢。

（5）承受挫折的能力。在经营过程中，有赔有赚、有成有败，创业者必须具有承受挫折的能力。创业者应具有能忍受局部、暂时的损失，而获取全局、长期收益的战略胸怀。

大学生现在不具备这些创业能力也无妨，因为大多数创业能力可以通过后天培养而习得，创业者可以通过创业教育培养、提高创业素质。

---

### 📖 案例阅读

#### 同驭汽车创始人舒强的专创融合之路

在第六届中国国际"互联网+"大学生创新创业大赛全国总决赛三强争霸赛中，作为国内线控制动领域的开拓者，同驭汽车在亿万观众的瞩目下荣获全国唯一的"最具商业价值奖"，在独角兽的成长之路上一骑绝尘，成为影响行业发展变革，引领中国乃至全球线控制动系统的创新领导者。

对于创业者来说，始终与忙碌相伴，与时间赛跑。对于舒强来说，亦是贴切。

舒强毕业于同济大学汽车学院车辆工程专业。对于专业的选择，舒强说："不仅因为对汽车很感兴趣，也是对汽车技术充满好奇心。同时，'物理'也是我中学时的强项，在填报高考志愿时候，我就坚信一定能把车辆工程学好，以后成为一名优秀的汽车工程师。"

这简单、质朴的原因，不仅让舒强与汽车结下了不解之缘，更让他成为创业者，开启了飞驰人生。沉稳、理性是舒强给人的第一印象，他俨然是一名工程师的形象，万万不能与赛车手挂上钩。

事实上，舒强在大学期间曾全身心投入到中国大学生方程式汽车大赛（Formula Student China，简称 FSC）中，不仅亲自驾驶赛车，还带领车队开展赛车的设计、制造和调校。

在国外，Formula Student 早已成为汽车专业内最具影响力的学生赛事，旨在全方面培养大学生的汽车设计、制造能力，团队组织协作能力等。而在国内，FSC 于 2010 年开赛，比国外起步晚了 30 年，仍处于起步阶段。舒强说："作为一名汽车专业的大学生，我非常渴望能自己亲手设计、制造出一辆高性能的赛车，并亲自驾驶自己的赛车驰骋赛场，所以我在 2010 年就加入同济大学翼驰车队，一直到 2016 年退役。"

在此期间，舒强与队友们通过日复一日的不懈奋斗，让同济翼驰车队后来居上，在几年内就跻身世界一流强队，全球排名第 13 位，在中国车队中排名第 1。

同时，经过 6 年的学习、历练、拼搏，舒强从队员、悬架组长到底盘部长、队长，一步步走来，对汽车的各个系统都有了比较全面、深入的了解，也积累了大量专业知识、专业技能，更对团队协调和管理有了一定的领悟。

舒强认为，管理一支 120 人的车队，就像经营一家小公司一样，要亲自完成募资拉赞助、建设团队、建章立制、技术研发、生产制造、宣传推广等各类繁杂的事务，涉及方方面面。同时，通过参与 FSC 大赛，让他结识了一群志同道合的挚友，后来也成为他一起创业的伙伴。

2016 年，研究生二年级的舒强创办了上海同驭汽车科技有限公司。

他说："我在研究生阶段的研究课题正好就是线控制动系统，我们课题组在线控制动领域有比较深厚的积累。此时恰好赶上线控制动系统的市场窗口期，我经过仔细的行业调研和慎重的自身能力资源评估之后，在研究生二年级时毅然决然地开始创业。"

"说实话，当时心里也没底。毕竟还是在校学生，创办一家集汽车核心零部件的研发、制造、销售和技术服务于一体的公司，并成为直供整车厂的一级供应商，压力和挑战都非常大。"

舒强坦言，当时身边多位师兄师姐、行业前辈都建议他先去大企业工作、学习、历练几年之后，再图创业。

"我一度感到非常焦虑，担心后面会碰到各种无法预见的困难，更担心会失败。然而，一想到市场窗口期千载难逢，错过就不再有，经过百转千回的心理斗争后，还是下定决心去拼搏一把，也做好了'九死一生'的心理准备。"舒强说，对于前辈们的建议，他一直牢记于心，一刻不敢忘记，时刻鞭策他勤奋学习、补足短板、争取资源、不懈奋斗。

作为现代工业的明珠，汽车领域门槛很高，技术密集、经验密集、资金密集、资源密集，创业难度非常大。其中，线控底盘核心零部件属于高精尖领域，核心技术长期被国外零部件厂商把持，导致我国自主品牌的整车厂长期处于受制于人的不利局面。

"这些线控底盘关键零部件主要掌握在博世、大陆、采埃孚等国外零部件巨头手里，我觉得有机会，也有信心去做我们国产自主的线控底盘关键零部件的研发。"舒强说，作为新一代造车人，应该有担当、有使命、有勇气，去根除这一痛点。

目前，同驭汽车已经先后完成了种子轮、天使轮、Pre-A 轮，并刚刚启动 A 轮融资，已经有数家投资机构在积极洽谈中。短短三年时间，同驭汽车发展迅猛，自主研发的线控底盘关键零部件达到国际一流水平,突破国外技术垄断,迅速成长为我国线控底盘关键技术领跑者。

对于创业这几年的感受,舒强感慨道,自己一直保持每天15小时以上的工作强度。所幸的是,在团队的共同拼搏下,同驭已经完成了从0到1的过程,逐渐步入了正轨,在市场上站稳了脚跟。

但是,他很清楚,飞驰人生才刚刚开始。

(资料来源:福布斯中文网)

### 3. 心理素质

创业心理是指创业者在创业实践过程中对心理和行为起调节作用的个性心理特征,它涵盖创业动机、创业兴趣、创业情感、创业意志、创业人格等方面,是创业者心理素质的综合反映。创业者心理素质分为两大系统:一是认知心理机能系统,又称为智力因素,反映智力水平的高低;二是非认知心理机能系统,又称为非智力因素,表示创业者认识、控制和调节自身情感的能力。智商是个体成功的基础,然而决定个体成功与否的关键则在情商,情商不是靠书本就能学到的,必须通过大量的实践活动才能获得。大学生需要从以下5个方面加强心理素质。

1)心存欲望

创业者的欲望与普通人欲望的不同之处在于:创业者的欲望往往超出他们的现实,而又需要打破眼前的樊笼才能够实现,创业者的欲望往往伴随着行动力和牺牲精神,这不是普通人能够做得到的。早年民间流传一句话,"全国各地3个上门推销商中,必定有1个是浙江人。""走遍千山万水,说尽千言万语,想尽千方百计,吃尽千辛万苦",这既是对浙商刻苦勤奋的写照,也折射了浙商强烈的创业欲望。

### 案例阅读

#### 徐建军:"开始众筹"创始人

徐建军所创立的开始众筹是一家"隐性"公司,总有人在不知不觉中订阅了"开始吧""差评""一人一城""二姑娘家""拇指阅读"这几个微信公众号其中的一两个,却不知道这五个"百万大号"出自同一个团队——拥有500万粉丝总量的开始众筹。

现在各个订阅号已逐步独立,单独融资,徐建军无疑是这130人团队背后的主导。

徐建军认为:"众筹的本质,是将所有携带相同'基因',拥有相近本质的人聚集在网络这个虚拟空间中,用一颗真诚和善良的心,来帮助那些能让他们产生共鸣的项目发起者"。

徐建军觉得自己是一个逻辑性非常强的人,能瞬间看清每个项目里的链条,所以也看懂了整个行业的运转规律。

"我把创业理解成一次巨大的消耗,并且不断消耗,所以一个创业者如果没有欲望,真的就不要创业了,没什么戏的。"徐建军说道。

### 2）独立自主

著名的心理学家马斯洛认为："有创造性的人是属于自我实现的人。"创业者通常都具有极强的独立自主性，会常常思考"我是谁？我能做什么？我的价值是什么？怎样去实现我的价值？"他们敢于展现自我，实现自己的想法。成功的创业者往往都是那些善于摆脱依赖性，努力实现自我独立的人。创业者的独立自主，需要从三个层面培养，首先是抉择自主，即在选择职业发展方向、创业目标时，有自己的见解和主张；其次是行为自主，即在行动上不受他人的影响和支配，能将自己的想法、主张和决策贯彻到底；最后是行为独创，即能够开拓创新，不因循守旧、步人后尘。

### 3）敢于冒险

在市场经济大潮中，机会与风险共存。只要从事创业活动，就必然会有某种风险伴随；且事业的范围和规模越大，取得的成就越大，伴随的风险也越大。成功的创业者总是事先对成功的可能性和失败的风险进行分析比较，选择那些成功的可能性大而失败的可能性小的目标。创业者还要具备评估风险的能力，具有驾驭风险的有效方法和策略。

### 4）乐观坚韧

著名发明家爱迪生说过："我的成功乃是从一路失败中取得的。"创业之路充满着艰辛，创业者除了会面对种种困难，还经常会面对一次次的失败。如果创业者没有一种乐观坚韧的精神，创业活动极可能半途而废。创业者在面临一次又一次失败的打击时，一定要乐观自信，坚韧不拔，即使在重重打击之下，也不丧失前进的信心和勇气。创业没有任何捷径可走，只有乐观坚韧、坚持不懈的人，才能克服创业道路上的危机和障碍，走向成功。

### 5）诚实守信

诚实是做人之本，守信是立业之基。诚实守信是企业的无形资产。杭州正大青春宝集团董事长冯根生说："我的规则，一是戒欺，二是诚信，三是不以次充好，四是不以假乱真，五是童叟无欺，真不二价。"市场经济的发展，给了人们多样化的选择机会和广泛的发展空间，渴望发财致富、渴望有所成就，是许多大学生的理想和追求，但要摒弃急于求成、投机取巧的不良观念。在创业过程中要自觉接受法律的约束，合法创业、合法经营、依法行事，自觉接受社会公德和职业道德的约束，文明经商，诚实经营。

## 4. 身体素质

创业是一项繁重和复杂的工作，创业者对健康风险要有充分的准备。创业者工作繁忙，时间紧、任务重、压力大，如果身体不好，必然力不从心，难以承担创业重任。因此创业者无论在什么情况下，都要培养一种积极乐观的心态、宽广坦荡的胸怀，要力争做到身体健康、体力充沛、精力旺盛、思路敏捷。

---

### 案例阅读

#### 曹德旺和他的玻璃神话

曹德旺，人称"玻璃大王"，福耀玻璃集团创始人、董事长。作为闽商代表人物，曹德旺凭借"敢为天下先，爱拼才会赢"的闯劲，白手起家，彻底结束了中国汽车玻璃市场100%依赖进口的历史。他创办的福耀集团也一路成长为中国第一、全球规模最大的汽车玻璃供应商，改变了世界汽车玻璃行业格局。

2021年11月26日，复旦管理学论坛暨复旦管理学奖励基金会颁奖典礼在上海举行，福耀集团创始人、董事长曹德旺获颁"复旦企业管理杰出贡献奖"。

在颁奖典礼现场，曹德旺分享了"敬天爱人——企业可持续发展的主旨要义"的演讲，他回顾了自己在改革开放大潮中率先承包工厂、创建"福耀"品牌的历程，并分享了企业可持续发展的"秘籍"——"敬天爱人"。

他说，面对百年未有之大变局，要无条件执行国家战略，转变企业经营理念，推动企业转型升级，实现高质量发展，这是民营企业家在新时代的使命。

**从采购员到玻璃大王**

如今领航中国汽车玻璃业的福耀玻璃工业集团股份有限公司，前身是创办于1976年的福清高山镇一家小小的乡镇企业——高山异形玻璃厂，是专门生产水表玻璃的，那时曹德旺在厂里当采购员。由于内部管理的原因，这家小厂连年亏损。当时的公社领导找到初露经商才华的曹德旺，要求他承包。1983年曹德旺承包之后对症下药，大胆变革，工厂当年就扭亏为盈。

1985年高山异形玻璃厂搞合资，曹德旺同家人一商量，拿出父亲盖的房子抵押入股，占这家企业50%的股份，当上了老板。但曹德旺不满足于做水表玻璃，他发现随着改革开放的大潮，进口汽车大量涌入，而国内众多的低等级公路让汽车玻璃的损坏率居高不下。当时中国的汽车玻璃基本依赖进口，一片玻璃要几千元人民币，搞玻璃的曹德旺认为外国人太欺负人了，因为一片汽车玻璃的生产成本实际只有百元左右。

"我一定要为中国人做一片自己的汽车玻璃"，怀着这样的想法，曹德旺天天泡在车间与工人们试验汽车玻璃模具，在购买了上海耀华玻璃厂的旧设备图纸后，他们成功地完成了设备的安装并投产，当年盈利70多万元。

1987年，曹德旺联合11个股东集资627万元，在高山异形玻璃厂的基础上，成立了中外合资企业福耀玻璃有限公司。在赴芬兰培训的一个偶然机会，曹德旺看到一台可以根据设计参数自动成型的玻璃钢化炉，属于当时国际上最领先的技术，需要100多万美元，但他毫不犹豫地买下了。这台设备的引进，使曹德旺的工厂一下子站到了中国汽车玻璃生产的顶尖位置。

1991年，福耀获准公开发行股票，公司更名为福耀玻璃工业股份有限公司，总资产增至5719万元。1993年公司股票"福耀玻璃"在上海证券交易所挂牌交易，成为福建最早上市的民营企业。

1994年，国际汽车玻璃龙头企业法国圣戈班集团行政副总裁到中国考察，曹德旺闻讯专程请他们到福耀一叙。对庞大的中国市场兴趣甚浓的圣戈班对合作事宜极为赞成，双方于1996年初签约，合资成立万达汽车玻璃有限公司。3年的合作，让曹德旺受益匪浅，福耀的员工直接到法国圣戈班的生产一线接受再培训，在生产流程、设计思路、工艺路线上让福耀的员工见识了先进企业的蓝本并得到实践。两家企业于1999

年分道扬镳，原因是圣戈班集团的战略布局是让福耀成为其在中国的分支机构，而曹德旺则把福耀定位为全球的汽车玻璃供应商。志不同道不合，最终曹德旺用4000万美元买断圣戈班在福耀的所有股份，并与圣戈班约法三章：圣戈班在2004年7月1日前不得再进入中国市场。这一招为福耀在5年内排除了一个强大的竞争对手，赢得了发展的时间。

从1990年开始，福耀就进军国际市场，抓住美国将高能耗高成本产业策略性萎缩的有利时机，一举占领了美国10%的市场份额，成功地开辟了美国这块海外最大的市场，并逐步渗透到东亚、东南亚、俄罗斯、澳大利亚等地。

在国内市场上，从2001年起，福耀先后在东部的上海、西部的重庆、北部的长春及北京投资建厂，设立分公司，对中国市场进行合理的布局。

**到美国投资建厂**

2014年，福耀集团开始在美国投资建厂，如今已在美国五个州拥有了自己的工厂。其实早在2010年，福耀集团就和美国通用汽车公司签订了战略合作协议，曹德旺承诺6年内在美国建厂，以保障在美国的供货。

"如果没有'通用'的合同，那时候应该不会去美国，因为我不会讲英语，去那很辛苦。但对我们福耀来说，去美国又是必须的事情，我们是做汽车玻璃的，美国是全球最大的汽车制造基地，想成为世界老大就必须过来。"曹德旺说。

2014年，在美国考察了几个城市后，曹德旺看中了位于俄亥俄州代顿市莫瑞恩区的通用汽车旧厂房。最终，曹德旺以1500万美金——折合人民币为近1亿元，买下了占地18万平方米的厂房。他准备把这座已经废弃多年的厂房，改造成福耀玻璃在美国的第一家工厂。

2016年10月，福耀玻璃美国工厂正式竣工投产，成为全球最大的汽车玻璃单体工厂。曹德旺说，中国人的建设和安装速度让美国人"看傻眼了"。

福耀集团在美工厂运营过程中，经历了工会冲突、员工效率等水土不服，也经历了贸易紧张局势，全球经济放缓等大环境反复，如今依然稳坐汽车玻璃行业的头把交椅，产品占全球市场约25%。

曹德旺在接受央视《面对面》专访时表示：我们都是中国人，祖国是我们的母亲，这是永恒的。今天中国人到这里来办企业，我们最最关键的第一件事情，不是赚多少钱的问题，为的是让美国人改变对中国人的看法，对中国的看法。

几十年来，曹德旺开办了很多工厂，在美国办厂是一次尝试，他觉得事实证明，当初的这个决定是正确的。

"福耀的美国工厂对想'走出去'的企业意义很大。"曹德旺向想走进美国的企业给出了四点建议：一是迁移工厂的前提，是产品在美国市场有一定影响力；二是去美国投资必须有自己的专有技术；三是有足够的资金量；四是没做好充分的准备前，千万不要轻易行动。

**纪录片《美国工厂》获奥斯卡金像奖**

福耀的到来无疑给当地带来了更多的就业机会，助力当地的经济复苏。曾经废弃的工厂变成世界级工厂，这一转变过程，被导演史蒂文·博格纳尔和朱莉娅·赖克特夫妇用摄像机记录了下来。

在曹德旺看来，那部纪录片是空前绝后的，因为没有老板敢让他那样拍。"因为他原来拍过这个工厂破产的纪录片，叫《最后一部卡车》，这部车下线的时候工人哀鸿遍野，他跟我拍的时候想起名《第一片玻璃》，我说可以。"

对于这部纪录片的拍摄要求，曹德旺的态度很是爽快。他说：我来自中国，作为企业家光明磊落，我做什么你看到了都可以拍，你拍到可以拿去播。我不但让你拍我在美国的工作，如果你有需要拍我福耀集团在中国和俄罗斯的工厂，我也让你去拍。

最终，这部纪录片被命名为《美国工厂》，获得第 92 届奥斯卡金像奖最佳纪录长片奖，让世界认识了来自中国的曹德旺和他的美国工厂。

值得一提的是，纪录片《美国工厂》不仅让曹德旺和福耀玻璃"火"了一把，也对曹德旺提出不少批评。在有些网友看来，《美国工厂》对福耀玻璃"不见得是一件好事"。

对此，曹德旺毫不掩饰自己的坦然。"纪录片本身有不少是带批评性质的，因为它要真实，百分之百真的，不是文学创作。当初我让他（导演）拍的时候，很多人感到惊讶，认为会'死'在片子手上。我跟他（导演）说，我做什么，你看到的都可以拍。"

"这部片子批评了我，但我不担心有负面影响。"曹德旺说。

**出资 100 亿建大学**

2021 年 11 月，75 岁的曹德旺出资 100 亿元，以"民办公助"的形式筹建福耀科技大学，引发大众关注。

同年 12 月 4 日，曹德旺参加了中国教育三十人论坛第八届年会，会上，他阐述了创办这所大学的初衷："我办一所大学的目的，不是让中国多一所大学，而是在效仿日本和德国做法的同时，希望能探索到一条适合并推动中国向前发展的路。"

曹德旺说，此前一些早教培训企业，为了扩大市场影响力，不断营造"内卷"氛围，甚至大打"焦虑牌"，让家长们乖乖付钱，"以赚钱为目的的资本进入教育，对老百姓来说简直就是灾难。"

福耀科技大学被定义为一所民办、非营利性、新型应用研究型大学，曹德旺在会上重申了办这所大学的目的："我想探索一场教育改革，也想提倡一种新的办学体制。"

（资料来源：人民网）

## 任务 6.2　组建创业团队

### 名人名言

只要千百万劳动者团结得像一个人一样，追随本阶层的优良人物前进，成功也就有了保障。

——列宁

团结一致，同心同德，任何强大的敌人，任何困难的环境，都会向我们投降。

——毛泽东

## 6.2.1 创业团队概述

### 1. 创业团队的概念

任何一个伟大的事业都不是一个人能做成的，而是需要找到志同道合的人组成团队。团队是指为了一个共同目标而在一起工作的一些人组成的协助单位。

创业团队是指在创业初期（包括企业成立前和成立早期），由一群才能互补、责任共担、愿为共同的创业目标而奋斗的人组成的特殊群体。

创业团队的整体素质和实力直接决定了创业的发展潜力，进而决定了创业能否成功。

### 2. 创业团队的要素

一般而言，创业团队的组成要素主要包括目标、人、定位、权限和计划五项内容。

1）目标（Purpose）

创业团队应该有一个既定的目标，为团队成员导航。没有目标的创业团队就没有存在的价值。目标在创业企业中通常以创业企业的远景、战略等形式体现。

2）人（People）

人是构成创业团队最核心的力量，创业的共同目标是通过人来实现的，2个以上的人就可以构成创业团队。目标是通过人员具体实现的，所以人员的选择是创业团队中非常重要的一个部分。

3）定位（Place）

创业团队的定位包含以下两层意思。一是创业团队在企业中处于什么位置，由谁选择和决定团队成员，创业团队最终应对谁负责，创业团队应采取什么方式激励下属。二是团队成员在整个创业团队中应扮演什么角色。

4）权限（Power）

权限是指为了实现创业团队中每个成员间的良好合作，所赋予的每个成员的权力。对于创业企业来说，所面临的是多变的市场环境和复杂的管理事务，每个团队成员都需要承担较多的管理事务，客观上也需要具有一定的权限，以便能够在特定的条件下进行决策。在创业团队中合理分配权限有利于提高创业团队的运作效率。

5）计划（Plan）

目标最终的实现，需要一系列具体的行动方案，可以把计划理解成目标的具体工作的程序。在计划的帮助下，创业者能够有效制定创业团队的短期目标和长期目标，能够提出有效的实施方案。

---

**案例阅读**

**从《西游记》看创业团队**

创业路如同取经路，虽说不一定要经过九九八十一难，但同样是千难万险，不仅要克服己方艰苦条件，还要"降妖伏魔"，扫清外在路障。从这些角度来说，《西游记》堪称一部创业"浮世绘"，里面的人物也代表了创业团队中的不同类型的创业者。

**唐僧型：有背景、有商业模式的高管创业者**

西游记项目的起源就是东土大唐派唐僧去西天取经。唐僧在整个取经路上是最不可替代的。用现在的话说，唐僧有商业模式、政府客户背景、投资人关系三大核心资源，目标明确、立场坚定、百折不挠，是董事会、投资人最喜欢的创业者。

但是，唐僧有个最大的问题，就是不懂技术，站得过高不免乱定规矩、瞎指挥。但唐僧创业成功的概率很高。

**孙悟空：有人脉、专业能力过硬型创业者**

在西游记中，孙悟空虽然老是要去搬救兵，但是谁也不能否认，他自身能力强，而且还具有不畏艰难险阻、积极迎难而上的特质。并且他懂得向高人求助，凭借自己先前积累的人脉，帮创业团队渡过一个又一个难关。这类型人才也是创业团队中特别需要的。

**猪八戒：吃苦耐劳、审时度势**

猪八戒虽然有点好色，有时还会偷懒，但是他确实是整个西天取经团队里苦活、累活、脏活干得最多的人。而且他最大的优点是懂得审时度势，知道如何调整团队情绪，把团队中最重要的人照顾好。

**沙僧：不争名利、有潜力**

沙僧原是玉皇大帝身边的卷帘大将，也是玉帝的亲随，能力应该不低。但是在西游记，沙僧是最为没有存在感的"打酱油"角色。从这方面来看，沙僧其实非常适合做合伙人，一是在创业团队中不会树敌，有利于团队合作；二是迎合了大多数人"争名利"的心态，容易被接受；三是有潜力，关键时刻不会掉队。

**白龙马：脚踏实地**

从神界的高干子弟到人类的胯下坐骑，白龙马顺利地完成这个转变，默默完成了自己的任务。取经成功也少不了白龙马的一份功劳。而且，他脚踏实地做好自己的事，从未出现失误，还多次在严重危机中扮演了关键角色。

### 3. 组建创业团队的意义

一个好的创业团队对创业的成功具有举足轻重的作用。创业团队的整体素质和实力直接决定了创业企业的发展潜力，进而决定了创业企业能否成功。可以说，组建创业团队在整个创业过程中具有不可替代的作用。

1）组建创业团队有利于成功把握商机

相较于个人，创业团队能用更为迅速、有效的方式扩大社会关系网络，具有更强的资源整合能力，能同时从多个融资渠道获取创业资金等资源，进而有利于及时准确地把握市场变化，成功捕捉和利用商机。

2）组建创业团队有利于促进多元化思考，碰撞出创意的火花

创业团队通常提倡合作、平等、民主。在这种氛围下，面对同一问题，创业团队成员会

3）组建创业团队有利于进行科学决策，提高创业成功的可能性

创业团队大多是由具有不同背景和经历的多个成员组成的，每个成员都会给团队带来更多的信息、经验和能力。因此，创业团队具有的决策能力远远超过任何个人拥有的决策能力，能使企业能在更广的范围内应对多方面的挑战，并最终取得创业成功。

4）组建创业团队有利于降低风险和减轻压力

创业团队成员之间通过技能互补可增强应对环境不确定性的能力，降低企业经营失败的风险。

### 6.2.2 创业团队的组建原则

如何组建创业团队并无明确的标准答案，正所谓"一半是科学，一半是艺术"。一般来说，组建优秀的创业团队需要遵循以下四个基本原则。

#### 1. 彼此了解

创业团队的所有成员都应该相互熟悉、知根知底，都应该清醒地认识到自身的优势和劣势，同时对其他成员的长处和短处一清二楚。这样可以很好地避免团队成员之间因为相互不了解而产生各种矛盾，从而强化团队的向心力和凝聚力。信任是团队成员解决分歧、达成一致的唯一途径。创业团队的成员不仅要志同道合，还要彼此信任。在最初创业时，要把最基本的责、权、利说得明白、透彻，尤其是股权和收益分配。这样在企业发展壮大后，才不会出现因利益分配问题而产生纠纷。

#### 2. 志同道合

组建创业团队的关键在于团队成员是否有共同的目标与信念。只有团队成员有共同的目标与信念，认同共同努力的目标和方向，才能齐心协力，朝着目标不断努力和前进。因此创业团队中的所有成员都必须认同大家共同确定的创业目标、分配制度、管理制度、企业发展战略、经营理念和企业文化等，都必须保持对企业长期经营的信心，并为之而努力。企业在创业时期是非常脆弱的，只有团队成员志同道合，紧密团结，形成坚强的堡垒，才能抵御外界的压力。

#### 3. 取长补短

团队成员之间能否实现优势互补是创业团队能否保持稳定并发挥出最大力量的关键。例如，微软的创始人盖茨和艾伦，就在创业过程中起到优势互补的作用，使两个人的优点都发挥到了极致。因此，创业者要针对创业目标与当前能力的差距，寻找所需要的团队成员。

#### 4. 分工协作

团队成员的性格最好能够做到性格互补，分工协作。团队成员应根据岗位所需要的素质和要求选择自己能胜任的工作。

## 案例阅读

### 俞敏洪的创业团队

俞敏洪，1962年出生于江苏江阴，1980年考入北京大学西语系，毕业后留校担任北京大学外语系教师。1991年9月，俞敏洪从北京大学辞职，开始了自己的创业生涯。1993年，俞敏洪创办了新东方培训学校。创业伊始，俞敏洪单枪匹马，仅有一个不足10平方米的漏风的办公室，零下十几度的天气，自己到大街上张贴广告，招揽学员。1994年，俞敏洪已经投入20多万元，新东方已经有几千名学员，在北京也已经是一个响亮的牌子，他看到了一个巨大而诱人的教育市场。

**聚集人才**

在新东方创办之前，北京已经有三四所同类学校，参加新东方培训的学员多是以出国留学为目的的。新东方能做到的，其他学校也能做到。就当时的大环境而言，随着出国热，以及人们在工作、学习、晋升等方面对英语的多样化要求，国内掀起了学习英语的热潮，越来越多的优秀教师加入英语培训行业。如何先人一步，取得自己的竞争优势，把新东方做大做强，俞敏洪认识到英语培训行业必须要具备一流的师资。

俞敏洪需要找到更多的合作伙伴，帮他确保英语培训各个环节的质量。而这样的人，不仅要有过硬的专业知识和能力，更要和俞敏洪本人有共同的办学理念。他首先想到的是远在美国的王强、加拿大的徐小平等人，实际上这也是俞敏洪思考了很久所做的决定——这些人不仅符合业务扩展的要求，更重要的是这些人作为自己在北大时期的同学、好友，在思维上有着一定的共性，肯定能比其他人更好地理解并认同自己的办学理念，合作也会更坚固和长久。从1994年到2000年，杜子华、徐小平、王强、胡敏、包凡一、何庆权、钱永强、江博、周成刚等人陆续被俞敏洪网罗到了新东方的旗下。

**构建团队**

作为教育行业，师资构成了新东方的核心竞争力，但是如何让这支高精尖的队伍最大限度地发挥作用？俞敏洪从学员需求出发，秉持着一种"比别人多做一点，比别人做得好一点"的朴素的创新思维，合理架构自己的团队，寻找和抓住英语培训市场上别人不能提供或者忽略的服务，使新东方的业务体系得以不断完善。

徐小平、王强、包凡一、钱永强等人分别在出国咨询、基础英语、出版、网络等领域各尽所能，为新东方建起了一条顺畅的产品链。徐小平开设的"美国签证哲学"课，把出国留学过程中一个大家关心的重要程序问题上升到人生哲学的高度，让学员在会心大笑中思路大开；王强开创的"美语思维"训练法，突破了一对一的口语训练模式；杜子华的"电影视听培训法"已经成为国内外语教学培训极有影响力的教学方法……新东方的老师很多都根据自己教学中的经验和心得著书立说，并形成了自身独有的特色，让新东方成为一个有思想、有创造力的地方。

俞敏洪的成功之处是为新东方组建了一支年轻而又充满激情和智慧的团队。俞敏洪的温厚、王强的爽直、徐小平的激情、杜子华的洒脱、包凡一的稳重，五个人的鲜明个性让

> 新东方总是处在一种不甘平庸的氛围当中。
> 　　俞敏洪敢于选择这帮牛人作为创业伙伴，并且真的在一起做成了大事，成就了一个新东方传奇，从这一点来说，他是一个成功的创业团队领导者。他知道新东方人多是性情中人，从来不掩饰自己的情绪，也不愿迎合他人的想法，打交道都是直来直去，有话直说。因此，新东方形成了一种批判和宽容相结合的文化氛围。批判使新东方人敢于互相指责，纠正错误；宽容使新东方人在批判之后能够互相谅解，互相合作。这就是新东方人的特点：大家互相不记仇，不记恨，只计较到底谁对谁错。

需要注意，知心朋友并不等同于创业合作伙伴。由于对社会事物的接触具有局限性，对创业合作者的选择往往会感情用事，比较容易单纯地把身边亲密的朋友等同于最理想的创业合作伙伴。当友情面对金钱的困惑、公司经营的压力时，不一定都经受得住考验。默契的创业合作者有可能在长期的合作中成为知心朋友，但知心朋友并不一定都能成为最好的创业合作伙伴。因此在选择创业合作伙伴时，千万不能感情用事。

### 6.2.3 创业团队的组建流程

创业团队的组建是一个相当复杂的过程，不同类型的创业项目需要的创业团队类型不同，组建流程也不完全相同。概括来讲，创业团队的组建流程主要包括明确创业目标、制订创业计划、招募合适的人员、职权划分、构建制度体系、创业团队调整融合等几个步骤。

#### 1. 明确创业目标

每个创业团队都有自己的创业目标，正是为了实现这个目标，拥有不同背景、不同技能、不同知识的人们才组合起来形成创业团队。创业团队组建好之后，首先就必须明确创业目标。创业目标将告诉每个成员的奋斗方向在哪里，创业团队的奋斗方向在哪里。创业目标确定之后，为了最终实现这一总目标，创业团队应将总目标加以分解，设定若干可行的、阶段性的子目标。

#### 2. 制订创业计划

创业团队在确定一个个阶段性的子目标及总目标之后，紧接着就要研究如何实现这些目标，这就需要制订周密的创业计划。创业计划是在对创业目标进行具体分解的基础上，以创业团队为整体来考虑的计划。

#### 3. 招募合适的人员

招募合适的人员是组建创业团队最关键的一步。团队成员的招募主要应考虑两个方面。一是考虑互补性，考虑其能否与其他成员形成能力或技术上的互补。这种互补既有助于强化团队成员彼此的合作，又能保证整个创业团队的战斗力，更好地发挥创业团队的作用。一般而言，创业团队至少需要管理、技术和营销3个方面的人才。只有这3个方面的人才形成良好的沟通协作关系，创业团队才可能实现稳定、高效发展。二是考虑规模适度，适度的团队规模是保证团队高效运转的重要条件。团队成员太少将无法使创业团队具备理想的功能和优势，而团队成员过多又可能会产生交流障碍，让创业团队分裂成许多较小的团体，进而大大削弱创业团队的凝聚力。一般认为，创业团队初期规模控制在 3~12 人为最佳。

### 4. 职权划分

为了保证团队成员顺利执行创业计划、开展各项工作，创业团队必须预先在内部进行职权的划分。创业团队的职权划分就是根据执行创业计划的需要，具体确定每个团队成员所要担负的职责及相应享有的权利。团队成员的职权划分必须明确，既要避免职权的重叠和交叉，也要避免无人承担责任造成工作上的疏漏。此外，由于创业团队还处于创业过程中，面临的创业环境又是动态的、复杂的，会不断出现新的问题，团队成员可能会不断更换，因此团队成员的职权也应根据需要不断进行调整。

### 5. 构建制度体系

创业团队制度体系体现了创业团队对团队成员的控制和激励能力，主要包括团队的各种约束制度和各种激励制度。一方面，创业团队通过各种约束制度（纪律条例、组织条例、财务条例、保密条例等）指导团队成员，避免其做出不利于团队发展的行为，对其行为进行有效的约束，保证创业团队秩序的稳定。另一方面，创业团队要实现高效运作，就要建立有效的激励机制（利益分配方案、奖惩制度、激励措施等），使团队成员能看到随着创业目标的实现，自身的利益将会发生怎样的改变，从而充分调动团队成员的积极性，最大限度地发挥团队成员的作用。要实现有效的激励，创业团队首先就必须把团队成员的收益模式界定清楚，尤其是股权、奖惩等与团队成员的利益密切相关的事宜。需要注意的是，创业团队的制度体系应以规范的书面形式确定下来，以免带来不必要的混乱。

### 6. 创业团队调整融合

完美配合的创业团队并非创业一开始就能建立起来，很多时候都是在企业创立一定时间以后才随着企业的发展逐步形成的。随着创业团队的运作，各方面的不合理之处会逐渐暴露出来，这时就需要我们对创业团队进行调整融合。由于不合理之处的暴露需要一个过程，因此创业团队的调整融合也应是一个动态、持续的过程。在进行创业团队调整融合的过程中，最为重要的是要保证团队成员间经常进行有效的沟通与协调，以强化创业团队精神，提升创业团队士气。

---

**案例阅读**

#### 新"西游记"4人团，放飞大学生创业梦

魂牵梦绕母校情，师兄师弟共创业。在安徽建筑大学创新创业孵化基地内，一个为校内大学生提供的"专业实践"课程训练颇受青睐，丰富的实践成为大学生走出"象牙塔"接轨社会的新窗口。在这背后，离不开一个由师兄师弟组成的"西游记"4人团，他们平凡而又执着的创业故事在校园内争相被人传颂着。

**不忘母校，毕业后他执着回校创业**

暖洋洋的冬日上午，已毕业 4 年的杨璐再次回到了母校——安徽建筑大学。和其他毕业生不一样，毕业的这几年，母校却依旧是杨璐在公司之外的另一个重要"据点"。

与此同时，在安徽建筑大学创新创业孵化基地内，一个 20 多名学员参加的培训班中，学生们正在集中精力做着手绘设计，来到现场的杨璐不时给大家进行指点。

其实，2017 年毕业时，凭着丰富的设计经验，杨璐走出校门便开始创业，他现在不仅开办了 3 家公司，还是青年诗人，著有自己的诗集，其作品多次在报纸上刊载。为何毕业后又回到母校呢？杨璐说，这一切除了学校和学院对他创业路上的大力支持之外，还都离不开他在大学学习期间产生的一个设想。他认为设计除了要学好理论外，最重要的是要有丰富的实践能力，只有在不断的实践中，才能接触到最新的前沿设计，了解到最新的潮流和企业需求。他决心帮助学弟学妹们搭建一个这样的平台，为大学生提供'一站式'服务，帮大家打通学习到实习再到就业之间的'鸿沟'，搭建一个快速成长的桥梁。

杨璐将自己的想法告诉学院，不曾想，他的想法受到了学院的鼓励和支持，这让他更坚定自己的信心。

**追逐梦想，与 3 名贫困生开启创业之旅**

心有梦想，说干就干！毕业后的第一年，杨璐开始了各种各样的准备，他一边与社会的各类设计企业对接，一边开始在校园内物色有共同理想的加盟者。"这条路注定不会平坦，我们既要有共同的梦想，又要有吃苦耐劳的精神，同时还要有优异的设计经验。"杨璐说，同时他也希望能给学校的贫困大学生提供更多的创业机会。

就这样，在共同的理想下，杨璐招揽来了肖盛、罗应才和曹逸磊三位 2018 届学弟。他们三人都来自农村，且家庭较为贫困。其中，罗应才的经历最为不幸，其从小就在伯父家里长大，是从苦日子里磨砺成长起来的大学生。

四人团队中，杨璐是名副其实的大师兄，他们相互之间常以师兄弟互称。"我们从事的是设计，设计离不开灵感和创意，有人说我们四人就像'西游记'上的师徒四人，历经千辛万苦，为的就是能在创业路上取得真经。"

设计班成立伊始，一切从无到有，在点点滴滴中不断积累。"遇到困难时我们争辩过，甚至也争吵过，但我们从未轻言放弃，在不知不觉中坚持到了现在。"2020 年 4 月，团队中的曹逸磊突发恶性肿瘤不幸截肢，在那段黑暗的日子里团队一直在为他鼓励加油。熬过了一年多的黑暗岁月，曹逸磊才重新返回校园，至此四人团队终于重新聚齐，再次向梦想前行。

**助力就业，为学弟学妹做足"岗前"特训**

如今，罗应才担任培训班的授课老师，肖盛负责市场运营，曹逸磊负责教学管理，三人分工明确，相互支持，杨璐则退居幕后，只有重要的事项他才参与决策。

培训班分设手绘设计和软件设计两个实践课程，重在给校内大学生提供专业锻炼的平台。为了适应市场需求、把握前沿设计理念，培训班还与校园外的 30 多家设计公司达成战略合作。"有了这么多公司的合作，我们随时能接到新的设计任务，为培训班的学弟学妹们提供了丰富的锻炼机会，让大家不出校门就能对接社会，走出校门能随时'上岗'。"

2020 年 3 月 17 日，得到安徽建筑大学艺术学院的鼓励和支持后，培训班摇身一变成立了"合肥市外秉教育科技有限公司"，肖盛担任总经理，四人团队正式扛起了在校大学生共同创业的大旗。

　　设计的生命在于不断创新,在培训班的墙壁上贴着满满一墙的作品展示,荟萃了历届学员最得意的设计。很多作品无论从设计到创意都富有想象力,给人耳目一新的感觉。

　　3年来,四人团队还带领学员们捧得许多奖项。他们的作品荣获过第五届"互联网+"大学生创新创业大赛校级一等奖、二等奖;第六届安徽省"互联网+"大学生创新创业大赛省级金奖、铜奖……肖盛、罗应才荣获了安徽建筑大学创新创业先进个人;肖盛更是在2020年,荣获了安徽省"十佳大学生"(创新创业类)提名奖。曹逸磊更是获得了中国大学生"自强之星"荣誉奖学金。

　　"我们的创业既服务了学弟学妹,同时也不断地提升我们自己。"罗应才说,当他拿到丰厚的薪水时抑制不住内心的激动。"感觉所有的付出都得到回报,同时也对未来的创业道路充满信心。"

　　现在的他们,风华正茂,砥砺前行,在创业的道路上一路披荆斩棘,向着未来奔赴而去。

(资料来源:安徽商报)

## 任务6.3　管理创业团队

### 名人名言

万人操弓,共射一招,招无不中。

——《吕氏春秋》

共同的事业,共同的斗争,可以使人们产生忍受一切的力量。

——奥斯特洛夫斯基

### 6.3.1　创业团队管理概述

　　组建了一支高效的创业团队之后,如何管理好创业团队将是创业者的一门必修课。单个团队成员本身也许都很优秀,然而一旦真正成为创业团队一员时,他们可能会发现自己无法成功地融入团队。如何进行有效的创业团队管理成为创业者必须认真加以思考的现实问题。通常,创业团队在成立初期主要有以下潜在的风险因素,需要创业者做好相应的管理工作。

　　一是创业团队的股权问题。股权结构是公司管理的重要内容之一,其决定了公司话语权的分配,决定了公司的领导层和管理模式,直接影响企业价值。股权结构过于分散和过于集中都不利于企业价值的提升,合理的股权结构对企业价值的提升至关重要。

> ### 案例阅读
>
> #### 真功夫与海底捞的股权
>
> 真功夫是国内首家实现全国连锁发展的中式快餐企业,其创始人为潘宇海、蔡达标、潘敏峰三人,潘敏峰是潘宇海的姐姐,是蔡达标的妻子。公司最初的股权结构为潘宇海占50%,蔡达标、潘敏峰夫妻二人占50%。后来蔡达标夫妇离婚,潘蔡两家对立、争夺公司的股权和控制权,最终蔡达标锒铛入狱,潘宇海掌权。真功夫却因内斗而融资不畅,估值缩水,上市遇挫,而这一切都是因为创业伊始股权架构不合理所埋下的隐患。
>
> 无独有偶,张勇夫妇和施永宏夫妇在创立海底捞时也采取均分股权的形式,四人各占25%股份。随着企业的发展,张勇认为另外三个股东已经跟不上企业的发展步伐,于是先后让他们离开海底捞,并从施永宏手中以原始出资的价格购买其18%的股权,以实现绝对控股,完成了股权架构的调整,保证了公司的顺利发展。2018年9月,海底捞在香港上市。

二是创业团队的冲突管理。在创业过程中,发生冲突是必然的,创业团队的成员在创业过程中总会发生矛盾,由此引发的冲突可以分成认知性冲突和情感性冲突两种。发生冲突的原因有很多,如员工个性差异、信息沟通不畅、利益分配不均以及个人价值观与企业价值观不协调等。过多的冲突会破坏组织功能,过少的冲突则会使组织僵化,而不同的冲突对企业发展来说影响也会不同。在创业过程中,适当的认知性冲突对企业绩效产生正面的影响,而情感性冲突大都是负面的,因此有必要对冲突进行科学有效的管理。

> ### 案例阅读
>
> #### 红孩子的管理冲突
>
> 2004年,徐沛欣、李阳、杨涛和马建阳几个好兄弟一起创办了红孩子,形成了CEO+3的管理格局,四人性格互补。他们四人组成的红孩子核心团队的协同作战能力成为风险投资人相信红孩子的一个重要条件。从2006年开始,徐沛欣的话语权在引入多轮融资后逐步增强,红孩子创始人之间的矛盾开始萌发。此时,李阳、徐沛欣的战略分歧也在日益凸显。是继续专注于母婴用品,还是引入化妆品、3C等品类做综合B2C业务?李阳坚持前者,而徐沛欣坚持后者。
>
> 在二人矛盾无法调和后,风险投资人支持徐沛欣,杨涛也选择站在徐沛欣一边,董事会决定让李阳离开。另外两位创始人也因为内部原因而离开后,创始人团队只剩下被认为代表资本意志的徐沛欣。2012年9月,苏宁宣布以6600万美元收购红孩子。

三是创业团队的激励问题。创业者在创业过程中始终都需要考虑的一个问题是:如何更合理地激励创业团队？这是创业团队成员极为关注的问题，能否解决好这个问题直接关系到创业企业的存亡。

### 6.3.2 创业团队管理的方法

创业团队本身具有动态性特征，因此创业团队管理是贯穿于创业团队的整个生命周期的工作。创业团队管理的重点是在维持团队稳定的前提下发挥团队的多样性优势。创业团队管理是门艺术，可针对具体的情况灵活运用以下方法。

#### 1. 确定共同目标

共同目标能够为团队成员指引方向和提供动力。从短期看，创业项目要有一个工作目标；从长期看，创业者要有一个使全体团队成员共同为之奋斗的发展规划与蓝图。无论是短期目标还是长期目标，创业者都必须做到与团队成员充分沟通，要让团队成员看到创业项目成功及个人成长的希望。

确定共同目标要注意五点。一是要充分了解由什么样的人来确定共同目标。一般情况下，共同目标要由创业团队的领导者和创业团队核心成员确定。二是共同目标必须与创业团队的愿景相连接，两者的方向相一致。三是必须发展一套保证共同目标运行的程序。确定后的共同目标不一定是准确的，需要创业团队根据工作中遇到的实际问题随时进行修正。四是必须将共同目标进行有效分解。创业团队中每个成员的个人目标也需要根据共同目标制定与调整。五是必须把共同目标有效地传达给创业团队的所有成员。

#### 2. 分配团队成员角色

团队中的每个成员都扮演着不同的角色：有的人是团队的领导，有的人是基层人员，有的人擅长对团队以外的人事进行协调和沟通。一个团队只有在具备了范围适当、作用平衡的团队角色后，才能充分发挥高效协作的优势。一般来说，团队需要的角色有以下八种类型。

一是主导者。主导者能够耐心听取别人的意见，很好地授权于他人，一旦做了决定不轻易变更。二是策划者。策划者是一个"点子型人才"，知识面广，思维活跃并且发散，喜欢打破传统。三是协调者。协调者能够引导一群拥有不同技能和个性的人向着共同的目标努力，通常成熟、自信，办事客观，不带个人偏见，在团队中能很快发现各成员的优势，并在实现共同目标的过程中进行妥善安排。四是信息搜集者。信息搜集者能够与人交往，在交往的过程中获取信息，对外界环境十分敏感，一般最早感受到变化。五是创新者。创新者拥有高度的创造力，思路开阔，观念新，富有想象力和挑战精神，能推动变革。六是实施者。实施者能够将主意变为实际行动，崇尚努力，计划性强，对团队忠诚度高。七是推广者。推广者能够说干就干，办事效率高，自发性强，目的明确，有高度的工作热情和成就感。八是监督者。监督者能够对工作方案的实施等进行监督，喜欢反复推敲一件事情，相对挑剔，不易情绪化，逻辑性很强。

在实际工作中，一个创业团队不一定要全部具备以上八种类型的角色，要根据实际情况来确定。

### 3. 建立团队文化

团队文化是指团队成员在相互合作的过程中，为实现各自的价值，并为完成创业团队共同目标而形成的一种潜意识文化，包括创业团队在发展过程中所形成的价值观、最高目标、工作方式、思维习惯、管理制度、行为准则和道德风尚等内容。创业者必须重视团队文化的建设，提升创业团队的精神、意志、情绪和凝聚力，充分调动各个成员的团队意识，使其相互理解和支持，为实现彼此共同的目标而努力。要培养团队成员的敬业精神，爱岗敬业，迎难而上。要建立学习型团队，不断学习新知识，跟上时代步伐。要建立完善的内部竞争机制，以发展来吸引人，以事业来凝聚人，以工作来培养人，以业绩来考核人，用有情的鼓励和无情的鞭策使创业团队的每个成员都能以积极向上的心态面对工作，从而实现自我和超越自我，最大限度地发挥创业团队的实力。

### 4. 加强沟通交流

沟通是有效管理创业团队的重要内容之一。没有沟通，团队就无法运转。沟通在创业团队管理中的作用有以下三点。一是沟通使信息保持畅通，实现信息共享，避免因为信息缺失而出现错误的决策与行为。二是沟通可以化解矛盾，增强团队成员彼此之间的信任。三是沟通可以有效解决认知性冲突，提高创业团队决策的质量，促进决策方案的执行。优秀的创业团队并不回避不同的意见，而是进行充分的沟通和交流，鼓励创造性的思维，提高团队的决策质量。这也有助于推动团队成员对决策方案的理解和执行，进而提高团队绩效。创业团队要多利用多种形式坦诚沟通，增强创业团队的凝聚力和向心力。

### 5. 优化团队运行机制

首先，创业团队成员要以法律文本的形式确定一个清晰的利润分配方案，要把最基本的责、权、利界定清楚，尤其是股权、期权和分红权，此外还包括增资、扩股、融资、撤资、人事安排、解散等与团队成员利益紧密相关的事宜。其中，核心的条款是股权配置或投资比例问题。这不仅关系到各创业团队成员以后在企业中的地位、作用，还关系到创业团队成员的利益分配等实质性问题，因此，创业时一定做到账目清楚、手续齐全，签订好合作协议，做到"亲兄弟明算账"。

其次，创业企业应建立一套适合自己的激励机制。激励是创业团队管理中极为重要的内容，直接关系到创业企业的生死存亡。可以通过授权、工作设计、薪酬机制等诸多手段来实现激励。激励机制不一定要严谨、完美，可以考虑采用制度化管理和人性化管理相结合的原则，但一定要明晰，要保障每个团队成员的利益。在设计薪酬制度时，应考虑差异原则、绩效原则、灵活原则，使团队成员能够按照贡献获得公平的报酬，做到奖惩分明，公开公正，激发和促进创业团队的积极性。

## 项目实训

1. 拟定一个创业项目，根据创业团队组建原则，为该项目寻找创业团队成员，拟写一份创业合作协议。

2. 分析以下案例并回答问题。

## 领伟激光——快速激光领域最亮的那道光

2020年10月，领伟激光代表温州大学在第六届中国国际"互联网+"创新创业大赛中取得了银奖，虽然没有站上最高领奖台，但已经为温州大学的"互联网+"大赛项目创造了历史。

### 创业火花的萌发

领伟激光总经理李小刚在快速激光领域有着不俗的业绩。他在温州大学获得硕士学位，是国家自主创新示范区突出贡献个人，2020年全国大学生创业典型人物，主持研发苹果iWatch等激光焊接工艺，申请发明专利5项，实用新型专利10余项，拥有10余年超快激光技术研发经历。

李小刚在本科期间已经加入学校的机电实验室潜心钻研学术，本科毕业后走上社会，先后在工厂和设计研究院工作过，从事的也是激光领域的工作，对快速激光领域的工艺流程和市场化应用进行了多年的积累和深度的思考。

2016年，李小刚在工作5年之后回到温州大学继续深造，钻研超快激光领域。在校期间，他带领团队进行超快激光彩色标刻研究，经过大量搜集资料，采用各种参数反复实验，不断优化参数，逐渐取得了彩色标刻的系列成果。

2019年，李小刚再接再厉，率领团队研发出了三大超快激光技术，并于同年成立领伟公司。公司成立之初就定位于全球高精度超快激光装备供应商，发展至今，已经拥有9名高层次的硕士、博士人员，300平方米的实验室，1500平方米的厂房。

### 痛点与趋势：洞察力赢取先机

商机是创业的核心驱动力，创业者需要在推进业务的过程中，在模糊和不确定的动态环境中创造性地捕捉商机、整合资源。发现和捕捉商机，需要有痛点思维、趋势思维、敏锐的观察力和对行业的深入思考。

以超快激光为基础的激光产业在全球发展迅猛，现在已广泛应用于工业生产、通信、信息处理、医疗卫生、军事、文化教育、科研等方面。据统计，每年与超快激光相关的产品和服务市场价值高达上万亿美元。

一直以来，大功率半导体激光芯片都是超快激光产业的核心部件，以半导体激光芯片为基础的激光工业在全球发展迅猛。发达国家为了在全球化竞争环境中占据世界技术制高点，纷纷加紧实施半导体激光产业发展计划，如美国的"半导体激光核聚变计划"、德国的"半导体激光2001行动计划"等，以美、德、日为代表的发达国家半导体激光产业迅速发展，在主要的大型制造产业，如汽车、电子、机械、航空、钢铁等行业中基本完成了用半导体激光加工工艺对传统工艺的更新换代。

我国在高端技术超快激光领域相比于同期的日本等国家，落后了大约20年。这就造成了我国企业长期以来花费巨额资金去购买外国激光源的状况，国内超快激光产业大量的利润被外国赚取。更甚之，西方国家对我国实施了一些超快激光所必需的特殊材料、超高功率激光器等的禁售禁运，长期保持对我国高端激光核心技术的封锁。我国的35项卡脖子技术中，有一半以上与超快激光技术密不可分。技术的滞后已经成为行业之痛，同时这也意味着国内技术领域的巨大空白和用户市场的潜在价值。

发现了行业痛点之后，创业者还需要进一步审视经营环境中的有利和不利因素，考虑环境的支持程度。聪明的创业者善于发现和利用环境中的大趋势，借势而为，会节省很多成本。在激光产业大趋势方面，国家的大政方针为产业的发展指明了方向。早在2006年发布的《国家中长期科学和技术发展规划纲要（2006—2020年）》中就将超快激光技术列为我国2006—2020年重点发展的八项前沿技术之一。虽然国内的超快激光产业在近几年得到了快速的发展，但在超快激光高精密加工技术及关键核心零部件领域，依旧与国外存在较大差距。

李小刚在研究中看到了国内行业的痛点与未来发展趋势，也从此激发了作为科研人员自主研发的斗志与决心。2018年，在跟随导师研究激光加工技术的过程中，李小刚敏锐地发现，在消费电子领域的玻璃、蓝宝石、陶瓷等透明材料的切割是适合激光加工技术的一片蓝海，具有巨大的增长潜力。恰逢温州市龙湾区大力推进激光与光电产业发展，在温州大学激光与光电智能制造研究院帮助下，李小刚成立了领伟创新智能系统（浙江）有限公司。

**从愿景启航，动态平衡中抓住机会窗口**

企业发展愿景预设了企业未来的产业链布局和战略定位，是创业者出发的起点。李小刚在发展之初就制定了领伟的愿景：成为全球高精度超快激光引领者，国之重器，助力中国智造。确定了创业方向和愿景，能做的就是全速前进。知识经济时代，知识更新周期越来越短，在高科技领域技术的更新迭代也越来越快。对于技术型创业者，机会窗口期在不断缩短。在2019年公司成立之初，李小刚在团队成员面前立下了军令状：打破国外技术封锁，造出中国自己的核心设备！为了尽快研发出具有自主知识产权的超快激光超精密智能装备，他组建了以温州大学机电工程学院学生为核心的团队，翻阅了大量的国内外文献，历尽艰辛与一些激光领域知名专家建立了联系，经过专家学者的悉心指点，再加上无数次的反复试验，最终成功研制出面向硬脆材料切割的高精度超快激光装备。他们的项目得到了政府相关部门的大力支持，被列为2019年温州市自创区关键核心技术攻关项目。该装备除了在技术标准领先国内同类产品外，还自主开发了针对透明玻璃材料切割的光学组件，采用独特的光学原理和技术方案，避开了国外的专利封锁。

李小刚在创业过程中，非常注重团队的能力建设和管理，先后吸引了20多位温州大学的学长学弟加入公司，打造出一支肯于钻研、善于学习、能打硬仗并且团结稳定的核心团队。良好的团队建设，为企业后期的持续研发提供了强大助力。

**力争价值链上游，构建核心竞争力**

研发实力是科技公司真正的"护城河"，掌握了核心技术就能占据产业链的核心环节，就能获取最大的价值增值空间。李小刚深知技术领先的重要性，不断带领团队取得了多项技术专利，建立了过硬的技术壁垒。目前公司核心技术包括国际发明专利1项、中国发明专利14项（包括工艺、视觉、算法、激光器等专利）、软件著作权3项、权威期刊论文2篇，形成了一个完整的知识产权矩阵库。

在专业学习中，李小刚不止于单纯的学术研究，而是带着问题去观察市场和产业链，洞察用户痛点和产业大趋势。他立志于破除国外技术的卡脖子难题，怀着远大的使命感和愿景，组建团队迅速进入状态。技术研发是个长期坚持的过程，需要百分之百的投入和越挫越勇的意志，在这个过程中，李小刚敢于跟自己"死磕"，相信自己的努力可以改变结果，展现了创业者应具有的高度自信心。

李小刚在创业中立志解决目前激光领域面临的技术封锁，展现了研发人员的强烈使命感和责任感，这既与创业者本身的特质和价值观有关，也与创业教育中的价值观教育、课程思政密不可分，这也是双创教育的重点所在。

（1）从李小刚身上可以看到哪些创业者素质？该案例对你有哪些启示？

（2）大学生创业者有什么优势？提升个人创业素质的途径有哪些？

# 项目 7　商业模式

## 项目导学

【项目导入】

被誉为"现代管理学之父"的彼得·德鲁克曾说过:"当今企业之间的竞争,是基于商业模式的竞争。"商业模式的好坏在很大程度上决定着一个企业的成败,商业模式的创新是创新的重要一环。在全球化浪潮冲击、技术革命加快及商业环境变得更加不确定的时代,决定企业成败最重要的因素,不是技术,而是商业模式。从某种程度上来讲,商业模式是企业独特的鲜明特色,是企业核心竞争力的坚实基础,是企业长远发展最有效的保障。现如今,越来越多的企业通过新型的商业模式取得了显著成功。

商业模式并非简单的企业盈利方法,而是一个整体和系统。大学生创业的科技含量和知识含量较高,一般要求都要有自己独特的商业模式。在"大众创业,万众创新"的时代背景下,商业模式的合理设计和应用显得尤为重要。只有通过深入分析,快速找到适合自身创业发展的商业模式,才有助于大学生实现"创业梦"。

试问:你知道什么是商业模式吗?你清楚构建一个企业商业模式的方法有哪些吗?你能为自身创业项目设计出一套有效的商业模式吗?

【知识目标】

1. 掌握商业模式的概念及特征。
2. 掌握商业画布的九要素。
3. 了解商业模式创新的方法。

【能力目标】

1. 能够辨别不同商业模式的主要适用场合,为企业设计适合的商业模式。
2. 能够分析不同企业的商业模式,提升商业模式创新能力。
3. 能够根据自身的创业项目,绘制出具体的商业画布。

【素养目标】

1. 理性选择适合的商业模式,理性看待商业活动。
2. 养成资源整合及商业合作意识,提升商业思维。

## 开篇案例

**150 辆大巴免费坐，盈利 1 亿多！**

相信不少人都有过搭飞机的经验，通常下了飞机以后还要再搭乘另一种交通工具才能到达目的地。在中国的四川成都机场有个很特别的景象，当你下了飞机以后，你会看到机场外停了百台商务车，后面写着"免费接送"。

如果你想前往市区，平均要花 130 元人民币的车费去搭出租车，但是如果你选择商务车，只要一台车坐满了，司机就会发车带乘客去市区的任何一个点，完全免费！你是乘客你要不要搭？

居然有这样的好事！四川航空为此一次性订购 150 台风行菱智商务车，为购买四川航空 5 折以上机票的乘客提供免费的市区接送服务。这一举措为四川航空带来上亿利润。我们不禁要问：免费的车怎么也能给它创造这么高的利润？

原价一台 14.8 万元人民币的商务车，四川航空要求以 9 万元的价格购买 150 台，低价购买商务车的条件是，四川航空令司机于载客途中为乘客提供关于这台商务车的详细介绍，简单说就是司机在车上帮汽车厂商做广告。

四川航空面向社会征召了 150 名司机，以每台 17.8 万元的价钱将商务车售给这些司机，告诉他们每载一个乘客，四川航空就会付给司机 25 元人民币！

对司机而言，比起一般出租车要在路上到处晃呀晃找客人，四川航空提供了一条客源稳定的路线！这样的条件当然能吸引到司机来应征！这 17.8 万元的售价里包含了稳定的客户源、特许经营费用、管理费用。

接下来，四川航空推出了只要购买五折票价以上的机票，就送免费市区接送的活动！这时，很多客户会想，我本来买的是 3 折、4 折的机票，但是如果自己打车去市中心，还要花 130 元，还是有点贵的。那不如我就换成 5 折的机票吧，反正多付的钱，可能只有 50 元，还是划算的。注意：这时，客户多赚了钱（买 5 折机票，多花了 50 元，但得到更划算的免费接送服务，少花了 130 元，相当于赚了 80 元）。航空公司多赚了机票钱（客户从 4 折机票，换成了 5 折机票，赚到了 50 元差价），还多赚了卖车钱（每台商务车以 9 万元购买，以 17.8 万元售给司机，赚取 8.8 万元，150 台商务车赚了 1320 万元）。根据统计，四川航空平均每天可多卖 10000 张 5 折以上的机票！

这就是商业模式的魔力！判断一个商业模式是不是"好"，最重要的方法就是：在新的交易结构里，是不是每个人都比之前赚到了更多的钱。四川航空在设计这套商业模式时，利益相关者有乘客、司机、汽车厂商、航空公司，四方的利益都得到照顾，各取所需。从该案例不难看出，商业模式就是打造一个平台，从一个点到一条线再到一个面，再编制一张网，最后形成天罗地网。

**思考讨论：**

1. 该案例中四川航空的利益相关者有哪些？150 台商务车免费坐的目的是什么？
2. 什么是商业模式？如何设计有效的商业模式呢？

## 任务 7.1　理解商业模式

### 名人名言

致知在格物，物格而后知至。

——《大学》

世界上一切资源都可能枯竭，只有一种资源可以生生不息，那就是文化。

——任正非

### 7.1.1　商业模式的概念

商业是以买卖方式使商品流通的经济活动，是在人们认知价值基础上的等价交换。因此商业的本质是交换，拿我的东西，换你的东西，而交易的本质，是价值交换，对你有用，对我也有用。模式的本质，是结构。商业模式就是利益相关者的交易结构。对企业来说，商业模式是一个过程，而不是一个静态的东西。商业模式不是一成不变的，需要根据企业的发展而进行相应的改动。当企业的资源、行业地位等发生改变时，商业模式可以进行一定的更新及调整。

商业模式这个概念最早出现在 1957 年，直到 20 世纪 90 年代，随着互联网时代的到来和电子商务的蓬勃发展，商业模式逐渐引起了学者们的关注。同时这一概念也逐渐被企业家、创业者和风险投资者津津乐道。商业模式的概念并没有形成一个公认或者统一的定义。有的人认为商业模式是一种产品，是服务和信息流的架构，阐明各种不同业务的参与者及其角色、参与者潜在的利益及企业的收入来源。有的人认为商业模式旨在说明企业如何对战略方向、运营结构和经济逻辑等方面具有关联性的变量进行定位和整合，以便在特定的市场上建立优势。有的人认为商业模式是关于如何连接企业与用户、合作伙伴和供应链进行交易的结构模板，即要素和产品市场如何连接的选择。

对于创业者而言，这些概念的定义显得过于生硬和学术化，并不太容易理解，甚至会造成理解上的混乱。实际上，当要准备创业或者正在创业时，只需要回答以下三个问题，并清晰地解释问题背后的商业逻辑，就能够定义一个好的商业模式，而并不需要拘泥于上述复杂难懂的定义。即使不知道上述定义，也完全可以设计出自己的商业模式。

问题 1：谁是用户？用户需要什么？

问题 2：如何通过商业活动获得经济收益？企业能够为用户提供价值的潜在逻辑是什么？

问题 3：我们凭什么创业？如何才能创业成功？

对上述三个问题的回答。实质上就是阐明如何通过相关活动为用户创造价值、传递价值和获得价值，进而使投资者和企业获取利润的商业运行逻辑。简单地说，商业模式就是企业通过什么途径或方式来赚钱。创业或企业经营活动本质上都是价值创造活动，在创业或企业经营过程中，只要能够清晰解释这个价值创造的商业运行逻辑，就能找到一个好的商业模式。在创造价值、传递价值和获取价值的过程中，需要梳理和调整各种商业元素，以此来设计或创新商业模式。

商业模式是一个企业满足消费者需求的系统，这个系统组织管理企业的各种资源（包括资金、原材料、人力资源、作业方式、销售方式、信息、品牌和知识产权、企业所处的环境、创新力等，又称输入变量），形成能够提供消费者无法自力而必须购买的产品或服务（又称输出变量），因而具有自己能复制且别人不能复制，或者自己在复制中占据市场优势地位的特性。

## 知识拓展

### 当今世界最重要的营销理念——STP

市场细分（Market Segmentation）的概念是美国营销学家温德尔·史密斯在1956年最早提出的，此后，美国营销学家菲利浦·科特勒进一步发展和完善了温德尔·史密斯的理论并最终形成了成熟的STP理论。它是战略营销的核心内容。

STP理论中的S、T、P分别是Segmenting（市场细分）、Targeting（目标市场选择）、Positioning（定位）三个英文单词的缩写，即市场细分、目标市场和市场定位的意思。STP理论是指企业在一定的市场细分的基础上，确定自己的目标市场，最后把产品或服务定位在目标市场中的确定位置上。具体而言，市场细分是指根据顾客需求上的差异把某个产品或服务的市场划分为一系列细分市场的过程。目标市场是指企业从细分后的市场中选择出来的决定进入的细分市场，也是对企业最有利的市场组成部分。而市场定位就是在营销过程中把其产品或服务确定在目标市场中的一定位置上，即确定自己产品或服务在目标市场上的竞争地位，也叫"竞争性定位"。

在20世纪60年代末，米勒啤酒公司在美国啤酒业排名第八，市场份额仅为8%，与百威、蓝带等知名品牌相距甚远。为了改变这种现状，米勒公司决定采取积极进攻的市场战略。

他们首先进行了市场调查。通过调查发现，啤酒饮用者可细分为轻度饮用者和重度饮用者，而前者人数虽多，但饮用量却只有后者的1/8。他们还发现，重度饮用者有着以下特征：多是蓝领阶层，每天看电视3个小时以上，爱好体育运动。米勒公司决定把目标市场定在重度使用者身上，并果断决定对米勒的"海雷夫"牌啤酒进行重新定位。

重新定位从广告开始。他们首先在电视台特约了一个"米勒天地"的栏目，广告主题变成了"你有多少时间，我们就有多少啤酒"，以吸引那些"啤酒坛子"。广告画面中出现的尽是些激动人心的场面：船员们神情专注地在迷雾中驾驶轮船，年轻人骑着摩托冲下陡坡，钻井工人奋力止住井喷等。

结果，"海雷夫"的重新定位战略取得了很大的成功。到了1978年，这个牌子的啤酒年销量达2000万箱，仅次于百威啤酒，在美国排名第二。

### 7.1.2 商业模式的特征

成功的商业模式具有三个特征。

#### 1. 成功的商业模式能提供独特价值

有时候，独特价值可能是新的思想；而更多时候，独特价值往往是产品或服务独特性的组合。这种组合要么可以向客户提供额外的价值，要么使得客户能用更低的价格获得同样的利益，或者用同样的价格获得更多的利益。

#### 2. 成功的商业模式是难以模仿的

企业通过确立自己的与众不同，如对客户的悉心照顾、无与伦比的实施能力等，来提高行业的进入门槛，从而保证利润来源不受侵犯。比如，直销模式（仅凭"直销"一点，还不能称为一个商业模式），人人都知道其如何运作，也都知道戴尔公司是直销的标杆，但很难复制戴尔的模式，原因在于"直销"的背后，是一整套完整的、极难复制的资源和生产流程。

#### 3. 成功的商业模式是脚踏实地的

企业要做到量入为出、收支平衡。这个看似不言而喻的道理，要想日复一日、年复一年地做到，却并不容易。现实当中的很多企业，不管是传统企业还是新型企业，对于自己的钱从何处赚来，为什么客户看中自己企业的产品或服务，乃至有多少客户实际上不能为企业带来利润，反而在侵蚀企业的收入等关键问题，都不甚了解。

---

> **案例阅读**
>
> **帮圈：反向 C2C 创业，打造不一样的"经济共享"模式**
>
> 现在人们的生活水平日渐提高，对于服务的要求也越来越高，传统的服务模式已经不能很好的满足人们日益增长的需求，作为一种新型的"经济共享"模式——分享个人的技能和时间的生活服务类 App "帮圈"已然萌生。
>
> 共享经济，也被称为点对点经济，是一个建立在人与物质资料分享基础上的社会经济生态系统。其本质是"我为人人，人人为我"。而"帮圈"可以为悬赏者提供最便捷最及时的服务，同时帮助者可以将时间价值最大化，同时利用自己的人际关系，在帮助他人的同时实现自己的价值。
>
> **【初衷】整合社会闲散资源，达到供需双赢**
>
> 创始人洪国炜在创业自述中谈到了自己创办"帮圈"的一个初衷，"共享经济"正影响着我们的生活，然而在中国却没有一家平台是真正为"供需经济"服务的，这将会是很大的一个趋势，一般的平台都起了一个中介的作用，而没有切切实实地去解决你的问题，而我们这个平台的目的就是要取缔互联网中介，整合社会闲散资源，希望服务者可以更有效利用碎片化时间产生效益，实现资源利用最大化，从而达到供需双方双赢的局面。
>
> **【理念】人人为我，我为人人**
>
> "帮圈"是一款用户提出需求的反向电子商务 C2C 平台，也是一个基于位置的个人需

求平台，是一个实时交易平台。"帮圈"致力于"帮无大小，圈无定界"的服务宗旨，让用户"帮无大小，圈无定界"，真正做到了"时间+技能+服务"三位一体。

【模式】反向电子商务 C2C 平台

不同于其他 B2B（商家对商家）、B2C（商家对顾客）的模式，"帮圈"采取的是打破传统模式的 C2C（顾客对顾客）模式，无需中间方。这样既节约了成本，又免除了加入第三方的诸多麻烦。

【愿景】带动"共享经济"潮流，实现自身价值

在现代社会，如何更好更有效利用闲置时间和资源是大家都在思考和追求的。更好满足用户各种杂七杂八的非标准化需求，达到提升人力资源利用率的目的，是"共享经济"所倡导的。很多人都是复合型人才，他的才能不局限于某一领域或者层面，在工作岗位上，他的才能不一定能得到全部的发挥。而"帮圈"就是希望建立一个平台给这些用户，让其发现自身剩余价值，并利用这些价值为自己创造收入。

### 7.1.3 商业模式的类型

当今社会的发展，将商业模式推向了一个极其重要的位置，特别是在以互联网为基础的新商业模式中，企业之间的竞争不仅在产品、价格、服务等方面，更是在商业模式方面。创业企业的商业模式需要考虑创新性、成本、收入等因素，以下是几种适合创业企业的商业模式。

#### 1. 免费模式

免费模式是近几年非常流行的商业模式，各种免费模式让人眼花缭乱，对企业而言，免费模式已然成为突破旧的发展束缚、实现后来者居上的赶超模式。早在互联网出现以前，免费模式就已经发挥了巨大的商业威力。所谓的免费，是向用户免费提供基本产品或服务，以此来扩大知名度，接下来通过推出更有价值的高端产品或服务，将大量免费用户转化为付费用户。

互联网时代是一个"信息过剩"的时代，也是一个"注意力稀缺"的时代，怎样在"无限的信息中"获取"有限的注意力"，便成为核心命题。注意力稀缺导致众多互联网创业者们开始想尽办法去争夺注意力资源，而互联网产品最重要的就是流量，有了流量才能够以此为基础构建自己的商业模式。雷军曾说，互联网行业从来不打价格战，它们一上来就免费。传统企业向互联网转型，必须要深刻理解这个"免费"的精髓到底是什么。互联网颠覆传统企业的常用打法就是在传统企业用来赚钱的领域免费，从而彻底把传统企业的客户群带走，继而转化成流量，然后再利用延伸价值链或增值服务来实现盈利。

如果有一种商业模式既可以统摄未来的市场，也可以挤垮当前的市场，那就是免费模式。克里斯·安德森在《免费：商业的未来》中将基于核心服务的免费模式分为以下四类。

1）直接交叉补贴

同一家企业的不同产品，有的收费有的免费，通过收费产品补贴免费产品。这样做的好

处就是通过免费产品来吸引消费者，从而达到让收费产品获得试用和潜在消费需求的目的。在我们的生活中这种模式也十分常见，比如通信公司推出的"移动电话包月送宽带"活动，就是通过移动电话费用来补贴宽带费用。

### 2）三方市场

三方是指生产商、广告商、消费者三方，生产商给消费者提供免费产品（一般为信息或内容等），广告商在产品中植入广告进行营销，同时付费给生产商。这也是常见的免费模式，人们（消费者）在出入电梯间、公共卫生间、地铁站厅等看到的广告（内容），都是免费的，而广告里的产品生产商需要付费给这些广告商，如果消费者通过广告的免费宣传购买了产品，就间接付费给了产品生产商。

### 3）免费加收费

免费加收费模式是网络经济中最为常见的一种商业模式。经营者提供的服务产品多种多样，分为从免费到昂贵收费等不同等级。通常，大量基础用户享受没有任何附加条件的免费服务产品，一部分用户会购买增值服务产品，这部分付费用户支付的费用用来补贴免费用户。这种模式之所以能够运转，是因为给免费用户提供服务的边际成本几乎为零，部分免费用户可能会转为付费用户。云存储空间（如 iCloud、百度网盘等）就是典型的免费加收费模式，提供免费的容量小或者功能少的云存储空间给消费者，对于大多数人已经够用了，然而如果消费者需要更大的云存储空间，或者需要更多的功能，就需要升级为付费版本。

### 4）非货币市场

非货币市场模式是指比如，知乎就是很典型的"非货币市场"。用户在网上发表自己对各种生活现象和社会问题的见解，分享自己的知识，为的不是金钱，图的只是表达欲望被满足后的痛快和那种与人分享知识所获得的快乐而已。

## 2. 平台商业模式

平台通过非线性方式连接具有不同功能的相关方群体，打破原来的相对封闭、隔离、固化的链条式的传统商业模式，形成高效运作、协同发展、合作共赢的组织模式。越来越多的企业开始从传统的商业模式转向平台商业模式转变。平台商业模式通常包括以下几个要点。

（1）服务提供。平台提供的服务是平台商业模式的基础，包括核心服务和辅助服务。

（2）用户群体。平台商业模式需要明确自己的用户群体，包括用户的需求和行为习惯等，以便制定相应的服务和营销策略。

（3）收益来源。平台商业模式需要明确自己的收益来源，包括广告收入、交易手续费、会员费等。

（4）运营成本。平台商业模式需要考虑自身的运营成本，包括技术开发、人力资源、市场推广等方面的成本，以便制定合理的收费策略。

综上所述，通过平台商业模式能以最快的速度汇聚资源，满足用户多元化的需求。但对于传统企业而言，不要轻易尝试做平台，尤其是中小企业，不应该一味地追求大而全，做大平台，而是应该集中自己的优势资源，发现自身产品或服务的独特性，精准定位用户，发掘用户痛点，围绕产品打造核心用户群，并以此打造一个品牌。

### 3. 订购模式

德国书商在 17 世纪第一次采用了订购模式。当时采用订购模式的主要原因是为了评估某些昂贵书籍的需求量到底有多大？预估需求量才能使销售收入覆盖生产成本。报纸和杂志出版商随即开始应用定购模式，实际上，他们中的大多数至今仍采用该模式。

订购模式，是指企业和消费者之间达成承诺，双方承诺在一段时间内，消费者定期付费以使用企业提供的订购服务，企业需要提供良好的产品或服务，以获得消费者的长期使用和扩展订购。

企业与消费者订立合同，规定产品或服务供应的频次和周期。消费者提前付费或定期付费，通常是付年费。一次次重复购买私人产品或服务使一些消费者不胜其烦，所以他们选择使用订购服务来节省时间和金钱。

若消费者需要定期消费你的产品或服务，那么订购模式就是理想的选择。订购模式需要给消费者提供一些附加价值，比如节省购买的时间、降低购买产品的风险。

### 4. 低成本商业模式

低成本商业模式是指企业通过降低成本而获得竞争优势的商业模式，其核心是通过简化流程、缩小规模、降低人力成本等方式来减少企业的开支，降低市场进入门槛和提高市场份额，加速产品迭代和创新。消费者可以通过低成本模式获得更具竞争力的产品或服务，同时企业也可以获得更高的市场份额和利润。例如，瑞士军刀是一款多功能的刀具，由瑞士军方于 1891 年设计，该刀具集成了刀片、锯齿、开罐器、螺丝刀等多种工具，非常实用，瑞士军刀在制造时采用的是标准化的工艺和材料，大量生产及定型的设计，使得成本非常低廉。

以上是几种适合创业企业的商业模式，创业企业可以根据自身的特点和需求选择适合的商业模式来实现快速增长和创新。

---

**案例阅读**

闯荡乡村！这群青年在"蹚"路

创业从来不是易事，返乡创业的年轻人过得怎么样？他们在创业路上遇到了什么问题？又该如何在家乡闯出属于自己的天地？从一些小镇创业家的故事中，或许可以得到答案。

**峰回路转 农产品销售打开新门路**

老家在重庆市酉阳土家族苗族自治县涂市镇的石正伟，年龄不过 30 多岁，但已经是个经历过风雨的人。当年他收到大学录取通知书时，因在外打工的父亲意外受伤，家里治病欠下了 8 万元债务。为了缓解家中困难，石正伟在大学期间一直打工，自 2008 年就做起了快递业务。本以为日子会一路向上，谁承想到 2010 年，快递业务又遇上了麻烦。当年年底，大雪封路，发往云南的一批货物延迟了两个多月。寄件方将石正伟告上法庭，要求赔偿损失 50 万元。为了解决问题，他主动找到寄件公司的老板负荆请罪，表示愿意赔偿，但因为没有赔偿能力只能打欠条。看到刚大学毕业的小伙子创业不易，态度又诚恳，公司老板决定不追究其赔偿，还提出聘请他到公司来上班。

正是这番机缘巧合，石正伟进入做葛根的农业公司，从此跟农产品打上了交道，学起了农业产业经营。到 2015 年，石正伟已经干了 5 年农业，他心生念头：酉县这么多农产品，为什么不做县级平台，打造一个县域品牌？这样老百姓的农产品有标准、有品牌，自然就不愁销售了。说干就干。当年石正伟就注册了公司，开始了数字化运营路上的摸索，2018 年还开发了微信小程序，用于展示农产品。

和很多小镇创业家面临的困境一样，"带动酉阳农产品走出去"的美好愿景很快就撞上了现实。怎么让小程序对接起物流和数据，怎么把平台和数字化工具整合在一起，怎么借助这些工具把农产品推向更大的市场？这让石正伟犯难，"我们没有技术人才，对数字化工具的使用有很多障碍，所有人做这个事情都不知道怎么弄……"

年轻人在家乡创业，要想破局，往往不能只凭一己之力。虽然经历过不少风雨，但总能在关键时刻峰回路转的石正伟遇到了新机遇。2022 年 7 月，作为腾讯公益事业重要板块的丰收好物计划项目组到重庆市酉阳县调研，在当地政府的推荐下，石正伟的"酉好货"成为该计划的共创合作伙伴。

"早在 2022 年年初，'酉好货'就一直想试水腾讯平台，但没有找到机会。"让石正伟觉得奇妙的是，后来腾讯主动联系了他。

丰收好物计划是在农业农村部指导下，腾讯可持续社会价值事业部与腾讯广告自 2021 年联合发起的助力农产品品牌数字化转型升级的专项助农计划。项目针对脱贫地区农产品品牌转型升级中工具、人才、产品这三大短板，为县域提供数字工具，培养会用数字工具的人，打造可短期体现数字工具能力的品牌，并且提供流量扶持、品牌推广、跟踪辅导。

"酉好货"的人、货、场由此起了变化。项目组帮助"酉好货"搭建了数字工具，沉淀粉丝、探索经营策略。

"以前我们只有一个小程序，现在我们用小程序加企业微信，还有视频号、公众号、社群等，整个系列的工具叠加使用，做成了一个生态链，打造出了市场化的平台来销售产品。"工具用起来了，怎么变现也是问题。石正伟提到，在利用视频号直播时，除了普通观众，项目组的工作人员对每场直播持续观察，之后与"酉好货"的员工一起分析复盘数据情况，改进直播策略和产品运营方向，进行持续优化。

过程中，"酉好货"团队逐渐摸索清楚了视频号带货农产品的运营规律，短短几个月时间已沉淀了 10 万粉丝，团队连线直播了 10 多场，场观达到了 4000 多，还有了近千元的转化。

有了这样的突破，如今，石正伟正意气风发地带领着"酉好货"平台，销售武陵山、大凉山、乌蒙山区等山区的农特产品，希望吸引更多创业者加入数字化运营大军，既解决就业问题，又带领老百姓增收致富。

**品牌加持土特产闯出新天地**

虽然相隔千里、互不相识，但在内蒙古乌兰察布察右前旗，"塞主粮"品牌创始人柳树兴跟石正伟一样,也一头扎进了农产品领域。2016年,原本从事健康养生行业的柳树兴从河南来到察右前旗,一眼就相中了当地裸燕麦。经过一番考察,他选择扎根于此。

之后,柳树兴在乌兰察布立项、投资、建厂,公司与农民签订单,将收购上来的裸燕麦进行统一加工销售,形成了一条完整的产业链条。有从事医药器材行业的经验,柳树兴最擅长的经营方式是"会销",顾名思义,这是指通过线下的大会来招商、推广产品,将这一套销售方式应用在裸燕麦上,也很快取得了成功。

如何把线下的流量引导到线上?又如何打造出裸燕麦的品牌,让产品走向更大的市场?帮助县域农产品品牌获得可持续的生命力,也正是腾讯公益丰收好物计划的目标。连续两年的农民丰收节,腾讯通过直播助农、品牌传播等方式帮助了近百个县、200多款农产品推广。

"风味人间"是腾讯视频推出的一档美食类纪录片,有口皆碑。在丰收好物计划中,项目组推动"塞主粮裸燕麦""碛口码头黄小米"等多个品牌入选"风味优品"。

在培训中,柳树兴的团队也补上了社群营销这一课,提升了小镇创业家们的全域经营能力。"比如在培训过程当中,讲师教我们如何做体验,如何做场景化营销。生产车间就是一个场景,主播到工厂直播的效果非常好,我们一场活动,3天时间能卖到100多万元。"

如此一来,裸燕麦从"会销"变成了"群销"。现在,柳树兴借助"群销",不仅销售自己的品牌产品,还销售察右前旗的其他农产品。

**农村数字化运营浪潮涌动 最重要的还是人**

跟石正伟、柳树兴比起来,80后马永波的返乡选择似乎更加"孤注一掷":他闯荡过一线城市,先后在多家互联网公司工作,也曾年薪百万,对于互联网、数字化运营相当娴熟。但2020年年初,因为看好县域数字化运营,他选择从零开始,在县域创业。

在现实中摸爬滚打了两年后,马永波在好友的邀约下,于2022年4月来到山西临县闯荡。在这里,马永波开始了他的两次"际遇"。

一次是遇"物"。到了临县,经过一个多月调研,目光敏锐的马永波发现当地老百姓都喜欢吃一款红枣黄米粽子,销售商之间时常打价格战。正值端午节临近,马永波和合伙人准备用这款粽子开始一轮试水。他们另辟蹊径,为粽子确立了全新定位,取了响亮的名字,做了精美设计,且只在互联网销售,一套数字化手段运作下来,粽子从一天销售一单,到后来销售额超过100万元,马永波在临县一举成名。此后,马永波和另外几个合伙人一起创建了"青柠智选"平台,帮助提升临县当地农产品的销量和知名度。

另一次是遇"人"。比马永波到临县的时间早3个月,中国社科院社会学研究所经济与科技社会学研究室主任吕鹏来到临县挂职,担任副县长。作为学者的他,去临县之前就给自己定了一个目标:开始一场做蛋糕和分蛋糕的社会价值实践。

他主导之下,临县与"丰收好物计划"牵手合作,借助外力盘活县域社会的存量,搅动临县农村数字化运营这波潮水。吕鹏认为,"人才是打破县域经济冰层的利锤",县域经济要发展,最重要的是人。

马永波正是这波潮水引来的"浪花",他的大城市经历和数字营销能力在临县找到了用武之地。丰收好物与临县搭起的这个舞台,除了马永波,还聚起了更多小镇创业家:临县有名的返乡创业青年、"香菇迷"郭凯嘉，从北京返乡创业卖鸡蛋的任宇超等。

有平台，也不缺能打动人的返乡创业故事，"青柠智选"想走内容带货的路子，但在前期，因为内容维度限制，且处于艰难的起步阶段，精心打造的故事内容受众寥寥。

2022年7月，丰收好物计划项目组到山西临县调研，在当地政府的推荐下，项目组了解到临县这群热血创业青年的现状，一起探讨出了"用IP讲述故事"进行内容带货的思路，共同培养当地一位患有腿部残疾却自强不息创业的青年刘利强作为IP人物。

试点效果初现，"青柠智选"视频号实现了起步阶段的跃升，关注量明显增多，网友们纷纷给自强不息的利强点赞，临县的农产品也随着刘利强的故事被越来越多的用户看到与购买。

**县域农产品要破圈 数字化工具是利器**

随着国家共同富裕战略的提出、乡村振兴战略的推进、数字经济向乡村的延伸，越来越多青年选择返乡创业或就业。城乡数字化鸿沟巨大，土壤不同，返乡创业或就业没有成熟方法论，更需闯劲，也更需要各方助力。

对于联合发起"丰收好物计划"，腾讯可持续社会价值副总裁肖黎明表达了初衷，"要把乡村数字经营人才培养作为核心抓手，探索把腾讯的工具、能力、品牌留在县域、留给返乡创业青年，以造血可持续的方式，帮助县域农产品品牌获得可持续的生命力。"

为助力乡村人才培养，项目组与地方政府合作推出了小镇创业家全域经营能力培养计划：他们组织内外部讲师开发实用性强的精品小课，围绕视频号、公众号、企业微信、私域运营、平台规则的理论与实践进行重点讲解；直播授课之外，还专门开发了课后测试题，增强学员对重点课程内容的理解；即便是课程结束后，对于积极进行自主实践且有意愿使用腾讯数字工具做生意的学员，也给予持续的学习资源支持，建立持续的社群指导。

这一套组合拳下来，为的是让小镇创业家们真真切切掌握数字化工具的使用本领，即便身在小镇，也能目光长远。

"未来，城乡将全面融合，年轻人可以在城乡之间自由选择自己喜欢的工作状态、生活方式。期待腾讯公益及社会各界的共同努力，可以帮助更多的返乡青年创业成功，帮助更多的县域农产品源源不断地走出大山，带动农民实现更多增收！"肖黎明说。这，也是更多返乡创业者的期待。

（资料来源：中国青年报）

## 任务7.2　设计商业模式

### 名人名言

顾客是重要的创新来源。

——汤姆·彼得斯

创新是做大公司的唯一出路。

——杰弗里

### 7.2.1 商业模式画布

#### 1. 商业模式画布的概念

商业模式画布是一种常用的商业模式设计工具，如表 7-1 所示，它将商业模式分为九个要素，包括价值主张、客户细分、渠道通路、客户关系、收入来源、核心资源、关键业务、重要伙伴、成本结构。商业模式画布能够帮助企业清晰地描述和理解自己的商业模式，并通过对九个要素的分析，找到商业模式的优化和创新之路。

表 7-1 商业模式画布

| 重要伙伴 | 关键业务 | 价值主张 | 客户关系 | 客户细分 |
|---|---|---|---|---|
|  | 核心资源 |  | 渠道通路 |  |
| 成本结构 |||| 收入来源 |

#### 2. 商业模式画布的特点

（1）简单易懂。商业模式画布采用图表形式，简单明了，易于理解。

（2）全面系统。商业模式画布包含九个要素，涵盖了商业模式的方方面面。

（3）灵活性强。商业模式画布可以根据企业的情况进行调整和修改，适应不同的商业环境和市场需求。

（4）可视化。商业模式画布通过图表形式，让企业和投资者能够直观地了解企业的商业模式和价值主张。

（5）可迭代性。商业模式画布可以不断迭代和优化，帮助企业不断创新和发展。

#### 3. 商业模式画布覆盖的 4 个方面

商业模式画布，主要覆盖了以下 4 个方面的内容，这些内容对于整个商业模式的设计都有着关键性的价值和意义。

（1）提供什么产品或服务？

（2）为谁提供？

（3）如何提供？

（4）收益是多少？

---

**案例阅读**

**苹果 iPod/iTunes 商业模式画布**

2019 年苹果企业年营业额已达 2655.95 亿美元，帮助苹果企业崛起、实现一飞冲天的产品并不是 iPhone，而是 2003 年苹果推出的 iTunes 音乐商店，且与 iPod 紧密集成到一起，这样用户可将音乐和其他内容从 iPod 同步到电脑。同时，iTunes 软件还提供了与苹果在线商店的无缝连接，用户可以从这个商店里购买和下载所需要的内容。这种 iPod 设备、iTunes 软件和 iTunes 在线商店的完美有效结合，为用户提供了无缝的音乐体验，很快颠覆了音乐产业。苹果的价值主张就是让用户轻松地搜索、购买和享受数字音乐。为此，苹果还与所有大型唱片企业开展合作，建立世界最大的在线音乐库。苹果 iPod/iTunes 的商业模式画布如表 7-2 所示。

表 7-2 苹果 iPod/iTunes 的商业模式画布

| 重要伙伴 | 关键业务 | | 价值主张 | 客户关系 | | 客户细分 |
|---|---|---|---|---|---|---|
| 唱片公司 OEMs | 硬件设计营销 | | 无缝音乐体验 | 关注品牌 转换成本 | | 大众市场 |
| | 核心资源 品牌 iPod 硬件 iTunes 软件 | | | 渠道通路 零售商店 网络平台 苹果专卖店 | | |
| 成本结构 制造、营销推广 | | | | 收入来源 硬件收入 音乐收入 | | |

### 4. 商业模式画布的九要素分析

#### 1）价值主张

价值主张是指企业提供给客户的产品或服务的独特性和价值。商业模式的核心在于价值主张，也就是你能给客户提供什么价值，客户为什么选择你而不是别人。价值主张是客户选择一家企业而放弃另一家企业的原因，它解决了客户的问题或满足了客户的需求。如果一家企业的价值主张不清楚，那么它是无法建立合理的商业模式的。星巴克就是最明显的例子。明明就是普通的喝咖啡的休闲场所，但是大家都愿意去。这是因为星巴克的品牌能带给人们独特的心理感受，比如轻松交流的快乐、幸福的生活享受等。总之，价值主张是一家企业商业模式的核心。设定企业价值主张时要回答以下问题：我们为客户提供了什么价值？我们帮助客户解决了什么问题？我们满足了客户的什么需求？我们为客户提供什么样的产品或服务？

#### 2）客户细分

商业模式画布中的客户细分指将潜在客户按照某些共同特征进行分类，以便更好地了解他们的需求和行为习惯，并制定更精准的市场营销策略，提高销售效率和客户满意度。以下是商业模式画布中常用的客户细分方式。

（1）地理位置。按照客户所在国家或地区进行划分，以便更好地了解不同市场的需求和竞争情况。

（2）人口统计学特征。按照年龄、性别、收入、教育水平等人口统计学特征进行划分，以便更好地了解客户的消费习惯和购买力。

（3）行为习惯。按照客户的购买行为、品牌偏好、消费频率等行为习惯进行划分，以便更好地了解客户需求和购买意愿。

（4）价值观和兴趣。按照客户的价值观和兴趣进行划分，以便更好地了解客户对产品或服务的需求和喜好。

（5）购买阶段。按照客户在购买过程中的不同阶段进行划分，以便更好地了解客户在购买决策中的需求和行为。

### 3）渠道通路

商业模式画布中的渠道通路是指企业通过哪些渠道将产品或服务提供给客户。渠道通路的选择要根据产品或服务的特点、客户需求、市场环境等因素进行综合考虑。选择适合的渠道通路可以提高销售效率和客户满意度，降低销售成本和风险。以下是商业模式画布中常用的渠道通路。

（1）直销。直接向客户销售产品或服务，例如门店销售、电子商务平台销售等。

（2）分销。通过分销商、代理商等中间渠道将产品或服务销售给客户。

（3）市场推广。通过各种市场营销手段，如短视频、广告、促销等，将产品或服务推广给客户。

（4）合作伙伴。与其他企业或组织合作，共同推销产品或服务，例如联合营销、战略合作等。

（5）自营电商平台。通过自己的电商平台销售产品或服务，例如自营网店、**App** 等。

### 4）客户关系

商业模式画布中的客户关系指的是企业与客户之间的互动和合作关系。建立良好的客户关系可以提高客户满意度和忠诚度，促进销售增长和品牌口碑的提升。企业应该根据客户需求和市场模式情况选择适合的客户关系方式，并不断优化客户关系，提高客户体验。以下有5种商业模式画布中常用的客户关系。

（1）个性化定制。根据客户的需求和要求，提供定制化的产品或服务，建立个性化的客户关系。

（2）客户服务。提供高质量的客户服务，例如售后服务、客户支持等，建立良好的客户关系。

（3）社区互动。通过社交媒体、客户论坛等建立客户社区，促进客户之间的互动和交流，建立社区化的客户关系。

（4）客户参与。邀请客户参与产品或服务的设计和开发过程，建立客户参与型的客户关系。

（5）客户忠诚度。通过各种手段如优惠券、会员制度等，提高客户忠诚度，建立稳定的客户关系。

### 5）收入来源

商业模式画布中的收入来源指的是企业获取收入的方式。企业应该根据产品或服务的特点、市场需求和竞争情况选择适合的收入来源方式，并不断优化和创新收入来源，提高收入水平。以下有5种在商业模式画布中常用的收入来源。

（1）产品销售。通过销售产品获取收入，这是大部分企业主要的收入来源。

(2) 服务收费。通过提供服务获取收入，例如咨询服务、技术支持等。
(3) 订阅收费。通过提供订阅服务获取收入，例如订阅杂志、软件等。
(4) 广告收入。通过向广告商出售广告位获取收入，例如网站、杂志等通过广告获取收入。
(5) 特许经营费。通过授权他人使用自己的品牌或技术获取收入。

6）核心资源

商业模式画布中的核心资源是指保证一个商业模式顺利运行所需的最重要的资产，是让商业模式有效运转所必需的最重要的因素。不同类型的商业模式需要不同的核心资源。核心资源通常有以下 4 种类型。

(1) 实物资源。实物资源都是一些看得见摸得着的，包括生产设备、房屋、车辆、机器、管理系统及分销渠道等。比如，沃尔玛庞大的仓储网络及配套的物流设备，亚马逊的一整套IT、仓储及物流基础设施，都是实物资源。

(2) 无形资源。无形资源主要是一些知识性资源，包括品牌、专营权、专利权、版权、合作关系、企业联盟及客户数据库等。比如迪士尼的品牌，苹果的专利。知识性资源获得不易，但一旦成功就可能创造巨大的价值。有的企业没有什么实物资源，专利授权就是它的最大收入来源。

(3) 人力资源。每一家企业都需要人力资源，人力资源对于某些商业模式而言是尤其重要的。在知识密集型产业和创新产业中，人力资源就是最关键的。比如华为的研发团队就是公司重要的人力资源。

(4) 金融资源。有些商业模式较为依赖金融资源，包括现金、信用额度或者用于吸引关键雇员的股票期权池。

7）关键业务

商业模式画布中的关键业务是保障商业模式正常运行的最重要的事情，包括业务流程的安排和资源的配置等。关键业务可分为以下 3 种。

(1) 生产制造。生产制造是制造型企业最核心的业务。
(2) 解决方案。解决方案是指为客户面临的问题提供解决方案。对咨询公司、医院及其他服务性机构来说，最重要的经营活动就是为客户提供解决方案。
(3) 平台及网络。将平台作为关键资源的商业模式中，与平台及网络相关的经营活动是最重要的活动。比如淘宝，要持续维护它的交易平台并不断升级。

8）重要伙伴

商业模式画布中的重要伙伴是指保证一个商业模式顺利运行所需的供应商和合作伙伴网络。重要伙伴的价值在于优化资源，提高专业度，形成规模效应，通过合作关系的建立可以帮助企业在竞争环境中降低风险。重要伙伴的类型主要有以下 4 种。

(1) 非竞争者之间的战略联盟。比如家具企业和家电企业联盟，共同推出家装一站式服务。
(2) 竞争者之间的战略合作。比如手机厂商互相授权专利。
(3) 建立新业务合资公司。比如腾讯公司与长安汽车成立智能互联网汽车合资公司。
(4) 打造可靠供应链的合作关系。比如汽车厂商制定供应链培育计划，培养可靠的零部件供应商。

9）成本结构

商业活动中，创造和传递价值，维护客户关系，创造收益，都会发生成本。成本最小化是几乎所有商业模式的诉求，但这并不是唯一的问题，因此我们将成本分为以下 4 类。

（1）固定成本。不因产品或服务的产量而改变的成本，包括租金、生产设备等。

（2）可变成本。随着产品或服务的产量而同比例变化的成本，一般是实际业务开始后的成本，比如矿泉水行业，后期的人工、包装、运输等成本就是可变成本。

（3）规模经济。随着产量扩大，规模经济会带来成本优势。比如，大型企业享有大宗商品采购定价权。

（4）范围经济。企业的经营范围扩大，也会带来成本优势，因为企业的很多资源可以复用。比如，同一个营销活动或分销渠道，可以供多款产品使用。

## 案例阅读

### 宜家的商业模式画布分析

宜家的商业模式画布清晰地展示了宜家的商业模式和价值主张，使得投资者和用户能够直观地了解宜家的商业模式和运营方式。通过对商业模式画布的分析，宜家可以不断优化和创新其商业模式，提供更好的服务和体验。

宜家是全球最大的家居用品企业，也是最受欢迎的品牌之一。关于它的成功秘诀，我们可以概况为三个字：低成本。低成本是常见的商业模式中的一类，是非常好的一种商业模式，有它独特的设计和运行规律。

宜家是怎么做到低成本的？

（1）客户细分

宜家将客户分为三类，分别为家庭用户、租房的年轻人、公司（办公室添置办公用品）。

（2）价值主张

宜家的价值主张首先是"一站式"，所有家居用品的采购都可以在这里完成，非常方便；其次是"好设计、好生活"，最好是自己动手，你可以自己挑选家具、运家具，再组装家具，整个过程很有趣，还能帮你省钱。

（3）渠道通路

宜家主要将自己的门店作为渠道通路。大家到达宜家之后的行走路线是：首先到 2 楼，在样板房里感受家具带来的灵感。本来你去宜家只想买一个书架，结果发现整个样板房里的东西都想买，因为它们让你感受到这就是你想要的生活。在 2 楼，你是不用买东西的，你只要拿了一张清单，记下你中意的商品的货号和货架上的位置。然后你下到 1 楼，这里才是真正买东西的地方。宜家的大多数东西，无论是大件还是小件，都可以自助购买，基本上不需要营业员帮助。自己把商品从货架上搬下来，自己运回家，自己看图纸组装，整个过程非常有趣，不会让你觉得是一次额外的负担。

（4）客户关系

宜家采用自动化服务，有其独特的购物流程。就像上面提到的"渠道通路"那样，基本是不需要营业员帮助的。自己把商品从货架上搬下来，自己运回家，自己看图组装，这是一种特殊的客户关系。

（5）核心资源

宜家的核心资源是它拥有的门店和强大的设计团队。

（6）重要伙伴

全球的OEM（代工厂）供应商是宜家的重要伙伴。

（7）关键业务

宜家一是革命性地将家具设计为平板包装，大大节省了仓储、运输费用；二是全球采购，有非常高效、严苛的质量控制，在品质得到保证的前提下保持低价；三是由他人代劳，由于家具的平板包装设计，再加上宜家独特的购物流程设计，使得购买家具、运输家具、组装家具的全部流程几乎可以让客户自己独立完成。让客户来完成一部分本来由宜家做的工作，整个过程有趣味，有参与感。

（8）成本结构

宜家的主要成本包含全球的设计、生产费用及门店运营费用。

（9）收入来源

宜家的收入首先是货品的销售，这是基础链条。在这个基础上，因为宜家带来了巨大的有购买力的人流量，故它开设餐厅，餐厅的收入相当于一家中大规模餐饮企业的收入。此外，宜家还尝试了一些新的商业模式，比如涉足房地产。

### 7.2.2　商业模式创新

商业模式创新是指改变企业价值创造的基本逻辑，以提升顾客价值和企业竞争力的活动。通俗地说，商业模式创新就是指企业以新的有效方式赚钱。

商业模式创新能够为企业带来战略性竞争优势，是新时期企业应具备的关键能力。

#### 1. 商业模式创新的特点

商业模式创新需要将"谁""何时""在哪""做什么"整合在一起，并构造出新的意义。当今环境瞬息万变，技术发展革新飞速，给企业持续经营和发展带来了极大的挑战，原有的商业模式在经历了一个相对稳定的阶段后，正面临着质的改变。在这种机会和挑战并存的情况下，企业要想把握住市场机会，在竞争中立于不败之地，商业模式的不断创新就显得尤为重要。商业模式创新有如下特点。

第一，商业模式创新更注重从客户的角度出发，是从根本上为客户创造附加价值的行为。

第二，商业模式创新常常同时涉及商业模式中的多个要素，是一种集成创新。

第三，商业模式创新能提供全新的产品或服务，或以前所未有的方式提供已有产品或服务。

#### 2. 商业模式创新的方法

商业模式创新就是对企业的基本经营方法进行变革。一般而言，商业模式创新有以下四种方法：改变收入模式、改变企业模式、改变产业模式和改变技术模式。

1）改变收入模式

改变收入模式首先需要企业从确定用户的新需求入手。这并非是市场营销范畴中的寻找用户的新需求，而是从更宏观的层面上重新定义用户需求，即深刻理解用户购买你的产品需要完成的任务或需要实现的目标是什么。其实，用户要完成一项任务需要的不仅是产品，而是一个解决方案。一旦确认了解决方案，也就确定了新的用户价值定义，并可依此进行商业模式创新。

> **案例阅读**
>
> 电钻从出售到出租的变革
>
> 国际知名电钻企业喜利得（Hilti）公司一直以向建筑行业提供各类高端工业电钻而著称，但近年来，同行业激烈竞争使电钻成为低利润产品。于是，喜利得公司通过专注于用户所需要完成的工作，意识到用户真正需要的不是电钻，而是在正确的时间和地点获得处于最佳状态的电钻。而且，用户缺乏对大量复杂电钻的综合管理能力，经常造成工期延误。因此，喜利得公司随即改动它的用户价值定义，不再出售而是出租电钻，并向用户提供电钻的维修和保养等综合管理服务。为提供此用户价值定义，喜利得公司变革其商业模式，从硬件制造商变为服务提供商，并把制造向第三方转移，同时改变盈利模式。戴尔、沃尔玛、道康宁（Dow Corning）、Zara、Netflix 和 Ryanair 等公司都是如此而进行商业模式创新的。

2）改变企业模式

改变企业模式就是改变一个企业在产业链中的位置和充当的角色。一般而言，改变企业模式是通过垂直整合、出售、外包等方式来实现的。

> **案例阅读**
>
> 改变的力量
>
> 谷歌在意识到大众对信息的获取已从计算机平台向移动平台转移时，认为自身仅作为计算机平台搜索引擎会逐渐丧失竞争力，就采取垂直整合的方式，大手笔收购摩托罗拉手机和安卓移动平台操作系统，进入移动平台领域，从而改变了自己在产业链中的位置及商业模式，由"软"变"硬"。IBM 也是如此，它在 20 世纪 90 年代初期意识到 PC 产业无利可寻，即出售此业务，并进入 IT 服务和咨询业，同时扩展它的软件部门，一举改变了它在产业链中的位置及商业模式，由"硬"变"软"。甲骨文（Oracle）、礼来（Eli Lilly）、香港利丰和 Facebook 等公司都是采用这种模式进行商业模式创新的。

3）改变产业模式

改变产业模式是最激进的一种商业模式创新的方法，它要求一个企业重新定义本企业所在产业，进入或创造一个新产业。如 IBM 公司，通过推动智能星球计划和云计算，重新进入新领域并创造新产业，开展商业运营外包服务和综合商业变革服务等，力求成为企业总体商务运营的大管家。

### 案例阅读

#### 麦当劳的商业模式

提起麦当劳，大家都知道它是一个以售卖汉堡包和薯条而出名的快餐企业，但是，你知道它是如何盈利的吗？如果你认为麦当劳就是靠卖汉堡包和薯条赚钱的，那就错了。其实，麦当劳不仅仅是个快餐企业，还是一个地地道道的地产商，旗下的地产数量已经足以让它成为世界地产巨头。

麦当劳一直沿用"朝两个截然不同的方向赚钱"的经营策略。除了通过特许加盟收取约占销售额 4% 的收益外，还通过房地产运作得到相当于销售额 10% 的租金。租金收益高于特许加盟收益，也是麦当劳长期以来选择以超过任何人想象的速度圈地、建设和开新店来追求利润的原因。

我们从麦当劳的盈利模式中可以发现，一个企业并不一定非要以企业的主导产品来赚钱，可以从其他辅助产品中获得利润。那么，要想实现这种"主导产品+辅助产品"的盈利组合，就需要企业在进行战略规划时，先做好商业模式的设计。凡是成功的企业，都是在一个有效的商业模式下运营的。

#### 4）改变技术模式

企业可以通过改变技术模式来主导自身的商业模式创新。例如，当今最具潜力的技术之一是云计算，它能提供诸多崭新的用户价值，从而为企业提供商业模式创新的契机。另一项有重大价值的新技术是 3D 打印技术，如果它一旦成熟并成功应用于商业化运作，将帮助诸多企业实现商业模式创新。

当然，无论采取何种方法，商业模式创新都需要企业对自身的经营方式、用户需求、产业特征及宏观技术环境具有深刻的理解和洞察力，这才是成功进行商业模式创新的前提条件，也是最困难之处。

### 案例阅读

#### 数字科技赋能文旅新未来

游李白故里江油，品中华文化之美。来自全国各地的千余名嘉宾与上万名游客齐聚江油感受李白文化魅力，共同见证新时代背景下数字化文旅的创新发展。大会发布全球首款"少年李白数字人"，围绕"仙""侠"等鲜明关键词，融合古代历史记载与现代潮流时尚，展现李白在青莲镇求学时期的少年形象，打造出了符合现代年轻人审美体验的超写实数字人，用数字技术带来李白文化的全新艺术体验。以"思想+艺术+技术"创新融合的方式，努力创做出诗词意蕴悠远的文化活动、节目和视频，通过央视融媒为地方文旅产业赋能，提升以"李白文化、科技之城"为核心的绵阳江油文旅产业价值。

"少年李白数字人"还亮相带货直播间，向广大网友推荐大匡山、江油肥肠等家乡的山水、美食，邀请大家畅游李白故里，体验江油好物。此次直播以实景情景故事为主，结合"慢综艺"+"虚拟数字人带货"+"云上旅游推介"等的表现形式，将文化旅游、科技互动、江油好物进行有效融合，让观众与游客真切感受到科技与文化交融碰撞的无限魅力。两个半小时的直播活动，共吸引近百万人在线观看。

新时代格局下，数字化技术突飞猛进，对文旅发展与地方文旅经济产生了深远的影响。在中国文旅数字 IP 产业发展大会上，来自绵阳市人民政府、江油市人民政府、地方文广旅局、行业协会、重点文旅乡镇、腾讯、中国传媒大学、华强方特等 80 余名党政机关、重点企事业单位代表和文旅产业专家学者参会，交流分享优秀案例经验，共同探寻未来文旅发展方向，共同探讨了数字+文旅、5G、AI、虚拟数字人、短视频、VR、直播在文旅行业中的应用，持续探索文旅服务与传播中的新思路与新模式。

随着李白故里文化旅游节的开幕与众多数字科技的赋能，江油文旅也将盘活整体资源，迎来更加丰富的体验形式与更加优化的文旅商业模式。

（资料来源：央视网）

### 3. 商业模式创新的建议

成功的商业模式创新不仅能为客户创造价值，同时还能为企业获得价值。商业模式创新的关键是打破常规思维方式。下面给出商业模式创新的 9 个建议。

（1）获得高层管理者的支持。商业模式创新并不是在公园散步那么简单，强调创新的商业模式能为企业带来利益，因此要提高高层管理者对商业模式创新的认识。

（2）建立一个多元化的团队。商业模式创新需要跨职能部门的协作，应尽最大努力整合具有不同工作背景和来自不同职能部门的员工。

（3）做好改革的准备，抱着开放的心态向他人学习。要记住未来已经来临，只是你还未觉醒。

（4）用结构化的方式创新商业模式，既可以模仿相似的商业模式，也可以与相似性度不大的商业模式进行对比，要不断尝试。

（5）营造开放的企业文化。在进行商业模式创新的早期构思阶段，要尽量避免对任何想法和观点进行负面评价。

（6）不要期待在一开始就是能产生最完美的创意，与其他过程一样，万事开头难，商业模式创新是一个多次反复和漫长的过程。

（7）不要对任何商业模式期待过高。

（8）为你的商业模式提供必要的环境，使其顺利发展下去。刚开始时，应给予你的团队最大限度的自由，随后再制定清晰的目标。

（9）积极应对各种变化，对商业模式创新始终抱有积极心态。

## 项目实训

1. 以小组为单位，拟定创业项目并运用商业模式画布设计商业模式。
2. 分析以下案例并回答问题。

### 无人便利店回归传统模式 商业模式问题仍不少

几年前，扫码进店、自主买单的 24 小时无人便利店亮相南宁街头，让市民们新鲜了一把。随着时代的发展，"无人"的商业模式似乎成了商业发展的一个新方向。不过，新鲜过后，一些问题相继出现。在国内其他城市，无人便利店逐渐遭受冷遇。记者走访了南宁市多家无人便利店发现，有的已经停业，有的变成了"有人"便利店。经营状况较好的无人便利店，也存在顾客偷吃、商品失窃等问题。采访中，部分市民表示，无人便利店便捷、省事，老板躺着赚钱；也有市民疑惑：无人便利店，我们真的需要吗？

**现场：小区路边无人便利店关门超半年**

位于民族大道 166 号阳光 100 上东国际靠近凤岭立交路边的"蕉库无人便利店"，黄色的小房子有些褪色，里面没有亮灯，玻璃门紧闭。记者尝试用手机扫门上的二维码进入，手机显示"请在门禁解锁后将门拉开，如 10 秒后门禁未解锁，请重新扫码进门"。而记者一直没有等到门禁解锁，也无法拉开玻璃门。透过玻璃门往里面看，店内空荡荡的，只有一个货架上摆放着少量生抽、鸡精、食用盐等。

这家开在小区大路边的无人便利店并没有引起多少人注意。记者询问小区停车场收费员、多家其他店铺员工，他们均不知道附近有无人便利店。

离"蕉库无人便利店"不远处的朱大姐快餐店里两名店员表示，这家无人便利店开了有两三年时间，当时凤岭立交还没有多少人路过。也不知道是什么原因，便利店已经关门超过半年时间。随后，记者多次拨打便利店门上显示的加盟热线，电话可以打通，但始终无人接听。

**两人进店购物，付款后一人被关店内**

记者来到民族广场地铁站 A 出口、新梦百货大楼旁的"新梦生活"24 小时无人便利店。天气寒冷，且下着小雨，因所处地段好，这家无人便利店生意还不错。半个小时内，有 6 对市民光顾，其中 5 对是年轻人或者大学生，只有一对是中年夫妻。其间还有一名抱着孩子的中年男子经过店外，贴着玻璃门观看一阵便离开，没有购物。

记者留意到，有一对年轻情侣打算进去买东西。因不熟悉，女子走到了出口位置的玻璃门想进却又进不去，找了半分钟，终于明白要从入口的玻璃门进去。

而结伴光顾便利店的这几对市民都遇到一个问题：在结算环节，负责付账的人从出口的玻璃门出来了，另外一个人却被关在店里。经过大约 10 秒钟的操作后，被关在店里的人才能从出口走出店外。

**"无人"时被盗，回归传统变"有人"**

位于桃源路 62 号南宁体育场里的无人便利店，是"新梦生活"24 小时无人便利店在南宁的第一家分店，2018 年 2 月 15 日开张营业。当前，便利店的入口玻璃门一直敞开着，不须扫码就能进入，店里一名店员正在给货架补货。

店员告诉记者，她刚到店里上班没多久，听说之前曾有被盗现象，但她并不清楚具体情况。白天顾客少的时候，店里还能无人管理，晚上一般都有人守，因为店里的香烟不适合无人售卖，所以每天都有店员在。

**体验：自助购物，封闭空间结算10秒付款离开**

记者在"新梦生活"24小时无人便利店看到，便利店共有出口和入口两扇玻璃门，门上贴着操作提示，并提醒只能用微信和支付宝支付。从感应门进入，还有一扇玻璃门挡在身前，几秒钟后入口门关闭，这个门才会开启。

进入后，只见近20平方米的店内，货架上整齐地陈列着饮料、零食、日用品等，每样商品都贴有一个"无人便利店"字样的小标签。店内没有导购员和收银员，抬头一看，四周可见多个摄像头。

逛了一会，记者将选好的商品放在检测台上，确认了商品数量和价格，却找不到可以付款的二维码。记者向正在店里挑选物品的男子咨询，他说，人进入结算间后要正对着检测台，玻璃门关闭了才会显示付款二维码。

记者按照他的指示进行操作，一扇玻璃门很快将记者与选购区隔离。记者用微信支付相关款项后，出口玻璃门打开了。购物全过程无须现金，10秒就能付款离开。

不消费是否也能离开？记者将已付款的饮料带进无人便利店，再次进行尝试。已购买的商品进入结算间不会被感应，同时，不消费的顾客进入结算间只需等待10秒钟也能离开。

此时，记者碰巧遇到店员韦女士等人正在补货。她说，无人便利店的销售额还可以，每天都要及时补货。

**市民："无人"与传统便利店各有优势**

市民覃女士带着儿子首次体验无人便利店，选购了一袋零食，她表示："无人便利店24小时营业，即使很晚也不担心关门，购买也很方便。老板躺着也能赚钱。"

市民李女士觉得，无人便利店销售的商品比传统便利店的贵了一些。市民陈女士则表示，无人便利店进门要注册，买东西要自己操作结账，遇上问题想问也没法当面问，还要拨打24小时服务热线，挺麻烦的。从这点看，传统便利店更有人情味，如果不创新，还是传统便利店更有优势。

今年56岁的吉先生不会使用微信支付，学了多次怎么都记不住。他说，传统便利店可以使用现金支付，但无人便利店不行。因此，还是传统便利店更适合中老年人。

**经营者："无人"商业模式问题仍不少**

吴晓飞在云景路凤岭名园小区经营一家24小时无人值守小店。说是"无人"小店，其实就是放置居民所需日常物品的私人杂物房。居民在网上下单，他再将货物拉到杂物房里，由居民自提。因为大家都是同一个小区的居民，比较熟悉，所以很容易赢取信任。靠着大家的信任，虽然不关门，也没有监控系统，但这家小店默默经营了多年。"如果是纯商业性的无人便利店，几乎都是陌生人，赢取顾客的信任难度比较大。"

在明秀东路荣和·山水绿城小区经营一家传统便利店的黄先生曾去过市区内多家无人便利店，他虽然看好无人便利店的前景，但也认为其有一定的局限性。他认为，无人便利店可以节省人工费，却并非所有地方都适合开设，只适合购物中心、娱乐场、电影院附近等年轻人多的地方，老人、小孩不宜单独进入。其次，烟酒、散装商品以及蛋糕、生鲜类保质期短的商品不适合无人销售。而且无人便利店一次性投资较高，结算系统、屏蔽门、安防系统等投资不便宜。"目前来看，失窃商品还是挺多的。有时购物不结算也可以出来，或者有些人进去吃完、喝完再出来，你怎么结算？"

"新梦生活"24小时无人便利店店员韦女士说，如果带了东西不结算，无法从出口出来。当然也会有失窃、偷吃等情况，监控系统能拍得到。该便利店其中一名负责人骆先生介绍，偷吃现象确实有，但没统计，不结算的现象一个月有三四起。便利店里24小时进行监控，有一系列的防盗系统，如果偷吃、盗窃物品，系统可以识别人像，通过设置将其"拉黑"，下次拒绝进店。而且一旦在系统有记录，其他连锁店也会限制进入。

一家传统便利店店主张先生认为，"无人"的商业模式说明了社会的快速发展。无人便利店虽然人工成本降低，但是必然会增加运营成本，而且在物品丢失和技术性方面还没有得到很好解决。

**专家：无人便利店折射居民诚信水平**

无人便利店是否符合城市的发展？社会学专家谢金甫认为，从社会发展来看，无人便利店是很值得推崇的方向。首先是便民，营业时间不受员工工作时间限制。此外，它能够宣导、弘扬诚信和良性的社会道德氛围。无人便利店建立在人们守信用的基础上，在诚信的条件下，人们才享受到社会的便利。其实，像这样的无人售卖点早已出现，只不过支付手段是把现金放在钱箱里。无人便利店若能在某个社区里很好地经营下去，说明所在区域的社会治安良好，居民社会道德水准和文明环境达到了一定的高度。这样的店越多，说明社会文明程度越发达，人越讲究诚实守信，对社会发展更有利。

（资料来源：南宁晚报）

（1）无人便利店的商业模式为用户创造了什么价值？存在哪些问题？

（2）如果你打算做一家无人便利店，请用商业模式画布设计其商业模式。

# 项目 8　创业资源与创业融资

## 项目导学

**【项目导入】**

常言道:"巧妇难为无米之炊。"同样,没有资源,创业者也只能望商机兴叹。人类的任何创业活动,都离不开对资源的开发、组织、配置和利用。创业资源是创业和发展的基础要素。在社会高度分工的今天,靠一个企业独立经营、单打独斗,力量十分有限,整合各方资源才能把企业做大做强。创业资源对创业成长具有重要的支持作用,在创业过程中,创业者的工作重点应当放在如何有效地吸收更多的创业资源并将其转化为企业的竞争优势上。

绝大多数创业者在初次创业的时候,资源都是十分欠缺的。但古往今来,成大事往往都深谙"善假于物"的道理,善于运用智慧,以较低的成本巧妙整合各方资源为己所用,实现从0到1的转变。大学生创业者通常社会资源欠缺,因此,能否正确识别、获取和整合创业所需的资源是创业能否成功的关键。

试问:你知道创业所需的资源有哪些吗?你了解企业该如何获取其不具备的某些创业资源吗?你能为自己的创业项目设计一套融资方案吗?

**【知识目标】**

1. 掌握创业资源的概念、种类和来源。
2. 了解创业资源整合的过程和途径。
3. 熟悉创业融资的方式和渠道,了解创业启动资金的测算。

**【能力目标】**

1. 能够根据项目实际情况,分析自身所需创业资源的种类。
2. 能够开发和整合自身所需要的创业资源。
3. 能够根据项目实际情况,测算创业启动资金,选择合适的融资方式。

**【素养目标】**

1. 突破常规思维,培养合作共赢的思维格局。
2. 树立人尽其才、物尽其用的资源观,自觉提升资源获取及整合意识。
3. 形成理性的金钱观,培养实事求是、严谨客观的创业者心态。

## 开篇案例

### 向蒙牛学习中国最牛的杠杆借力

阿基米德说:"给我一个支点,我就能翘起地球。"

现代社会分工极为明确,单打独斗的大侠时代已经结束,任何想凭一己之力来改变世界的想法都是空中楼阁。我们必须与他人合作,才能获得前进的力量。

杠杆具有非常可怕的力量,远远超过你的想象。如果你曾经与他人合作但并没有达到你所期望的效果,那么最大可能的原因是,你还没有真正掌握杠杆的真谛——给予。

通过杠杆借力的生意故事非常多。相信大家都知道蒙牛,这是一家牛奶公司,但你可能不知道这家公司的成长史。

这里提起这个牛根生与蒙牛的案例,重点不是要去评论这个企业的是非,而是剖析牛根生在创业过程中,如何运用杠杆借力。

第一步,刚开始时,牛根生没有钱,只有100万元现金,要进入乳业行业几乎不可能。怎么办?找老朋友投资。5个月后,他获得了1000多万元投资款。这是资金杠杆。

第二步,有了钱怎么办?没有钱的时候,大家的思路都是一样的:要么找人投钱,要么找人借钱。可是,当有了钱的时候,牛根生开始显示出与大家不一样的思维了。这笔钱怎么用?按照一般企业的思路,首先建厂房、进设备、生产产品,然后打广告、做促销,产品有了知名度,才能有市场。牛根生一算,如果这么去做,这笔钱恐怕连建厂房、进设备都不够。等产品出来了,哪里还有钱去开发市场?

他提出逆向经营的思路——先建市场,再建工厂。他说,企业不惜血本地建起了厂房,引进了设备,设备投放之日起,设备的折旧就开始了,而且大量的资金被消耗在固定资产投资中,企业再也没有资金去搞经营。牛根生的计划是把有限的资金用于市场的推广中,然后把其他乳品厂变成自己的加工车间。

第三步,"蒙牛乳业,向伊利学习,创内蒙古乳业第二品牌"。这是蒙牛在呼和浩特城市打出的广告语,几乎在一夜之间,许多人都知道了"蒙牛"。这也是很有效的杠杆借力。在当时伊利是大品牌,稳坐中国乳业第一把交椅,默默无闻的蒙牛借助伊利,一下子成为第二品牌。这叫作品牌杠杆。

这是不是烟幕弹,明眼人一看就明白。这样将蒙牛与伊利绑在一起,可利用伊利的知名度,无形中也提升了蒙牛的品牌价值。同时将双方利益捆绑,伊利这个行业老大任何报复性的市场手段,都可能造成"一荣俱荣,一损俱损"的结果。

第四步,与中国营养学会联合开发了系列新产品,然后与乳品厂合作,以投入品牌、技术、配方,采用托管、承包、租赁、委托生产等形式,将所有产品都打上"蒙牛"商标。

很快他在包头找了一家生产冰淇淋产品的工厂,短期内"蒙牛"冰淇淋就隆重上市了。

当牛根生了解到拥有中国最大奶源基地的黑龙江省有一家美国独资企业,因经营管理不善而效益很差时,他就带了7个精兵强将去把这个企业托管了。结果,这个企业成为了"蒙牛"牛奶的诞生地,第一年2000万元牛奶的销售额就完全是由这个企业完成的。牛根生不仅没有给这家企业投资,他们8个人一起还每年从这个企业拿到47万元的薪金。

你发现没有？如果想要完美运用杠杆，首要一个心态是"合作"，而不是"占有"。很多人无法理解这个思维，因为他们担心对方会占便宜，所以他们在合作时，首先考虑的第一点是：我怎么样防止被对方占便宜？我怎么样控制占有对方？而不是：我怎么做，对方才能获得最大的好处？

**思考讨论：**
1. 案例中，蒙牛在缺乏资源的情况下，是如何运用杠杆的？
2. 蒙牛能够通过杠杆不断获取资源，原因有哪些？

# 任务 8.1　获取创业资源

## 名人名言

人能尽其才则百事兴，地能尽其利则民食足，物能尽其用则材力丰，货能畅其流则财源裕。

——孙中山

管理者的一项具体任务就是要把今天的资源投入到创造未来中去。

——彼得·德鲁克

### 8.1.1　创业资源概述

#### 1. 创业资源的概念

创业资源是指企业在创立及成长的过程中所需要的各种生产要素，是创业企业在创造价值的过程中所需要的特定资产，包括有形与无形的资产。创业资源是创业企业成立和运营的必要条件。

概括来说，只要对创业项目及创业企业发展有所帮助的要素，都可以纳入到创业资源的范畴。创业活动本身就是一个资源重新整合的过程，因此，创业者不仅要懂得如何获取资源，更要懂得如何利用资源、整合资源。

#### 2. 创业资源的种类

1）人力资源

人力资源是对价值创造起贡献作用的劳动者的教育、能力、技能、经验、体力等的总称。21 世纪企业之间的竞争主要是人才的竞争，人的劳动力是企业生产经营活动的核心力量，因此，人力资源的获取和开发是创业企业资源获取的关键。

2）物质资源

物质资源是指企业从事生产经营活动所需的一切生产资料，其构成状况可按物力资源在生产经营过程中的作用划分为劳动对象和劳动手段，工厂车间、机器设备、工具、原材料等都属于物质资源。物质资源是企业组织生产的重要生产资料，没有物质资源，企业的经营活动将无法进行。

### 3）技术资源

广义的技术资源包括形成产品的直接技术、间接技术以及生产工艺技术、设备维修技术、财务管理技术、生产经营的管理技能等。技术资源是企业的无形资产，是决定企业发展的重要因素，需通过法律手段对其进行保护。

### 4）财务资源

财务资源是企业物质要素和非物质要素的货币体现，具体表现为已经发生的能用会计方式记录在账的、能以货币计量的各种经济资源，包括资金、债权和其他权利。在企业财务资源中，最主要的是资金。财务资源是企业业务能力的经济基础，也是其他资源形成和发展的基础条件。

### 5）信息资源

信息资源是指创业企业在经营管理过程中所需要的一切文件、图表、数据等信息，由各种与企业经营有关的情报资料构成。常见的信息资源包括项目交易数据资源、供求信息资源、研究报告资源、财经数据资源、科研数据资源、学术论文资源、品牌口碑资源、公司名录资源等。"知己知彼，百战不殆"就是对运用信息资源使整体资源增值的最好诠释。

### 6）品牌资源

品牌资源是由一系列表明企业或企业产品身份的无形因素所组成的资源。品牌资源又可细分为产品品牌、服务品牌和企业品牌三类。尤其是成为驰名商标的品牌，对企业经营成败至关重要，在企业维系顾客忠诚、开拓新市场、推广新产品等方面具有无可比拟的优势。

## 3. 创业资源的来源

创业资源的来源有两个：一是来自内部积累，这类资源被称为内部资源，也称自有资源；二是来自外部获取，这类资源被称为外部资源。

### 1）内部资源

内部资源就是创业者的自有资源，可以由创业者自由支配和使用。拥有良好的内部资源，对创业者来说无疑是重要的。内部资源主要包括以下 6 种类型，可以通过内部培育和开发获取。

（1）现金资产，即创业者本人及家庭可以随时支配的现金和银行存款，请注意是"可以随时支配"的，易于变现的国债、股票等可以视同现金资产。

（2）房产和交通工具，即创业者本人及家庭拥有的住房、车辆等资产，这种资源既可以作为硬件资源，又可以作为现金资产的补充，必要情况下，还可以作为抵押品向银行或其他投资人申请融资。

（3）技术专长，技术专长可以分为有形和无形两种。有形技术专长指已申请成功的专利、软著等个人的知识产权。无形技术专长是指专有技术、科研成果或者对某个特定行业和领域的深入研究。

（4）信用资源。在现代信用社会中，个人长期积累的信用资源可以在资金借贷、商业赊销方面发挥重要作用。创业者需要具备良好的个人信用，这是一笔宝贵的无形资产。

（5）商业经验，即创业者对市场经济规则的了解程度，尤其是对创业企业所在行业的深入理解。需要深入研究和实践才能积累足够的商业经验。

（6）家族资源。创业者的家族资源介于内部资源与外部资源之间，创业者家族提供的经济支持、商业经验、学习机会、人脉关系等都属于家族资源。

大学生处于资源积累的初始阶段，自身拥有的资源数量较少、质量不高。创业仅有热情是远远不够的，过硬的素质和深厚的资源积累才是创业成功的关键。内部资源的积累需要创业者进行一定的规划，做好充分的准备。内部资源中通过自己实践积累的资源最为关键，大学生在校期间应勤奋学习，积极参加社会实践，学习好专业知识，积极参与各类竞赛，考取相关资格证书，提升个人的专业素养和创业能力，积累自身良好的个人信用和商业经验，从而沉淀创业所需的内部资源。

2）外部资源

外部资源指的是创业者并不具有支配权，但在一定程度上可以加以配置和利用的各种资源。在必要且条件成熟的情况下，创业者为了减少交易或者沟通成本，可以通过技术性安排，把某些外部资源转化为内部资源。外部资源中最重要的就是人脉资源。一般认为同学、战友、同乡是最单纯且最持久的人脉资源。同时，与供应商、销售商、广告商等利益相关者维持良好的关系，也可以为企业发展积累宝贵的外部资源。

人脉资源具有长期投资性、可维护和可拓展性、辐射性等特点。大学生创业者在校期间要有意识地积累和维护与创业相关的人脉资源，着力于两类人脉的积累：一是创业团队，通过参加各类社团、社会实践和创业大赛等活动，寻找志同道合的创业合作伙伴；二是创业贵人，要积极建立与社会人士和高校老师之间的良好关系，寻求创业贵人的支持和帮助。

## 知识拓展

### 建立人脉网络的五个步骤

20世纪80年代的一个早晨，我像往常一样来到办公室，得知自己被解雇了。我收拾好自己的私人物品，在午饭前离开了公司。

当然，我很震惊。10年以来，我的整个世界就是在这家公司的工作，以及我刚刚组建不久、人口不断增加的家庭。现在，这个世界有一半消失无踪了。我心中愤怒而苦涩，感到无比孤单。

幸运的是，公司赶我出门的同时，也为我安排了一位再就业顾问，他提出了一些非常实用的建议，教我如何建立人脉网络——这些建议我至今依然奉为圭臬。我不仅找到了一份不错的新工作，使我的事业重新步入正轨，而且还结交了数百位朋友和顾问，几十年来令我获益良多。

以下就是我对成功建立人脉网络的分步指南。

步骤一：确定你的人脉群体。首先，想好你要集中全力在哪个领域一展身手。你希望为大公司、中等规模的公司，还是创业企业工作？你所感兴趣的，是营销、销售、制造、IT，还是什么其他具体的领域？你在地域上有哪些限制？然后，根据这些指标列出一份联系人名单——其中不仅要包括选定公司的高管，还要有猎头专家、咨询顾问，以及任何能够在你的兴趣和专长领域对你有所帮助的人。

步骤二：征求意见和建议。与名单上的每个人取得联系，对他们说："我是某某人推荐的。我想听听您对我求职有何意见和建议，希望您能给我15分钟的时间，我将不胜感激。"在面谈过程中，你要简短地概括一下你的背景和技能，然后征求他们的意见和建议。记住，这次会面的目的不是求职。你必须尊重对方的时间，仔细倾听对方的每一句话。会谈结束时，你可以问问对方建议你还要和哪些人谈一谈。这样，每次面谈过后你都能增加两位联系人。几个月后，你在自己感兴趣的领域就会找到一大批联系人。

步骤三：发送感谢信。会谈结束后的第二天，立即以个人名义，向你在会谈过程中接触过的每个人（不仅要包括与你谈话的对象，还包括助理，甚至前台接待人员）发送一份手写的感谢信。这表明你是位素质优秀的人才，考虑周到，并能主动掌控全局。这个机会能让你在求职中显得与众不同，要充分加以利用。

步骤四：定期以电子邮件跟进。建立一份备忘录，定期给每位面谈对象发送一份简短的电子邮件，说："我只想告诉您，我的求职很有成效。我和您推荐的某某人谈过，再次感谢您为我牵线搭桥。同时，如果您能将您获悉的其他机会转告给我，我将不胜感激。谢谢，祝您继续取得成功。"

步骤五：让人脉网络保持活跃。找到新工作（你一定会的）之后，要通过经常联系使人脉群体保持完好。如今，我与初期群体中的许多人仍保持着定期的联系。只要有可能，我就会尽量回报他们的慷慨之举，他们也会继续在我最需要的时候予以支持。

无论你是在寻找一份新工作，还是要确保你能跟得上自己领域内的发展变化，精心构建自己的人脉网络并保持其完好无损都是大有裨益的。你会发现，如果你能以谦恭尊敬的态度对待他人，那么对方也会表现出惊人的慷慨大度。

（资料来源：中国企业家网）

### 8.1.2 创业资源的获取

创业资源的获取途径包括市场途径和非市场途径。

#### 1. 通过市场途径获取创业资源

通过市场途径获取创业资源有两种主要的方式。

一是直接购买，即指通过支付一定的费用，在市场上购买相关资源。这种途径可用于获取厂房、设备等物质资源，专利等技术资源，有经验的员工等人力资源。

二是联盟，即通过联合其他组织，对一些难以自行开发的资源实行共同开发。联盟的前提是联盟双方的资源和能力互补且有共同的利益，并能够对资源的价值和使用达成共识。

#### 2. 通过非市场途径获取创业资源

通常，创业者在创业起步阶段，资金有限，无法通过市场途径获得创业所需的全部外部资源，因而可通过非市场途径，即通过社会关系，用最小的代价获得某些创业资源，这是创业企业理想的资源获取方式。通过非市场途径获取创业资源包括资源吸引和资源积累两种方式。

资源吸引是指发挥无形资源的杠杆作用，利用创业企业的创业计划和创业团队的声誉，通过对创业前景的描述来获得或吸引创业资源。

资源积累是指利用企业现有资源在企业内部通过建造、开发、培训等方式形成所需的创业资源。

一般来说，通过非市场途径获取创业资源关键是创业企业的软实力。

> **案例阅读**
>
> ### 大学生自发组织蹭课联盟 优质资源如何突破高校围墙
>
> 武汉学生自发组织的蹭课联盟，已发展到有 16000 多粉丝、跨武汉 50 多所高校的大学生公益组织，他们有个"小目标"——到武汉所有大学听讲座。
>
> 全国已有不少省份在推进区域高校联盟和学分互认，相当于凭一张录取通知书就可以上多所大学。
>
> 从最初的 QQ 群和线下聚会，到后来负责整理发布武汉地区讲座信息的微信公众平台和线下读书沙龙，武汉蹭课联盟打破了学校、学科、专业之间的界限，让普通高校的学子有机会到名校旁听课程。而为更好地共享优质教育资源，除学生自发组织蹭课联盟外，不少高校也通过联合办学、学分互认等途径鼓励学生根据兴趣选修课程。
>
> 蹭课联盟是怎么成立的？多所高校联合办学的效果如何？怎样才能让宝贵的高校知识更有效、更多元地互通共享？
>
> **蹭课联盟，要听遍城市里所有大学的讲座**
>
> "说实话，我上大一的时候感觉比较迷茫，性格也比较内向。所以，每周都会骑自行车到武汉大学去听一些人文社科类的讲座。"武汉高校蹭课联盟创始人、华中科技大学 2015 届毕业生刘灿说。
>
> 在蹭课的过程中，刘灿结交了一帮志趣相投的朋友，"一开始，大家只是在一起交流、分享读过的书和看到的学术观点，慢慢地我就想，为什么不把不同学校举办的知名学者教授的讲座或者公开课信息集中发布，让更多人能够近距离感受大家风采。"
>
> 刘灿把这个想法向好朋友说出后，立即得到了同校 2012 级学生王贤玮和武汉大学 2010 级学生孟政典的响应。2014 年初，他们三人通过 QQ 群发布武汉各大高校的讲座、课程等信息，并鼓励群成员主动在群里分享有价值的讲座信息、推荐各高校的优秀公选课，分享各类学习资源、读书感悟。
>
> "现在我们的'武汉蹭课'微信公众号已经有 16000 多粉丝。"武汉蹭课联盟现任负责人、湖北大学研二学生吴非告诉记者。
>
> 作为一个跨武汉 50 多所高校的大学生公益组织，集体蹭课、约听讲座、邀请老师……联盟活动形式和参与人数都在不断丰富和上涨，让之前封闭的高校文化类社团从"学校"升级到"城市"。吴非说："我们意识到上课原来可以不只在自己学校，还可以上遍这座城市的所有大学，去蹭这里每一场公开讲座和公开课。"
>
> 而为顺应时代对复合型创新人才的需求和学生个性化发展的渴望，早在 2001 年，武

汉七所教育部直属重点高校便充分发挥各自学科专业优势，各自拿出本校特色优势专业联合办学，学生可以跨校跨学科辅修第二学位，相当于"一张录取通知书，可上七所名校"。

截至 2016 年 6 月，七校联合办学共开设优势专业 68 个，惠及 5 万余名七校大学生。当年共有 2732 名（不含本校辅修）2011 级学生参加第二阶段辅修双学位的学习。目前，已有 2500 人获得各校辅修双学位，授学位比例达到 91.51%。

**学分互认，探索学习资源共享新路径**

为了开放高等教育学习资源，实现优质教育资源区域共享，全国很多省份和地区都在推进区域高校联盟建设。联盟高校间可以专业互修、跨校选课，同时互相承认学分，促进高校间的优势互补。目前已建立联盟的省份有北京、河南、广东、湖北等。

从 2014 年秋季学期开始，辽宁省基于精品开放课程资源建设及在线学习平台建设情况，部分高校开展了以课程资源建设为基础，以跨校修读学分为手段，以建立引导激励机制为保障的大学生在线学习跨校修读学分工作。截至目前，省内已有 32 所高校选用省级精品开放课 500 余门（次）开展跨校修读学分工作，已有 5 万余名学生通过在线学习平台注册学习修读学分。

沈阳农业大学管理会计课程教师耿黎参与跨校修读教学已经有两个学年的时间。在教学中，他发现自愿选择跨校修读的学生学习愿望更加强烈，"我们共开展了三轮次跨校修读，两轮采取全班选课，一轮自愿选课。"对此，他的总体感受是："自愿选课的学生积极性与课程参与度更高，教学效果更好。"

同样是跨校的学分互认，效果也并非都尽如人意。某地区 6 所高校率先"结盟"，探索课程互选。"一般来说，各校都有一些独具特色的优势学科，跨校选课一定程度上能够扩大视野，也为掌握更多学科知识提供了机会。"当时的决策者这样认为。刚开始，这项创新举措引起了很高的关注。但渐渐地，各校的互选课越来越少，甚至一些学校连续几年不开课；选修的学生也越来越少，多的几十名，最少的仅有 10 个人。

学生为什么不买账？跨校上课不方便是很重要的原因，各校占地很广，相互距离很远，不少同学觉得为了上堂课专门跑那么远，很不方便。更重要的是学生们普遍认为跨校选课不实用，高校都朝综合性方向发展，各校专业门类基本雷同，所需要的选修课学分，在本校都能修完，没必要舍近求远。更有甚者，由于要按学分收费，互选课甚至被一些学生看作是高校创收新举措。

虽然仍有这样那样的问题，但共享优质的高校资源，打破校园围墙、打破知识围墙已是共识。

**校园生活，收获的不仅是专业知识**

当年考取了清华大学西洋文学系的季羡林先生晚年回忆说："反而是我旁听和选修的两门课，令我终生难忘，终身受益。旁听的是陈寅恪先生的'佛经翻译文学'，选修的是朱光潜先生的'文艺心理学'，就是美学。"

不少人可能都有季先生同样的感受，大学期间，收获的不仅仅是专业知识，那些旁听的课程、精彩的讲座、激烈的讨论，都是一生中随时可调取的营养储备。中国人民大学哲学系副教授周濂也曾说："真正奠定我的人生观、价值观的不是教科书，不是枯燥乏味的应试教育，而是这些看似不着四六的讲座和闲书。"

高校资源惠及的已不仅是校园内的学生。北大周围就聚集了一群"知名保安"，他们工作时是保安，脱下保安服后就匆忙赶到各个自己感兴趣的学院听课。来自湖北山区、只有大专学历的甘相伟怀着执着的精神最终通过成人高考，成为了北大中文系的一名学生。虽然不可能人人成为甘相伟，对多数单纯蹭课的求知者而言，这段在大学校园里的经历也让他们终身受益。

大学学分互认已经打破了校际间的围墙，而知识的围墙也已被网络打破。

（资料来源：人民日报）

## 任务 8.2　整合创业资源

### 名人名言

能用众力，则无敌于天下矣；能用众智，则无畏于圣人矣。

——孙武

创业者在企业成长的各个阶段都会努力争取用尽量少的资源来推进企业的发展，他们需要的不是拥有，而是控制这些资源。

——史蒂文森

### 8.2.1　资源整合的内涵

创业资源在企业创业初期多是零散且有限的，要发挥其最大效用，为企业创造价值，就需要创业者运用科学方法将零散的、有限的资源进行整合，由此成功开发创业机会，推进创业过程向前发展。所谓资源整合就是对不同来源、不同层次、不同内容的资源进行选择、配置、激活和有机融合，使之更具有价值性，形成新的核心资源体系的过程。

《三国演义》中的诸葛亮被喻为智慧的化身，他一生中的很多传奇故事都跟"借"字有关：借天时、借地利、借人和、借荆州、借东风、草船借箭等，这都体现出资源整合的智慧。创业者通常就是那些寻找资源，然后整合资源的人，而非拥有现成资源的人。资源整合能力的强弱是衡量创业者能力高低的核心指标，直接影响着创业企业的发展。

创业者的资源整合能力主要表现在"借鸡生蛋"的能力上，即在自己没有资金、资源的情况下，借助他人的资源，发展自己的实力，最终脱胎出自己的事业。

### 案例阅读

**大三学生暑假空手创收 50 万**

2005 年暑假前，某高校的大三学生翁某想利用暑假实现创业梦想，但自己既没有资金，又没有设备和场地。他通过研究一些同学和社会上成功人士的创业经验，脑海里产生了一个大胆的创意，即通过借人才资源和租场地，创办一个假期高考培训班。结果，翁某和他的几个同学毛收入竟达到了50万元，空手从海里捞了一个"大鲸鱼"。

他通过研究发现，北京大学、清华大学汇集了全国各地的优秀学生，有很强的品牌优势。而在校的中学生，梦寐以求的理想，就是考上中国的名牌大学。他们往往把考取北京大学、清华大学的学生作为自己的楷模。翁某认为，如果在暑假能聘请北京大学、清华大学的学生当老师，举办假期高考培训班，一定能对中学生产生很大的吸引力。

说干就干，翁某等几个人为了请北京大学、清华大学的大学生，尤其是硕士生、博士生给自己打工，就尝试着在BBS发布招聘启事，高薪聘请假期高考培训班的老师。招聘启事上开出了高价：吃住行全报销，另加3个月的薪水。

这一招真灵，先后有北京大学、清华大学和北京师范大学的20多名在校生，其中还有几位是当地的高考状元，甚至还有不少硕士生和博士生先后来应聘。

紧接着，他们又到一些中学张贴广告，发布了培训班信息，很多中学生被这些名牌高校的高才生所吸引，纷纷报名。于是，他们就在学校附近租了教室，还在市区其他地方设了多个联合培训点。经当地教育部门批准后，假期高考培训班正式开学。

在保证质量、限制名额的情况下，翁某和他的同学一个假期在杭州等地培训了500多人，按每人每科400元到600元计算，毛收入竟达到了50多万元。去掉20多名"教师"的费用、教材费、场地租赁费、宣传费等成本，获得了一笔十分可观的利润。

### 8.2.2 创业资源整合的过程

创业资源的整合是一个复杂的过程，通常可分为资源扫描、资源控制、资源利用和资源拓展四个阶段。这四个阶段在时间上并不是完全分离的，而是相互影响、相互衔接的。

#### 1. 资源扫描

所谓资源扫描，就是对企业所拥有的资源进行全面梳理。根据资源的类型不同，资源扫描又分为内部资源（自有资源）扫描和外部资源扫描。

内部资源扫描是指创业者对企业自身所拥有的资源进行全面梳理，包括所有有价值的有形资产和无形资产，找到自己的资源优势和不足，认清哪些属于战略性资源，哪些属于一般性资源。同时还要确定资源的数量、质量、使用时间及使用顺序等，以便更好地进行资源整合。

外部资源扫描是指创业者对外部资源进行全面梳理，及时发现创业企业所需资源的过程。同时，创业者还应了解获取这些资源的渠道，并对获取各种资源的难易程度进行排序，然后按先易后难的顺序对相关资源的所有者进行深度分析，从而找到与资源所有者的利益契合点，并创造性地设计出双赢的合作方案，进而获取所需资源。

#### 2. 资源控制

所谓资源控制，是指创业者对各种资源的掌握程度。资源控制力越强，则创业企业在利用资源时越得心应手，同时，还能规避因资源灭失而产生的风险。

一般来说，创业初始阶段，创业者对资源控制的范围主要包括创业者自身拥有的资源、通过交易等形式可获得的资源及通过人脉网络等形式可以获得的资源。此外，创业者还可以通过联盟的方式，去利用那些尚无法得到的资源。

### 3. 资源利用

在扫描和控制了大量资源后，创业企业必须对这些资源进行恰当的利用，以充分发挥它们的效益，从而体现出这些资源的价值。

创业者必须运用科学方法，协调好各种资源间的关系，以使资源间的联系更加紧密，从而形成"1+1>2"的局面。

### 4. 资源拓展

资源拓展是指借助已有资源进一步为企业开发潜在的资源，从而推动企业的持续发展，并不断形成新的优势。

创业者需要不断拓展资源的范围和功能，为企业形成可持续发展的资源库。

## 8.2.3 创业资源整合的途径

### 1. 步步为营，节约资源

"步步为营，节约资源"是指在每个阶段或者决策点投入最少的资源，减少管理成本，最大限度地减轻对外部资源的依赖，降低经营风险。如大学生可以在校期间入驻学校的创业孵化基地，享受免费的办公条件，同时利用其他兼职大学生的人力资源，减少人力成本开支。

### 2. 借鸡生蛋，合作共赢

创业离不开产品资源和客户资源，若将别人的产品资源和客户资源为自己所用，就可以较快地打开市场。创业者需将自己的资源与别人的产品资源、客户资源进行整合，将别人的资源为我所用，实现合作共赢。

---

**案例阅读**

**不花一分钱，复制别人的项目赚钱**

有一个河南的小伙，在一家超市门口看见别人搭了个简易台子在卖集团手机充值卡，这种手机充值卡就充值100元话费赠送100元话费，充值和赠送的话费只能打电话，不能发短信。这种手机充值卡非常吸引消费者，引起很多人围观，仅十分钟就卖出去5张。小伙看这人卖得这么快，便趁人家不忙的时候，过去打听打听。因为这个商场还有另外一个出口，如果这种手机充值卡很赚钱的话，可以在另外的一个出口搭个台子再卖。打听之后得知，每卖出一张手机充值卡可以赚8元，人流量大的时候，1个小时能卖出30张，1个小时就能赚240元。这位河南的小伙就跟他商量，让他第二天多带一个台子过来，再多带一些手机充值卡，他在超市的另外一个出口帮他卖，每张只需提成5元。第二天这位小伙就在超市的另外一个出口，卖了五个小时，总共卖出去 100 来张手机充值卡，轻轻松松赚了 500 元。

**案例点评：**
　　看见别人卖什么卖得好，果断地加入，但是最好不要自己进货，不要自己搭台子，借用别人的货，借用别人的台子，以最小的成本，来借用别人的资源为自己赚钱。既然别人卖得好，就一定有卖得好的道理，大胆地借货，在你们合作的时候，也是在帮他赚钱，他一定会将卖货的经验告诉你。这样，你不光卖货赚钱了，还学到了卖货经验。

### 3. 巧妙拼凑，整合利用

创业初期的资源往往非常零散，创业者可以整合身边现有资源，将零散的资源富有创造力地拼凑出新的资源，开发新的产品或服务。例如，很多互联网企业的创业者并非计算机专业出身，但却能够敏锐地发现市场机会，整合身边资源，开发出与互联网相关的产品。

## 8.3　开启创业融资

### 名人名言

承担风险，无可指责，但同时记住千万不能孤注一掷。

——乔治·索罗斯

投资不仅仅是一种行为，更是一种带有哲学意味的东西。

——约翰·坎贝尔

资金是企业经营活动的第一推动力和持续的能量来源。缺少资金的注入，企业的生产经营将成为无源之水、无根之木。对于白手起家的创业者来说，获得"第一桶金"，突破资金限制，是创业成功的关键。大学生要想凭借自身的技术或者创意成功创业，就必须要掌握融资的相关知识和技能。只有解决限制企业发展的资金问题，才能深入市场、站稳脚跟，在商海中纵横驰骋，为未来的发展打好基础。

### 8.3.1　创业融资的概念

创业融资是指创业企业从自身生产经营及资金运用情况出发，通过科学的分析和决策，借助一定的渠道或方式筹集生产经营所需的资金的一种经济行为。从狭义上讲，融资是一个企业的资金筹集过程，侧重于资金的融入。

### 8.3.2　创业融资的过程

创业融资的过程分为以下几个步骤。
（1）做好融资前准备。市场经济条件下，个人诚信是无形资产，能有效拓展获取各种资源的渠道。此外，创业者需要广泛搭建人脉网络，与现实及潜在的资金提供者建立和发展良好的关系。

（2）测算创业所需资金。在筹集资金之前，要运用科学的方法测算创业所需的资金。

（3）撰写创业计划书。撰写创业计划书不仅有助于通盘考虑创业启动阶段所需的资金，还有助于获得风险投资支持。

（4）选择合适的融资方式与融资渠道。

### 案例阅读

#### 政协委员谈青年创业难题：贷款融资成拦路虎

2015年全国两会召开一个月前，全国政协共青团、青联界别的委员们刚刚完成了一道"命题作文"。说是"命题作文"，实则是一次专项调研，主题紧紧围绕四个字：青年创业。

"2014年是中国的草根创业元年。"有评论称。

然而，上述舆论场并非一片欢声笑语，总有创业失败者在阴影中嗟叹。

"我就是想知道青年创业到底难在哪儿？"全国政协委员、中国青年政治学院党委书记倪邦文说。

带着这样的问题，17位全国政协委员于2015年1月下旬兵分三路，前往浙江、湖北、陕西，深入小微企业、大学科技园、青年创业基地，与企业家、青年创业者、政府官员等多次座谈，试图求解青年创业过程中的诸多难题。

**贷款融资成为拦路虎**

让倪邦文委员印象深刻的是，曾有几名小微企业主告诉他，企业还没有创办就已经被盯着要缴纳税费了。他用了个比喻："这不就是鸡还没长大，就让它下蛋吗？"

与这些全国政协委员的座谈中，"80后"创业博士、武汉华肽生物科技有限公司总经理曾建华讲述了自己创业之初遭遇的困境。

2011年，华中科技大学博士毕业的曾建华准备注册公司，当时急需5万元招人、买材料，但到银行贷款未果。

"大学生创业没有固定资产抵押，而高科技基因又是公司快速崛起的制胜法宝，贷款融资成为拦路虎。"曾建华直陈自己的困惑。

**融资，融资，还是融资！**

创业年轻人姜开对此感同身受。

姜开目前担任武汉光之谷文化科技有限公司总经理，这是一家从事微电影拍摄及微电影活动项目的公司。在与政协委员"面对面"时，姜开直言不讳："在创业过程中最难的就是融资，武汉是全国大学特别多的城市，大学生创业率也仅有0.3%，其根本原因是融资渠道单一、融资条件苛刻和融资机构积极性不高。缺乏创业资金严重影响着大学生创业的成功率和自信心。"

不过，调研中，也有一些意外发现给委员们带来了别样感受。

倪邦文委员就频频被杭州的创业氛围所触动：那里不仅有良好的政策环境，而且政府提供服务的过程尤为专业化和人性化。

倪邦文举例说："我们曾和杭州人社部门的一位官员座谈，他对大学生创业的相关政策如数家珍，不仅如此，在涉及相关财政、税务政策时，也很在行。"

**创业过程卡在哪儿了**

调研给委员们最大的感触是，一道道无形的门槛卡住了这些年轻人的创业过程，也极大地扼杀了他们的创业激情。

在陶然居集团董事长严琦委员看来，创业青年最大的困难是没有足够的经验。"我们去调研的地方大都是互联网企业，互联网创业前景很好，可以做到'拎包入住'，但还是和实体经济结合起来，成功率会比较高"。

"不少创业者开办的公司仍在起步阶段时，会因缴纳职工社会保险感受到压力。"倪邦文委员总结，此外，青年创业者还受困于创业教育的匮乏。

立信会计师事务所有限公司董事长朱建弟委员这次专门提交了一份《加强创新创业发展体系建设》的提案，他将目前国家创新创业人才体系建设存在的问题概括为以下三点。

首先，相关政策事务管理不集中。国家、各地区及产业园分别出台了丰富多样的创新创业扶持政策，但由于多头管理，致使政策多而杂并有重叠，使其缺乏系统性，针对性、及时性和有效性也还需提高。在中央政府层面缺乏监管部门，谁来评价各级政府创新创业工作的实施缺少总抓手，导致这类评价在当前工作中是不完善的。

其次，创新创业培训体系不健全。比如走出校园后，针对大学生创业者的培训目前仍停留在初级阶段，培训课程单一，没有与实务相结合且缺乏连贯性。而针对创业失败的大学生，更是缺乏相关辅导，致使其难以找到职业发展的新路径。

此外，资金扶持效率效益不突出。现阶段，虽然国家、各地区及产业园分别出台了资金扶持政策，有的产业园甚至还设立了创业基金。但是，不少创业企业仍反映存在资金筹措难、门槛高、时效长、效率低等问题。

**"扶上马，送一程"不是空谈**

"纵观大众创新创业群体我们发现，大学生创业者已成为这一群体的主流，也是未来的中坚力量。从长远看，这股力量将在未来5~10年带动我国创业浪潮。然而，大学生创业者也面临着重重阻碍，需要各级政府和社会力量给予引导、帮助及资源支持。"朱建弟委员说。

严琦委员以自己多次担任创业导师的经历现身说法。

严琦担任着一个做VI设计的大学生创业团队的创业导师，她主动将自己企业的一些小项目交给这个团队做，借助企业的影响力带动了这个创业团队的迅速发展。

她举例，比如一个200万元的项目，如果在以前，这个团队是接不了的，因为没有足够的流动资金，于是，她先借了一笔钱给这个团队，"这样扶持他们，他们就会越做越大，

> 其实他们自己做的都很好，关键是缺少平台"。
> 　　在严琦看来，大学生最大的优势是有创业激情，"也很拼"，遇到困难，如果有导师指导，会迈过这个槛。
> 　　倪邦文委员建议针对青年创业者放宽税收、社保等相应政策，"从源头上给予青年更优惠的创业环境，降低创业成本"。此外，他建议加强创业教育、创业意识和创业能力的培训。
> 　　调研中，有委员提出，不鼓励所有大学生都去创业。
> 　　对此，严琦认为，不是鼓励不鼓励的问题，"现在的创业和我们那时不一样，我们那时候都是一个人干，现在一般都是三五人的团队来干，即使失败也不影响他们创业的激情"。在这位女企业家看来，政府要做的不只是"输血"，"不是仅仅给大学生点钱，应该是政府来搭台，企业来运行孵化基地"。
> 　　她在此次的提案中建议充分发挥大企业和民营企业的引领作用，加强见习制度的扶持力度，并积极鼓励大学生自主创业。
>
> （资料来源：中国青年报）

### 8.3.3　创业融资的方式

**1. 股权融资与债券融资**

1）股权融资

股权融资是指企业的股东愿意让出部分企业所有权，通过企业增资引进新股东的一种融资方式。股权融资按渠道来划分，主要分为公开市场发售和私募发售两种方式。公开市场发售就是通过股票市场向公众投资者发行企业的股票来募集资金。私募发售，是指企业自行寻找特定的投资人，吸引其通过增资入股。股权融资所获资金的用途极为广泛，既可以充实企业的营运资金，也可以用于企业的投资活动，且无须企业偿还。

2）债权融资

债权融资指以还本付息的方式从金融机构或其他单位、个人等处筹措资金的方法，通常包括银行贷款、发行债券、民间借款、融资租赁等形式。通常，向亲友借贷是债券融资的最初阶段，发行债券是债券融资的最高阶段。债权融资获得的只是资金的使用权而不是所有权，负债资金的使用是有成本的，企业必须支付利息，并且债务到期时需归还本金。债券融资是中小企业融资的基本方式，其特点决定了债券融资的资金用途主要是解决企业营运资金短缺的问题，而不是用于资本项下的开支。

3）股权融资和债权融资的不同

股权融资与债务融资主要有以下3点不同。

（1）风险不同。对企业而言，股权融资的风险通常小于债权融资，与发行公司债券相比，公司没有固定的付息压力，且普通股也没有固定的到期日，因而也不存在还本付息的融资风险。而企业发行债券，则必须承担按期付息和到期还本的义务，这种义务与公司的经营状况和盈利水平无关，当公司经营不善时，有可能因为巨大的付息和还本压力导致资金链破裂而破产。

（2）融资成本不同。通常股权融资的成本高于债券融资。一方面，从投资者的角度讲，股权融资的风险较高，要求的投资报酬率也会较高；另一方面，对于筹资公司来讲，股利从税后利润中支付，不具备抵税作用，而且股票的发行费用一般也高于其他证券。而债券融资下的利息费用在税前列支，具有抵税的作用。因此，股权融资的成本一般要高于债权融资。

（3）对控制权的影响不同。一般来说，股权融资会影响股东对企业的控制权。债权融资虽然会增加企业的财务风险，但不会削减股东对企业的控制权。如果选择增募股本的方式进行股权融资，现有的股东对企业的控制权就会被减弱。而且随着新股的发行，流通在外面的普通股数量必将增加，导致每股收益下跌，进而会对现有股东产生不利的影响。

### 2. 直接融资和间接融资

#### 1）直接融资

直接融资是指不经过任何金融中介机构，而由资金短缺的一方直接与资金盈余的一方协商进行借贷，或通过购买有价证券及合资等方式进行的资金融通。直接融资的优点是资金流动比较迅速、成本低、受法律限制少；缺点是对交易双方筹资与投资技能要求高，而且还必须经过双方会面协商才能成交。

#### 2）间接融资

间接融资是以金融机构为媒介进行的融资活动。通常由金融机构充当信用媒介来实现资金在盈余方和短缺方之间的流动，具体的交易媒介包括货币、银行存款、银行汇票等。此外，融资租赁和票据贴现等也属于间接融资。间接融资方式的优点是资金较为安全，企业可以实现多元化负债，不需要稀释股权。

---

**案例阅读**

**大学生辞职离京"南漂"创业 获 100 万元融资**

走进位于成都高新区核心地带的天府软件园创业场，现代化的建筑和配套完善的基础设施随处可见。在灵感咖啡的一隅，高高瘦瘦、斯文安静的黄毅似乎与这里的氛围融为一体。

黄毅 2011 年毕业于位于成都市的电子科技大学产品设计专业，毕业后供职于北京人人网。2013 年初，他选择辞职，与朋友一起"南漂"回到成都。

"2012 年 12 月，在'成都高新'的微博上看到了高新区大学生创业的政策，就觉得应该把握住这个好机会。"黄毅说，"在北京虽然薪资还不错，但还是觉得看不到希望。父母从小就让我对自己的重大决定做主，所以家人对我回成都创业也很支持。"

"2013 年 4 月 11 日我们正式入驻创业场，7 月份获得了 100 万元的融资。此前，我将

> 工作三年的所有积蓄全用在了公司运营管理上。"黄毅说,"因为我们判断,智能手机普及后,移动端购物和社区会有新的机会,而女性对化妆品需求很强烈,消费额也在逐年增长,所以我们开始做'抹茶美妆'。"
> 
> 黄毅告诉记者,政府和创业场在为大学生创业者提供政策扶持、小额贷款和生活补贴之外,还解决了他们的住宿问题——创业场内的公寓供大学生创业者免费住宿,黄毅及其团队能够将全部精力放在产品开发和公司运营上。
> 
> "第一次创业,很多事情始料未及,我没想到自己会经历早期伙伴出走,还有一次、两次、三次的融资失败。但是我和我的合伙人还是选择了坚持下来。"黄毅说。
> 
> "在黑暗中前行时还保留着希望。"黄毅说,"我最坚持的就是,想法是否成熟不太重要,行动更加重要。"
> 
> 如今,他的团队已经从最初的两人发展到如今的14人,其开发的"抹茶美妆"手机应用用户人数已达10万。
> 
> (资料来源:新华网)

### 8.3.4 创业融资的渠道

融资渠道即企业筹措资金的方向和通道,体现了资金的来源和流量。对于创业者来说,能否通过合法渠道快速高效地筹集到资金,是创业企业生存发展的重要前提。

#### 1. 私人资本融资

**1)个人积蓄**

一般来说,创业者的个人积蓄都是创业融资最初的来源,几乎所有的创业者都会向他们新创办的企业投入个人积蓄。当然,个人积蓄虽然是企业融资的一种途径,但并不是根本性的解决方案。因为个人积蓄对于企业来说是十分有限的,特别是对于资本密集型企业来说,几乎是杯水车薪。

**2)向亲友融资**

向亲友融资也是创业融资的重要渠道,被称作成本最低的创业"贷款"。向亲友融资是个人筹集创业启动资金最常见、最简单而且最有效的途径。它属于负债筹资的一种方式,其优势在于一般不需要承担利息,没有财务成本,只在借钱和还钱时增加现金的流入和流出。因此,这种方式筹措资金速度快、风险小、成本低。缺陷是会给亲友带来资金风险,甚至是资金损失。

#### 2. 机构融资

**1)向金融机构借款**

由于银行财力雄厚,因此在创业者中很有"群众基础"。从目前的情况看,银行贷款有抵押贷款、质押贷款、贴现贷款、担保贷款、信用贷款等方式。

抵押贷款是指借款人以其所拥有的财产作抵押,来获得银行贷款的一种借款方式。在抵押期间,借款人可以继续使用其用于抵押的财产。

质押贷款是指以借款人或第三方的动产或权利作为质押物发放的贷款。创业者可以用自己甚至亲朋好友（需要本人书面同意）未到期的存单、国债、国库券及保单等作为抵押物，从银行获取有价证券面值80%～90%的贷款。

贴现贷款是指借款人在急需资金时，以未到期的票据向银行申请贴现而融通资金的贷款方式。贴现贷款具有流动性高、安全性大、用途确定等特点。和质押贷款的区别是，贴现是由银行购买借款人的未到期票据，而质押是转移了财产所有权。

担保贷款是指借款人向银行提供符合法定条件的第三方保证人作为还款保证的借款方式。当借款方不能履约还款时，银行有权按照约定要求保证人承担清偿贷款的连带责任。

信用贷款是指银行仅凭对借款人资信的信任而发放的贷款。借款人无须向银行提供抵押物或担保。相对于抵押贷款而言，信用贷款更加便捷和人性化，门槛较低，一般只要工作稳定、缴费记录良好就能获得贷款。对于没有抵押物或质押物的借款人来说，信用贷款是一种短期内融资的有效方式。

银行贷款的优点是利息支出可以在税前抵扣，融资成本低，运营良好的企业在债务到期时可以续贷。缺点是一般要提供抵押物或质押物，还要有一定比例的自筹资金。由于要按期还本付息，如果企业经营状况不好，就有可能导致债务危机。

2）向非银行金融机构借款

根据《中国银保监会非银行金融机构行政许可事项实施办法》的规定，非银行金融机构包括经银保监会批准设立的金融资产管理公司、企业集团财务公司、金融租赁公司、汽车金融公司、货币经纪公司、消费金融公司、境外非银行金融机构驻华代表处等机构。

3）交易信贷

交易信贷又称商业信用，是指企业在正常的经营活动和商品交易中，由于延期付款或预收货款所形成的企业间常见的信贷关系。企业在筹办期及生产经营过程中，均可以通过交易信贷的形成筹集部分资金。例如，企业在购置设备或原材料的过程中，可以通过延期付款的方式，在一定时期内免费使用供应商提供的部分资金。

4）融资租赁

融资租赁是指出租人根据承租人对租赁物件的特定要求和对供货人的选择，出资向供货人购买租赁物件并租给承租人使用，承租人则分期向出租人支付租金的融资方式。在租赁期内，租赁物件的所有权属于出租人，承租人拥有租赁物件的使用权。租赁期届满，租金支付完毕并且承租人根据融资租赁合同的规定履行完全部义务后，租赁物件所有权即转归承租人所有。

**拓展阅读**

**为大学生信贷消费加上一把"安全锁"**

2021年3月，银保监会办公厅、中央网信办秘书局、教育部办公厅、公安部办公厅、人民银行办公厅联合印发《关于进一步规范大学生互联网消费贷款监督管理工作的通知》（以下简称《通知》），明确要求，小额贷款公司不得向大学生发放互联网消费贷款，未经监管部门批准设立的机构一律不得为大学生提供信贷服务等。《通知》的发出有望让校园"套路贷"现象得到遏制。

　　在校大学生是一个特殊的消费群体。一是普遍没有常规的独立经济来源，其收入来源主要依赖父母或家庭，少部分学生有奖学金助教、助研或其他勤工俭学的收入，基本上得以覆盖基本的学习与生活费用，但如果要发生额外的消费则未必可以满足；二是这些学生在心智方面仍不够成熟，没有完全形成理性的消费观念，也缺乏个人财务方面的经验，再加上父母或家人不在身边没有人提醒或把控，容易出现消费冲动、花钱过多，从而导致入不敷出的问题。

　　部分互联网小额贷款机构利令智昏，利用在校大学生的这些特点，不在服务客户、管控风险方面下功夫，而是与科技公司合作，进行所谓的"精准营销"，通过虚假、诱导性宣传，发放互联网消费贷款，诱导大学生在互联网购物平台上过度超前消费，导致部分大学生陷入高额贷款陷阱。而且，这些专门针对在校大学生的特殊性设计的信贷产品，往往是按照某种所谓的"套路"设计开发，具有很强的针对性，形成了所谓的"套路贷"。借款人一旦"入套"，往往很难摆脱。

　　更让人气愤的是，有些金融机构贷前调查不尽职，或者根本就没有进行贷前尽责调查，违反相关监管规定发放贷款，贷款利率远远超过正常水平；有些把业务外包给互联网平台后不管不问，平台随意加大收费，高昂的息费加大了借款人的负担；有些贷后催收管理不到位，缺乏相应的管理制度，催收操作规程不完备，出现了暴力催收的情况……产生了恶劣的社会影响。

　　如此种种，不仅影响到学生的正常的学习生活，干扰了学校的正常秩序，损害了学生的身心健康，甚至威胁到学生的生命安全。同时也对信贷市场的健康运行、对正常的金融秩序造成严重损害。

　　监管机构以及相关部门对大学生互联网消费贷款存在的各类问题历来高度重视。此次，五部门联合发文，明令放贷机构不得针对大学生群体精准营销，不得采用虚假、引人误解或者诱导性宣传等不正当方式诱导大学生超前消费、过度借贷。包括提高大学生金融安全防范意识；完善帮扶救助工作机制等举措，无疑将有效规范校园贷款行为，加强风险控制，切实保护在校大学生利益。

　　此外，《通知》要求各高校要配合银行业金融机构有针对性地开发手续便捷、利率合理、风险可控的高校助学、培训、创业等金融产品。

　　如此，一手堵"偏门"，一手开"正门"，堪称为大学生信贷消费加上了一把"安全锁"。

（资料来源：人民网）

### 3. 政府扶持基金

　　创业者可以根据政府的扶持政策，从政府方面获得融资支持。随着我国经济的发展，政府对创业的支持力度越来越大。无论是从政府扶持产业的广度方面，还是从政府对创业者的资金支持力度方面，都有了很大提升。利用政府扶持基金不用担心投资方的信用问题；而且，政府的投资一般都是免费的，能降低或免除了筹资成本。但申请政府扶持基金有严格的申报要求。但是，政府每年的投入有限，筹资者需面对其他筹资者的竞争。

### 知识拓展

#### 国务院进一步支持大学生创新创业 鼓励金融机构解决创业融资难题

2021年，国务院办公厅发布《进一步支持大学生创新创业的指导意见》（以下简称意见）。意见指出，鼓励金融机构按照市场化、商业可持续原则对大学生创业项目提供金融服务，解决大学生创业融资难题。落实创业担保贷款政策及贴息政策，将高校毕业生个人最高贷款额度提高至20万元，对10万元以下贷款、获得设区的市级以上荣誉的高校毕业生创业者免除反担保要求；对高校毕业生设立的符合条件的小微企业，最高贷款额度提高至300万元；降低贷款利率，简化贷款申报审核流程，提高贷款便利性，支持符合条件的高校毕业生创业就业。鼓励和引导金融机构加快产品和服务创新，为符合条件的大学生创业项目提供金融服务。

意见还提到，落实落细减税降费政策。高校毕业生在毕业年度内从事个体经营，符合规定条件的，在3年内按一定限额依次扣减其当年实际应缴纳的增值税、城市维护建设税、教育费附加、地方教育附加和个人所得税；对月销售额15万元以下的小规模纳税人免征增值税，对小微企业和个体工商户按规定减免所得税。

#### 4. 天使投资

天使投资是一种非组织化的创业投资形式，是指天使投资者（个人）或非正式风险投资机构（团体）对有发展前景的原创项目或创业企业进行早期权益性资本投资，以帮助它们迅速启动的一种民间投资方式。

天使投资有如下特征。

（1）天使投资的金额一般较小，而且多为一次性投入。天使投资对创业企业的审查并不严格，更多的是基于天使投资者的主观判断或者个人喜好。

（2）天使投资者本身可以是任何愿意投资公司的人士，既可能是企业家或其他高收入人士，也可能是创业者的邻居、家庭成员、朋友、公司伙伴、供应商等。

（3）天使投资者不但能带来资金，也能带来一定的资源。如果他们是知名人士，还可以提高公司的信誉和影响力。

### 案例阅读

#### "易分期"获得500万天使融资

专注于大学生分期旅游的平台——易分期获得500万元的天使融资，在获得融资后，易分期将加快布局战略，实现快速扩张。

根据调查，有85.43%的被调查大学生表示热爱旅游，47.91%的被调查大学生一学期至少会旅行一次，另有12.66%的被调查大学生一学年旅游3次及以上，而目前，在校大学生人数超过2500万，市场潜力巨大。便宜的跟团游成了现在大学生的首选，然而跟团游的强行消费、旅客素质参差不齐等导致大学生旅行中非常不愉快，旅行社的投诉也越来越多。为了让大学生群体能够安心旅行，易分期以旅游分期为切入点进入大学生分期消费市场。

据了解，易分期主要有两个入口，第一个入口，大学生可以直接选择旅行路线，而所有路线都是以易分期根据学生用户的喜好深度定制出游计划，如路线、游玩项目等，且价格透明无任何强制消费。第二个入口以分期服务解决用户的资金短缺的问题，解决旅行费用问题。易分期与P2P理财网站通过债权转让的方式获得资金，然后出借给大学生，一次国内旅行分3~24期，平均一个月几十块钱，不会给用户造成负担，且有学生父母为其还款能力背书属于优质客户，每个学生借款金额不大，风险分散。据负责人介绍目前易分期的坏账率为0。

另值得一提的是，旅行的设计中增加了社交功能。这个项目开始进行就深受大学生喜爱，在川渝地区形成了大学生单身男女火热报名的现象。通过旅行了解对方最后走到一起这样的同学不在少数，根据易分期的跟踪调查目前已经有数十对同学通过旅行告别单身，参加旅行团已经成为了快速脱单的一种方式。只要旅行和社交市场空间存在，那么易分期的业务也就有了保障。

易分期计划在清明节期间推出十几条大学生定制路线，每一条路线都是由易分期团队深度分析制定出来的，为了区别常规旅行，期间会安排有趣的互动。易分期负责人也表示，在占领了大部分全国市场后，易分期以后会延伸到白领旅游和出国旅游的业务。

（来源：中国新闻网）

### 5. 风险投资

风险投资又称创业投资，是指专业机构投资极具增长潜力的创业企业并取得该公司股份的一种融资方式，被称作创业者的"维生素C"。风险投资的投资对象多为处于创业初期的中小型企业，而且多为高新技术企业和服务型企业。风险投资的投资期限通常为3~5年，投资方式为股权投资。投资者一般会占被投资企业15%~30%的股权，但其并不要求拥有控股权，也不需要任何担保或抵押，仅可能对被投资企业以后各阶段的管理、融资等提出一定的要求。风险投资者一般会积极参与被投资企业的经营管理，以使被投资企业增值。由于投资的目的是追求超额回报，所以当被投资企业增值或上市后，风险投资者会通过股权转让方式撤出资本，实现资本的回收。

## 知识拓展

### 创业融资的小技巧

1. 银行也要比一比。按照金融监管部门的规定，各家银行发放商业贷款时可以在一定范围内上浮或下浮贷款利率，比如许多地方银行的贷款利率可以上浮30%。其实到银行贷款也需要"货比三家"。相对来说，国有商业银行的贷款利率要低一些，但手续要求比较严格，如果贷款手续完备，为了节省筹资成本，可以采用"个人询价"的方式，对各银行的贷款利率及其他额外收费情况进行比较，从中选择一家成本低的银行办理抵押、质押或担保贷款。

2. 建立保持良好的信用记录。信用记录影响着你的生活工作，一旦有不良信用记录，那么在融资过程中将会寸步难行。所以一旦建立了信用记录，就要按时还本付息，拖欠和借款不还都会如实反映在信用记录中，对个人信用造成不良影响。另外，应当定期查询和认真检查自己信用记录中的内容，及时发现和纠正错误信息，避免使自己受到不利影响。如果发现个人信用记录内容有错误，应尽快联系提供信用报告的征信机构。

3. 合理运用住房贷款。住房贷款是商业贷款中利率较低的品种，因此，办理住房贷款"曲线"创业，成本更低。如果创业者已经购买有住房，也可以用现房做抵办理商业贷款，这种贷款用途比较宽，可以当作创业启动资金。

4. 合理选择贷款期限。银行贷款一般分为短期贷款和中长期贷款，贷款期限越长利率越高，如果创业者资金使用需求的时间不是太长，应尽量选择短期贷款。比如原打算办理两年期贷款的，可以一年一贷，这样可以节省利息支出。另外，创业融资也要关注利率的走势情况，如果利率趋势升高，应抢在加息之前办理贷款；如果利率趋势下降，在资金需求不急的情况下则应暂缓办理贷款，等降息后再适时办理。

5. 用好政策，享受政府低息待遇。创业贷款是近年来银行推出的一项新业务，凡是具有一定生产经营能力或已经从事生产经营活动的个人，因创业或再创业需要，均可以向开办此项业务的银行申请专项创业贷款。创业贷款的期限一般为1年，最长不超过3年，按照有关规定，创业贷款的利率不得向上浮动，并且可按银行规定的同档次利率下浮20%；许多地区推出的下岗失业人员创业贷款还可以享受60%的政府贴息；有的地区对困难职工进行家政服务、卫生保健、养老服务等微利创业还实行政府全额贴息。

### 8.3.5 创业启动资金的测算

合理地筹集创业所需资金是对创业者最基本的要求，也是创办企业的前提。筹集不到足够的资金可能会使企业出现资金断流的情况，甚至被迫清算；筹集的资金过多，又可能会使企业的资金闲置，产生机会成本，导致企业的经营效益低下。为保证创业企业在启动阶段业务运转顺利，创业者在融资前应首先对创业启动资金进行科学的测算。

#### 1. 创业启动资金概述

创业启动资金是开办企业并使其正常运转需要准备的所有资金。创业启动资金按用途可分为投资和流动资金两大类。

投资既包括购买厂房、设备等固定资产，也包括购买或研发专利权、商标权、版权等投入的无形资产，还包括在筹建期间发生的人员工资、办公费、培训费、差旅费、印刷费、注册登记费、营业执照费、市场调查费、咨询费和技术资料费等。

流动资金是企业日常运转时所需支付的资金，包括在筹建期间为取得原材料、库存商品等流动资产投入的资金等。

### 2. 投资测算

根据人社部职业能力建设司的分类，投资可分为固定资产、无形资产、开办费和其他投入四类。

#### 1）固定资产

固定资产是指企业购置的价值较高、使用寿命较长的资产，如厂房、设备等。

如果创业者能够利用自有场地，就能减少这部分投资金额。创业者在创办企业前需要明确对场地和建筑的具体要求，进而做出是建造新的建筑还是租用现成建筑的决策。

设备是指企业需要的所有机器、机械、工具、车辆、办公家具等。对于制造商和一些服务企业来说，最需要的往往是设备。一些企业需要在设备方面投入大量资金，因此，弄清企业需要什么设备并选择正确的设备类型非常重要。

#### 2）无形资产

无形资产是指企业长期使用的、不具有实物形态但能带来经济收益的资产，如特许经营权、商标权、专利权、土地使用权等。

无形资产是企业的一种特殊资产，在法律规定范围内，企业对无形资产享有占有、使用、收益的处置权利。企业在预测无形资产之前，首先应考虑所购买的无形资产的合法性；其次要确认清楚无形资产的法定有效期，以及评估和计价的法律依据。

#### 3）开办费

开办费是指企业在筹建期间发生的各项费用，包括培训费、差旅费、印刷费、注册登记费以及不计入固定资产和无形资产价值的借款费用等。

#### 4）其他投入

除上述投资外，开办企业还可能要投入装修费、转让费等费用。

需要指出的是，企业在预测开办费和其他投入时，要尽可能涵盖各类项目的支出，并且要留有余地。此外，这里有关启动资金的分类主要从便于小微企业创办者理解和区分的角度考虑，并不是严格按照财务管理要求进行的分类。

### 3. 流动资金测算

根据人社部职业能力建设司的分类，流动资金可以分为购买并储存原材料和商品的费用、促销费、工资、租金、保险费、其他费用等类型。

#### 1）购买并储存原材料和商品的费用

制造商生产产品需要原材料，服务企业的经营者也需要原材料，零售商和批发商需要储存商品来出售。预计的库存越多，需要用于采购的流动资金就越多，因此，应该将库存降到最低限度。如果创业企业是制造商，必须预测企业生产需要多少原材料库存，这样就可以计算出在获得销售收入之前需要多少流动资金。如果创业企业是服务商，必须预测在顾客付款之前，提供服务需要多少材料库存。如果创业企业是零售商和批发商，必须预测在开始营业之前需要多少商品库存。如果企业允许赊账，资金回收的时间就会更长，就需要更多的流动资金来保证最低库存。

### 2）促销费

创业企业开业后，往往需要促销自己的产品或服务，而组织促销活动是需要流动资金的。因此，一定要提前做好促销计划并准备好促销费用。

### 3）工资

如果创业企业雇佣员工，在起步阶段就要支付给员工工资。计算流动资金时，你要计算用于发工资的资金，通常用每月工资总额乘以还没达到收支平衡的月数就可以计算出来。

### 4）租金

通常情况下，创业企业会采取租赁房屋的形式经营，可以用月租金额乘以还没达到收支平衡的月数，计算出流动资金中用于房租的金额。此外，还要考虑到租金通常按6个月或1年进行一次性支付，会占用更多的流动资金。

### 5）保险费

同样，企业一开始运转，就要选择必要的保险并支付保险费，这也需要从流动资金中支出，因此应需要明确保险费用的明细和支出金额。

### 6）其他费用

企业在起步阶段，还要支付其他一些费用，如水电费、办公用品购置费、交通费等。

对启动资金进行测算，是一项重要的工作，需要对市场行情充分了解。为了较为准确地测算出启动资金，创业企业需要集思广益，最好通过创业启动资金测算表，如表8-1所示，分门别类地逐项测算创业启动所需要的各项资金。可根据实际需求对表格中的项目数量进行增减，最终测算出总的创业启动资金。

表8-1　创业启动资金测算表

| 大类 | 子类 | 项目 | 数量 | 单价 | 金额 | 备注 |
|---|---|---|---|---|---|---|
| 投资 | 房屋、建筑物 | （1） | | | | |
| | | （2） | | | | |
| | 机器及其他生产设备 | （1） | | | | |
| | | （2） | | | | |
| | 器具、工具和家具 | （1） | | | | |
| | | （2） | | | | |
| | 交通工具 | （1） | | | | |
| | | （2） | | | | |
| | 电子设备 | （1） | | | | |
| | | （2） | | | | |
| | 无形资产 | （1） | | | | |
| | | （2） | | | | |
| | 开办费 | （1） | | | | |
| | | （2） | | | | |
| | 其他投资 | （1） | | | | |
| | | （2） | | | | |

续表

| 大类 | 子类 | 项目 | 数量 | 单价 | 金额 | 备注 |
|---|---|---|---|---|---|---|
| 流动资金 | 原材料 | (1) | | | | |
| | | (2) | | | | |
| | 包装费 | (1) | | | | |
| | | (2) | | | | |
| | 工资 | | | | | |
| | 租金 | | | | | |
| | 促销费 | | | | | |
| | 办公耗材 | | | | | |
| | 维修费 | | | | | |
| | 保险费 | | | | | |
| | 水电费 | | | | | |
| | 其他费用 | | | | | |
| | 合计 | | | | | |

## 拓展阅读

### 武汉为大学生端上"创业咖啡"

**给政策、建平台、助融资，一两年扶出千余团队**

青年创业犹如新芽，虽含苞吐绿，仍需水土涵养。

武汉推出支持创业"青桐计划"，一边做加法，设立创业特区孵化企业，搭建平台对接创业项目与融资渠道，建立创业学院，聘请导师做指导，开办培训提技能；一边做减法，简化企业注册手续和流程，减免办公场所房租和费用。双管齐下助创业，计划实施一年多，催生大学生创业企业（团队）1600个。

"在座各位，都有手机、计算机、打印机、数码相机、摄像机，维修是个大难题。我们的项目通过线上、线下相结合，整合维修力量，为所有电子产品，提供终身保险。"

"全国有1亿只宠物狗，主人的消费能力不容小觑。爱狗团App可以解决所有宠物的问题。相信我们项目可以为投资者带来理想的收益。"

……

在湖北武汉第十七期"光谷·青桐汇"创业演练的现场，16位学生创业者讲述着自己的项目创意，最终他们其中的3位获得了与天使投资人进行融资洽谈的机会。

青桐汇，是武汉"青桐三部曲"创业计划的一部分，该计划已经在拥有百万在校大学生的武汉实施了一年多，促进新增大学生创业企业（团队）1600个，创业带动就业1万多人。

**起步：注册、场地不用愁**

"青桐"之"青"寓含青年、青春之意，指朝气蓬勃的大学生，而"桐"有栖息地之意，可狭义理解为大学生创业的场所——"孵化器"。武汉市孵化场地总面积803万平方米。同时，武汉在全国首次提出并建设大学生创业特区49家，孵化面积超过6.6万平方米。大学生在"特区"创业，享受房租减免、免费的办公桌椅、宽带、空调、电脑等一系列优惠政策，创业者可以"拎包入驻"。

在武汉光谷大学生创业特区，记者见到了"恋爱记"创始人兼首席执行官付小龙。这位"90后"创业者，从华中科技大学休学创业，两年多来，公司已经搬了3次家，地方越搬越宽敞，员工从5人发展到30余人。"恋爱记"是付小龙在校期间与小伙伴合作开发的一款情侣互动App，其用户量已达300万。

"原来还以为创业的手续很麻烦，没想到，只要一个多星期，公司注册就办完了。"付小龙笑着说。付小龙是"华科男"，而华科是武汉创业氛围最浓的高校之一。创业之初，付小龙就在华科的校园孵化器落了脚，租金全免。"孵化器的老师指导我们办手续要带哪些材料，我们一次性带齐，所以才这么顺利。"

目前，武汉各个大学生创业特区已全部入驻满员。大学生创业项目90%集中在电子商务、节能环保、文化创意等新兴产业领域。

**发展：风投、"导师"来帮忙**

企业注册易，生存发展难。大学生创业者发展资金从哪里来？

"天天有咖啡、周周有路演、月月青桐汇"，创业咖啡、创业大赛、创业路演、青桐汇等等，武汉给大学生创业者提供了多重融资机会。只要项目好，不愁拿不到风险投资、政府项目资金。

武汉"青桐汇"是创业经验分享、创业项目与资本对接的平台。2013年，大学生王佳琦创办的武汉维克拉斯科技有限公司，凭借青桐汇上的路演项目"我的课堂"现场获得30万元天使投资，成为第一个在"青桐汇"成功融资的路演项目。第二期"青桐汇"上，武汉奇米网络科技有限公司的一路演项目获得5000万元A轮融资。百万融资、千万融资层出不穷，青桐汇已累计促成大学生创业企业融资近6亿元。

武汉理工大学学生、"校导网"创始人兼CEO杨晓峰从2008年开始创业，创立过4家公司。"以我的创业经历来说，资金是一个难题，但更大的困难是光有想法，缺乏经验、能力。"杨晓峰说。

针对这一实际问题，武汉市成立了虚拟的"青桐学院"，聘请武汉市领导、知名高校校长担任名誉院长，依托武汉理工大学、长江日报、光谷创业咖啡设立教学点。青桐学院定期举办青桐大讲堂，开展系统的有针对性的创业培训辅导，提升大学生创业者企业管理、市场融资等方面的技能。记者在光谷大学生创业特区看到，一楼就是光谷创业咖啡。而武汉理工大学创业园，一楼就有醒目的武汉市创业天使导师团创业门诊的宣传海报。

**未来：融资、环境再升级**

"现在，大学生创业的环境真是越来越好了，政府提供了许多优惠政策，过去压根儿没想到。"创业者陈建军感慨。2013年青桐计划实施，他的公司占地面积扩大到600多平方米，孵化器免了100平方米的租金，还在洪山区科技局支持下拿到了政府项目资金8万元。政府部门还"推"着他到各种展会"吆喝"产品，帮着向农业、食品药监、进出口检验检疫等部门推销他的产品。

"不过，当公司发展越来越大，我逐渐发现必须到北上广去找资金、挖人才。武汉本地的天使投资相对比较保守，投资力度也弱一些。"杨晓峰说。

目前杨晓峰公司的技术骨干，大多是从北京高薪"挖墙脚"挖来的。"实际上，很多原籍湖北、或在武汉上过大学的优秀人才，在北上广打拼几年后，都有很浓的'思乡'情结，只要条件合适，很愿意回流。"

"武汉互联网产业起步比较晚，成熟的、有经验的人才比较少，优秀人才我都是从北京'挖'回来的。"付小龙也一样。既然挖角，就得开出比北京更高的薪酬待遇。"希望武汉市不仅重视创业者，也对我们这些互联网企业急需的技术人才提供更加优厚的引进政策。企业不是一个创业者能够做好的，需要一群支撑企业发展的专业人才。"付小龙说。

（资料来源：人民日报）

## 项目实训

1. 请按下列步骤制订资源获取和整合计划。
（1）结合想做的创业项目，对自身资源进行评估。列出需要的资源和缺少的资源。
（2）思考如何获取缺少的资源。列出资源获取对象、资源获取渠道、资源获取策略。
（3）假如已获取创业资源，思考如何有效整合资源。列出资源整合方式。
2. 请按下列步骤制订融资计划。
（1）结合想做的创业项目，测算创业公司的启动资金并填写创业启动资金测算表。
（2）制订获得这笔资金的融资计划。
3. 分析以下案例并回答问题。

### 大学生借钱创业起步 运用"集约化"思维月入两万

随着互联网的发展，网络购物日趋红火，各大快递公司、网点如雨后春笋般应运而生。其中，不少年轻人投身快递行业，95后大学生庞红雨就是其中一员。

**万元盘店，入不敷出**

庞红雨曾是内江师范学院的一名在校大学生。2015年的一天，庞红雨在学校附近吃饭时，看到一家快递营业网点贴出的转让信息，了解到近几年来快递行业发展的可观前景，庞红雨决定把店铺盘下来。"趁年轻，想做什么就去做。"凭着这股初生牛犊不怕虎的干劲，庞红雨开启了创业之路。盘下店铺需要一万多元，还在读大学的庞红雨每月除了父母给的一千多元生活费，以及过去做兼职攒下的一部分钱，没有多余的资金，怎么办？暂时的困难没有难倒庞红雨，他四处借钱，东拼西凑，最终凑齐了一万多元，当上了老板。

由于店铺的地理位置不太好，再加之货源少，盈利成了困扰庞红雨最大的难题。"入不敷出，连店铺租金都交不起。"庞红雨认为不能坐以待毙，他一边做快递，一边做广告印刷，并向同学、朋友广泛宣传,提供优质服务,吸引更多的回头客。

**众筹经营,二次创业**

由于各种原因,庞红雨歇业了一段时间。2017年10月,他重振旗鼓,再次踏上了创业征程。吸取第一次创业的经验,庞红雨花了不少心思和时间四处考察店铺,选择最佳位置。店铺顺利找到了,但却遇到了资金问题。一门心思创业的庞红雨准备好好经营快递网点,前期的预算资金达到了30万元,这让怀揣仅5万元的他望而却步。但很快,庞红雨就想到了解决办法:合伙经营。说干就干,庞红雨找到了志同道合的朋友,整合资金,装修店铺,人员就位,快递网点很快投入运营。

**整合网点,月入两万多**

创业路上多坎坷。正当庞红雨看到希望的时候,困难再一次找到了他:自提包裹编号杂乱无章,客户取件困难。

"我们网点的快件大部分是自提件,如果包裹编号混乱,客户自提时需要花费很多时间,有时候还会出现错件漏件的情况。"庞红雨说,后来他们采用六位数编号,前三位数代表货架编号,后三位数是包裹编号,包裹编号的第一位数则用不同的数字来表示派件日期,这样能避免包裹编号难区分的问题,大大提高了客户取件效率,降低了拿错包裹的概率。

庞红雨发现,有的客户包裹多而散,有时候为了取三个包裹而跑三个不同的快递网点。为什么不能把各个快递网点整合起来呢?按照这个思路,庞红雨先后整合了内江师范学院附近的中通快递、天天快递等8家快递营业网点。

"快递的集约化,能大大节省人力和房租,客户取件更方便,处理包裹的速度也大大提高了。同时,包裹的安全更有保证,还能增加盈利。"庞红雨不想止步于此,随后,他加入了菜鸟驿站,成立了内江首家菜鸟驿站校园站点。他表示,今后将整合内江师范学院附近更多的快递网点。

当记者问庞红雨如今的收入时,他回答:"现在的月收入是过去的一倍,达到两万多元。"

(1)庞红雨创业初期遇到了哪些困难?他采用了哪些方法摆脱资金不足的困境?

(2)庞红雨在创业过程中是如何整合创业资源的?对你有什么启示?

# 项目 9　创业计划与项目路演

## 项目导学

【项目导入】

做任何事情，都要有目标、有规划、有计划，这样才能做到有的放矢、稳扎稳打，最终取得成功。因此，创业者为自己即将创办的企业编写一份全面翔实的创业计划书，就显得尤为重要。创业计划书可以使创业者严格地、客观地、全面地从整体角度观察自己的创业思路，明确经营理念，提前判断创业项目的可行性。创业计划书的编写过程也是创业者从直观感受向理性运作过渡的过程。在"大众创业、万众创新"的时代背景下，创业计划书已经由单纯地面向投资者转变为企业向外部推销宣传自己的工具和企业对内部加强管理的依据。

当前，各类大学生创新创业大赛为同学们提供了广阔的创新创业实践平台。这些竞赛通常都以创业计划书作为主要的评价载体。因此，撰写一份高质量的创业计划书是每一个大学生创业者都必须掌握的技能。撰写一份高质量的创业计划书，已成为大学生创业过程中的重要环节。

试问：你了解创新创业大赛吗？你知道如何撰写一份高质量的创业计划书吗？你清楚如何通过项目路演等方式展示自身的创业计划吗？

【知识目标】

1. 掌握创业计划书的基本结构、主体内容和撰写步骤。
2. 了解各种大学生创新创业大赛的参赛要求。
3. 掌握项目路演的核心内容和路演 PPT 的制作要点。

【能力目标】

1. 能够根据创新创业大赛的评分标准，撰写符合参赛要求的创业计划书。
2. 能够根据商业计划书，制作项目路演 PPT。
3. 能够设计项目路演讲稿，完成项目路演答辩。

【素养目标】

1. 培养科学规划、未雨绸缪的良好习惯。
2. 树立认真思考、反复评估、谋定而动的科学创业观。
3. 形成创业全局观，培养严谨细致、实事求是、精益求精的精神品质。

## 开篇案例

### 武汉东湖学院学子创业成功后反哺母校

"这是学长指导我们做的创业计划书,我们的项目拿到了大学生'双创'大赛省级银奖。"武汉东湖学院税收学专业学生黎子怡说。

他口中的学长,不是别人,正是东湖学院"创业明星"吴明昊。从手机膜起家,到电商创业,赚了钱之后,他第一件事情是返回母校,为学校"返家乡"乡村振兴社会实践队提供项目经费,号召大学生到农村开展"电商助农"项目,积极回馈母校和家乡。吴明昊透露,"去年,团队成员一起拼搏,孵化了多个创业项目,营业额超过2500万元。"

黎子怡原本制作了一份创业计划书,项目是烘干机。"和学长指导过后的相比,我以前的计划书没有考虑生产环节、财务报表,也没有预算计划,就连营销方案都十分简单。"黎子怡说。

吴明昊说:"我根据自己的创业经验,给他们提供了一些建议。首先烘干机太笼统,我希望他们可以针对细分市场。同时他们之前做的产品设计太过简单了,功能也非常单一。"

听取了吴明昊的建议后,黎子怡首先搜集了大量信息,然后设计了针对母婴市场的便携式多功能烘干机。她说:"我们的产品有快速烘干功能,可以定时、定功率,还可以除螨和消毒。这些功能的设计,我们参考了市面上的产品。"在财务报表上,黎子怡重新进行了制作,尤其是原材料费用方面,吴明昊带着他一起去了解价格,搜集了大量的数据。

黎子怡说:"相当于他带着我们在'创业',从生产原材料到销售环节,再到财务规范,给我们提供了实践经验。"最终,黎子怡和队员们拿下湖北省"双创"大赛的银奖。

明昊数码、明昊美妆、明昊闲置二手……读大一时,校内创业的吴明昊通过学校创业基地选拔赛,成功进驻武汉东湖学院大学生创业基地。2020年12月2日,他注册了武汉满创科技有限公司,致力于电子产品销售、广告设计和软件开发。

吴明昊说:"创业始于2019年,那时候主要是卖手机。每天除了上课就是跑武汉各大高校,通过免费送手机膜加好友来累积客户量。进货的钱是从自己的生活费里挤出来的,然而这种方式并没有成功。贴了很多膜,但是没有人买手机,投资亏了不少,一度靠跑腿和代拿快递补足生活费。"

2020年,他将自己攒的1500元生活费买礼品作为学校新生晚会的赞助。"虽然有了一点微薄的收益,后来又进入了瓶颈期,入不敷出。"吴明昊表示,那时候,他开始思考为什么电子产品线下销售困难。他利用专业课上学习的知识思考一系列问题。

于是,他开始利用短视频平台做宣传推广。"一开始没抱多大期望,但是发现有人是看了短视频之后来咨询产品的,我就开始认真经营短视频号。"他开始研究很多成功的短视频,他们做了哪些内容,每个镜头是怎么拍的,大家为什么喜欢,他把短视频号的运营当成电商专业的一种实践。

他在身边找题材,征求顾客同意后,开始拍摄最原始真实的视频案例,用短视频记录送货,为客户定制专属视频方案,持续记录顾客电子设备的体验感……一个个具有鲜明特点的真实客户案例被拍成短视频,经过专业后期剪辑制作,在短视频号上进行推广,最终吸引了一批顾客。

2023年即将完成学业的吴明昊，交出了一份亮眼的创业实战成绩单。2020年，他通过招聘组建了6人的稳定团队，投资了30万元进行选品和店面装修，年销售额达到近600万。2021年，他带领学弟学妹们一起尝试电商创业，辅导学弟学妹们参加创业基地入驻答辩，给学校的应届毕业生提供就业岗位，团队扩展到18人，企业销售额超过1300万，净利润达到400万。2022年，为了回报母校，他为学院"返家乡"乡村振兴社会实践队提供项目经费，号召大学生到农村开展"电商助农"项目，积极回馈母校和家乡。作为创业团队的队长，他带领团队一起拼搏，孵化了多个创业项目。

（资料来源：人民资讯）

**思考讨论：**
1. 黎子怡原本制作的创业计划书存在哪些问题？创业计划书有哪些作用？
2. 黎子怡能获得湖北省"双创"大赛的银奖有哪些原因？

## 任务9.1　撰写创业计划书

### 名人名言

凡事豫则立，不豫则废。

——《礼记·中庸》

让我们把事前的忧虑换为事前的思考和计划。

——丘吉尔

### 9.1.1　创业计划书概述

对于众多创业者来说，创业计划书是进行融资的必备文件，尤其近年来随着创业融资程序的日益规范，创业计划书更是成为投资公司进行项目审批的正式文件之一。因此，撰写一份高质量的创业计划书是每一个创业者都必须掌握的技能。

**1. 创业计划书的概念**

创业计划书又称"商业计划书"，是指创业者就某一具有市场前景的新产品或服务向投资者游说，以取得投资的商业可行性报告，是创业计划的书面表现形式。创业计划书的主要用途是递交给投资公司，以便他们对企业或项目做出评判，从而使企业获得融资。通常来说，每家投资公司都会对创业者的创业计划书进行仔细研究、分析，然后判断是否值得投资。因此，创业者必须用心撰写创业计划书。

**2. 创业计划书的作用**

创业计划书是创业者叩响投资公司大门的"敲门砖"。一份优秀的创业计划书往往会使创业者达到事半功倍的效果，既可以帮助创业者理清思路，又可以有效地指导企业的经营，同时还能有效地吸引投资与合作。

1）帮助创业者自我评价、理清思路

在创业融资之前，创业计划书首先应该是给创业者自己看的。创业不是"过家家"，创业者应该以认真的态度对自己所有的资源、已知的市场情况和初步的竞争策略做尽可能详尽的分析。另外，创业计划书还是做创业资金准备和风险分析的必要手段。对初创企业来说，创业计划书的作用尤为重要。一个酝酿中的项目往往很模糊，通过撰写创业计划书，把优势和劣势都书写下来，再逐条推敲，就能对该项目有更加清晰的认识。

2）帮助创业者凝聚人心、有效管理

一份高质量的创业计划书可以增强创业者的自信，使创业者明显感到对企业更容易控制、对经营更有把握。因为创业计划书提供了企业全部的现状和未来发展的方向，也为企业提供了良好的效益评价体系和管理监控指标。创业计划书使得创业者在创业实践中有章可循。创业计划书通过描绘企业的发展前景和成长潜力，使管理层和员工对企业及个人的未来充满信心，并明确要从事什么项目和活动，从而使大家了解将要充当什么角色，完成什么工作，以及自己是否胜任这些工作。因此，创业计划书对于创业者吸引所需要的人力资源、凝聚人心，具有重要作用。

3）帮助创业者对外宣传、获得融资

一份高质量的创业计划书不但会增强创业者自己的信心，也会增强投资公司、合作伙伴、员工、供应商、分销商对创业者的信心。而这些信心，正是企业走向创业成功的基础。

### 3. 创业计划书的撰写原则

创业计划书是一份繁复的文字材料，要想在最短的时间内给阅读者留下最好的印象，一定要遵循撰写原则。

1）语言平实，通俗易懂

撰写创业计划书要使用正式的公文语言，做到平实准确、通俗易懂，切忌使用晦涩、浮夸的语言。

2）详略有度，篇幅得当

创业计划书并不是文字越多越好，而是要用简单的文字表达明确的内容。要遵循简洁明晰的原则，根据企业自身的特点突出项目的优势。

3）要素齐全，内容具体

在创业计划书中，要让阅读者看明白你要做什么，为什么要做这个；要能够突出产品或服务的核心价值及独到之处；要明确目标顾客并进行市场细分；要分析竞争对手，体现自己的突出优势；要介绍企业的运营模式和盈利点。

4）条理清楚，逻辑性强

创业计划书要结构合理、条理清晰、目录完整、层次分明，要有很强的逻辑性。

5）资料充足，有理有据

创业计划书中最忌讳空话、套话和没有依据的主观臆断，任何结论都必须经过市场调研，要对数据和资料进行分析，要做到有理有据、论证充分。

### 9.1.2 撰写创业计划书的前期准备

#### 1. 信息搜集

信息搜集的过程是分析并预测环境进而化解未来不确定性的过程。在企业创业的早期阶段,信息对创业者来说非常重要,通常可以从直接资料和间接资料中搜集撰写创业计划书所需的信息。

1) 从直接资料中搜集信息

新信息就是直接资料。观察是最简单的一种方法。创业者可以通过对潜在顾客的观察,记录下他们购买行为的一些特点。访谈或调查是搜集信息最常用的方法,这种方法比观察的成本要高,但却能够获得更有价值的信息。访谈可以通过面谈、电话或信件等不同途径。这些方法有各自的优点和缺点,创业者在从直接资料中搜集信息时应根据情况进行选择。

（2）从间接资料中搜集信息

间接材料中的信息可以来自杂志、图书馆、政府机构、大学或专门的咨询机构等。在图书馆里可以查找到已经发表的关于行业、竞争者、顾客偏好趋向、产品创新等信息,甚至也可以查到有关竞争者在市场上所采用的战略方面的信息。互联网也可以提供有关竞争者和行业的深层信息。

#### 2. 市场调查

可采用以下几种方法进行市场调查。

1) 直接观察法

直接观察法就是派调查人员亲临现场对调查对象进行观察、计数、登记。如到商品的销售现场、展销会、展览会等场所直接观察消费者喜爱的商品的花色、款式、包装、价格等,进行记录和分析。直接观察法通常还适用于对商品库存情况、商品质量及广告效果等进行观察分析。

直接观察法的优点是能保证资料的准确性,缺点是需花费大量的人力、物力和时间。因此在实际工作中也可利用观察仪器,记录消费者进入现场后的目光、表情及购买行为等。使用仪器观察可以避免人员观察的诸多不便,可以节省人力,而且取得的资料较为详尽、精确、客观。

2) 访问法

访问法又称采访法或询问法,是由调查人员通过口头、书面或电话等方式向被调查者了解市场情况、消费者的消费需求、消费心理、消费态度、消费习惯,企业经营状况等信息的实地调查方法。访问法又分为以下几种形式。

（1）面谈访问法。面谈访问法亦称派员法或口头询问法,是由调查人员按照事先拟订的调查项目,向调查对象询问,将询问结果记入调查表内。可以个别面谈,也可以多人集体面谈。面谈访问法调查简单方便,灵活自由。可根据情况随机应变地提出问题,使被调查者能充分发表意见,集体面谈还可以互相启发、深入探讨,有利于获取较深入、广泛的信息。面谈访问法可保证调查的质量（内容规范、清楚、完整）,回答率亦高,但缺点是花费人力、时间较多,调查成本高。而且,调查的结果还取决于调查者的素质、调查问题的性质及被调查者的合作态度。

（2）电话询问法。电话询问法是由调查人员通过电话与被调查者交谈,获取信息的一种方法。电话询问速度快、成本低，交谈比较自由。电话调查的不足是受通信条件的限制，调查对象的选择可能有局限性，样本结构不一定合理；交谈时间不宜太长；调查员不能看到对方的表情、姿态等形体语言；有时容易遭到被调查者的拒绝。这种方法一般适用于调查者与被调查者之间比较熟悉或者调查问题比较简单的情况。

（3）邮寄询问法。邮寄询问法是指通过邮寄调查表的形式进行市场营销调查，具体可以采用通过邮局寄送、随广告发放、随产品发放等形式。邮寄询问法具有调查对象和提问范围广泛，调查成本相对较低，被调查者考虑时间充裕，填写较为灵活、方便等优点，但是调查表的回收周期较长，调查表回复率通常较低，有时得出的结论并无代表性。一般可采用附赠奖券或赠送小礼品的方法争取被调查者的合作，以提高回复率。

（4）留置问卷访问法。留置问卷访问法就是由调查人员将调查问卷或调查表当面交给被调查对象，并说明回答问题的要求，留给被调查对象自行填写，最后由调查人员在约定的时间收回。这种方法结合了面谈访问法与邮寄询问法的优点，回收率较高，调查过程中可以避免调查人员的人为影响，时间也比较充裕。这种方法的缺点是调查进度不易控制，被调查者答卷的态度、答卷的真实性等较难掌握。因此留置问卷访问法是一种较为中性的方法。

3）实验法

实验法源于自然科学中的实验求证方式，通过小规模范围的实验，记录事件的发展和结果，用于搜集和分析信息资料。

采用实验法时，通常选定两个条件基本相同的小组，一个小组作为实验组，引入实验因素，使其置于有计划的变化条件之下；另一个小组作为控制组，保持原来的条件不变。然后比较两个小组的结果，观察实验因素的影响。

（1）现场实验。现场实验是在完全真实的环境中，通过对实验变量的严格控制，观察实验变量对实验对象的影响。例如，调研人员想要了解某种产品的价格需求弹性，可以选择一个商店，选择几次不同时间，对同一产品确定几种不同价格进行销售。调研人员通过观察分析顾客购买状况（数量）的变化，得出研究结论。又如，新产品在大规模生产销售之前，可先将少量新产品投放到部分有代表性的市场，进行销售实验，观察消费者的具体反应，以取得第一手资料，制定进一步的生产和营销策略。

（2）模拟实验。模拟实验是利用计算机编制模型来模拟市场情况，观察研究实验对象的发展变化结果。模拟实验必须建立在对市场情况充分了解的前提下，所建立的各种假设与模型，必须以市场的客观实际为前提。

采用实验法调研的优点是调查结果具有客观性和科学性，通常能够获得比较真实的信息。但是实验法也存在局限性，主要是在大规模的现场实验中难以控制市场变量，使得实验结果的价值降低。采用实验法调研的周期较长，调研成本较高。

## 案例阅读

### 缮瓷——对话传承千年的国瓷遗粹

近年来，随着国家对传承历史文化的重视，文物修复领域越发受到市场的关注，其市场空间也日益增长，越来越多的年轻人开始关注文物修复这一古老而充满文化气息的工作。在第六届中国国际"互联网+"大学生创新创业大赛职教赛道国赛金奖争夺赛中，来自上海城建职业学院的文物修复保护团队凭借"缮瓷——文物修复领军者，技术转移带路人"项目斩获金奖。缮古瓷，粹精神，项目坚守"让历史被看见，让文化被传承"的初心使命，践行技能报国。

宋佳豪，项目发起人及负责人。2017年，项目团队初建，宋佳豪便跟随学校专业导师参与多个校企合作项目，潜心于文物瓷器的修复工作。2018年宋佳豪与项目团队首次参加"挑战杯——彩虹人生"全国职业学校创新创效创业大赛，荣获特等奖。

文物修复保护行业市场空间巨大，每年考古出土的古陶瓷数量数以万计，加之全国各省市考古遗址、博物馆藏、民间收藏的破损陶瓷，包括中国现有国有文物单位1.53万家，至少有2000万件馆藏文物亟待修复，可见我国有着巨大的古瓷器修复市场。但是目前行业仍存在着痛点：工艺复杂，难以传承；育人耗时，就业面窄；行业传统，信息化程度低；空间巨大，人才短缺。而在技术方面，国内陶瓷文物修复与保护一是聚焦于环氧树脂胶黏剂老化黄变改性研究、结构稳定性物理和化学分析，偏重于陶质彩绘文物保护材料及加固剂研究，对高温瓷质文物保护与修复材料及应用技术研究鲜少涉及；二是陶器和瓷器不同文物本体专用修复材料保护手段及方法差异性研究尚属起步；三是对现有常用修复材料生产工艺和工作流程优化创新技术应用研究尚未形成体系，各阶段流程缺乏具有逻辑顺序的技术指导方法和原则，材料配制及使用缺乏科学量化标准，相关研究严重不足。

如何将所学理论和技能更好地应用，如何进行创新领域的探索，是项目团队一直积极思考的问题。而在大量的实践过程中，跨学科的学习也为项目开辟了广泛的市场应用空间。项目团队在设计生产工艺辅助配套材料、各阶段工作流程技术标准与应用方法、材料应用量化方法时，综合国内外陶瓷文物保护与修复方法和理念，结合瓷质文物本体状态特征进行整体设计。团队尝试以某种胶黏剂为切入点，按照逻辑过程，以科学量化方式形成一套技术应用标准，并通过在"南海1号"现场修复与保护项目中实际应用所取得的成效，在瓷质文物修复生产工艺材料革新和工作流程优化中形成了一套完备的技术标准和规范，可以在文博系统进行示范推广应用。

缮古瓷、粹精神，项目团队以创新创业实践助力国粹传播，传承陶瓷文化，提升文化自信，坚持培养跨界人才，带动行业就业。项目团队先后与中国文化遗产研究院、海南省博物馆等机构达成多项合作，深度参与"南海1号"出水瓷器修复等项目，完成了数十件瓷器的展览性精细修复，参与了近千件陶瓷文物考古修复的技术流程。

国瓷遗粹，修缮如初。千年前一代又一代的工匠人点亮国粹之光，传承中华文明。今天项目团队站在历史和未来的十字路口，用现代的知识体系、创新的工艺方法，传承工艺之魂、探寻创新之法、践行工匠之路，感受国瓷文化的温度与心跳，以工匠精神守护国粹之光。

### 9.1.3 创业计划书的基本结构

一份完整的创业计划书由封面、扉页、目录、正文和附录几个部分组成。

### 1. 封面

封面也称"标题页",一般应注明标题、公司名称、行业领域、创办者姓名、联系电话、电子邮箱、日期等。其中,标题应该体现核心主题,使人一目了然,用一句话体现价值主张。

### 2. 扉页

扉页主要提出保密要求或简单介绍创业者和创业项目的情况,以便投资方对项目进行初步了解,这些内容可根据具体情况进行适当的修改或删除,有时也可省略不写。保密主要是要求投资方妥善保管创业计划书,在未经融资方允许的情况下,不得向第三方公开创业计划书中涉及的商业秘密。

### 3. 目录

目录能便于投资方快速了解创业计划书的整体结构与内容,并根据目录中的页码查阅相应的内容。

### 4. 正文

正文部分要做到数据准确,资料翔实,结构安排合理,内容重点突出,逻辑性强,实事求是。正文的主体结构包括摘要、主体和结论三个部分。

1)摘要

摘要是各部分的精华,能让投资方在最短时间内了解项目的全貌,一般在完成正文后撰写。一份出色的摘要应简短而精练,篇幅在1~2页即可。

2)主体

主体是对摘要内容的具体展开。为了让投资方一目了然,主体部分一般采用分章节逐一描述的方式。主体的内容包括项目概述、市场分析、产品或服务、管理人员及组织结构、营销策略、财务规划、发展规划、风险分析等。

3)结论

结论是对整个创业计划书内容的一个总结。它和摘要应首尾呼应,体现正文的完整性。

### 5. 附录

附录是对正文内容的补充,受篇幅限制,那些不宜在主体部分过多描述和详细展示的内容,或者需要提供参考资料、数据内容,一般放在附录部分。在附录中可能出现的内容包括:产品目录、工艺流程图、技术图纸与方案、设备清单、主要合同资料、信誉证明、图片资料、主要客户名单、主要供应商和经销商名单、市场调研结果、主要创业者履历、宣传资料、财务报表等。

## 9.1.4 创业计划书的主体内容

### 1. 项目概述

项目概述是为了让投资方了解该项目的产生背景、发展历史和现状、生产的产品或提供的服务、未来的发展规划和目标等内容。项目概述一般包含项目背景、项目初心、企业宗旨、主要业务、已有成效、阶段战略等内容。

## 2. 市场分析

市场分析在整个创业计划书中起着举足轻重的作用，主要包括宏观环境分析、行业竞争分析、目标市场分析、市场预测。运用的主要分析工具有 PEST 分析方法（用于宏观环境分析）、波特五力竞争模型（用于行业与竞争分析）、STP 战略（用于目标市场分析）、SWOT 分析法等。

### 1）宏观环境分析

在市场分析中，首先可对宏观环境进行分析，其目的是确定宏观环境中影响企业和行业的关键因素，并预测关键因素未来可能发生的变化，以及这些变化对企业产生的影响。

宏观环境分析包括政治法律环境、经济环境、社会文化环境及技术环境四方面的分析。

政治法律环境，即一个国家或地区的政治制度、体制、方针政策与法律法规等方面，它影响着企业的经营行为，尤其影响着企业较长期的投资行为。

经济环境，即构成企业生存和发展的社会经济状况，包括经济要素的性质、结构、水平及变动趋势等内容，涉及国家、社会、市场及自然等多个领域。

从影响企业战略制定的角度来看，社会文化环境可分为人口与文化两方面，且人口因素对企业战略制定有更为重大的影响。

技术环境，即企业所处的社会环境中的技术要素及与技术要素直接相关的各种社会现象的集合。技术不仅指引起时代革命性变化的发明，还指与企业生产有关的新工艺、新技术、新材料的出现、发展趋势及应用前景。

### 2）行业竞争分析

在创业计划书中，创业者应对所选行业有一个全面的了解，通过分析所选行业的整体状况及关键性的影响因素来把握该行业的基本特点、竞争状况及未来趋势。只有做到这一点，创业者才能充分认识行业的发展规律，认清行业的发展方向，从而确立企业的发展目标。具体来说，分析行业竞争时主要从以下几个方面入手。

（1）行业的基本情况。行业基本情况包括行业发展现状，目前处于行业生命周期中哪个时期，行业市场规模如何，行业未来的发展趋势，行业相关政策法规，等等。

（2）竞争情况分析。通常借助波特五力（五种力量）竞争模型来分析行业竞争情况。波特五力竞争模型确定了行业竞争的五种主要来源：供应商的讨价还价能力、购买者的讨价还价能力、新进入者的威胁、替代品的威胁、行业内现有竞争者的竞争。

### 3）目标市场分析

目标市场的概念由美国著名的市场营销学者罗姆·麦卡锡提出。他认为应当按消费者的特征把整个潜在市场分成若干部分，根据产品本身的特性选定其中部分消费者作为一个特定的群体，这一群体被称为目标市场。例如，脑白金的目标市场是老年人。在分析目标市场时，通常运用 STP 战略，讲清细分市场，确定目标市场，明确市场定位。

### 4）市场预测

市场预测就是运用科学的方法，对影响市场供求变化的诸多因素进行调查研究，分析和预见其发展趋势，掌握市场供求变化的规律，为经营决策提供可靠的基础。做市场预测时应尽量扩大搜集信息的范围，以严谨、科学的调查手段和方法来进行预测。在创业计划书中，创业者应着重阐述市场需求预测和市场竞争预测，特别对产品需求或服务需求进行预测，以此表明创业项目广阔的市场前景。

### 3. 产品或服务

产品或服务是商业计划书中最重要的部分,也是向投资方讲明产品的核心环节。投资方一般都很关心创业项目涉及的产品或服务能否及能在多大程度上解决现实生活中的问题,或者能否赢得客户的青睐。因此,这部分需讲清楚创业者有什么样的解决方案,或者有什么样的产品,能够解决在当前市场中发现的哪些痛点。

产品或服务部分可具体分析以下内容:产品或服务的性能及特性、主要产品、产品市场竞争力、生产工艺流程、产品研究和开发过程、产品市场前景预测、产品品牌和专利等。对产品或服务的介绍一定要实事求是,切勿夸大,如果是大学生基于专业的创业项目,要体现教育元素,展现学生精益求精的工匠精神。

---

**案例阅读**

**气炭创循——酿酒废弃物微波气化高效处理装备创造者**

在第六届中国国际"互联网+"大学生创新创业大赛中,"气炭创循——酿酒废弃物微波气化高效处理装备创造者"项目从酿酒废弃物处理入手,以小见大,提出了高效利用废弃生物质的新模式,一路披荆斩棘闯入全国总决赛,并以决赛小组第一的成绩获得全国金奖。

王允圃,南昌大学食品科学与工程专业博士生,也是第六届中国国际"互联网+"大学生创新创业大赛金奖项目"气炭创循——酿酒废弃物微波气化高效处理装备创造者"的创始人。多年来,他针对国家废弃生物质资源循环利用重大科技需求,积极服务于江西生态文明建设战略目标,从事农产品加工废弃生物质资源的增值利用研究。他重点开展生物质微波催化热解增值技术研究行业共性难题攻关,加强推进技术成果工程化应用,取得了一批创新研究成果,研究成果为相应技术的工业应用提供了重要支撑。

---

### 4. 管理人员及组织结构

企业管理的好坏直接决定了企业经营风险的大小,而高素质的管理人员和良好的组织结构则是管理好企业的重要保证。因此,投资方会重点评估主要管理人员与组织结构。

主要管理人员必须重点介绍,介绍的内容包括他们的详细经历及背景、所具有的能力、所担任的职务和承担的责任等。在介绍组织结构时,应包括以下内容:企业的组织结构图;各部门的功能与职责;各部门的负责人及主要成员;企业的报酬体系;企业的股东名单,包括认股权、持股比例和特权;企业股东的背景资料;等等。

大学生的创业项目,要说清楚团队的优势,突出项目核心团队、指导教师、专家顾问的资源优势。要让投资方相信为什么项目由这个团队来做会更靠谱,会更容易成功。如果是科技成果转化项目,有必要说明指导教师在团队中的角色。

### 5. 营销策略

营销策略是企业以顾客需要为出发点,有计划地组织各项经营活动,通过相互协调一致的产品策略、渠道策略、价格策略和促销策略，为顾客提供满意的商品和服务的过程。在创业计划书中，营销策略应包括产品的品牌和包装、市场机构和营销渠道的选择、营销队伍的建设和管理、价格决策、促销计划和广告策略等内容，同时需要阐述盈利模式（如何赚钱）。

进行营销策略分析时，可应用4P营销理论，4P营销理论是指产品（Product）策略、价格（Price）策略、渠道（Place）策略、促销（Promotion）策略。通过产品策略讲清产品的品质、特色、工艺流程、式样、商标、包装、新品研发等内容；通过价格策略讲清定价情况及定价依据；通过渠道策略讲清线上线下具体的销售路径；通过促销策略讲清人员推广、广告、公共关系、营业推广、互联网营销等具体的促销手段。

### 6. 财务规划

财务规划是对企业筹资计划、财务管理、投资计划等的统称。一份好的财务规划可以帮助企业降低经营风险，增加企业的评估价值，提高企业获取资金的可能性。在创业计划书中，财务规划一般应包括创业计划的条件假设、预计的资产负债表、预计的损益表、现金收支分析、资金的来源和使用等。事实上，财务规划和企业的生产计划、人力资源计划、营销计划等都是密不可分的。撰写财务规划需要具备财会方面的专业知识，要做到规划详细、账款明晰，最好由专业人员来完成。

## 知识拓展

### 企业获利能力常用评价指标

**1. 毛利率**

毛利率是毛利润占销售收入的百分比，其中毛利润也叫毛利，是销售收入减去销售成本后的净额。毛利率=（销售收入−销售成本）/销售收入×100%。毛利率反映的是毛利润在销售收入中的占比情况，比例越高，说明企业的获利能力越强。

**2. 税后净利率**

税后净利率也叫销售净利率，是净利润占销售收入的百分比，其中净利润是税前利润减去所得税的净额。税后净利率=（税前利润−所得税）/销售收入×100%。税后净利率反映企业的获利能力，税后净利率越高，生产成本越低，企业的获利能力越强。

**3. 现金流**

现金流也叫"现金流量"，是企业在一定会计期间通过特定的经济活动（包括经营活动、投资活动、筹资活动和非经常性项目）产生的现金流入、现金流出及其总量情况的总称，即企业一定时期内现金和现金等价物流入和流出的数量。

**4. 销售增长率**

销售增长率是评价企业成长状况和发展能力的重要指标。销售增长率=（本年销售额−上年销售额）/上年销售额×100%。销售增长率是衡量企业经营状况和市场占有能力、预测企业经营业务拓展趋势的重要指标，也是企业扩张增量资本和存量资本的重要前提。该指标越高，表明企业的增长速度越快，企业的市场前景越好。

### 5. 投资回报率

投资回报是指投资应返回的价值，即企业从项投资活动中得到的经济回报。投资回报率=年利润/投资总额×100%

### 6. 投资回收期

投资回收期是指用投资方案所产生的净收益补偿初始投资所需要的时间，其单位通常用"年"表示。投资回收期所衡量的是企业收回初始投资的速度。

### 7. 发展规划

发展规划中应重点阐述企业发展战略，这是企业发展计划的路线和原则、灵魂与纲领。要结合国家需要与市场需求，制定企业短期、中期、长期的发展战略，列出各阶段的发展目标和具体发展措施。

撰写发展规划时，还可对项目目前已经取得的成效进行阐述，对产品、研发、销售等关键环节的进展，尽量用数据和图片佐证。

### 8. 风险分析

没有风险分析的创业计划书是不完整的，因为创业本身就带有一定的冒险性。风险分析不仅能减轻投资方的疑虑，让他们对企业有全方位的了解，更能体现管理团队对市场的洞察力和解决问题的能力。风险并不可怕，可怕的是没有应对风险的能力与对策。主动识别和应对风险会极大地增加企业的信誉，使投资方更有信心。

创业者应对市场、技术、资金、管理等各方面的风险进行分析，将未来可能存在的风险点在创业计划书中清晰地反映出来。列明各种潜在风险后，要重点向投资方阐述针对各类风险的规避措施，给投资方信心。同时要设计资本退出方式，并让投资方清晰地知道获利时间和可选方案。

## 9.1.5 创业计划书的撰写步骤

### 1. 明确格式和要求

创业计划书可能有不同的用途，不同用途的创业计划书格式也不同。例如，创业者参加某投资方的项目洽谈会，投资方可能会要求创业者在创业计划书中着重介绍创业团队和营销策略，而对产品背景和风险评估内容不做要求，这样，创业者就要按要求对创业计划书的结构和内容做出调整。在各类创新创业大赛中，若大赛组委会在参赛通知中已经提供了一个标准的创业计划书模板，参赛者可直接按照该模板来撰写创业计划书。因此，在正式撰写创业计划书前，一定要根据实际需要和目的，明确创业计划书的格式和要求。

### 2. 确定目录和提纲

明确了撰写创业计划书的格式和要求后，就要结合创业计划书的用途，合理安排创业计划的内容，拟定创业计划书的目录和提纲。目录和提纲应该尽量详细，必要时可以详细到四级小标题，并且标注出哪部分详、哪部分略，甚至可标出每个部分的大概字数。

### 3. 搜集材料和数据

根据创业计划书的目录和提纲，创业者要有目的地去搜集材料和数据。对于需要用图表、数字展示观点的部分，要有目的地进行图表制作和数字计算。创业计划书涉及的内容较广泛，因此需要搜集的材料和数据也非常多，可能要花费创业者较多的精力。创业者应该不畏艰辛、克服困难，认真完成这些任务。

### 4. 撰写初稿

搜集齐材料和数据后，创业者就可以开始起草创业计划书了。最好是按照目录和提纲的顺序，一个章节一个章节地顺序进行，这样做的好处是可以把握创业计划书的整体思路，也便于掌握撰写进度。"东一榔头，西一棒槌"的做法不仅会浪费精力，也不利于把握创业计划书的整体思路。

### 5. 修改和定稿

创业计划书的初稿完成后，一定要进行检查。创业者应该反复阅读，从客观性、实践性、条理性、创新性等多个视角检查创业计划书是否达到了相应的要求。需要特别强调的是，创业者要站在创业计划书阅读者（投资方、评委、客户等）的视角来阅读一下创业计划书，看是否能打动阅读者。此外，创业者还可以把创业计划书拿给有关人士阅读，多方征求意见。在充分检查和征求意见的基础上，要反复修改，力争完美，最后定稿。

### 6. 印刷和制作

定稿后，就要把创业计划书进行印刷并装订。一定要注意印刷质量和装帧的美观性，最好设计一个简洁而漂亮的封面。

---

## 案例阅读

#### 29 岁小伙创业引来 500 万元投资

不用戴眼镜也可看 3D 视频。今年 29 岁的小伙孙德才，在重庆打拼 9 年，创业几经挫折。在涉足裸眼 3D 领域后，凭着成功的创业计划书引来 500 万元投资。

**曾创业失败血本无归**

"我在 2005 年市长峰会时来到重庆创业。"孙德才说。他的老家在山东，从海口经济学院摄影专业毕业以后，也有过不错收入的工作。"我在新闻上看到重庆要举办市长峰会，当时就觉得重庆的发展前景非常好，肯定有许多创业的机会，于是毫不犹豫地来到这里。"

孙德才来到重庆后，做过推销员，当过电视编导。在上海举办世博会前，他到上海帮朋友负责一个世博会项目，偶然发现布放在街头的打折机很有商机，于是 2010 年他在重庆做打折机项目。2010 年底这种打折机正式在重庆市主城区商圈内亮相，市民可在自助打折机上打印出自己需要的商家优惠券。"我们在 2011 年最多时拥有 200 多台打折机，常常给消费者带来 20%~40% 的优惠。"

但打折机项目没运作多久就举步维艰，终端机器租金每月达数十万，再加上员工的开销，从项目面世就没有盈利。这个项目最终失败，孙德才和伙伴们血本无归。

对于这次创业失败，孙德才总结了两大原因。一是合作伙伴的信任问题，当时一个团队负责场地开发，另一个团队负责商户拓展，结果双方互相指责；二是合作伙伴的信心问题，看到不能赚钱，大家逐渐失去了信心，导致内部不断出现问题。

**一本计划书成功引资**

从打折机项目退出后，孙德才并没有气馁。"我在重新考虑了20个创业项目以后，发现3D行业充满了不少商机。"孙和朋友到电影院看3D电影，感觉戴着眼镜看始终不方便，"我当时就想，能不能不戴眼镜看裸眼3D？能不能把裸眼3D屏幕安装在主城区商圈内做户外节目呢？"

有了这个创业的想法以后，他立即着手技术方面的调研，发现完全可以实现，于是写出了5份详细的计划书。"缺资金怎么办呢？"孙德才说，"我当时就想通过引进风险投资来实现再次创业。"

"后来我找到了天使投资。"孙德才与天使投资的董事长见面后，向对方详细介绍了自己的创业计划。

这个创业项目引起了天使投资的兴趣。虽然当时项目还停留在创业计划书上，完全没有实际运作，但天使投资方面看中了项目前景，很快便决定注入资金帮助项目启动，第一期100万元资金很快到位。

"天使投资现在已经累计对这个项目投资500万元，超过了当初我们想要的投资额。天使投资不但给我带来了资金上的帮助，还给我带来了资源上的帮助，比如介绍成熟的业态，帮助我迅速增强实力。现在我对项目前景更加充满了信心。"

**不戴眼镜也可看3D节目**

"我们已经成功推出两个项目，均布放在观音桥商圈内。"孙德才称，这两块屏幕一个在观音桥雕塑上，另一个在阳光城靠茂业百货一侧的外墙上，"我们采用了高科技含量的3D投影设备，打造了全新的、具有视觉震撼的裸眼3D夜景效果，市民不用戴眼镜就可以在这两个地方看到3D节目。"

现在每晚8至11时，裸眼3D灯光秀会在观音桥播出。"在这个时段，屏幕中，重庆火锅、脸谱、大剧院等，全都立体地从画面里跑出来，直奔市民眼前，与在电影院看3D电影几乎一样。"

孙德才称，与传统的LED屏幕相比，现在的耗电量只有LED屏幕的十二分之一，而且还不用破坏楼面、地面，更不会影响场地环境及总体规划。

"眼下在两个地方播放的所有3D节目，都是由我们自己制作完成的。"孙德才称，现在播放的3D节目，除了观音桥的传说、重庆的历史变迁、重庆的发展建设，还有一些小品类的节目。

孙德才透露，"在繁华商业地段设置裸眼3D视屏，已引起了国内多个地区的关注，我们希望立足重庆，放眼全国。"

**创业能否成功取决于纠错的能力**

对于自己的创业心得，孙德才说："失败并不可怕。"在经历过失败以后，他的感悟是，在创业过程中，最可怕的是还没做出尝试就自我否定。"做一个静下心来深度思考的思想者，对于创业者来说很有必要。"

孙德才认为，在创业过程中可能会遇到非专业人士提出看似无厘头的问题，甚至会挑战到创业者的权威，这时也不能急于自我放弃或否定他人，"此时其实是改进内部体制或产品系统的好机会"。

（资料来源：重庆晚报）

## 任务 9.2　大学生创新创业大赛

### 名人名言

千里之行，始于足下。

——老子

古之成大事者，规模远大与综理密微，二者缺一不可。

——曾国藩

### 9.2.1　大学生创新创业大赛概述

自 1983 年美国德州大学奥斯汀分校举办首届商业计划竞赛以来，美国每年已有包括麻省理工学院、斯坦福大学等世界一流大学在内的十多所大学举办这一竞赛。Yahoo、Excite、Netscape 等公司就是在斯坦福校园的创业氛围中诞生的。1998 年，第一届"清华创业计划大赛"正式拉开了大学生创业实践的帷幕。1999 年，由共青团中央、中国科协、全国学联主办，清华大学承办的首届"挑战杯"中国大学生创业计划竞赛成功举办，被视为我国创业大赛的开端。创新创业大赛发源于大学，迅速在全国铺开，营造了"鼓励创新、支持创业"的氛围，在全社会掀起创新创业的高潮，有效地传播了创新创业精神，使得创新创业受到了全社会的关注。2015 年，"大众创业、万众创新"系列活动如火如荼，国务院更是出台文件指出要建设创业创新平台，增强支撑作用，支持各类创业创新大赛。为响应党中央号召，伴随着高校创新创业教育的推进，高校的创新创业大赛也随之迅速发展。

### 案例阅读

#### "90 后"博士获中国"互联网+"大学生创新创业大赛总冠军

在第四届中国"互联网+"大学生创新创业大赛总决赛上，北京理工大学的"中云智车——未来商用无人车行业定义者"项目获得冠军，"枭龙科技 AR 智能眼镜"获得季军。其中，前者由该校在读博士生倪俊负责答辩。能够从 2278 所高校的 64 万个报名参赛项目中脱颖而出，倪俊展现了新时代中国大学生创新创业者必备的领袖气质，最终获得全场最高分 1150 分，问鼎大赛冠军。

获得中国"互联网+"大学生创新创业大赛总决赛冠军后,北京理工大学学生倪俊并没太在意,这只是他这些年所获众多奖项中的一个。

记者在北京理工大学见到了这位沉稳大气的"90后"创新创业先锋。在他看来,课余带领一帮喜欢汽车的师弟师妹研究汽车、组装汽车,是再自然不过的事情。但他们的汽车又充满前沿色彩。

此次获奖绝非偶然。2012—2018年,倪俊多次率领方程式赛车队、无人赛车队等学生团队参加大学生方程式汽车大赛、挑战杯等国内外比赛30余项,获"中国大学生方程式汽车大赛"总冠军及单项冠军、"德国大学生方程式汽车大赛"前20名、陆军装备部"跨越险阻"无人车挑战赛最佳创意奖、工信部创新创业一等奖、挑战杯一等奖、世纪杯一等奖等省部级以上奖励30余项。而博士仍然在读的倪俊已经入选2016中国科协青年人才托举工程、2016中国汽车工程学会青年人才托举工程,获2013中国青少年科技创新奖、2017北京市青年五四奖章。

北京理工大学校方表示,通过"以赛促培"方式,可促进创新创业项目的培育和成长,培养高质量人才。

(资料来源:中国新闻网)

目前,在高校有很多类别的大学生创新创业大赛,涉及了各行各业,吸引了众多学生参与。下面主要介绍几个影响力较大的创新创业竞赛。

### 1. 中国国际"互联网+"大学生创新创业大赛

中国国际"互联网+"大学生创新创业大赛(之前称为中国"互联网+"大学生创新创业大赛,首次举办于2015年,2019年起,第六届赛事开始更名为中国国际"互联网+"大学生创新创业大赛),每年一届,由教育部与中央十几个有关部委和各省市区人民政府共同主办,旨在深化高等教育综合改革,激发大学生的创造力,培养造就"大众创业、万众创新"的生力军;推动赛事成果转化和产学研用紧密结合,促进"互联网+"新业态形成,服务经济提质增效升级;以创新引领创业、创业带动就业,推动高校毕业生更高质量创业就业。

该赛事须以创新创业团队为单位报名参赛,允许跨校组建团队,每个参赛团队不少于3人,须为项目的实际成员。该赛事要求能够将移动互联网、云计算、大数据、物联网等新一代信息技术与经济社会各领域紧密结合,培育基于互联网的新产品、新服务、新业态、新模式。该赛事要求发挥互联网在促进产业升级及信息化和工业化深度融合中的作用,促进制造业、农业、能源、环保等产业转型升级。该赛事要求发挥互联网在社会服务中的作用,创新网络化服务模式,促进互联网与教育、医疗、交通、金融、消费生活等深度融合。

#### 案例阅读

**远望谷里探壮"举"——一个大学生极客团队的"夺冠"路**

2021年7月31日的东京,吕小军在奥运会男子举重81公斤级比赛中"力拔山兮"

夺得冠军。当天在千里之外的"西京"，西安电子科技大学一个分析举重运动员的科技创新项目，也"夺冠"了。

"在全省上千个参赛项目中，我们获得了第七届中国国际'互联网+'大学生创新创业大赛陕西省复赛的'最佳创意奖'，是对我们这个本科生团队莫大的鼓励。"西安电子科技大学"极创工作室"负责人严紫文说。

西安电子科技大学的前身是1931年诞生于瑞金的中央军委无线电学校，至今在电子与信息等学科仍具有特色与优势。严紫文告诉记者，这个名为《夺冠——开创体育精细化训练新时代》的研究课题，就是运用人工智能捕捉运动员每次做技术动作中的细微差别，再建立大数据模型分析出这名运动员最合适的动作，为教练员提供科学训练参考。

团队六名核心成员中的技术骨干、西电智能科学与技术专业大四学生马彦泽坦言，这个灵感是他们在玩电脑游戏时"点燃"的。

"我们最开始是依据英雄联盟中英雄的所处位置和移动路径来判断胜率，从而分析出背后玩家的思维模式。"马彦泽说，这种大数据分析在电竞和商业等领域已广泛应用，但是在国内竞技体育领域还很少见。

2019年，陕西各运动队处于备战十四运会的关键阶段。一边是专业队有训练更加科学化方面的需求，一边是学生有把创意用在更实际且迫切领域的意愿，"极创"团队的研发很快获得了陕西省体育科学研究所的关注与响应。

"我们得知西电有这样的数据分析平台后，经过在多个项目上的试验与研究，最终让省举重队的几名运动员试用。"陕西省体科所副所长谢正幸说，这样的选择一是因为这几名队员有争金夺牌的潜力，二是因为举重对于细微动作的严格把控更匹配人工智能技术。

"同一个人举150公斤或举160公斤、早上举或下午举，技术动作细节都不一样。我们就是要找到运动员发力最充分时的感觉，并帮他们记住这种感觉。"谢正幸表示，以往通过录像分析的方式周期很长，就算发现了这种感觉也已经过去三四天，运动员早忘了。

"通过人工智能，系统可以第一时间发现并反馈给教练，指导队员按这样的状态练下去。"马彦泽说着打开电脑中的"夺冠"体育数据分析平台。操作者通过慢速播放录像，运动员重心高度和杠铃的速度、高度、倾斜度一目了然，还可以在暂停时调取运动员握持距离、关节角度、姿态位移等毫米级数据，分析出最佳的试举姿态。

谢正幸表示，在拍摄运动员技术动作的数据积累阶段，他们通过智能对比就发现了女队队员在脚踝发力充分程度上有提升空间，并进行针对性训练，在队员抓举的成功率方面已产生实质性帮助。

（资料来源：新华网）

### 2. "挑战杯"全国大学生系列科技学术竞赛

"挑战杯"全国大学生系列科技学术竞赛（简称"挑战杯"竞赛）是由共青团中央、中国科协、教育部和全国学联共同主办的全国性的大学生课外学术实践竞赛。"挑战杯"竞赛在中国共有两个并列项目,一个是"挑战杯"中国大学生创业计划竞赛,另一个是"挑战杯"全国大学生课外学术科技作品竞赛。

"挑战杯"竞赛始终坚持"崇尚科学、追求真知、勤奋学习、锐意创新、迎接挑战"的宗旨,在促进青年创新人才成长、深化高校素质教育、推动经济社会发展等方面发挥了积极作用,在广大高校乃至社会上产生了广泛而良好的影响,被誉为当代大学生科技创新的"奥林匹克"盛会。经过近20年的发展,"挑战杯"竞赛已经成为极具影响力的一项大赛。

"挑战杯"竞赛的两个项目的全国竞赛交叉轮流开展,每个项目每两年举办一届,采取学校、省(自治区、直辖市)和全国三级赛制,分预赛、复赛、决赛三个赛段进行。

### 3. "创青春"全国大学生创业大赛

2013年11月8日,习近平总书记向2013年全球创业周中国站活动组委会专门致贺信,特别强调了青年学生在创新创业中的重要作用,并指出全社会都应当重视和支持青年创新创业。为贯彻落实习近平总书记系列重要讲话,和党中央有关指示精神,适应大学生创业发展的形势需要,在原有"挑战杯"中国大学生创业计划竞赛的基础上,共青团中央、教育部、人力资源和社会保障部、中国科协、全国学联决定,自2014年起共同组织开展"创青春"全国大学生创业大赛,每两年举办一次。

大赛下设3项主体赛事:大学生创业计划竞赛、创业实践挑战赛、公益创业赛。其中,大学生创业计划竞赛面向高等学校在校学生,以商业计划书评审、现场答辩等作为参赛项目的主要评价内容。创业实践挑战赛面向高等学校在校学生或毕业未满5年的高校毕业生,且已投入实际创业3个月以上,以经营状况、发展前景等作为参赛项目的主要评价内容。公益创业赛面向高等学校在校学生,以创办非营利性质社会组织的计划和实践等作为参赛项目的主要评价内容。

### 4. 全国大学生电子商务"创新、创意及创业"挑战赛

全国大学生电子商务"创新、创意及创业"挑战赛(简称"三创赛")是由教育部委托教育部高校电子商务专业教学指导委员会主办的面向全国高校(含港澳台地区)大学生的竞赛项目,是教育部、财政部"高等学校本科教学质量与教学改革工程"重点支持项目。该赛事为高等学校落实教育部、财政部《关于实施高等学校本科教学质量与教学改革工程的意见》、开展创新教育和实践教学改革、加强产学研之间联系起到积极示范作用。该赛事旨在激发大学生兴趣与潜能,培养大学生创新意识、创意思维、创业能力以及团队协同实战精神。"三创赛"分为校赛、省赛和全国总决赛三级赛事。

### 5. 中国创新创业大赛

中国创新创业大赛是由科技部、财政部、教育部、国家网信办和中华全国工商业联合会共同指导举办的一项以"科技创新,成就大业"为主题的全国性创业比赛。大赛秉承"政府主导、公益支持、市场机制"的模式,既有效发挥了政府的统筹引导能力,又最大化聚合激发了市场活力。

中国创新创业大赛旨在落实党中央、国务院提出的大众创业、万众创新的重大部署,深入实施创新驱动发展战略,聚集和整合各种创新创业资源,引导社会各界力量支持创新创业,

搭建服务创新创业的平台，弘扬创新创业文化，激发全民创新创业的热情，掀起创新创业的热潮，打造推动经济发展和转型升级的强劲引擎。

中国创新创业大赛分为团队组（未在国内注册成立企业的、拥有科技创新成果和创业计划的团队）和企业组（已注册的科技型中小微企业）两大赛道。团队和企业应具有创新能力和高成长潜力，主要从事高新技术产品研发、制造、生产及服务等方面的业务，经营规范，社会信誉良好。

#### 6. 中华职业教育创新创业大赛

中华职业教育创新创业大赛是由中国职业教育学会主办的一项大型赛事，旨在推动职业教育的创新和创业发展，提高学生的实践能力和创新精神。该赛事自2015年开始举办，至今已经成功举办多届，参赛人数逐年增加，参赛作品质量不断提高，成为我国职业教育领域的一项重要赛事。该赛事不仅是职业教育创新和创业教育的重要平台，更是培养学生创新精神和实践能力的有效途径。

中华职业教育创新创业大赛的比赛主题每年都不同，旨在引导参赛者关注社会热点和行业发展趋势，激发学生的创新思维和创业热情。参赛者通过比赛，可以锻炼自己的创新思维和实践能力，提高自己的综合素质和竞争力。同时，比赛还可以促进职业教育领域的创新和发展，推进产业创新和转型升级。

上述就是我国一些影响力较大的创新创业竞赛，大学生可以充分研究各赛事的参赛条件，以赛促学，提升创新创业能力。

### 9.2.2　中国国际"互联网+"大学生创新创业大赛

在当前各类创新创业赛项中，影响面最大、参与度最高的赛事非中国国际"互联网+"大学生创新创业大赛莫属，该赛事已经成为我国深化创新创业教育改革的重要平台。据统计，自2015年起，中国"互联网+"大学生创新创业大赛创办以来，共累计吸引943万个团队、3983万名大学生参赛。8年来，从20万大学生到3983万大学生，从5万个团队到943万个团队，中国国际"互联网+"大学生创新创业大赛记录着当代大学生奋发有为、昂扬向上的故事，让青春在创新创业中闪光。

大赛以赛促学、以赛促教、以赛促创，涌现出许多紧跟前沿科技、瞄准国家重大战略需求的项目，带动了高等教育人才培养范式的变革，为许多有理想、有本领、有担当的青年插上创新创业的"翅膀"。特别是2017年8月，习近平总书记给第三届中国"互联网+"大学生创新创业大赛"青年红色筑梦之旅"的大学生回信，勉励他们扎根中国大地了解国情民情，用青春书写无愧于时代、无愧于历史的华彩篇章。"红旅"已成为一堂融合了党史教育学习、创新创业与乡村振兴的"思政金课"，助力更多青年学子为脱贫攻坚、乡村振兴贡献青春力量，让广大青年学生把"青春梦""创新创业梦"融入伟大的中国梦。

根据《教育部第九届中国国际"互联网+"大学生创新创业大赛的通知》文件精神，现就该项赛事的有关情况进行介绍。

## 1. 大赛总体目标

更中国、更国际、更教育、更全面、更创新、更协同，落实立德树人根本任务，传承和弘扬红色基因，聚焦"五育"融合创新创业教育实践，开启创新创业教育改革新征程，激发青年学生创新创造热情，打造共建共享、融通中外的国际创新创业盛会，让青春在全面建设社会主义现代化国家的火热事件中绽放绚丽之花。

——更中国。更深层次、更广范围体现红色基因传承，充分体现新发展阶段高水平创新创业教育的丰硕成果，集中展示新发展理念引领下创新创业人才培养的中国方案，提升新时代中国高等教育的感召力。

——更国际。深化创新创业教育国际交流合作，汇聚全球知名高校、企业和创业者，服务以国内大循外为主体、国内国际双循环相互促进的新发展格局，搭建全球性创新创业竞赛平台，提升新时代中国高等教育的影响力。

——更教育。推动思想政治教育、专业教育与创新创业教育深度融合，弘扬劳动精神，加强学生创新实践能力培养，造就敢想敢为又善作善成的新时代好青年，提升新时代中国高等教育的塑造力。

——更全面。推进职普融通、产教融合、科教融合，鼓励各学段学生积极参赛，形成创新创业教育在高等教育、职业教育、基础教育、留学生教育等各类各学段的全覆盖，打通人才培养各环节，提升新时代中国高等教育的引领力。

——更创新。积极开辟发展新领域新赛道，不断塑造发展新动能新优势，丰富竞赛内容和形式，激发全社会创新创业创造动能，促进高校创新成果转化应用，服务国家创新发展，提升新时代中国高等教育的创造力。

——更协同。充分发挥大赛平台纽带作用，促进优质资源互联互通，推动形成开放大学、开放产业、开放问题的良好氛围，助推大赛项目落地转化，营造支持青年大学生创新创业、共同合作、互相包容、互相支持的良好生态。

## 2. 大赛主要任务

以赛促教，探索人才培养新途径。全面提高人才自主培养质量，强化高校课程思政建设，深入推进新工科、新医科、新农科、新文科建设，深化创新创业教育改革，引领各类学校人才培养范式深刻变革，形成新的人才培养质量观和质量标准，切实提高学生的创新精神、创业意识和创新创业能力。

以赛促学，培养创新创业生力军。着力造就拔尖创新人才，激励广大青年扎根中国大地了解国情民情，在创新创业中增长智慧才干，怀抱梦想又脚踏实地，敢想敢为又善作善成，做有理想、敢担当、能吃苦、肯奋斗的新时代好青年。

以赛促创，搭建产教融合新平台。把教育融入经济社会发展，推动成果转化和产学研用融合，促进教育链、人才链与产业链、创新链有机衔接，以创新引领创业、以创业带动就业，推动形成高校毕业生更高质量创业就业的新局面。

## 3. 大赛主体赛道

大赛主体赛道包括高教主赛道、"青年红色筑梦之旅"赛道、职教赛道、产业命题赛道和萌芽赛道。

## 思政课堂

### 习近平总书记给第三届中国"互联网+"大学生创新创业大赛"青年红色筑梦之旅"的大学生的回信

第三届中国"互联网+"大学生创新创业大赛"青年红色筑梦之旅"的同学们：

来信收悉。得知全国150万大学生参加本届大赛，其中上百支大学生创新创业团队参加了走进延安、服务革命老区的"青年红色筑梦之旅"活动，帮助老区人民脱贫致富奔小康，既取得了积极成效，又受到了思想洗礼，我感到十分高兴。

延安是革命圣地，你们奔赴延安，追寻革命前辈伟大而艰辛的历史足迹，学习延安精神，坚定理想信念，锤炼意志品质，把激昂的青春梦融入伟大的中国梦，体现了当代中国青年奋发有为的精神风貌。

实现全面建成小康社会奋斗目标，实现社会主义现代化，实现中华民族伟大复兴，需要一批又一批德才兼备的有为人才为之奋斗。艰难困苦，玉汝于成。今天，我们比历史上任何时期都更接近实现中华民族伟大复兴的光辉目标。祖国的青年一代有理想、有追求、有担当，实现中华民族伟大复兴就有源源不断的青春力量。希望你们扎根中国大地了解国情民情，在创新创业中增长智慧才干，在艰苦奋斗中锤炼意志品质，在亿万人民为实现中国梦而进行的伟大奋斗中实现人生价值，用青春书写无愧于时代、无愧于历史的华彩篇章。

习近平<br>2017年8月15日

（资料来源：新华社）

### 4. 大赛参赛要求

（1）参赛项目能够紧密结合经济社会各领域现实需求，充分体现高校在新工科、新医科、新农科、新文科建设方面取得的成果，培育新产品、新服务、新业态、新模式，促进制造业、农业、卫生、能源、环保、战略性新兴产业等产业转型升级，促进数字技术与教育、医疗、交通、金融、消费生活、文化传播等深度融合。

（2）参赛项目应弘扬正能量，践行社会主义核心价值观，真实、健康、合法。不得含有任何违反《中华人民共和国宪法》及其他法律法规的内容。所涉及的发明创造、专利技术、资源等必须拥有清晰合法的知识产权或物权。如有抄袭盗用他人成果、提供虚假材料等违反相关法律法规或违背大赛精神的行为，一经发现即刻丧失参赛资格、所获奖项等相关权利，并自负一切法律责任。

（3）参赛项目只能选择一个符合要求的赛道报名参赛，根据参赛团队负责人的学籍或学历确定参赛团队所代表的参赛学校，且代表的参赛学校具有唯一性。参赛团队须在报名系统中将项目所涉及的材料按时如实填写提交。已获本大赛往届总决赛各赛道金奖和银奖的项目，不可报名参加本届大赛。

（4）参赛人员（不含产业命题赛道参赛项目成员中的教师）年龄不超过 35 岁。

（5）各省级教育行政部门及各有关学校要严格开展参赛项目审查工作，确保参赛项目的合规性和真实性。审查主要包括参赛资格以及项目所涉及的科技成果、知识产权、财务状况、运营、荣誉奖项等方面。

### 5. 职教赛道参赛相关规定

#### 1）参赛项目类型

创新类参赛项目：以技术、工艺或商业模式创新为核心优势。

商业类参赛项目：以商业运营潜力或实效为核心优势。

工匠类参赛项目：以体现敬业、精益、专注、创新为内涵的工匠精神为核心优势。

#### 2）参赛方式和要求

职业院校（包括职业教育各层次学历教育，不含在职教育）、国家开放大学学生（仅限学历教育）可以报名参赛。

大赛以团队为单位报名参赛。允许跨校组建团队，每个团队的参赛成员不少于 3 人，不多于 15 人（含团队负责人），须为项目的实际核心成员。参赛团队所报参赛创业项目，须为本团队策划或经营的项目，不得借用他人项目参赛。

#### 3）参赛组别和对象

（1）创意组

① 参赛项目具有较好的创意和较为成形的产品原型、服务模式或针对生产加工工艺进行创新的改良技术，在大赛通知下发之日前尚未完成工商等各类登记注册。

② 参赛申报人须为团队负责人，须为职业院校的全日制在校学生或国家开放大学学历教育在读学生。

③ 学校科技成果转化项目不能参加本组比赛（科技成果的完成人、所有人中参赛申报人排名第一的除外）。

（2）创业组

① 参赛项目在大赛通知下发之日前已完成工商等各类登记注册，且公司注册年限不超过 5 年（2018 年 3 月 1 日及以后注册）。

② 参赛申报人须为企业法定代表人，须为职业院校全日制在校学生或毕业 5 年内的学生、国家开放大学学历教育在读学生或毕业 5 年内的学生。企业法人在大赛通知发布之日后进行变更的不予认可。

③ 项目的股权结构中，企业法定代表人的股权不得少于 1/3，参赛团队成员股权合计不得少于 51%。

## 知识拓展

### 职教赛道创意组项目评审要点

**一、教育维度（30 分）**

1. 项目应弘扬正确的价值观，体现家国情怀，恪守伦理规范，有助于培育创新创业精神。

2. 项目符合将专业知识与商业知识有效结合并转化为商业价值或社会价值的创新创业基本过程和基本逻辑，展现创新创业教育对创业者基本素养和认知的塑造力。

3. 体现团队对创新创业所需知识（专业知识、商业知识、行业知识等）与技能（计划、组织、领导、控制、创新等）的娴熟掌握与应用，展现创新创业教育提升创业者综合能力的效力。

4. 项目充分体现团队解决复杂问题的综合能力和高级思维；体现项目成长对团队成员创新创业精神、意识、能力的锻炼和提升作用。

5. 项目能充分体现院校在职业教育建设方面取得的成果；体现院校在项目的培育、孵化等方面的支持情况；体现多学科交叉、专创融合、产学研协同创新、产教融合等模式在项目的产生与执行中的重要作用。

二、创新维度（20分）

1. 具有原始创意、创造。

2. 具有面向培养"大国工匠"与能工巧匠的创意与创新。

3. 项目体现产教融合模式创新、校企合作模式创新、工学一体模式创新。

4. 鼓励面向职业和岗位的创意及创新，侧重于加工工艺创新、实用技术创新、产品（技术）改良、应用性优化、民生类创意等。

三、团队维度（20分）

1. 团队的组成原则与过程是否科学合理；团队是否具有支撑项目成长的知识、技术和经验；是否有明确的使命愿景。

2. 团队的组织构架、人员配置、分工协作、能力结构、专业结构、合作机制、激励制度等的合理性情况。

3. 团队与项目关系的真实性、紧密性情况；对项目的各项投入情况；创立创业企业的可能性情况。

4. 支撑项目发展的合作伙伴等外部资源的使用以及与项目关系的情况。

四、商业维度（20分）

1. 充分了解所在产业（行业）的产业规模、增长速度、竞争格局、产业趋势、产业政策等情况，形成完备、深刻的产业认知。

2. 项目具有明确的目标市场定位，对目标市场的特征、需求等情况有清晰的了解，并据此制定合理的营销、运营、财务等计划，设计出完整、创新、可行的商业模式，展现团队的商业思维。

3. 其他：项目落地执行情况；项目对促进区域经济发展、产业转型升级的情况；已有盈利能力或盈利潜力情况。

五、社会价值维度（10分）

1. 项目直接提供就业岗位的数量和质量。

2. 项目间接带动就业的能力和规模。

3. 项目对社会文明、生态文明、民生福祉等方面的积极推动作用。

## 知识拓展

### "青年红色筑梦之旅"赛道公益组项目评审要点

**一、教育维度（30分）**

1. 项目应弘扬正确的价值观，体现家国情怀，恪守伦理规范，有助于培育创新创业精神。

2. 项目体现团队扎根中国大地了解国情民情，遵循发现问题、分析问题、解决问题的基本规律，将所学专业知识、技能和方法应用于解决各类社会问题，展现创新创业教育对创业者基本素养和认知的塑造力和提升创业者综合能力的效力。

3. 项目充分体现团队解决复杂问题的综合能力和高级思维；体现项目成长对团队成员创新创业精神、意识、能力的锻炼和提升作用。

4. 项目能充分体现院校在新工科、新医科、新农科、新文科建设方面取得的成果；项目充分体现专业教育、思政教育、创新创业教育的有机融合；体现院校在项目的培育、孵化等方面的支持情况。

**二、公益维度（10分）**

1. 项目以社会价值为导向，以谋求公共利益为目的，以解决社会问题为使命，不以营利为目标，有一定公益成果。

2. 在公益服务领域具有较好的创意、产品或服务模式的创业计划和实践，追求社会效益的最大化。

**三、团队维度（20分）**

1. 团队的组成原则与过程是否科学合理；是否具有从事公益创业所需的知识、技术和经验；是否有明确的使命愿景。

2. 团队内部的组织构架、人员配置、分工协作、能力结构、专业结构、激励制度的合理性情况；团队外部服务支持体系完备（如志愿者团队等），具有一定规模、实施有效管理使其发挥重要作用的情况。

3. 团队与项目关系的真实性、紧密性情况；团队对项目的各项投入情况；团队的延续性或接替性情况。

4. 支撑项目发展的合作伙伴等外部资源的使用以及与项目关系的情况。

**四、发展维度（20分）**

1. 项目通过吸纳捐赠、获取政府资助、自营收等方式确保持续生存能力情况。

2. 团队基于一定的产品、服务、模式，通过高效管理、资源整合、活动策划等运营手段，确保项目影响力与实效性。

3. 项目对促进就业、教育、医疗、养老、环境保护与生态建设等方面的效果。

4. 项目的模式可复制、可推广，具有示范效应。

5. 项目对带动大学生到农村、城乡社区从事社会服务就业创业的情况。

**五、创新维度（20分）**

1. 团队能够基于科学严谨的创新过程，遵循创新规律，运用各类创新的理念和范式，解决社会实际需求。

2. 项目能够从产品创新、服务创新等方面着手开展公益创业实践，并产生一定数量和质量的创新成果。

3. 鼓励将高校科研成果运用到公益创业中，以解决相应的社会问题。

## 任务 9.3　设计项目路演

### 名人名言

伟大的精力只是为了伟大的目的而产生。

——斯大林

像产品或服务一样，计划如果被管理者作为进行战略决策的工具，那么它本身也必须被加以管理和塑造。

——罗伯特·伦兹

### 9.3.1　项目路演概述

#### 1. 创新创业项目路演

创新创业项目路演就是创业者在讲台上向台下众多的投资方讲解自己的企业产品、发展规划、融资计划。创新创业项目路演分为线上项目路演和线下项目路演。线上项目路演主要是通过 QQ 群、微信群、在线视频等互联网方式对项目进行讲解；线下项目路演主要通过活动专场向投资方进行面对面的项目演讲。

#### 2. 项目路演的步骤

常见的项目路演，一般按照以下几个步骤进行。

（1）创业者演讲，讲述项目的基本情况和创新点，介绍团队情况和融资计划，一般不会超过 10 分钟。

（2）提问，投资方会问及感兴趣的若干问题，通常是在核心竞争力方面进行确认，一般由 1～2 名投资方代表提问，总共不会超过 5 分钟。

（3）专家点评，相关的行业专家给予一些专业指导意见，或者在融资方面给予一些规划建议，一般不会超过 3 分钟。

### 案例阅读

**敢做创新创业赛道上的"弄潮儿"**

117 个国家和地区，4186 所学校，147 万个项目。2020 年 11 月 18 日，第六届中国国际"互联网+"大学生创新创业大赛冠军，花落北京理工大学博士生宋哲团队的"星网测通"项目。

　　闪亮成绩的背后，是新时代高校对高水平创新创业人才培养的不懈探索。"作为中国共产党创办的第一所理工科大学，北京理工大学牢记习近平总书记'着力培养担当民族复兴大任的时代新人'的殷殷嘱托，以'智慧'赋能拔尖创新人才培养，在建设中国特色世界一流大学的路上不懈探索前行。" 北京理工大学党委书记、中国工程院院士张军说。

　　党的十九大以来，北京理工大学以"融合创新、智慧赋能"为驱动力，全方位推进大类招生、大类培养和大类管理改革，实施"寰宇+"教育教学改革计划，全力构建创新人才培养"新生态"。

　　良好的科研氛围，促使北京理工大学子勇做创新创业大潮中的弄潮儿。一年365天，宋哲几乎有360天都在做科研。每一天，都可能面临新的科研难题，但是她却十分享受这种难。她说："在创新创业中砥砺的青春才最闪亮。如果不难，那还有什么可牛的。"

　　的确，对宋哲来说，夺取创新创业大赛冠军，还不是最牛的。博士一年级时，她长期参与的"卫星通信阵列测量技术与应用"项目，获得了2019年度国家技术发明奖二等奖，作为团队中唯一的在读学生，她也成为当时最年轻的国家奖完成人。如今，她主持研制的多台卫星通信测量装置正服务于北斗、天通等多个国家重大航天型号。

　　聚焦国之所需，培养拔尖人才。北京理工大学建立健全"全链条、多协同、凸特色、大平台"的一体化创新创业教育体系，15项国家科技奖成果进教材、进课程，为拔尖创新人才培养注入"源动力"。

　　移动扫描手柄，在自己的手指上轻轻滑动，电脑屏幕中立即呈现出皮肤三维断层图像……这是北京理工大学学生使用国内领先的学相干层析（OCT）技术教学仪器开展学习的场景。

　　"把最新科学研究成果应用于人才培养实践，实现了科研优势对教学'反哺'，也推动了教学过程紧密衔接科技前沿。"张军说，"让'科'与'教'融会贯通，北京理工大学探索出独具特色的一流人才培养模式。"

　　"誓做惊天动地事，甘为隐姓埋名人"，这句话宋哲始终牢记。多年的科研攻关经历，已让她成长为一名静得下心、坐得住"冷板凳"的青年科技工作者。"我坚信，热爱可抵漫长岁月。"她说，"科研报国之路道阻且长，但我无惧亦无悔。"

（资料来源：光明日报）

## 9.3.2　项目路演的核心内容

### 1. 封面

　　封面主要体现项目名称，用一句话描述即可。例如，小米电视：打造年轻人的第一台电视。封面上还要有参赛组别（创意组或初创组）、项目的LOGO、参赛省份、所属高校、联系信息（项目负责人的姓名、联系方式）等。

### 2. 分析市场现状和行业背景

　　项目路演时，要讲清楚项目相关的行业背景、市场发展趋势、市场空间。行业市场分析要具体有针对性，与所做的事要紧密相关，避免空泛论述。

项目路演时，要描述在目前市场背景下，你发现了一个什么样的痛点（需求点、机会点）。在分析这个痛点时，如已有解决相关痛点的产品或服务，需要简要分析已有产品或服务存在的不足，表明当前的商业机会。阐明目前正是做这件事的最正确的时间。

### 3. 讲清楚做什么

项目路演时，要讲清楚你准备干一件什么事，要言简意赅。最好配上简单的功能示意图或流程图，让人对项目一目了然。不追求大而全，要专注聚焦，表明你就想做一件事，而且就想解决这件事中的某一关键问题，并不是盲目跟风，追随投资热点。

### 4. 讲清楚如何做及现状

项目路演时，要讲清楚你有什么样的解决方案，或者什么样的产品，能够解决此前提到的痛点。你的方案或产品是什么，提供了怎样的功能？你的产品将面对的用户群是谁？一定要有清晰的目标用户定位。说明你的产品或方案的竞争力。为什么这件事情是你能做，而别人不能做？为什么你比别人做得好？你与众不同的地方是什么？例如，是否具备科研成果转化背景或拥有有价值的知识产权等。说明你未来如何挣钱，即你的商业模式。如果真的不知道怎么挣钱，你可以不说，但关键是让听众觉得你的产品真的对用户有价值，有可能做大。客观、真实地做好产品横向对比分析，主要是针对关键维度对比分析，因为优势和劣势都可能对产品的研发、生产、市场、销售等起到帮助作用。如果项目处于早期阶段（概念、想法、设计阶段），该项目的市场、销售等情况不是重点，简要说明即可。已经取得的成绩，如产品、研发、销售等关键环节的进展，尽量用数据呈现。

### 5. 项目团队

项目路演时，要说明团队的人员组成、团队分工和股份比例，介绍团队主要成员的背景和特长，强调个人的能力适合岗位，团队适合创业项目。要让听众相信为什么这个项目由你们团队来做，会更靠谱、更容易成功。如果是科技成果转化项目，有必要说明老师在团队中的角色。

### 6. 财务预测与融资计划

（1）之前的融资情况

如果之前有融资，介绍一下获得过哪些投资方的投资，每一期投资金额各有多少，已经释放了多少股权。

（2）目前的估值

在介绍目前估值时，最好简述一下估值逻辑，是基于市盈率与利润的乘积，是基于市销率与销售收入的乘积，还是基于对标等哪种方式算出来的。

（3）资金规划

说说未来一年或半年需要多少投资？释放多少股份？用这些投资干什么？是用在人才的引进，还是用在设备的购买？要达成什么目标？不建议写未来3年甚至5年的财务预测，除非是已经非常成熟的项目。

### 7. 未来规划

项目路演时，要讲清楚未来1~3年企业的发展目标，目标顾客群要达到多少？市场区域要发展到哪里，是全省，还是全国，抑或是全世界？产品技术要升级到哪一代？销量、销售收入、利润分别要达到多少。

## 知识拓展

### 创投一线：大学生创业动机和项目更加理性务实

近年来，"双创"之风吹遍神州大地，各地创新创业风起云涌，直追 1992 年的下海潮。在这次创业的整个大军中，大学生团体成为了一道靓丽的风景线。

从创业选项上来看，如今的大学生项目较之以往有了很大的不同，创业动机和创业项目更加理性和务实。

1. 商业创意和模式不再抄袭热点，开始发挥自身优势。绝大多数项目终于开始将目光聚焦到了高校多年的存量资产——实验室里的技术和知识产权。以前这块领域是投资的雷区，毕竟知识产权的纠纷在没有明确拥有主体时，矛盾频频爆发。而随着高校深层次改革的深入，产学研用的倍速推进，大学生创业团队，凭借近水楼台先得月的优势和天然信任，内部掘金成功。而作为行业门槛之一的技术优势，也成为了吸引投资人的夜明珠。

2. 创业资源和高校人脉网络的逐步形成。作为无钱、无人脉、无资源的大学生创业团队比社会摸爬滚打的创业老兵起步更加艰难。创始团队在工商、税务、人事、交际等后台系统的运转浪费了大量的精力和时间，造成了前台产品研发和市场推广的空转。而随着高校自建或与外部机构联合建立的创客空间、创业学院、创业导师库的纷纷涌现，尤其是一些投资机构和教育结构也纷纷助力，比如中科招商构建的创业学院，九鼎集团启动的晨星计划，华普亿方导入的创业学院和创业系列课程……减少了大学生创业团队的试错成本，提高了项目的运营效率。而多年来高校积攒的校友录也终于除了返校聚会外，发挥其校友资源优势，在创新创业中大展身手，出钱出力出资源，形成了独具特色的校园系创业团队集合。

3. 一部分校友成立了领投基金，开始集聚校友资源孵化和扶持创新项目。而作为西方主流的高校创投基金在中国一些顶级高校开始出现苗头，开始尝试成立自己的创投基金和校友捐赠基金，支持高校创业事业。

大学生创投市场是个独特的项目投融市场，在与许多机构同行交流时，大家都对其充满期待和情怀，但从创投的角度考量还总心怀迟疑，虽项目进行了升级，大学生创业项目得到了改善和优化，但在目前的创投市场，要想获得资金的青睐尤其是获得机构投资者的橄榄枝，还需要在投融资上多做系统的准备。

1. 心理预期要降低到水平面以下，要做好融不到钱的准备。不仅仅对大学生创业项目而言，2016 年上半年没开张只观望的投资机构不在少数，所以，当你的创业计划书发遍了通讯录和人际网络上的投资人没有收到积极反馈和回复时，你要有平常心，现在所有的新创项目都面临如此的困境。而对大学生创业项目而言，要回转身来，从自身独具的融资渠道展开，比如共青团的创业贷款支持等。更要积极对接校友网络，将学长学姐们划拨到业务合作伙伴和天使投资目录中来。

2. 发挥天然优势，互联网嫁接转型企业，强化自身造血和换血功能。我接触到一家起步于移动互联网的大学生创业团队，他们一开始也是围绕着高校市场的热点展开，这两年大热的社交、电商、兼职、跑腿、分期都陆续在平台上推过，基本都半路夭折，融资也非常不顺，但却锻炼出了团队强大的线上和线下的推广能力。在机缘巧合下，他们与一家正在苦觅转型的福建茶商接触上了，通过几次业务合作，彼此都建立了信任和事业契合点，于是，兵合一处，成立了新的企业和品牌，组建了联合创始人团队，大学生团队发挥特长（线上和线下运营），并入住了孵化器，而孵化器也结合他们的商业模式，导入了技术平台和产品众筹模式，实现了茶园实时监测、茶树众筹，打造了线上线下一体的带有互联网基因的创新公司，而后期三方也实现了共赢，孵化器扩张到哪，茶的品牌延伸到哪，获得了机构的追捧。还有些偏开发和技术类型的大学生项目将对转型企业过程中的技术服务费用也转换或互换对方股份，实现了自我造血和换血的功能，为后续项目持续运转和对接资本赢得了空间和时间。

3. 对接资本前的精心准备，而不是包装。高校里引进了创业导师确实给大学生创业团队带来了实效，规避了创业阶段的许多问题。但同时也带来另外一个头疼问题，对于项目的过度包装和矫枉过正。其实正如大学生的年龄一般，青春是最大的资本，可是经过专家的一系列涂脂抹粉和微整形，反而把最大的特色给抹掉了。建议在推动项目对接资本时，多征询一些有过投融资经历和经验的创业者和投资人。

（资料来源：人民网）

### 9.3.3 项目路演 PPT 制作要点

PPT 是项目路演的展示形式，是现场提高评委或投资方接受度的重要组成部分。仅仅靠演讲者口头表达并不能保证评委或投资方能接收到每一个关键信息。有时候，即使演讲者已经反复强调，还是比不上在屏幕上出现一张清晰且具有视觉效果的图形，更能加深印象。而在多媒体技术手段发达的今天，可供使用在屏幕上的各种 PPT 手段更是让人眼花缭乱。但 PPT 也不是越华丽越好，本书建议制作者回归简单、直接，使用正确简洁的图形，说清想要表达的问题，这才是项目路演 PPT 展示形式的真谛。

#### 1. 项目路演 PPT 制作的原则

项目路演 PPT 的制作应遵循以下几个原则。

1）主题鲜明

首页就要表达出鲜明的主题，体现出项目的特色，吸引评委或投资方的注意力。PPT 的第一页，要让评委或投资方"一见钟情"，产生看下去的兴趣。

2）介绍核心功能

切记不要做各种功能的罗列，不要说某项功能适合所有的客户。

3）逻辑清晰

一定要有清晰的商业逻辑、业务逻辑与呈现逻辑。呈现逻辑要清晰，紧密围绕主题，避免出现逻辑嵌套。在呈现逻辑上，可以借鉴金字塔原理来表达。

4）形式专业

在形式上精心设计，包括模板、色系、字体、字号、标点、图表、动画（切忌过多动画）等，精心的设计能有力地传达创业者的创意、情怀和观点。

5）结尾有力

在项目路演 PPT 中，好的结尾与好的开始同样重要，甚至更为重要。那么，什么样的结尾是有力的？要用精简的话，强调项目的价值点或愿景。不要将最后一页用"谢谢"来代替，更不要用"感谢聆听"。

## 知识拓展

### 中国国际"互联网+"大学生创新创业大赛路演 PPT 建议逻辑框架

根据中国国际"互联网+"大学生创新创业大赛的评审规则，结合创业计划的要点，建议项目路演 PPT 按照以下框架制作。

封面（1页）：公司及项目名称（为项目取个好名字，通常加个副标题）。

项目概述（1页）：整个项目的浓缩，讲清做什么、取得的成效，突出数据。

项目背景或市场分析（3页左右）：讲清政策背景、市场规模、行业痛点，明确项目初心。

产品或服务（4页左右）：讲清针对痛点的解决方案，产品或服务的核心竞争优势。

商业模式（2页左右）：讲清目标市场、推广销售模式、盈利模式等。

核心团队（3页左右）：突出项目核心团队、指导教师、专家顾问的资源优势。

财务与融资（2页左右）：阐述未来三年营业收入及利润预测，阐明融资计划。

引领教育（2页左右）：总结专创融合、产教融合等相关做法及成果，这些方面要融入项目路演 PPT 全过程。

社会价值（3页左右）：讲清项目已有的运营情况，包括直接和间接带动就业情况。

发展规划（1页左右）：讲清项目未来三年的目标及发展策略。

结尾（1页）：对应初心使命，首尾呼应，切合副标题，升华主题。

### 2. 项目路演 PPT 制作的禁忌

（1）封面没有用项目的名字而是用公司名字。尽量不要用公司的名字来定义项目。

（2）在项目路演 PPT 中出现其他赛事的字样。这是一件非常不严肃的事，会让评委觉得自己很不受重视。

（3）制作粗糙。没有经过专门美化，排版随意，甚至出现错字。项目路演 PPT 最忌讳将文档中的文字移至其中，那样会让人不愿意看，给人一种敷衍的感觉。

（4）动画太多。项目路演时间只有短短几分钟，动画太多会占用很多时间，较长的等待时间会给演讲者很大的压力，本来很熟悉的稿子也可能因为停顿而手忙脚乱。所以动画只能适当，不宜过多。

（5）行业与市场分析与项目相关性不强，前面分析过的问题在后面的产品介绍中没有给出解决方案。

（6）图片没有文字说明。项目路演 PPT 只有图片陈列，而没有相关文字说明与交代，也不利于评委充分了解其内容。

（7）没有首尾呼应。末尾没有和开头呼应，草草用"谢谢"结束，给人以虎头蛇尾之感。

> **拓展阅读**
>
> **大学生创业从六方面着手准备**
>
> 据不完全统计，创业企业的失败率高达70%以上，而大学生创业成功率只有2%-3%，远低于一般企业的创业成功率。那么，如何尽可能地提高大学生创业的成功率，我想应该从以下几个方面入手。
>
> **1. 有一份完整的创业计划书**
>
> 大学生创业必须制订一个完整的、可执行的创业计划书，即可行性报告，主要回答你所选的项目能否赚钱、赚多少钱、何时赚钱、如何赚钱以及所需条件等。回答这些问题必须建立在现实、有效的市场调查基础上，不能凭空想象，主观判断。根据上述的分析，我们再要制定出企业目标并将目标分解成各阶段的分目标，同时订出详细的工作步骤。
>
> **2. 要有周密的资金运作计划**
>
> 要制定周密的资金运作计划，在企业刚启动时，一定要做好3个月以上或到预测盈利期之前的资金准备。
>
> 但开业后由于各种情况会发生变化，比如销售不畅、人员增加、费用增加等，因此要随时调整资金运作计划。而且，由于企业资金运作中有收入和支出，始终处于动态之中，创业者还要懂得一些必要的财务知识。
>
> **3. 为自己营造一个好的氛围**
>
> 大学生创业由于缺少社会经验和商业经验，如果把自己独立放到整体商业社会，往往会难以把握。这时可以先给自己营造一个小的商业氛围，进入行业协会是比较有效的一条途径。创业者可以借助行业协会了解行业信息，结识行业伙伴，建立广泛合作，促成自己在行业中的地位和影响。同时，创业者可选择一个能提供有效配套服务的创业（工业）园区落户，借助其提供的优惠政策、财务管理、营销支持等服务，使企业稳定发展。另外，还可以找一个经验丰富的企业管理咨询师做企业顾问，并学会借助各种资源，学会和各方面的人合作，千方百计给自己营造一个好的商业氛围，这对创业者的起步十分重要。
>
> **4. 从亲力亲为到建立团队**
>
> 企业不是想出来的，是干出来的。大学生有文化、头脑灵、点子多，但在创业的初期，受资金的限制，在没有形成运作团队之前，方方面面的事情必需自己去做。只有明确目标不断行动，才能最终实现目标。在做事的过程中，要分清主次轻重，抓住关键重要的事情先做。每天解决一件关键的事情，比做十件次要的事情会更有效。当企业立了足，并有了资金后，就应该建立一个团队。创业者应从自己亲历亲为，转变为发挥团队中每一个人的作用，把合适的工作交给合适的人去做。一旦形成了一个高效稳定的团队，企业就会跨上一个台阶，进入一个相对稳定的发展阶段。

**5.盈利是做企业最终的目标**

做企业的最终目的就是盈利,因此无论是做工作计划还是活动方案,都应该明确如何去盈利。大学生思维活跃,会有许多好的点子,但这些好的点子要使他有商业价值,必须找到盈利点。企业的盈利来源于找准你的用户,因此,企业要时刻了解最终使用客户是谁,他们有什么需求和想法,并尽量使之得到满足。

**6.失败是迈向成功的阶梯**

在企业的运作过程中失败是难免的,失败了不气馁,调整方案,换个方式和方法继续前进,永远不要停止前进的脚步。对于创业者来说这很重要!看看我们身边一些成功的企业,特别是网络时代的英雄们,有几个是按他们创办初期的想法赚到钱的,他们大都经历过一个"死而复生"的过程,坚持就是胜利,唯有坚持才使他们成为今天的网络英雄。我们应该明白,失败并不可怕,它是企业迈向成功的阶梯。

(资料来源:人民网)

## 项目实训

1. 以小组为单位,搜集感兴趣的创新创业大赛相关资料,了解基本参赛要求和条件,根据个人专业特长或兴趣爱好选择准备参赛的创业项目。

2. 各小组结合所选定的创业项目,根据专长进行分工,搜索优秀的创业计划书范文作为参考,讨论创业计划书的基本结构与目录,根据参赛要求,撰写出一份格式规范、内容完整的创业计划书。

3. 各小组根据创业计划书制作项目路演PPT,设计演讲稿,在课堂上展示创业项目,完成项目路演和模拟答辩。

4. 分析以下案例并回答问题。

### 怎样的创业对大学生更有价值

2012年11月25日,作为评委的陈爱国参加了第八届"挑战杯"中国大学生创业计划竞赛一天的紧张答辩。"好项目和评奖直接关联!"在接受中国青年报记者采访时,谈及"什么样的创业项目才是好项目",陈爱国脱口而出。陈爱国是上海寅嘉创业投资管理有限公司总经理、上海市创业投资行业协会副秘书长。

中国青年报记者注意到,第八届"挑战杯"中国大学生创业计划竞赛组委会通过的《竞赛章程》中明确规定:"聘请专家评定出具备一定操作性、应用性以及良好发展市场潜力和发展前景的优秀作品,给予奖励。"但"挑战杯"中的创业计划书不应该等同于实际商业中的商业计划书,它的主要目的是要发现和培养一批具有创新思维和创业潜力的优秀人才,重在培养人才,其方式还是请专家评定。

连续三届大赛评委、杭州天畅网络科技有限公司董事长郭羽说:"我乐意参加大学生创业计划的评审,是因为我能从中发现一些好的项目。"

**应符合大学生的创业实际**

"我们鼓励大学生创业,但更要让他们知道现实当中创业一步步是怎么走的。大学生的社会实践经验相对较少,一个项目你让他找几千万、上亿元投资,这现实吗?"作为一名投资人,陈爱国经常在不同场合反复强调,大学生的创业计划和创业项目应符合大学生的创业实际,符合大学生的创业能力和创业条件,设立的门槛不能太高,这是一个好项目具备"可操作性"的前提。

陈爱国以很多大学科研院所搞的新药开发项目为例介绍,这些所谓的"新药"几乎都没有在市场上很好地站住脚。除了投入大以外,学生们也不懂得医药行业桌子底下的一些"潜规则",他们有的甚至不知道新药要去拿临床批文、生产许可证才能生产。这种新药项目怎么能成为产品?它最多只是科研成果。

本届大赛评委、北京智学明德教育科技有限公司总裁徐中博士早在 1999 年就参加过在清华大学举办的首届"挑战杯"中国大学生创业计划竞赛,他和他的团队用来参赛的"视美乐科技发展有限公司创业计划"还获得过金奖作品。有了这样的人生经历,徐中在读博士时,做的博士论文也选择了研究创业和企业成长。

"从大学生实际的角度看,什么样的项目是好项目?选择什么样的项目容易成功?"这也是徐中在第一次创业后一直在反思的。

从参赛者到创业者,总结多年创业的心路历程,徐中认为,一个好的创业项目,首要的是技术或产品的研发、制造和销售,70%~80%要"操之在我",除电子商务外,最好是选择 B2B(Business To Business)模式。比如,手机制造需要几百个零部件,要进行研发、采购、整合渠道,还要做广告,对大学生创业就不太适合,因为产业链太长。但如果做一个网站,设计一个软件或创意,大部分环节都可以控制,需要外面协作的产业链短,比较适合大学生创业。

身兼多所高校大学生创业导师的郭羽,接触过许多大学生创业项目。2010 年,他还专门成立了针对大学生创业的星巢创投机构,甚至直接投资了一些"挑战杯"创业项目。

"我希望学生的学业和他创业的专业能相吻合。我不太相信一个学音乐的人做电子商务网站会成功,我也不太相信一个做电子商务网站的人会做好音乐培训。"郭羽坦言,"我在看一个项目时,会非常注重这个学生所学的专业、人生经历和创业项目的关联度,这种关联度是一个创业项目成功的基础,因为他懂这个行业,不会上当受骗。"

**离不开大学生自己的创新成果**

"造原子弹、上'863'计划,动辄几千万、几个亿投入的,不是对一般的大学生鼓励的创业方向。"作为服务咨询组的评委,郭羽在这次评审中,推荐了宁波大学的一个高端魔术演出创新项目。

这个团队两年前就成立了公司,两年来演出近 400 场,团队中的核心魔术师是加拿大皇家魔术会的会员,曾获 CCTV 时尚中国新春魔法秀冠军。这个项目同时开发了很多有知识产权的道具。比如举办"魔术婚礼",婚礼正在举行,新郎挽着新娘从门外一路走过来,突然新郎"啪"一下变没了,"啪"一下新郎又被变到门口……实际上新郎一直挽着新娘在走。像这样的项目,郭羽就觉得挺好:"就是专业的演出公司也不一定能演出400场,实际上,这是一个中高端的服务业,文化创意产业做得好,也很有市场前景。"

"创新的源头应更多来源于自己,而不是学校。"郭羽坚称,"大学生创业,智力高于资本,因为大学生本身是缺钱的,如果这个项目要投3000万元,我认为他们可能会很难打理好这个项目。"

2012年11月25日晚,团中央书记处书记卢雍政在第八届"挑战杯"中国大学生创业计划竞赛决赛开幕式上表示,高技术元素已成为新时代大学生创业的重要特征。商业模式是企业成功的基石,创新不仅是技术创新,还有商业模式的创新。如何走别人没走过的路,设计符合自己的、富有竞争力的、与众不同的商业模式,应该成为新时期大学生创业的努力方向。

"那些看起来非常宏大的项目,一看就知道是学校的老师参与发明创造的项目,实际上,知识产权和科技含量都不在学生手里,还有的是拿来包装参加比赛的。我个人看好学生自己拥有知识产权的项目。"陈爱国说。

陈爱国回忆起前七届比赛中,3个让他印象深刻的创新项目。第一个是广东暨南大学几名大学生做的"易拉罐自动加温"项目,这个项目不难,但从头到尾都是学生自己的发明,因此,学生们对于项目本身看上去热情高涨;第二个例子是几名大学生所做的"美国鲇鱼养殖项目",这个项目并没有太多高深的理论,但也是学生自己的,其中有一名学生老家在安徽农村,家里是养鱼的,这个项目最后得了金奖;第三个是浙江林学院的"山核桃果皮再生处理"项目。这个项目技术含量不一定十分高,但它能变废为宝而且投入也不大,也是一种创新。

"这是学生自己的发明创造,我鼓励的是学生自己的东西。"陈爱国称。

**在实战中显现市场潜力**

"'挑战杯'是一个非常棒的平台。我个人感觉,在大学生创业项目中,真的能找到很多优秀的具有市场潜力、能向实战转化的项目。"郭羽个人偏好于投资移动互联和电子商务。他骄傲地告诉记者,4年前,他看中了一个"挑战杯"的好项目,投资120多万元,以后又追加了几次投资,今年,这个项目已成为市值5亿元的公司。

"坦率地说,这一届的水准远远高于前几届。当然,这主要是主办方正确的导向所致,主办方越来越强调大学生创业计划不仅仅是一个计划文本,而且鼓励真干。这些真干的(已创业者)评委们就给加分,这是一个很大的鼓励和导向。"郭羽说。

从现场答辩来看,郭羽感觉:"真正创业的参赛选手回答问题都比较自如,他们不同于'包装'过的团队。他们在谈及最难忘的创业经历、商务谈判、财务等问题时,回答是不一样的。"作为评委,他很容易问出来。

在郭羽看来,"挑战杯"正在改变着应试教育的一些弊端,比赛会分出名次,但是对每一个参赛者来说,他们都是胜利者。"因为当他们准备得非常充分来参加答辩和陈述的时候，他们自身的能力已经得到了提高。当然，我们更希望他们今后真的能够创业，真的能够成功。"

有着多年评委经验的郭羽认为，投资人在投资项目时，首先关注的是人：他们是不是创业者？他们有没有敢于想象、敢于超越、敢于创新、敢于冒险这样一些创业者的特质？一个好的项目离不开一个好的团队，他们要性格互补、专业知识互补、要有实习工作经验，要有"大资源观"，能整合各种专家资源。

据评委介绍，"挑战杯"中国大学生创业计划竞赛决赛在实际评审中，有两个标准：一是组委会给的打分标准即学术性标准，主要从商业计划的完整性来衡量。创业大赛的目的主要是训练学生，参赛选手要能够完整地理解商业。二是每个评委自己心中也有个标准。创业计划是否具有潜在的市场和发展前景，并带来经济价值和社会价值，项目的市场规模能否做大、成长性是否看好、能否与最新技术进行整合，项目能不能受到政府的产业政策支持等，评委们也会结合自身多年的创业经验做出判断。

在同济大学举办的第八届"挑战杯"中国大学生创业计划竞赛，同样吸引了外界的关注。参加此次大赛创业大讲堂对话沙龙活动的零点研究咨询集团董事长袁岳博士在接受中国青年报记者采访时表示，大学生参赛的创业项目（作品）并不存在什么绝对的好项目，大都会有一些亮点，许多还不够成熟。创业是没法在学校里真正练出来的，只有在今后步入社会不断调适的过程中，那些具有可操作性的项目才可以帮助年轻人实现真正的创业。

（资料来源：中国青年报）

（1）创新创业大赛对于大学生创业具有什么意义？

（2）结合案例与自身选定的项目，谈谈对参加创新创业大赛的新认识。

# 项目 10　创办企业

## 项目导学

【项目导入】

选择一个合适的组织形式创办企业对创业者来说，有着重要的意义。创业者之所以要创办企业，是因为任何个人要单枪匹马获得商业的成功，其能力和资源都是不够的，需要汇聚人、财、物。尤其是创业初期，创办企业可以有效规避风险。同时，近年来，国家为鼓励大学生创新创业，出台了一系列优惠政策，而这些政策都是只有经过正规注册的企业才能够享受的。创办企业后，大学生可以关注和利用这些优惠政策来为企业减轻税负、加速成长。

大学生决定创办企业时，首先要考虑组织形式，要按照国家有关规定，做好工商登记注册，领取营业执照，开启合法经营的道路。同时选址也是企业实际投入运营前的重要一步，选址的决策问题通常会影响到企业的运营成本、税收政策优惠、销售渠道、企业竞争力等多个方面。

试问：你打算为自己的创业项目选择哪种组织形式？你知道创办企业的一般流程吗？你懂得如何为企业进行科学选址吗？

【知识目标】

1. 了解与企业相关的法律法规。
2. 熟悉企业注册登记的流程。
3. 掌握企业的选址策略与技巧。

【能力目标】

1. 能够根据不同的需求，为企业选择合适的组织形式。
2. 能够对新企业进行注册，提升对创业初期常见法律问题的应对能力。
3. 能够根据实际情况做好新企业选址。

【素养目标】

1. 提升法律意识，自觉维护法律权威，规范自身行为。
2. 增强法律观念，遵纪守法，提升创业能力。
3. 防止钻法律漏洞和市场投机的做法，降低和控制创办企业过程中的风险。

> 📂 **开篇案例**

创办企业不简单

2020年，杨文钟准备与他的3个大学同学一起创办一家专门从事新媒体运营的企业。他们一共凑齐了10万元，随后就开始张罗着选址、办理注册手续、给企业起名字。4个从来没有创办企业经历的年轻人从企业注册这一步就开始"晕菜"了。虽然在新媒体策划运营中他们个个都是好手，但是在准备创办企业这件事上，他们甚至连工商管理部门的大门朝哪儿开都不清楚，这让他们心里没了底。为了弄清楚企业注册的法律流程，他们先到工商管理部门拿了一套企业注册的程序介绍材料。几个人回来研究了一番，却发现越研究越不明白。像他们这样从事新媒体运营的公司究竟应该注册成什么类型的企业？注册时应该提供哪些材料？具体的费用是多少？究竟该怎么给自己创办的企业起名？几个人商讨了好几个晚上还是没有结果。烦琐的注册程序使几个人同时产生了畏难情绪。

**思考讨论：**
1. 杨文钟准备创办一家从事新媒体运营的公司，第一步应该做什么？
2. 杨文钟创办的企业采用什么样的组织形式比较合适？

## 任务10.1　与企业相关的法律法规

> 📝 **名人名言**

不以规矩不能成为方圆。

——孟子

任何一个新的社会制度都要求人与人之间有新的关系，新的纪律。

——列宁

### 10.1.1　企业组织形式的选择

新企业创立之前，创业者应该首先确定拟创办企业的组织形式，如创业者个人独立创办的个人独资企业、由创业者团队创办的合伙企业、以法人为主体的有限责任公司或股份有限公司等。对创业者而言，各种企业组织形式没有绝对的好坏之分，各有利弊。选择合适，便可趋利避害；选择不恰当，就会为将来的企业运营带来巨大的隐患。必须根据国家的法律法规要求和新创企业的实际情况，科学衡量各种组织形式的利弊，选择合适的企业组织形式。

**1. 个体工商户**

个体工商户是我国特有的一种公民参与生产经营活动的形式，也是个体经济的一种法律形式。依照相关法律规定，个体工商户是指在法律允许的范围内，经工商行政管理部门核准登记，从事工商业经营的个体劳动者。

个体工商户业主可以是一个自然人或一个家庭，人数上没有过多限制，注册资本也无数量限制。个体工商户业主只需要有相应的经营资金和经营场所，到工商部门办理登记手续即可。在经营上，个体工商户的全部资产属于自己所有，其决策程序比较简单，不受他人制约；在利润分配上，个体工商户的全部利润归自己或家庭所有，但同时对外要承担无限责任，相应的风险也比较大。

### 2. 个人独资企业

个人独资企业是指依照《中华人民共和国个人独资企业法》在中国境内设立，由一个自然人投资，财产为投资人个人所有，投资人以其个人财产对企业债务承担无限责任的经营实体。

根据法律规定，设立个人独资企业应当具备以下5个条件。

一是投资人为一个自然人。法律、行政法规禁止从事营利性活动的人（如在职国家公务员，现役军人，国有、集体企事业单位在职管理人员），不得作为投资人申请个人独资企业。

二是有合法的企业名称。企业名称应当符合名称登记管理的有关规定，并与其从事行业相符。企业只能使用一个名称，且名称中不得使用"有限""有限责任"字样。

三是有投资人申报的出资。个人独资企业的出资人承担的是无限责任，对于投资人申报的出资，投资人无须提交验资报告或者出资权属证明文件。登记机关对投资人申报的出资数额、是否实际缴付等情况不做审查，仅要求有自己申报的出资即可。这一规定方便独资企业的设立，有利于独资企业的发展。

四是有固定的生产经营场所和必要的生产经营条件。个人独资企业要进行生产经营，就需要一定的场地，也要具备必要的生产经营设施，如机器设备、营销柜台等。这里强调生产经营场所是"固定的"，是指要有比较固定的地点来提供相应的服务或商品，以区别于从事流动经营、临时经营或没有固定门面的摆摊经营。

五是有必要的从业人员。个人独资企业可以依法招聘职工，在没有招聘职工的情况下，只要个人独资企业的投资人也从事业务活动，也应理解为从业人员。

### 3. 合伙企业

合伙企业是指自然人、法人和其他组织依照《中华人民共和国合伙企业法》在中国境内设立的普通合伙企业和有限合伙企业。普通合伙企业由普通合伙人组成，合伙人对合伙企业债务承担无限连带责任。《中华人民共和国合伙企业法》对普通合伙人承担责任的形式有特别规定的，从其规定。有限合伙企业由普通合伙人和有限合伙人组成，普通合伙人对合伙企业债务承担无限连带责任，有限合伙人以其认缴的出资额为限对合伙企业债务承担责任。

设立合伙企业，应当具备下列条件：①有二个以上合伙人，合伙人为自然人的，应当具有完全民事行为能力；②有书面合伙协议；③有合伙人认缴或者实际缴付的出资；④有合伙企业的名称和生产经营场所；⑤法律、行政法规规定的其他条件。

合伙企业的注册资金不做规定，但应满足经营的需求，合伙出资的形式比较灵活，既可以是现金、实物、土地使用权、知识产权，也可以是劳务、技术、管理等，但需其他合伙人认可。合伙企业以企业合伙协议约束企业、人员的行为，可以在法律允许的范围内从事多种项目的经营，也可以设立分支机构。合伙企业的盈利可按合伙人的出资比例分配，也可按预先约定比例分配。

合伙企业的优势如下：①注册手续简便，费用低；②资本量和管理水平等较之个人独资企业有所增强；③税收较低。

合伙企业的劣势如下：①无限连带责任，即合伙人在企业财产不足的情况下需要以其个人财产来偿还债务，并且任何一个合伙人都有义务清偿全部合伙债务；②易内耗，合伙人之间容易造成意见不统一和利益难协调的问题；③相对于公司而言，资金来源和企业信用能力有限，限制企业的规模。

### 4. 公司

公司是现代社会中最主要的企业形式。它是以营利为目的，由股东出资形成，拥有独立的财产，享有法人财产权，独立从事生产经营活动，依法享有民事权利，承担民事责任，并以其全部财产对公司的债务承担责任的企业法人。所有权与经营权分离，是公司制的重要产权基础。与传统"两权合一"的业主制、合伙制相比，创业者选择公司制作为企业组织形式的一个最大特点就是仅以其所持股份或出资额为限对公司承担有限责任。另一个特点是存在双重纳税问题，即公司盈利要上缴公司所得税，创业者作为股东还要上缴企业投资所得税或个人所得税。根据《中华人民共和国公司法》（以下简称《公司法》），我国的公司分有限责任公司（包括一人有限责任公司）和股份有限公司两种类型。

#### 1）有限责任公司

有限责任公司的股东以其认缴的出资额为限对公司承担责任，公司以其全部资产对公司的债务承担责任。创业者设立有限责任公司，除了要有固定的生产经营场所和必要的生产经营条件，还应当具备下列条件。

一是股东符合法定人数。有限责任公司由 50 个以下股东出资设立。

二是有符合公司章程规定的全体股东认缴的出资额。

三是股东共同制定公司章程。章程由公司依法制定，是记载公司组织与活动基本原则的书面法律文件，股东会议做出修改公司章程、增加或者减少注册资本的决议，以及公司合并、分立、解散或者变更公司形式的决议，必须经代表 2/3 以上表决权的股东通过。

四是有公司名称，建立符合有限责任公司要求的组织机构。公司名称一般由所在行政区划名称、具体名称、公司的行业或经营特点和公司的种类 4 部分组成。组织机构包括股东会、董事会、监事会。股东人数较少或者规模较小的有限责任公司可以不设董事会，只设一名执行董事，也可不设监事会而只设 1~2 名监事。

五是有公司住所。

> **案例阅读**
>
> **选择企业组织形式**
>
> 王总经营一家高科技企业，一直坚持独资经营，身兼所有者与经营者的重要角色。现

王总年事已高，想退下来将事业留给后代。他首先考虑将该独资企业转为公司制经营，并将公司股份分配给自己的儿孙；同时也考虑将该独资企业转变为合伙经营企业，由儿孙合伙经营，为了选择正确组织形式，王总提出以下目标。

（1）股权结构。

儿子、女儿各自拥有40%的股份，两个孙子各分配10%的股份。

（2）管理。

高科技企业管理要求较高，而自己的子孙没有管理能力，他希望将企业交给原来的副总张总经营管理。

（3）所得税。

希望采用的组织形式能够尽可能减少应缴纳的税款。

（4）风险承担。

高科技企业风险较高，故王总希望发生风险的时候，儿孙的财产不受任何影响。

在此情况下，律师做出如下分析。

（1）若转化为公司制经营，成立一家有限责任公司，在权益结构、风险承担及管理方面能够满足王总的要求；然而公司经营过程中需要缴纳企业所得税，分配利润时各股东还需要缴纳个人所得税，因此儿孙需承担的实际税额较高。

（2）若改为普通合伙制经营，权益结构方面没有问题，税负也较低，但是在风险承担方面，则需各合伙人承担连带责任。另外，在经营管理方面，各合伙人也需要参与合伙事务管理。这与王总的要求不符。

（3）律师建议采用有限合伙制形式：须以张总同意作为普通合伙人继续经营为条件。王总征求张总意见，张总跟随王总多年，对经营管理非常熟悉，愿意做普通合伙人，承担无限责任，但需要额外奖励。同时王总儿孙作为有限合伙人。为此，律师根据双方意图拟定了注销个人独资企业、成立有限合伙企业的方案。

2）股份有限公司

股份有限公司的股东以其认购的股份为限对公司承担责任，公司以其全部资产对公司的债务承担责任。设立股份有限公司，应当具备下列条件。

一是发起人符合法定人数。设立股份有限公司，应当有2人以上200人以下为发起人，其中须有半数以上的发起人在中国境内有住所。

二是有符合公司章程规定的全体发起人认购的股本总额或募集的实收股本总额。

三是股份发行、筹办事项符合法律规定。发行股份的股款缴足后，必须经依法设立的验资机构验资并出具证明。发起人应当自股款缴足之日起30日内主持召开公司创立大会。

四是发起人制订公司章程，采用募集方式设立的经创立大会通过。

五是有公司名称，建立符合股份有限公司要求的组织机构。组织机构包括股东会、董事会、监事会，董事会成员为5~19人，可以决定聘任或者解聘经理，监事会成员不得少于3人。

六是有公司住所。

## 知识拓展

### 选择企业组织形式的影响因素

**一、注册资本**

注册资本为在企业登记机关登记的全体所有者认缴的出资额。由所有者出资构成的企业资本在企业存在及运营的整个过程中扮演着极其重要的角色。对企业而言，它是企业得以运营和发展的物质基础；对所有者而言，它是所有者出资和享有相应权益的体现；对债权人而言，它是企业债务的总担保，是债权人实现其债权的重要保障。所以，研究企业注册资本有着重要的意义。

**二、申办手续的难易**

相对于创办公司制企业而言，个体工商户、个人独资企业和合伙企业的申办手续简单，费用较低。

**三、业主责任风险**

业主需承担的责任风险的大小也是在选择企业组织形式时要考虑的重要影响因素之一，选择创办个体工商户和个人独资企业就需要面对承担无限责任的风险，合伙企业的合伙人需对外承担无限连带责任，而成立公司制企业则以出资额为限承担有限责任。

**四、寻求贷款的难易**

以前，相对于创办公司制企业，个体工商户、个人独资企业和合伙企业较难获得银行大额贷款，融资困难。

当前，以消费升级推动、技术创新驱动、大众创业催生、国家政策助力为特征的小微企业发展成为新常态。

新常态下，一方面，随着金融改革的不断深化，商业银行、民营银行、社区银行及小额贷款公司、村镇银行等新型金融机构将实现迅猛发展，全方位竞争的格局将逐步形成；另一方面，随着金融业的不断开放及信息技术的快速进步，信托融资、金融租赁、消费金融等创新金融服务模式和P2P贷款、众筹融资等互联网金融方式迅猛发展，小微企业的金融服务渠道与方式不断丰富，金融交易的成本和信息不对称程度大大降低，供需双方的资源配置效率显著提高，这对改变传统小微企业融资困难的困境带来了巨大的推动力。

**五、寻找合伙人的可能性**

如果没有足够的启动资金，或者缺乏技术支持、经营管理能力等，寻找合伙人是解决这些难题的最好办法。通过寻找合适的合伙人，可以形成能力互补，助力创业项目的成功。因此，是否有寻找合伙人的可能性也是创业之初在选择企业组织形式时需要考虑的重要问题。

## 10.1.2 企业应遵守的相关法律

从创业开始，创业者不仅要知法懂法，树立守法经营的观念，还要懂得利用法律武器保护自己。遵纪守法、诚信经营、依法纳税的企业才能立足和持续发展，才能赢得客户的信任、供应商的合作、员工的信赖、政府的支持，甚至赢得竞争对手的尊重，为自己营造一个良好的生存发展空间。

### 1. 遵守企业相关法律法规

在市场经济规则越来越完善的环境中，作为创业者，要知道法律不仅对企业有约束，也给企业以保护。国家为使所有公民和企业能在公平、和谐的环境中竞争和发展，制定了各类法律法规。它们是规范公民和企业经济行为的准则，具有权威性、强制性、公平性。依法办事是公民和企业的责任。

对于创业者来说，为了有效保护自己的知识产权，也为了避免无意中侵犯他人的知识产权，了解相关法律非常重要。《中华人民共和国专利法》《中华人民共和国商标法》《中华人民共和国著作权法》《中华人民共和国会计法》《中华人民共和国税法》《中华人民共和国产品质量法》《中华人民共和国消费者权益保护法》《中华人民共和国反不正当竞争法》《中华人民共和国保险法》《中华人民共和国环境保护法》《中华人民共和国合同法》《中华人民共和国劳动法》等法律法规是创业者应当了解和关注的。

### 2. 依法纳税

依法纳税是公民和企业应尽的义务。税收是国家财政收入的主要来源，取之于民，用之于民。所有企业都要依法报税和纳税。

社会经济活动是一个连续运动的生生不息的过程，经过生产、流通、分配、消费4个环节。国家对生产和流通环节征收的税种统称为流转税，它以销售收入或营业收入为征税对象，包括增值税、海关关税等。对分配环节征收的税种统称为所得税，包括企业所得税、个人所得税等。这是最基本的两个税种。

计算税金须首先正确判断企业类型，一般纳税人和小规模纳税人在计算税金时方式不同。

### 3. 尊重员工的合法权益

企业竞争力的一个关键因素是员工的素质和积极性。在劳动力流动加快和竞争加剧的形势下，优秀的劳动者越来越成为劳动力市场上争夺的重要资源。所以，新开办的企业一开始就要特别重视以下4个方面的问题。

#### 1）签订劳动合同

劳动合同是劳动者与企业签订的确立劳动关系、明确双方权利和义务的协议。签订劳动合同对双方都有约束作用，不仅保护劳动者的利益，也保护企业的利益，它是解决劳动争议的法律依据，双方绝对不能因嫌麻烦或者为了眼前的小利而不签劳动合同。劳动合同的基本内容包括：①工作职责、违约责任；②工作时间；③劳动报酬（工资种类、基本工资、奖金、加班、特种工作补贴等）；④休息时间（周末、节假日、年假、病假、事假、产假、婚丧假等）；⑤社会保险、福利；⑥合同的生效、解除、离职、开除；⑦劳动争议的处理。一般各地都有统一的劳动合同文本，相关信息可以从当地人力资源和社会保障部门获得。

#### 2）劳动保护和安全

尽管创业初期资金紧张，企业也要尽量创造良好的工作条件，防止工伤事故和职业病的发生，做好危险和有毒物品的使用和储存，改善各种生产条件，保证员工的人身安全并提高他们的工作效率和积极性。

### 3）劳动报酬

企业规定的工资不能低于本地区人力资源和社会保障部门规定的最低工资标准，而且必须按时以货币形式发放给劳动者本人。有关最低工资标准的信息可以从当地人力资源和社会保障部门获得。

### 4）社会保险

企业和员工都要参加社会保险，按时足额缴纳社会保险费，使员工在年老、生病、因公伤残、失业、生育等情况下得到补偿或基本保障。为员工办理社会保险对企业来说具有强制性。

目前，我国的社会保险主要有养老保险、医疗保险、工伤保险、失业保险和生育保险。办理社会保险的具体程序和要求可到当地人力资源和社会保障部门咨询。

## 知识拓展

### 签订合同时需要注意什么？

签订合同时主要有以下几个方面需要特别留意。

**一、签订前对合作对象的主体资格进行审查**

1. 审查合作方的基本情况。先要了解对方是否具备法人或者代理人资格，有没有签订合同的权力。

2. 审查合作方有无相应的从业资格。

3. 调查合作方的商业信誉和履约能力。

4. 查阅国家对该交易有无特别规定，目的在于确定双方的权利义务是否合法有效；涉及特种经营行业的，还需要查看合作方是否有特殊的经营许可证。

5. 涉及专利、商标、著作权的需要查看合作方是否为专利、商标、著作权的所有权人。

以上这些可以聘请律师做资信调查，到工商行政管理部门等相关行政管理部门查询相关情况并分析得出结论。

**二、做好对合同各主要条款的审查工作**

合同的签订最好采用书面形式，做到用词准确，避免产生歧义。对于重要的合同条款，要字斟句酌，对于重要的合同应聘请专业律师审查，以防患于未然。合同的基本条款要具备，尤其是交易的内容、履行方式和期限、违约责任要约定清楚。

**三、采取有效措施，做好合同履行过程中的风险防范工作**

合同履行时要注意保留相关的证明资料。

1. 在履行合同时最好有比较完整的书面往来文件，而且都必须有对方当事人的确认。

2. 如果开出发票时对方货款未付清，应在发票上注明。

**四、依法运用合同履行中的抗辩权防范风险**

遇到法定条件或者合作方违约可能损害到我方利益的情况时，可以依法采取中止履行或解除合同的方法，保护本本企业的权益。

### 4. 创办企业必须考虑的伦理问题

创办新企业应注意的伦理问题包括创业者与原雇主之间、创业者与创业团队之间、创业者与其他利益相关者之间的伦理问题。

#### 1）创业者与原雇主之间的伦理问题

创业者在创建新企业之前，在原雇主的企业当雇员。随着作为雇员身份的创业者创办企业愿望的驱动，能力的不断提升，加之在日常企业经营中，创业者对原雇主企业所在行业产业情况的了解掌握，产品营销、经营人脉等各种资源的不断积累，出于某种动机，开始创办新企业。此时，创业者由原来与雇主是利益共同体的关系，转变成为竞争对手的关系。常会出现新企业创业者在未经原雇主允许的情况下，使用原雇主的资源来弥补自己新企业资源不足的情况，如抢夺原雇主的供应商、带走原雇主团队成员、占用原雇主的营销渠道、借用原雇主企业的名义进行各种宣传等。这些行为都是不道德的，而且有悖商业伦理，情节严重的，会因其行为违反相关法律法规、扰乱市场经营规则而受到惩罚。

#### 2）创业者与创业团队之间的伦理问题

创业团队成员在企业成立初期往往处在企业高层管理者的位置上，会对企业重大问题决策产生影响，甚至会关系到企业的生存。此时，创业者与团队成员之间常会出现的伦理问题有：创业者不尊重团队成员的劳动成果、延迟发放工资或克扣团队成员的工资、随意延长团队成员工作时间且无报酬、不主动为团队成员办理社会保险等。

#### 3）创业者与其他利益相关者之间的伦理问题

（1）人事伦理问题。这些问题与公正、公平对待现有员工和未来员工有关。

（2）利益冲突。这些问题与那些挑战员工忠诚的情景相关。例如，如果员工出于私人关系以非正当商业理由将采购合同交给其朋友或家庭成员履行，就是不恰当的行为。

（3）顾客欺诈。

---

### 案例阅读

#### 大学生余娜的创业失败案例

2017年6月，余娜从湖北师范学院毕业后回到郑州，喜欢自由的她放弃了父亲安排的安稳职位，决定自主创业。身为女孩，余娜从小喜欢打扮，对皮肤保养、美容化妆也特别有兴趣，所以她顺理成章地选择了美容行业。依靠父母的支持，余娜轻松地迈过了资金门槛，10万元的启动资金让她顺利开始了创业之路。当"娜娜的小屋"顺利开张后，余娜全身心地"泡"在店中。每天早上8点半，她准时到店，打扫卫生、整理顾客联系卡、搜集美容资讯、时刻注意行业动向。晚上美容师下班后，她还要独自统计营业额、比较营业报表，身兼清洁员、财务、公关、老板数职于一身。小店逐渐走上正轨，由亏损变为盈利。红火的生意也吸引了合作者的注意。2018年7月，一家颇有实力的美容连锁机构找到了余娜，提出了优厚的合作条件。既然可以通过合作把小店发展壮大，余娜很快就跟对方签订了合作协议。随着美容连锁机构专业管理人员的进入，小店快速发展，余娜也渐渐放松了身心，开始享受起了"幕后老板"的生活。

> 然而，两个月后，管理方突然撤换了美容产品，并调整了顾客收费标准。一时间，顾客投诉、供货商要求赔偿等突如其来的变化让余娜晕了。余娜向合作方发出责难后才发现，由于缺少法律知识，在签订合作协议的时候，她已经将管理权拱手相让。眼看一手打造的小店成了别人的猎物，余娜非常痛心，找律师、打官司，几经折腾，她最终选择了撤资退出。
>
> 这之后，每次要经过已经改名的小店时，余娜总是绕路而行。
>
> （资料来源：郑州日报）

### 10.1.3 企业注册登记的流程

根据我国法律规定，创办企业必须到工商行政管理部门办理登记手续，领取营业执照。如果从事特定行业的经营活动，还须事先取得相关主管部门颁发的经营许可证（如特种行业许可证等）。营业执照是企业主依照法定程序申请的、规定企业经营范围等内容的书面凭证。企业只有领取了营业执照，拥有了合法身份，才可以开展各项法定的经营业务。企业设立后，还需要进行税务登记。一般来说，企业办理注册登记手续一般包括以下几个步骤：企业名称预先核准登记→出具验资报告→申请营业执照→刻制印章→领取组织机构代码证→办理税务登记→开立企业银行账户。

#### 1. 企业名称预先核准登记

开办企业，首先需要对企业申请名称核准。根据《企业名称登记管理规定》及《企业名称登记管理实施办法》，企业（公司）名称一般由4部分构成：行政区划＋字号＋行业或经营特点＋组织形式。例如"北京市志恒贸易有限公司"。申请企业名称时，应注意以下几点。

（1）企业名称中的字号应当由两个及以上的字组成，行政区划不得用作字号。

（2）企业名称可以使用自然人投资人的姓名作字号。

（3）企业名称应当使用符合国家规范的汉字，不得使用外国文字、汉语拼音字母、阿拉伯数字、标点符号等作为企业名称。

（4）企业名称中不得含有其他法人的名称。

（5）企业名称中的行业表述应当为反映企业经济活动性质所属国民经济行业或者企业经营特点的用语。企业名称中行业表述的内容应当与企业经营范围一致。

（6）企业名称有下列情形之一的，不予核准：与同一工商行政管理部门核准或者登记注册的同行业企业名称字号相同，有投资关系的除外；与其他企业变更名称未满1年的原名称相同；与注销登记或者被吊销营业执照未满3年的企业名称相同；其他违反法律、行政法规的。

创业者到工商行政管理部门办理企业名称预先核准登记时，需要准备以下材料：①全体投资人签署的《企业名称预先核准申请书》；②全体投资人签署的《指定代表或者共同委托代理人的证明》，须写明具体委托事项、被委托人的权限及委托期限；③指定代表或者共同委托代理人的身份证；④申请名称冠以"中国""中华""国家""全国""国际"字词的，提交国务院的批准文件复印件；⑤对于特殊的申请名称，名称登记机关可以要求投资人提交相关的说明或者证明材料。

### 知识拓展

#### 支持大学生创业不等于就是办企业

"我们希望学生在大学阶段能够接受创业教育、接触创业实践，使他们在心中埋下创业的'种子'，当条件成熟的时候便会破土而出、结出硕果。"北京理工大学党委书记张炜今天在人民网访谈时表示，社会资源、人生阅历等条件不一定要在大学生毕业后才开始积累，在校期间的创业教育、创业实践（包括创业挫折），也能成为促进他们将来创业成功的宝贵财富。

张炜认为，创业有广义和狭义之分。广义的创业，是指社会生活各个领域里的人们为开创新的事业所从事的社会实践活动，其突出强调的是主体在能动性的社会实践中所体现的一种特定的精神、能力和行为方式。狭义的创业，是指主体通过组建一定的企业组织形式，为社会提供产品、服务的经济活动。大家习惯上谈的创业主要指大学生创办企业，局限于狭义的创业观，引发了一些模糊认识。

张炜表示，学校支持大学生创新创业，并非简单地帮助学生创办企业解决就业问题。作为一所国防特色学校，创新创业教育的目标，是培养具有创新精神和创业能力的创业者，培养既有梦想又肯实干的创业者，将来他们走出学校，可以创办企业，也可能是创办社会公益事业，还可能成为行业的领军人才，服务于创新型国家建设的方方面面。

（资料来源：人民网）

### 2. 申请营业执照

创业企业在工商行政管理部门领取新公司设立登记需要的文件和表格，按照要求填写后，股东法人签字确认。将《企业名称预先核准通知书》、场地租赁合同、所有股东身份证原件递交给工商行政管理部门的注册科，工商行政管理部门审查通过后，会发放一份受理文件，一般7个工作日后领取营业执照。

### 知识拓展

#### 《注册资本登记制度改革方案》（部分）

自2014年3月1日起，实行注册资本认缴登记制。公司股东认缴的出资总额或者发起人认购的股本总额（公司注册资本）应当在工商行政管理部门登记。公司股东（发起人）应当对其认缴出资额、出资方式、出资期限等自主约定，并记载于公司章程。有限责任公司的股东以其认缴的出资额为限对公司承担责任，股份有限公司的股东以其认购的股份为限对公司承担责任。公司应当将股东认缴出资额或者发起人认购股份、出资方式、出资期限、缴纳情况通过市场主体信用信息公示系统向社会公示。公司股东（发起人）对缴纳出资情况的真实性、合法性负责。

放宽注册资本登记条件。除了法律、行政法规以及国务院决定对特定行业注册资本最低限额另有规定的，取消有限责任公司最低注册资本3万元、一人有限责任公司最低注册资本10万元、股份有限公司最低注册资本500万元的限制。不再限制公司设立时全体股东（发起人）的首次出资比例，不再限制公司全体股东（发起人）的货币出资金额占注册资本的比例，不再规定公司股东（发起人）缴足出资的期限。

公司实收资本不再作为工商登记事项。公司登记时，无须提交验资报告。现行法律、行政法规以及国务院决定明确规定实行注册资本实缴登记制的银行业金融机构、证券公司、期货公司、基金管理公司、保险公司、保险专业代理机构和保险经纪人、直销企业、对外劳务合作企业、融资性担保公司、募集设立的股份有限公司，以及劳务派遣企业、典当行、保险资产管理公司、小额贷款公司的注册资本认缴登记制问题，另行研究决定。在法律、行政法规以及国务院决定未修改前，暂按现行规定执行。已经实行申报（认缴）出资登记的个人独资企业、合伙企业、农民专业合作社仍按现行规定执行。鼓励、引导、支持国有企业、集体企业等非公司制企业法人实施规范的公司制改革，实行注册资本认缴登记制。

改革年度检验验照制度。将企业年度检验制度改为企业年度报告公示制度。企业应当按年度在规定的期限内，通过市场主体信用信息公示系统向工商行政管理部门报送年度报告，并向社会公示，任何单位和个人均可查询。企业年度报告的主要内容应包括公司股东（发起人）缴纳出资情况、资产状况等，企业对年度报告的真实性、合法性负责，工商行政管理部门可以对企业年度报告公示内容进行抽查。经检查发现企业年度报告隐瞒真实情况、弄虚作假的，工商行政管理部门依法予以处罚，并将企业法定代表人、负责人等信息通报公安、财政、海关、税务等有关部门。对未按规定期限公示年度报告的企业，工商行政管理部门在市场主体信用信息公示系统上将其载入经营异常名录，提醒其履行年度报告公示义务。企业在三年内履行年度报告公示义务的，可以向工商行政管理部门申请恢复正常记载状态；超过三年未履行的，工商行政管理部门将其永久载入经营异常名录（不得恢复正常记载状态），并列入严重违法企业名单（"黑名单"）。改革个体工商户验照制度，建立符合个体工商户特点的年度报告制度。

简化住所（经营场所）登记手续。申请人提交场所合法使用证明即可予以登记。对市场主体住所（经营场所）的条件，各省、自治区、直辖市人民政府根据法律法规的规定和本地区管理的实际需要，按照既方便市场主体准入、又有效保障经济社会秩序的原则，可以自行或者授权下级人民政府做出具体规定。

推行电子营业执照和全程电子化登记管理。建立适应互联网环境下的工商登记数字证书管理系统，积极推行全国统一标准规范的电子营业执照，为电子政务和电子商务提供身份认证和电子签名服务保障。电子营业执照载有工商登记信息，与纸质营业执照具有同等法律效力。大力推进以电子营业执照为支撑的网上申请、网上受理、网上审核、网上公示、网上发照等全程电子化登记管理方式，提高市场主体登记管理的信息化、便利化、规范化水平。

（资料来源：中国政府网）

### 3. 刻制印章

新成立的企业申请刻制公章，须持营业执照复印件、法定代表人和经办人身份证复印件各 1 份，以及由企业出具刻章证明、法人代表授权委托书。分支企业申请刻制公章的，其刻章证明和法人代表授权委托书要由总公司盖公章，并且提供总公司营业执照副本复印件、法人身份证复印件，经公安机关审批后方可去承制公章的刻字社、厂刻制公章。需要注意的是，企业必须自营业执照签发日期起 1 个月之内办好刻章并备案，有特别原因延误的，可以在刻章证明上说明合理的原因才接受印章备案，否则公安机关不再接受印章备案。

### 4. 开立银行账户

新企业可凭五证合一的营业执照去银行开立基本账户。开立基本账户需要填写相关表格，准备营业执照正本原件、法定代表人身份证、组织机构代码证、公章、财务章、法人章等。企业基本账户需要中国人民银行备案，大概要 3~7 个工作日。

### 5. 办理税务登记

依法纳税是每一个企业的责任，企业要进行纳税就必须进行税务登记，税务登记是我国税收管理中一项重要的管理制度。纳税人只有履行了登记手续，才能得到税务机关的管理服务，享受税收优惠，保证企业生产经营活动的顺利进行。

---

**案例阅读**

**公司人事制度不规范的法律风险**

一、基本案情

A 公司是 B 公司的经营分支机构。甲原就职于 B 公司，担任 B 公司的法定代表人，甲在职期间根据 B 公司安排，担任 A 公司的负责人并办理了工商登记，但甲并未参与 A 公司的实际经营管理，A 公司亦没有安排甲从事负责人职责的事宜。甲与 A 公司也不存在劳动关系，甲从未从 A 公司处领取任何工资或劳务报酬。

因工商登记负责人系公司公示登记必备事项，A 公司长期将甲登记为 A 公司的负责人，甲经常需要应对市场监督管理部门、税务部门等的调查询问，这已实质对甲个人的工作、生活、信誉产生严重影响。通过公司内部各种途径，均无法变更法定代表人登记，故甲诉至法院，要求：A 公司涤除原告甲作为其负责人登记事项。

二、裁判处理

法院认为，甲虽然登记为 A 公司负责人，但甲称其自始未在 A 公司担任职务，相反，甲实际在 B 公司任职，在无证据证明甲在 B 公司任职期间实质参与过 A 公司经营管理且甲已从 B 公司离职的情况下，让甲继续担任 A 公司名义上的负责人，显然背离了公司法中关于设定法定代表人（负责人）制度的本意，且甲通过公司内部途径均无法实现变更法定代表人的诉求。

同时，民事主体从事民事活动，应当遵循公平原则，合理确定各自的权利义务。甲并非 B 公司、A 公司股东，无证据证实甲与 A 公司之间存在劳动关系或劳务关系，亦无证据证明甲从 A 公司获取报酬，而现甲作为 A 公司的负责人，却要依法承担其作为负责人的相应责任,显然有失公允。综上,依照《中华人民共和国公司法》第十三条规定,对甲要求涤除其法定代表人的诉讼请求予以支持。

三、原因分析

法人性质上属于法律拟制人格,其对外开展民事活动主要是通过其法定代表人(负责人)进行的,这即要求负责人与其所代表的法人之间存在实质关联性。通过上述案例可以看出公司在人事制度管理方面不规范,有可能给公司及个人带来法律风险,产生风险的原因主要是两方面。

一是公司对于法定代表人身份与公司关系认定不准确。就公司法人来说,其负责人与公司之间的实质关联性就在于负责人要参与公司的经营管理,而一个不参与公司经营管理的人,因其根本不具备对外代表法人的基本能力和条件,不可能也不应成为公司的法定代表人。

二是公司为逃避债务而恶意变更法定代表人。有个别公司为逃避债务而冒用或者恶意变更公司法定代表人,这种情形与上述原因正相反,其是清楚知道公司法定代表人与公司之间的紧密关联性从而使用冒用的身份信息或者与公司无实际关联的人员信息进行法人登记,使得公司在涉及债务问题时相关实控人员逃避相应的法律责任。一方面,被冒用者可能会涉及个人财产被法院强制执行的风险;另一方面,法定代表人随意变更,使得债权人利益难以得到保障。

四、合理建议

针对此类纠纷,提出如下建议。

第一,对于公司法人来说,其负责人与公司之间的实质关联性就在于负责人要参与公司的经营管理,而一个不参与公司经营管理的人,因其根本不具备对外代表法人的基本能力和条件,不可能也不应成为公司的法定代表人,因此在公司人事选任制度上应当严格按照公司法及公司章程的规定,不应随意选任无关人员成为公司负责人。

第二,公民个人身份信息不应随意向他人提供,个人身份信息被冒用后出现"被法定代表人""被股东"的情形,应当通过法律手段予以解决。

第三,公司债务应当通过合法合规的方式予以解决,不应通过随意变更公司法定代表人、公司股东而逃避公司应承担的债务。

## 任务 10.2　设计企业选址方案

### 名人名言

二者不可得兼,舍鱼而取熊掌者也。

——孟子

生活的道路一旦选定，就要勇敢地走到底，绝不回头。

——左拉

### 10.2.1 企业选址的影响因素

企业选址要解决两个基本问题：一是选择一个独特的地区，二是在该地区选择一个独特的地点。影响企业选址的主要因素可划分为市场因素、商圈因素、交通因素、物业因素、政策因素、个人因素、价格因素。

---

**案例阅读**

**商品价格与店面选址**

小孙很喜欢喝咖啡，一直梦想有一家属于自己的咖啡馆。大学毕业后，他在亲友的帮助下，在长沙一个老小区的幽静地段开了一家咖啡馆。这家咖啡馆分上下两层，共有 30 多个座位，环境幽雅舒适，很有品位和格调。

然而，经过一段时间的经营，小孙发现店里的咖啡就算只卖 18 元一杯，顾客都会嫌贵，而在市中心的商场里，同样的咖啡 38 元一杯，却能吸引不少顾客。后来他才意识到，咖啡馆所在地段的消费能力不行。因为周边社区多是长沙本地居民，在社区活动的大多是退休的老人，而在市中心工作的人回到家时已经是晚上了，所以无暇光顾他的咖啡馆。简而言之，由于地段不好，所以咖啡馆的效益很一般。

最后，小孙把咖啡馆转让给了一对夫妇，而这对夫妇在接管咖啡馆后将其改造成了一家棋牌室，生意非常兴隆。

---

#### 1. 市场因素

选址时要考虑经营地点是否接近顾客、周围的顾客是否有足够的购买力、所售的商品能否吸引这一带的顾客群体。对于零售业和服务业，店铺的客流量和顾客的购买力决定业务量。

#### 2. 商圈因素

选址时需要对特定商圈进行特定分析，如车站附近是往来旅客集中的地区，适合经营餐饮、食品、生活用品等；商业区是居民购物、聊天、休闲的理想场所，除了适宜开设大型综合商场，特色鲜明的专卖店也很有市场；影剧院、名胜附近，适合经营餐饮、食品、生活用品等。

#### 3. 交通因素

交通因素是指乘坐交通工具是否方便、停车是否方便、货物运输是否方便等。便利的通不仅对制造型企业很重要，对于服务型、零售型、批发型企业也至关重要。

#### 4. 物业因素

创业者应首先了解地段或房屋规划的用途与自己的经营项目是否相符，还应考虑该经营地点的历史情况、空置待租的原因、坐落地段的声誉与形象等。

### 5. 政策因素

政策因素指的是经营业务最好能得到当地政府的支持，至少不能与当地政府的政策背道而驰。

### 6. 个人因素

有一些创业者往往容易过多地关注个人因素，如喜欢选择在自己的住所附近经营，这种做法可能会令创业者丧失更好的机会，使经营受到限制，难以快速发展。

### 7. 价格因素

创业者在选址时要充分考虑价格因素。通常在租房时，租金的支付方式是押一付三，就是在开始时你需要一次性支付 4 个月的房租。这时既要考虑启动资金够不够，还要考虑在生意只投入而未产生利润期间企业的储备金是否充足。同时还要对这个场地的销售额做出初步的预算，思考盈利是否可以满足租金和管理费用的支出。如果营业额足够多，就算租金贵，也可以租用，但是，如果此地没有生意，就算租金再便宜也不要租用。

因此，选址不能一味求快，应该对有意向的地段进行多方面的考察，权衡各个因素的优劣，从长远角度考虑，为自己日后的经营打下良好的基础。

---

**案例阅读**

#### 开一间火一间的雪贝尔艺术蛋糕坊

雪贝尔公司是一家专门从事糕饼连锁的食品企业，其经营的"雪贝尔艺术蛋糕坊"连锁店，经过 9 年的精心打造，以提供精致的服务、不断创新的产品而闻名。如今，"雪贝尔"已成为珠三角地区糕饼行业的知名品牌之一，公司在广州、深圳、东莞、长沙、杭州、南昌等地共成立了五家分公司，开设了近 200 家分店。雪贝尔公司取得如此成就的秘诀是什么呢？

雪贝尔公司的原"选址员"、现任深圳分公司经理的倪修兵介绍说："我刚到雪贝尔公司时的工作就是选址。在广州培训了一个月后，我就被派到了人生地不熟的深圳，专门负责公司新开蛋糕店的选址。当时我选的店面每开一间就火一间，所以我今天才坐到了经理的位置。"那么，倪修兵在选址方面有什么诀窍呢？

倪修兵认为，开店需要讲究人气，有人气的地方才有生意。那么，店址是不是选在人多的地方就行了呢？其实也不尽然。现实中很多人都存在一个误区，那就是把人流量当成了评价一个地段好坏的唯一标准，认为人流量越大，地段就越好。诚然，人流量的确重要，但更重要的是，该地段的人流量是不是店铺的有效人流量。也就是说，所选店址是不是目标消费群聚集的地方。

雪贝尔公司每新开一家连锁店，都会为了选择最佳店址而做大量工作，其中一项重要的工作就是测算与分析人流量。公司会派测算人员拿着秒表到目标场所进行测算。这些测算人员除了要汇报每日的人流量，还要详细汇报以下数据：附近有多少路公共汽车经过；

过往人群中，多少人是走路来的，多少人是乘坐公共汽车来的，多少人是打车或开车来的。测算人员会利用这些数据来分析该地址附近人们的消费水平和消费习惯，判断其中有多少有效人流量，进而确定所选地址是否适合开店。

## 10.2.2 企业选址的策略与技巧

创业者在选择经营场所时要慎重，企业的经营类型不同，对经营场所的要求也不同。但是不管从事何种经营，一般来说，企业选址都要需要考虑以下几个方面。

### 1. 方便性

人都有一定的惰性，购物或享受服务都希望方便，一下车、一抬眼就能看见，而不希望费时费力地寻找，因此在选址时应注意考虑客户的方便性。

### 2. 安全性

任何人在购物或享受服务的时候都希望在一个安全环境中，因此在选择经营场所时，不要选择治安差的地方。

### 3. 竞争性

在有竞争对手的地方创业，有利于获得同行的经营状况和整个行业的发展状况，适时调整自己的经营方向和运作策略。

### 4. 愉悦舒适度

创业者在选择经营场所时，要注意所选择的场所及其周围设施的愉悦舒适度。经营场所附近的配套设施要齐全一些，如有路灯和绿化设施，空气比较清新，店内的装修要美观大方，给人愉悦舒适的感觉。

### 5. 人流量

在正常情况下，在繁华的商业区和人口密度较高的大中型社区选址创业，人流量大，市场需求旺盛，客源较为稳定，可以在一定程度上保证创业的稳定性。在偏僻的地区或小型的、不成熟的社区选址创业，人流量小，客源不稳定，无法保证经营的可持续发展。

### 6. 价格

选址时还要根据创办企业的性质、经营定位和自身的经济实力综合考虑经营地点的租售价格。

> **拓展阅读**
>
> **大型连锁餐饮企业的选址方法**
>
> 究竟如何才能突破企业选址难题？当下，大型连锁餐饮企业已经整理出了一套高效的选址方法。

## 一、麦当劳选址5原则

### （一）针对目标消费群体

麦当劳的目标消费群体主要为少年儿童、青年人等。因此在选址时，麦当劳会首先考虑这些人经常去的地方，如大型商场、步行街等。

### （二）着眼于现在和将来

麦当劳选址要求20年不变。在最终确定店址前，麦当劳会花费3~6个月的时间去考察，考察的重点主要为目标店址是否与城市规划发展相符合。例如，是否会拆迁或拆除。

### （三）店面醒目

麦当劳规定门店要尽可能设在一楼临街位置，并配备干净透明的落地玻璃窗。这样，不仅可以让路过的行人感受到麦当劳的文化氛围，还能体现麦当劳的经营宗旨"清洁卫生，方便安全，物有所值"。

### （四）不急于求成

黄金地段的租金往往过高，当房东给出的租金超过心理价位时，麦当劳一般不急于求成，而是先放下，去开发其他门店，用其他门店的成功去影响房东。

### （五）优势互动

麦当劳往往选择在品牌知名度和信誉度较高的商场里开店，这样除了自身客源外，还可以吸引逛商场的顾客到店就餐。

## 二、肯德基选址4步法

肯德基采用的是"选址4步法"，这4步逐步递进，是一套非常规范的选址方法。

### （一）拟定策略

肯德基的开发人员要对拟开发市场做长达三年的开发计划，并对预定开设门店的市场区域做出详细评估。评估内容包括对区域性开发和单店开发的抉择，以及规划开店规模、制作投资预算等。

### （二）商圈分级

拟定策略后，肯德基的选址人员会对市场区域内的商圈进行分级，将商圈划分为一级商圈（消费者10分钟即可到店的区域）、二级商圈（消费者不会经常进店消费的区域）和三级商圈（很难吸引消费者进店消费的区域）。

### （三）商圈选择

对商圈进行分级后，发展部人员开始规划将在哪些商圈内开店、主要的选址目标是哪些等。在门店选址上，肯德基不仅考虑自身的市场（包括目标消费者、价格等）定位，还考虑该商圈的稳定度和成熟度。

### （四）店址评估

选择店址就是要确定该商圈内最主要的集客点。肯德基会对商圈内的客流量进行评估，找出集客点，从而选出合适的店址。

## 项目实训

1. 以小组为单位搜集与企业相关法的律知识，举办一场法律知识竞猜比赛。
2. 各小组根据拟定的项目，通过选址调研，制订选址方案。
3. 分析以下案例并回答问题。

### "想云"的教训

秦亮，在上海大学读大四时，通过熟人与中国联通上海分公司一级代理商上海美天通信科工程设备有限公司取得联系，并得知"美天"正准备推广 CDMA 校园卡业务。秦亮认为可以发动老师、同学购买，赢利几乎唾手可得。

由于"美天"要求必须与公司主体来签协议，秦亮和几个同学在家长的帮助下，注册了上海想云科技咨询有限公司，以该公司的名义与"美天"签署了《CDMA 校园卡集团用户销售协议书》。

在同学和老师的宣传下，秦亮的生意很红火，一共发展了 4196 名用户。秦亮和"想云"可从"美天"获得 10 余万元的回报。

但是"美天"给秦亮支付了 2 万元钱后，联通公司发现"想云"递交的客户资料中有几百份是虚假的，有一部分根本不是校园用户，有的是冒用别人的身份证，最终形成了大量欠费。

"美天"为此得赔偿联通 442 名不良用户的欠费 52 万余元，联通还扣减"美天"406 名虚假用户和不良用户的手机补贴款 36 万余元。

"美天"将"想云"及秦亮起诉到法院，要求"想云"及秦亮承担上述赔偿款项，另赔偿"美天"406 名虚假、不良用户手机的补贴差价 6 万余元，未归还的手机价款 15 万余元和卡款 0.51 万元，总计 100 万元左右。

经过一审和二审，法院认定秦亮借用"想云"公司名义与"美天"签订销售协议，协议书上是秦亮的签名和"想云"的公章，并无其他"想云"公司的人员参与，故秦亮与"想云"公司共同承担 100 万元的赔偿责任。

由于"想云"本来就是为这项业务成立的公司，加上经营亏损，已被吊销营业执照，秦亮成了债务承担人。一分钱没挣到的秦亮反背上了 100 万元的债务。

（1）案例中一分钱没挣到的秦亮反背上了 100 万元债务，原因是什么？

（2）该案例对你有什么启示？大学生创企时要警惕哪些法律问题？

# 项目 11　企业管理

## 项目导学

### 【项目导入】

创办企业后，由于新企业正处于创业初期，会面临技术不成熟、市场不确定、渠道不通畅、人员不稳定、资金不充沛等诸多的现实问题。此时，企业管理就显得至关重要，企业管理的好坏决定了企业发展的好坏。因此，创业者需要运用各种因素来驱动企业成长，根据实际情况制定企业成长管理的策略，以使企业迅速成长壮大。

企业管理是对企业生产经营活动进行计划、组织、指挥、协调和控制等一系列活动的总称，是社会化大生产的客观要求。一般来说，企业在发展初期，最常面临的问题包括人力资源管理问题、市场营销问题及财务问题。对于大学生创业团队来讲，一定要全面了解企业面临的各项管理问题，做到未雨绸缪、主动出击、科学应对，实现企业的长久发展。

试问：你觉得企业在经营过程中会遇到哪些现实问题？对于这些问题你有应对方法吗？大学生创业者应该如何提升自身的管理水平？

### 【知识目标】

1. 熟悉企业组织架构的概念和类型，掌握企业人力资源管理策略。
2. 熟悉产品策略、价格策略等市场营销策略。
3. 熟悉企业的财务风险及防范措施，了解中小企业上市途径。

### 【能力目标】

1. 能够根据企业需求选择适宜的人力资源管理策略。
2. 能够运用营销管理方法，制定创新的营销方案。
3. 能够根据企业需求，制定企业创业初期的财务计划。

### 【素养目标】

1. 以人为本，树立尊重人才、珍惜人才的用人观。
2. 创新市场营销策略，树立积极开拓的营销观。
3. 理解财务管理的价值，树立科学的财务观。

## 开篇案例

### "后发"的怪兽充电：长期主义的胜利

怪兽充电是一家智能共享充电宝公司，于 2017 年年初成立。彼时，共享经济在神州大地上蓬勃发展，共享充电行业已然十分火热。纵观当时行业局势，多家先入场的"选手"早已成为资本和市场的宠儿，竞争异常激烈。

在这种背景下，后入场的怪兽充电看上去连生存都十分艰难，更别提超越那些先入场的"选手"。然而，这家企业竟然做到了"后来者居上"。据相关数据，仅到 2017 年底，怪兽充电的服务范围就覆盖了数十座城市和几万家商户。2019 年，怪兽充电的市场份额占有率达到行业第一，成为名副其实的行业领头羊。

**"天时地利人和"的崛起**

怪兽充电的崛起，始于其创始人蔡光渊一次不太愉快的经历。有一次，蔡光渊外出办完事准备打车回家时，发现手机电量严重不足。为此他找了数家商户请求充电，但都被拒之门外，最后还是在一个美妆柜台勉强将电量充至 5%才如愿回家。这次遭遇使蔡光渊产生了做共享充电宝的想法。

2017 年春天，怪兽充电正式涉足共享充电行业，其创业团队用"豪华"二字来形容丝毫不过分。据公开资料，怪兽充电的创始人兼首席执行官蔡光渊曾任优步上海的总经理兼全国市场总监，首席运营官徐培峰曾任美团众包的总经理，首席营销官张耀榆曾为优步上海的品牌与运营负责人，首席技术官李晓炜曾任途牛网的研发总经理。此外，怪兽充电其余高层人员也多出身于知名科技公司。例如，其财务负责人来自阿里巴巴，其供应链负责人来自华为。

虽然起步较晚，但仅在 2017 年怪兽充电就接连完成了 3 轮融资，获得了小米科技、高瓴创投等投资企业的青睐，融资金额也高达上亿元。与此同时，蔡光渊和团队通过充分观察，将目标市场锁定在那些尚未被渗透到的商户，以及零售、娱乐和公共设施等场景。就这样，靠着团队卓越的运营能力、雄厚资本的支持、巨大的空白市场，怪兽充电迅速成长起来。

**坚持长期主义**

崛起后的怪兽充电并没有急于扩张，而是坚持践行长期主义，强调一步一个脚印。正如蔡光渊所说，共享充电宝不是赚快钱的生意，它需要把商户、用户、技术和团队等资源积累起来打胜仗，打造一张有规模的"网"需要耐心和时间。

在市场运营方面，怪兽充电有一套自己的方法论——精细化运营。根据怪兽充电的合作商户介绍，怪兽充电为他们提供了一套完备的服务体系，在配送安装、硬件巡检、送货补货、硬件维修和应急运维等层面都有清晰的保障措施。例如，4 小时内完成送货补货，4 小时内进行设备维修或更换等。全方位、立体式的服务让怪兽充电赢得了好口碑，也为其业务的进一步扩张奠定了基础。

怪兽充电一直重视产品的研发，其产品品质也始终走在行业前端。怪兽充电的早期产品均是与小米等高品质供应商共同设计和研发的，因此在短时间内就构筑起了品质壁垒。此外，蔡光渊和团队还敏锐地捕捉到弹出式充电柜和"三线合一"的市场机遇。弹出式充电柜的"按键归还"功能使用户不再承受"扫码归还"的繁琐，大大提升了其体验感。"三线合一"即一个充电宝有三条线，同时满足安卓、苹果和 Type-C 三种手机充电接口需求，实现了手机、笔记本电脑、电子书等各类智能设备的电量补给，适应了用户的多种需求。

2017 年底，怪兽充电建立了自己的硬件团队，并对其硬件产品做了几十代的更新和迭代。此外，怪兽充电还自主研发了一整套底层的物联网通信协议，这是目前少有的在物联网领域实践过、用于大体量设备管理的通信协议。通过应用物联网技术，大数据平台实时监测终端设备，极大地降低了其产品的故障率。

**合作的艺术**

随着市场覆盖面越来越广，怪兽充电全速推进全场景战略。除了传统的餐饮、零售类场景以外，怪兽充电着力攻破交通枢纽、医院、景区、酒店、主题乐园等人流量大且消费热点集中的高质量场景。截至目前，怪兽充电已入驻厦门地铁二号线、南京南站、济南遥墙国际机场等近八百个交通枢纽，与上海迪士尼度假区、华住酒店集团、皇冠假日酒店等达成了战略合作，并进驻乌镇、泰山、南京总统府、大理古城等上千个旅游景区。

除了场景扩张，怪兽充电的品牌升级也在同步推进。怪兽充电进入线下展会、音乐节、品牌活动等场景，同时推出线上品牌营销、明星联名等措施，不断引入"潮流"概念，强化用户的品牌感知。

目前，怪兽充电的用户已超过 2 亿，并与全国逾六十万商户建立了合作。

**思考讨论：**
1. 怪兽充电为何能实现快速成长与发展？该案例对你有什么启示？
2. 结合该案例谈谈如何做好企业创业初期的管理？

## 任务 11.1　企业人力资源管理

### 名人名言

成长是企业生存所必需的。

——彼得·德鲁克

鉴前世之兴衰，考当今之得失。

——司马光

### 11.1.1　人力资源管理概述

企业在创业初期若要进行良性运转，得到更好的发展，应加强企业内部管理，做好企业内部的资源积淀，从人力资源到物力资源都做好充分准备。这样，企业才能稳定地过渡到成熟发展阶段。

**1. 企业创业初期的人力资源规划**

企业创业初期的人力资源规划主要应该从业务发展的层面及企业整体运营角度进行思

考，同时结合企业的长远发展进行规划。

创业者通常可以思考以下问题：企业需要开展什么业务？需要成立哪些机构或部门？需要配备什么样的人才？需要配备多少这样的人才？如何才能引进这样的人才？如何让这些人才在企业安心工作并发挥作用？企业在人才方面所做的预算是多少？一般员工的数量、来源、工作分配是怎样的？企业的薪酬福利制度是怎样的？创业者如果在创业初期能够把这些问题思考清楚，能够系统性地把这些问题归纳到一起来处理，相信是很容易找到答案的。

从人力资源规划的角度看，这里需要着重提到的是，企业要建立一个比较完善的薪酬分配制度，即利益分配机制，这是一个最基本的游戏规则。人力资源规划方面需要考虑的一个重要因素就是企业业务规模的定位问题。对企业生产能力和销售前景的合理预估是比较关键的，如果预估失准，要么会造成人力资源的浪费，要么会造成人员的紧缺。

### 案例阅读

#### 人力规划成功的密钥

西太平洋银行是澳大利亚历史最悠久的银行，其前身新南威尔士银行，成立于1817年，1982年更名。该银行雇用员工27000人，为澳大利亚、新西兰和南太平洋的部分地区超过750万的顾客提供服务，是澳大利亚第四大银行集团，总资产超过2000亿澳元，是澳大利亚证券交易所市值排名前十位的上市公司。

西太平洋银行战略人力规划部负责人阿纳斯塔（Anastasia）根据度量指标进行调查后指出，西太平洋银行的人力规划已经取得了相当大的成功——人力规划不但与业务战略融为一体，而且还以"动态文档"的形式存在。这种综合了总体性和动态性的规划方案使公司既可以对现有劳动力进行全面评价，又可以制定与集团使命、战略和预算相匹配的人员招聘和培训决策。

西太平洋银行的人力规划模型有八个关键流程，每个流程都围绕着一个关键问题展开。

问题一：我们是谁？根据企业的使命、愿景和目标来理解企业业务。

问题二：我们将走向何方？了解企业的战略背景，包括企业的发展方向、外部经济、社会等环境。

问题三：我们的现状如何？对现有员工的特征和能力进行分析，全面了解企业的劳动力状况。

问题四：我们的发展目标是什么？通过识别企业的商业需求和劳动力特征来明确企业的发展目标，按此目标进行规划。

问题五：我们没有什么？进行供给和需求的差距分析，比较企业未来劳动力需求量和现有劳动力数量，确定劳动力需求缺口。

问题六：我们该做什么？在确定劳动力缺口后，整合企业战略和人力资源管理战略，制定解决当前和未来劳动力需求差距的方案。

> 问题七：我们应该如何做？为了解决人力规划问题，对企业的战略管理和变革管理过程进行分析和投入。
>
> 问题八：我们是否已经步入正轨？通过评价战略的有效性，识别企业计划的变动及其对企业绩效的影响。人力规划战略实施成功的关键在于人力规划与企业战略的挂钩、企业各层级的参与和合作。
>
> （资料来源：中国人力资源开发网）

### 2. 企业创业初期的组织设计原则

（1）精干原则。精干原则的基本要求就是部门尽量减少，对企业业务实行职能归类管理。一般生产型企业有这样几个部门就基本足够：生产管理部门、质量管理部门、技术开发部门、营销管理部门、财务部门、人事行政部门（包括办公室在内），其他职能，如采购、仓库管理等，要么归并到上面某个职能部门内，要么只设岗位而不设部门，指定某个领导负责。

（2）垂直管理原则。大家都很厌烦多头管理。对同样一件事，这个领导交代要这样做，那个领导吩咐按照那样的方式做，下面办事的人就会头疼，在组织设计上就要尽量避免出现这样的状况。垂直管理体现的一个基本原理就是只听一个领导的安排，而不是很多人都来安排同一件事。

（3）独立原则。独立原则就是组织中的各部门要分工明晰、权责清晰。这个部门负责什么，那个部门负责什么，应尽可能清晰明了，不要相互交织；而且，权责一旦明确，就要尊重这些权责的所属。

（4）扁平化原则。企业组织设计的管理层级最好能够尽量缩减，一般设置四个层级（总裁、部门经理、部门主管、一般员工）基本就够了。指令下达或报告审批如果需要经过很多程序，往往落实起来速度就会很慢，甚至导致指令失真。

### 3. 企业创业初期的人力资源制度

企业创业初期需要的人力资源制度一般包含基本的薪酬分配制度、考勤制度、人员招聘制度奖惩制度。

### 4. 企业创业初期的人才队伍建设

（1）高层管理团队建设。高层管理团队需要对公司经营思想有高度的认同，否则以后在日常工作中很容易出现冲突。

（2）基层管理团队建设。能力和职业意识对基层管理团队建设很重要。没有能力，事情干不好；没有职业意识，即使能力强，干事情也不会用心。能力与职业意识都是可以培养的，关键是要选对人。

（3）员工队伍建设。员工队伍建设中最核心的就是公司做事要公平，对员工的付出要给予合理的回报。各级管理人员对员工的管理工作一定要做细，不仅要让员工完成各项工作任务，还要关心员工的生活。

> 📖 **案例阅读**

### 微软研究院的管理方式

微软研究院在人力资源管理方面有很多独到之处。

**1. 引导但不控制**

微软研究院各项目的细节、方法、成败，都由研究员自己来负责。对于细节，领导层可以提出自己的意见，但决定权在研究员手中。研究员在研发过程中得到领导层的全力支持，即使领导层并不认同他们的决定。

**2. 自由、真诚、平等**

微软研究院不允许官僚作风、傲慢作风和明争暗斗的存在，鼓励不同资历、级别的员工互信、互助、互重，每一员工都能够对任何人提出他的想法。就算是批评、争论，也是在互信、互助、互重的前提下做出的。

**3. 员工的满足**

很多人可能认为待遇是员工最大的需求。当然，良好的待遇是重要的，但对于一个研究员来说，更重要的是能够有足够的资源来专门从事研究，能够得到学术界的认可，并能有机会将技术转化为成功的产品。

（1）丰富的研究资源。微软研究院用的雄厚资本，让每一个研究员没有后顾之忧，能够全心全意地做研究。研究资源是多元性的，不但包括计算机、软件、仪器、实验器材等，还包括足够的经费出国开会、考察。微软研究院深知研究员更希望全神贯注地做他热爱的研究，而不必做他不热衷也不专长的工作，所以，微软研究院雇用了多名技术支持人员、行政助理、图书管理员、数据搜索员等来支持研究员的工作。

（2）研究队伍。一个研究队伍，除了数名研究员之外，还有多名副研究员（类似博士后）、实习生、开发人员和访问学者。这样一个多元的研究队伍能够很快地做出成果。

（3）学术界的认可。有了开放的环境，员工不必担心因公司把他们的重大发明变为公司机密，而丧失了与国外学者交流或被认可（获得各种奖项）的机会。

**4. 发掘人才**

人才在信息社会中的价值，远远超过在工业社会中。例如，世界上最小的 Basic 语言是由比尔·盖茨一个人写出来的，为微软带来巨额利润的 Windows 系统也只是由一个研究小组做出来的。既然人才如此重要，微软研究院是如何去发掘人才的呢？

（1）找出有杰出成果的领导者。这些领导者，有些是著名的专家，但有时候最有能力的人不一定是最有名的人。许多计算机界的杰出成果，经常是由一批幕后研究英雄创造的。无论是台前的名教授，还是幕后的研究英雄，只要他们申请工作，微软研究院都会进行认真考虑。

（2）找出最有潜力的人。基于中国年轻人（如应届硕士生或博士生）的聪明才智、基础和创造力，微软研究院专门成立了中国研究院，在中国寻找专家，寻找最有潜力的人。

> **5. 吸引、留住人才**
> 微软研究院认为，每一个人都应该得到适当的待遇，但是除了提供有竞争性的（但是合理的）的待遇之外，更重要的是研究环境。微软研究院为研发人员提供的环境极富吸引力。

#### 5. 员工的招聘

对外招聘员工是企业在开始营业前所要做的一项必要工作。一般来说，招聘要经过以下4个步骤。

（1）确定企业的招聘岗位、人数及人员要求。根据企业经营业务及目标对所需岗位进行细分，再根据预测的业务量确定每个岗位所需人数。

（2）吸引应聘者前来应聘。确定好招聘岗位、人数及人员要求后，就进入了招聘的第二步，即吸引应聘者前来应聘。就创业企业来说，通常应聘者的主要来源有以下几个：①创业者的亲朋好友或家人；②通过招聘公告或新闻媒体刊登的广告吸引来的应聘者；③通过各种关系介绍的应聘者；④从各种教育、培训机构联系的应聘者。

（3）从应聘者中挑选合适的人才。招聘时可参考以下几点：①仪表风度，观察和了解应聘者的体格状态、穿着举止、精神风貌、身体状况等；②求职的动机与工作期望，判断本企业提供的职位和工作条件是否能满足应聘者要求；③专业知识与特长，从专业的角度了解应聘者特长及知识的深度与广度，持有何种专业证书；④工作经验，了解应聘者以往的经历及其责任感、思维能力、工作能力等；⑤工作态度，了解应聘者过去的工作业绩及对应聘职位的态度；⑥语言表达能力，了解应聘者分析问题的条理性和深度；⑦反应能力，了解应聘者的思维敏捷性；⑧自控能力，了解应聘者的理性与耐心；⑨人际关系，了解应聘者的社交能力、兴趣、爱好等。

（4）签订合同。企业选出合适的应聘者后，经双方同意，签订劳动合同。

### 11.1.2 企业组织架构的设计

#### 1. 企业组织架构的概念

组织架构，也称组织结构，是组织内部各部门和业务单元间关系、分工、层级、界限、职权和责任的框架，是组织内部各部门业务分工和协作的基本形式。

#### 2. 企业组织架构的类型

##### （1）直线制组织架构

绝大部分中小型企业使用的都是直线制组织架构。直线制组织架构，又称军队制组织架构，是一种自上而下、层层管控的组织协作和分工模式。通常由三个或四个层级组成。直线制组织架构管控效率高，层级分明，分工明确，比较适合规模和人数不多的企业。另外，直线制组织架构具有明确的层级制和集权式特点，"一级管一次"是其主要体现，下级对上级绝对服从。

### （2）直线职能制组织架构

直线职能制组织架构是在直线制组织架构的基础上发展起来的，是直线制组织架构的延伸和发展。它在原有直线制组织架构的基础上，在最高层管理者的下面设立的"辅助决策部门"，帮助最高层管理者完成决策、监督和反馈的职能。"辅助决策部门"包括法务、财务、战略、人力行政等部门。

### （3）事业部制组织架构

事业部是一个独立的业务单元，类似于一个独立的公司，但不是独立法人，是集团公司的下属部门。事业部制组织架构实质是扩大化的"直线职能制组织架构"。事业部最大的特点是"五脏俱全"，事业部就是一个独立的业务单元，它可以有自己的研发、技术、生产、销售、职能部门，俨然就是一个独立的公司，但它不是独立法人。例如，海尔集团拥有冰箱事业部、洗衣机事业部、彩电事业部等。

### （4）矩阵制组织架构

矩阵制组织架构是由职能部门和为完成某些项临时任务而组建的项目小组组成的，它的最大特点在于具有双通道命令系统，这是一种应用面比较窄的组织架构类型。这种组织架构类型存在"虚拟组织"的概念和部门形式。例如，一家房地产开发公司，有企划部、销售部、设计部、财务部等部门，该公司在郑州、济南、大连、昆明均设有项目部。因此，在实际运作过程中，需要从企划部、销售部、设计部、财务部等部门分别中抽调人员组成郑州、济南、大连、昆明项目公司或项目部。项目结束后，项目公司或项目部即可解散。

## 11.1.3 企业人力资源管理策略

### 1. 培训策略

培训策略有助于提高员工的技能、知识和能力，使其能够更好地履行工作职责。

（1）确定培训需求。企业必须确定员工的培训需求，员工的培训需求可能与新技术、新产品、新系统、新政策有关。

（2）确定培训方式。企业可以选择不同的培训方式，例如内部培训、外部培训、在线培训、举办研讨会等。

（3）确定培训内容。企业必须为培训确定明确的内容。培训内容应根据员工的需求和岗位要求制定。

（4）进行培训效果评价。企业必须评价培训的效果，以确定培训是否满足员工需求。培训效果评价可以包括问卷调查、测试、反馈等方式。

### 2. 员工关系管理策略

员工关系管理策略有助于确保公司与员工之间良好的沟通和合作关系，解决员工的问题和困难，增强员工的忠诚度，减少员工的离职率。

（1）加强沟通。企业必须确保与员工之间的沟通畅通，确保员工了解公司的政策和目标。

沟通可以通过公司内部社交媒体、团队会议、定期的员工反馈等方式实现。

（2）加强团队建设。企业必须加强团队建设，确保员工之间的合作和互动。团队建设可以通过培训、社交活动等方式实现。

（3）解决纠纷。企业必须及时解决员工间的纠纷，确保员工的满意度并减少公司的法律责任。纠纷解决可以通过调解、仲裁、诉讼等方式实现。

（4）提供支持。企业必须为员工提供必要的支持，例如心理咨询等。

### 3. 薪酬和福利策略

薪酬和福利策略可以提高员工的士气和忠诚度，同时增加员工的绩效和生产力。

（1）进行市场调研。企业必须进行市场调研，确定薪酬和福利水平是否合理。市场调研可以通过薪酬调查、竞争分析等方式实现。

（2）设计薪酬制度。企业必须设计薪酬制度，确保员工的薪酬与他们的工作成果和表现相匹配。薪酬制度可以包括固定薪酬、绩效奖金、股票期权等方式。

（3）设计福利计划。企业必须设计福利计划，福利计划可以包括医疗保险、养老金、带薪假期等方式。

（4）实施和管理福利计划。企业必须实施和管理福利计划，确保员工能够享受到他们应得的福利。福利计划的实施和管理可以通过内部员工服务部门或外部服务提供商实现。

### 4. 绩效管理策略

绩效管理策略是评估员工绩效和表现的重要工具，可以促进员工的发展和成长，同时提高员工的绩效和生产力。

（1）设定绩效标准。绩效标准可以包括工作任务、工作质量、工作效率、个人发展等。

（2）制订绩效评估计划。企业必须制订绩效评估计划，确保绩效评估的及时和准确。绩效评估计划可以包括定期评估、特别评估等方式。

（3）实施绩效评估。企业必须实施绩效评估，并确保绩效评估的公正和客观。绩效评估实施可以包括上级评估、同事评估、员工自评等方式。

（4）绩效反馈和改进。企业必须及时给予员工绩效反馈，并根据反馈结果制定改进计划。绩效反馈和改进可以通过面谈、讨论和培训等方式实现。

### 5. 多元文化管理策略

多元文化管理策略可以帮助企业解决跨文化交流和合作中的问题，同时增强员工的文化敏感性和跨文化适应能力。

（1）识别文化多元性。企业必须识别员工的文化多元性，了解员工的文化背景和价值观念。文化多元性识别可以通过问卷调查、面谈等方式实现。

（2）跨文化培训和发展。企业必须为员工提供跨文化培训和发展，提高员工的文化敏感性和跨文化适应能力。跨文化培训和发展可以包括文化意识、跨文化交流、文化差异等方面的内容。

（3）管理文化多元性。企业必须采取措施管理员工的文化多元性，保障员工在工作中不受歧视和排斥。管理文化多元性可以包括文化融合、文化对话、文化交流等方式。

（4）跨文化沟通。企业必须提高员工的跨文化沟通能力，促进跨文化交流和合作。跨文化沟通可以通过语言学习、沟通技巧等方式实现。

## 案例阅读

### 独特管理模式激发企业创新活力

**1. 自由开放的企业文化**

谷歌是以研发人员为中心，以提供最佳的用户体验为核心任务的公司。谷歌有所谓的"十诫"价值观，其中第一诫就是"一切以用户为中心，其他一切纷至沓来"。谷歌倡导并鼓励一种创新、民主的企业文化，注重员工的工作体验以保障员工的创造力。具体而言，这种企业文化渗透在工作环境、员工交流和人才观等诸多方面。

多年来，谷歌不断购置土地建设或优化办公场所，改善员工工作环境。2006 年，谷歌斥资 3.19 亿美元买下山景城总部所在地 9.08 万平方米的土地用于建设总部。2013 年 2 月，谷歌又宣布采用绿色建筑设计风格，对总部进行大规模扩建。谷歌还在办公楼内配置了健身设施、按摩椅、台球桌、帐篷，装修风格很人性化，且每名新员工还可获赠 100 美元用于装饰自己的办公室。

同时，谷歌的企业文化倡导员工间自由沟通交流。公司创始人会和员工共进午餐，并满足员工私人化的需求，自由的办公模式和畅所欲言的环境激励出创新与效率，新的创意在成员间迅速交流并投入实际应用。每位员工每周还向其所在工作组发送电子邮件，汇报上周工作成绩，以便每个人都能简单地跟踪其他成员的工作进度并同步工作流程。同时，谷歌还成立了谷歌文化委员会，在督导文化推广的同时，也倡导一些活动主题，由员工组织社区活动、环保活动和资助残疾人活动等。

此前，在接受媒体采访时，谷歌创始人兼 CEO 拉里·佩奇表示，公司要像家一样，让员工觉得自己是公司的一部分。如果公司能这样对待员工，员工的生产效率就会得到提高。他说："我们不应该只关心工作时间的长短，而更应该关心工作的成果。我们应该发挥创意，不断创新公司与员工之间的互动关系，找出最符合员工利益的事情。我们始终关心员工的健康，如确保能帮助他们成功戒烟。正因为如此，我们在医疗保健开支方面的增长幅度比其他公司都高。但是我们的员工心情更舒畅，生产效率更高，而这才是最重要的。"

此外，在人才观方面，谷歌一直秉承"只雇用最聪明的人"的人才宗旨，吸收所有领域的人才而不是仅局限于互联网领域，谷歌员工中已经包含有火箭领域的科学家和脑外科医生。通过自由开放的企业文化，谷歌团队形成了一种非框架、非结构、非固定、高效率的团队，并且实现了高度的稳定。

在全球众多企业中，谷歌在人力资源工作方面是最依赖数据分析技术的。通常来说谷歌的大部分决定都是基于数据分析完成的。在谷歌，有一个团队专门致力于人才分析，而这方面的工作标准跟搜索引擎方面没有任何的不同。这个团队的负责人凯瑟琳·德卡表示，谷歌把这个标准要求做到了极致，所有人事相关的工作都要有数据作为基础。

通过数据分析的手段，而不是人为决定的方法，谷歌已经能够分析出传统方法中的问题，并生成一个新的团队建设的方法。以谷歌选聘新员工为例，谷歌已经积累了上万份应聘者的面试记录，通过对这些数据统一进行分析，应聘者面试表现和入职后工作表现之间的关系就会很清晰地显现出来。

**2. 公平合理的激励模式与绩效管理**

谷歌的薪酬体系是吸引人才的重要因素。在谷歌，员工享有丰厚的年薪且都持有公司的股票。美国著名雇主评价网站 Glassdoor 调查显示，谷歌软件工程师的平均基本年薪为 12.8 万美元，位居美国公司 2014 年度薪酬和福利待遇榜单首位。

同时，谷歌还为所有正式员工发放股票期权，并且每年都会根据员工上一年度的业绩表现再授予股票期权。业绩表现越好的员工会得到越高的工资、奖金和股票期权，从而保障员工的收入与绩效充分接轨。

在奖金体系方面，公司的奖金并不根据工作量分配，而是依赖于项目的重要程度。员工即使负责一个很小的产品，甚至暂无应用前景，但是只要能证明自我的想法正确，同样能够获得不菲的奖金，这保障了员工开发新项目的利益，避免了员工的经济损失。

在经济收益激励的同时，谷歌还实行了一套特有的奖励机制。在每个季度末，公司会将每个项目向所有员工公示，并贴上每个人的名字和照片，以尊重、肯定员工的工作价值激发员工的积极性。此外，公司还为员工提供多样、丰厚的福利，表现在：供应免费美食 24 小时开放的健身房、医疗服务及瑜伽课，安排咨询营养师，提供干衣机、按摩服务、游泳池和温泉水疗，提供班车，等等。

据介绍，谷歌员工还能享受到公司提供的"遗嘱福利"。谷歌公司首席人力官拉兹洛·博克此前在接受媒体采访时表示，谷歌公司的员工如果在职期间死亡，其配偶或伴侣将在未来 10 年中获得此人原本薪水的 50%。除了去世员工 10 年薪水的 50% 以外，配偶还可以获得该员工在公司里的股份。如果他们有孩子，这些孩子将每月获得 1000 美元，直至 19 岁。如果孩子是全日制的学生，则可以一直领到 23 岁。

"我们意识到，虽然这个事实很残酷，但是不可避免的是，我们中绝大多数人都可能会遭遇到伴侣离世的情况。对于符合某些条件的人，例如，有年迈的父母要赡养，或有子女或孙辈需要抚养，无论他们的需求是什么，我们都会尽力找出最好的福利方案来满足他们。"拉兹洛·博克在采访时说道。

谷歌多样化的福利体系充分保证了员工的积极性和创造力，使得每位员工所在团队的业绩更加出色，从而提高公司的整体收益。来自美国的一份调查数据显示，在员工福利计划中每投入 1 美元，就能促进公司经济效益增长 6 美元，这从数据角度说明了员工福利和企业效益之间存在的相关联系。

**3. 特有的时间和项目管理预防"大企业病"**

对于工作时间，谷歌采取弹性工作制，并没有对员工的工作时间进行明确的规定，将工作时间的掌控权交由员工，由员工根据自己的喜好自由安排工作时间，保障员工自觉自律高效地工作。

谷歌员工在上班时也不用统一制服，而且可以带孩子或宠物来上班，并配有高档的员工子女托管中心。因编写程序等工作很辛苦，故员工可随时安排休息，在办公楼打台球或到按摩休息室按摩，抑或到户外公园散步、到游泳池游泳，选择多样。此外，谷歌还建有豪华餐馆，并有免费美食可随意取用。

在项目管理方面，鼓励创新、允许犯错是谷歌管理的一大特点。谷歌希望创造一个百家争鸣的氛围，使大家能够和敢于发表自己的看法，给各种创意一个去试验的机会。

创办了在线视频租房网站"真租网"的互联网从业者王立强表示，谷歌的这种管理特点值得借鉴并给了自己很多启示。在互联网行业，产品须聚焦客户多样化、个性化的需求，这就要求公司不能形成"领导说不可以就不可以"的项目管理氛围，要鼓励员工去尝试、允许他们犯错并给他们以实现自己想法的资源。

同时，在谷歌的发展过程中，其"自由时间"的管理方式也给公司带来诸多益处。该管理方式允许员工使用20%的工作时间自由发挥、自由创造，而不是要求员工将所有工作时间都投入到自己手头的任务中。谷歌许多优秀的产品和服务，如谷歌广告、谷歌邮箱、谷歌新闻等，都是员工利用20%的个人时间设计完成的，这些产品都非常成功。

随着市场环境的变化和企业规模的扩大，谷歌也适时调整管理方式以适应新的发展趋势，使企业业务运营更流畅，适时停止"自由时间"管理规定也是其中的一部分。据媒体此前报道，在谷歌这种工程师数量过万的超大型公司中，"20%时间"这类宽松的政策在上万名工程师中继续实施，容易造成员工精力和资源的浪费，使大量项目不了了之。由此可见，管理制度的适时变化也是防止"大企业病"的重要举措。

如今，谷歌业务已经由之前的搜索、在线广告等逐步扩展到移动终端、通信、互联网服务等诸多领域，这需要公司提供更规范化的工作环境来保证员工的工作精力和工作效率。在谷歌，公司遵循"70/20/10"法则，即资源的70%用于基本业务的增长，20%集中于与公司核心相关的业务，剩下的10%分配给一些边缘创意。相关人士表示，包括互联网公司在内的诸多企业都可以从中借鉴管理经验，以达到"他山之石，可以攻玉"的效果。

## 任务11.2　企业营销管理

### 名人名言

营销就是告诉整个世界你是焦点，而内容营销就是在宣告你是唯一。

——罗伯·特罗斯

营销是没有专家的，唯一的专家是消费者，就是你只要能打动消费者就行了。

——史玉柱

### 11.2.1 营销管理概述

营销管理是指企业为了实现自身的目标，运用营销理论进行品牌建设，寻找目标客户，构建营销渠道的一种管理活动。企业不仅要构建满足客户需要的品牌，还要塑造品牌差异，设计出与众不同的产品。对于产品的目标客户，企业需要通过细分市场，找准本产品的主要消费群体。为了将品牌推广出去，企业需要利用先进的渠道管理思想，制定正确的渠道战略决策，确立有效的营销渠道管理模式，形成属于企业自己的营销渠道布局。

---

**案例阅读**

**隐形的茶饮巨头**

3元一个冰淇淋，4元一杯柠檬水，很少有茶饮的价格超过10元。以廉价著称的茶饮企业蜜雪冰城股份有限公司（以下简称蜜雪冰城），于2021年初传出了融资及上市的消息。据相关报道，蜜雪冰城已完成首轮20亿元融资，市场估值逾200亿元人民币，这一估值已超过喜茶、奈雪的茶（以下简称奈雪）等当红高端茶饮品牌。

**坚持低价策略**

蜜雪冰城并非近几年新晋的茶饮品牌，实际上它已经有24年的历史了，是由张红超、张红甫兄弟俩于1997年在河南省郑州市创办的茶饮品牌。只不过当时叫"寒流刨冰"，而且还只是一个小冰淇淋摊子。

蜜雪冰城的创始人张红超初中毕业后就开始闯荡了。有一次路过商丘时，张红超无意间发现了一款市面上不多见的新式冷饮——刨冰，嗅到商机的他当即决定拜师学艺。张红超苦练配方和技术，终于在郑州市金水路燕庄摆下第一个冷饮小摊。后来，小摊越做越大，变成了小店，还有了一个好听的名字——蜜雪冰城。小店生意越来越火爆，但张红超并没有安于现状，他仍在不断寻找商机。

2006年，郑州街头出现了一款"彩虹帽"冰淇淋，价格昂贵但十分火爆，被这一现象触动的张红超决定研究学习其制作方法。功夫不负有心人，张红超最终研究出了原料的最佳配比。当时"彩虹帽"冰淇淋定价是10元一个，而张红超在综合考量之后把蜜雪冰城的冰淇淋定价为2元一个。冰淇淋一推出就掀起了热潮，引得人们排长队购买。就这样，蜜雪冰城以压倒性的价格优势立刻打开了郑州市场。

此后，蜜雪冰城又先后推出了柠檬水、奶茶等多种爆款产品，且价格大都在10元以下，低于市面上同等质量的商品。时至今日，蜜雪冰城依然坚持低价策略，始终坚守"高品质平价产品"的产品定位。相比于喜茶、奈雪等均价20~30元一杯茶饮的价格，蜜雪冰城的产品满足了多数消费能力较弱的学生党和年轻白领们的口腹之欲。

**主攻大众市场**

除了低价策略，多年以来，蜜雪冰城一直将品牌的开店重心放在消费潜力更大的大众市场。蜜雪冰城的门店主要分布在河南、河北、山东、四川等多个省份的三四线及以下城市，且几乎达到了"承包"的地步。这些地方的"学生党"、初入社会的年轻群体，都是蜜雪冰城的目标消费者。

蜜雪冰城在选址时，往往会把门店开在学校周边、商业步行街、城中村、车站等客流量较大的区域。因为这些地方更容易聚集大量的消费者，利于品牌的宣传。由于蜜雪冰城产品价格都相对较低，并且经常会有优惠活动，这对消费需求高、消费能力弱的消费群体具有很强的吸引力。

主攻大众市场的策略不仅使蜜雪冰城巧妙地避开了网红茶饮品牌在一二线城市的激烈厮杀，还使得品牌的经营规模如滚雪球般不断扩大。2020年6月，蜜雪冰城官方微博宣布其全球门店数量突破1万家，成为国内首个门店破万的茶饮品牌，而喜茶、奈雪的门店数量均徘徊在千店边缘。

**自建供应链体系**

随着企业规模不断扩大，门店数量持续增多，原料成本和运营成本都在不断增长。那么，坚持低价的蜜雪冰城是如何压缩成本，并做到年营业收入65亿元的呢？它给出的答案是——自建供应链体系。

2012年，蜜雪冰城成立了独立的研发中心和中央工厂，实现了核心原料自产，这样就从源头控制了原料的成本，掌握了议价权。而且，终端的门店越多，议价的空间就越大。

除了控制上游成本，蜜雪冰城还搭建了高效的物流配送体系。2014年，蜜雪冰城占地100亩的河南焦作仓储物流中心投入使用，成为全国茶饮行业中第一家实行物料免费运送的企业。除了总仓设立在河南之外，蜜雪冰城还在全国东西南北各区域分别设立了四大分仓，五仓联动，辐射全国，原料和物料可以直达门店，没有中间商赚差价。

此外，在门店管理上，蜜雪冰城建立了标准化的工作流程，并提供系统经营培训、店面装修设计、开业指导、营销活动方案策划等一系列指导服务，进一步降低隐性的运营管理成本。随后的2017年、2018年，蜜雪冰城的上海研发中心和深圳研究院相继成立。从研发生产，到仓储物流，再到运营管理，蜜雪冰城拥有了完整的产业链闭环，形成了一套属于自己的运营模式。

自此以后，蜜雪冰城的门店版图扩张速度越来越快，甚至还将门店开到了国外。2018年，蜜雪冰城在越南河内市开设了海外市场的首店。截至目前，蜜雪冰城在海外市场已拥有超过70家门店。

## 11.2.2 企业市场定位

企业营销的首要工作是找准目标市场，即市场定位。市场定位的主要任务是明确自己的产品与竞争者相比的特色与优势，充分突出企业及产品在市场上的新颖性、显著性及差异性，获得消费者的认可与青睐。

### 1. 企业市场定位的原则

企业市场定位应遵循如下原则。

（1）根据具体产品的特色定位。很多产品的特色都可以作为市场定位的依据，如所含成分、材料、质量等。例如，相比其他牙膏，云南白药牙膏结合自身云南白药的优势，将自己定位为"药物牙膏"，针对口腔溃疡、牙龈肿痛的人群，产品一推出，立刻受到口腔溃疡、牙龈肿痛患者的喜爱。

（2）根据特定的使用场合及用途定位。为老产品找到一种新用途，是为该产品创造新的市场定位的好方法。

（3）根据顾客得到的利益定位。产品带给顾客的利益是顾客最能切实体验到的，也可以用来作为市场定位的依据。例如，元气森林以"健康"为品牌基调，推出"0糖0卡"的系列饮品，契合了目标人群追求健康的生活方式。

（4）根据使用者类型定位。企业常常试图将其产品指向某一类特定的使用者，以便根据这些顾客的看法塑造恰当的产品形象。以可口可乐和百事可乐为例，可口可乐虽然是老牌碳酸饮料品牌，但随着新一代消费者的成长，品牌形象出现了认知上的老化，因此，百事可乐对准可口可乐缺乏的年轻消费者市场，将品牌定位在"青春、时尚、时代同步"，与可口可乐的品牌定位"激情、动感、永远相随"区分开来。

事实上，许多企业进行市场定位依据的原则往往不止一个，而是多个原则同时使用。要体现企业及其产品的形象，市场定位必须是多维度、多侧面的。

### 2. 企业市场定位的策略

企业市场定位可采取如下策略。

（1）避强定位策略。避强定位策略是指企业力图避免与实力最强或较强的其他企业直接发生竞争，而将自己的产品定位于另一市场区域内，使自己的产品在某些特征或属性方面与最强或较强的对手有比较显著的区别。

（2）迎头定位策略。迎头定位策略是指企业根据自身实力，为占据较佳的市场位置，不惜与市场上占支配地位、实力最强或较强的竞争对手发生正面竞争，从而使自己的产品占有与对手相同的市场位置。这种定位有较大的风险性，但是往往在竞争过程会产生轰动效果，产品能够很快被客户知晓。

（3）重新定位策略。重新定位策略是指企业为已在某市场销售的产品重新确定某种形象，以改变消费者原有的认识，争取有利的市场地位。例如，六个核桃原来只是定位为年节礼品饮料与女士、儿童喝的常规核桃饮料，后来重新定位为健脑饮料品类。其广告语改为：经常用脑，多喝六个核桃。

## 11.2.3 企业市场营销策略

### 1. 产品策略

产品策略是指企业以向目标市场提供各种适合消费者需求的有形或无形产品的方式来

实现其营销目标的营销策略，包括对与产品有关的品种、规格、包装、特色、商标、品牌及各种服务措施等可控因素的组合和运用。

市场营销中所指的产品是一个整体概念，它包含 5 个层次，即核心产品、形式产品、期望产品、附加产品和潜在产品，如图 11-1 所示。

核心产品是指顾客真正购买的产品或服务。它是产品整体概念中最基本、最主要的部分。例如，住酒店的客户购买的是休息和睡眠的服务。

形式产品是指核心产品借以实现的外在形式，包括产品的品质、样式、特征、商标、包装等。例如，酒店的房间中包括毛巾、衣柜、大床等。

期望产品是指消费者在购买产品时，期望得到的一组特性和条件。例如，酒店的顾客期望得到的是干净的毛巾、舒适的大床、安静的睡眠环境。

附加产品是指产品附带的各种利益的总和，包括运送、安装、维修、技术培训等所有服务项目。

潜在产品反映了现有产品可能的演变趋势和前景。

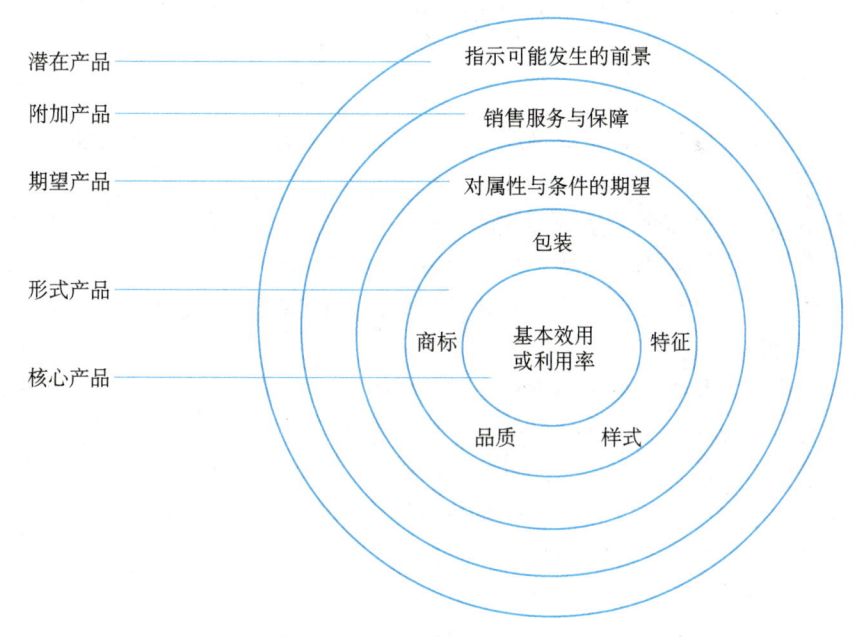

图 11-1 产品的整体概念

## 2. 价格策略

价格策略是指企业以按照市场规律确定价格和变动价格等方式来实现其营销目标的营销策略，包括对与定价有关的基本价格、折扣价格、补贴、付款期限、商业信用，以及各种定价方法和定价技巧等可控因素的组合运用。企业定价方法很多，常见的定价方法有以下几种。

### 1）成本定价法

成本定价法是一种很实用的定价方法，需要对产品成本进行精确计算，在此基础上加上预期利润，就能定出销售价格。成本定价法适用于产品成本易核算的企业。如果提供的产品或服务难以量化，成本定价法就不适用。除成本计算外，还需对利润目标进行仔细分析。比如，需要分析某个行业的平均利润水平。

2）竞争定价法

创业者要考虑竞争对手产品的价格水平，与竞争对手产品的价格大体相当，以此作为定价依据。定价过高会失去消费者，对企业是十分不利的。如果产品具有特殊技术、功能等方面优势，也能吸引消费者，定价可高于竞争对手产品的价格。

3）心理定价法

心理定价法是对上述两种定价方法的补充，是根据消费者购买商品的心理动机来定价。比如，采用尾数定价法，将某商品价格定为9.99元，使消费者产生"商品价格低"的错觉，产生购买欲望。又如，某些房地产商在新楼盘开盘时，价格往往比平常价格高，这是利用消费者惧怕价格进一步上涨而产生的恐慌心理。心理定价法需要创业者对消费者心理进行调查，才能取得较好效果。

创业者使用的定价方法应灵活多变，同时注意将定价方法与其他营销措施结合，防止单纯依靠价格提高竞争水平。

### 3. 促销

促销一般可分为广告、营业推广、人员销售、"互联网+"营销等方式。

1）广告

广告是指在促销过程中所推行的商业广告。有的企业不惜重金在电视上做广告，目的是靠媒体权威性扩大影响力。当然，在广告的内容、形式、广告语等方面应下大功夫，以提升广告的宣传效果。要注重广告的成本效益分析，防止盲目不计成本的广告宣传。

2）营业推广

营业推广是在特定时机或特定地点采用特殊手段对消费者进行强烈的刺激，从而达到促销效果或目标的促销方式。当然，营业推广不能作为常用策略，经常使用会让消费者产生反感，其效果适得其反。在实际运作中，营业推广应与其他方式相结合，以达到更好的促销效果。营业推广手段包括赠送样品、免费使用、发放折扣券、有奖销售、购物返现金等。还可以通过展销会、交易会、博览会等来推广产品。当然，营业推广也包括网上的宣传推广。

3）人员销售

人员销售是企业派营销人员直接到目标市场同顾客建立联系，传递信息，促进产品或服务销售的促销方式。人员销售有成本优势，不用花很大的广告费用。人员销售是面对面形式，能增强沟通，培养与客户的关系，吸引客户，使客户信服。采用人员销售的方式促销时，特别应加强对用户的信息调研，搜集各种信息资料，有针对性地进行销售。同时，销售人员要掌握沟通、谈判、交流等方面的技巧。

4）"互联网+"营销

当前，已进入"互联网+"营销时代，营销环境发生了重大变化，消费者可以在任何时间、任何地点，通过任何方式，利用互联网购买他们所喜欢的商品。"互联网+"营销表现为四种模式，即大数据营销、内容营销、社群营销、场景化营销。

> **案例阅读**
>
> 被人民网点评的新东方，还能爆红多久？
>
> 新东方的直播间，出圈了！
>
> 最近，新东方旗下的双语直播带货，一夜爆红。据统计，30天内，"东方甄选"涨粉1587W，累计观看人数1.97亿，累计销售额4.12亿元。
>
> **"该下单还是该记笔记"**
>
> 在新东方的直播间，没有歇斯底里的"买它""三二一上链接"，也没有和商家在线砍价的土味剧情，有的只是一个一个砸向你的知识点，从历史到地理，从天文到哲学，整个直播间都充斥着学习氛围。
>
> 别人卖货靠吆喝，新东方主播卖货靠才华，并且在线开授"网课"。
>
> 卖牛奶时，他们讲人生哲理"Don't cry over split milk"，意思为"不要为打翻的牛奶哭泣，悟已往之不谏，知来者之可追"。
>
> 卖书时，他们又开始讲起历史：成吉思汗的铁骑三次踏平了欧洲，第一次窝阔台加上哲别，第二次西征让欧洲人闻风丧胆，最远的一仗在多瑙河……
>
> 这等才华，难怪网友直呼，一时不知该下单还是记笔记。
>
> 就连官媒人民网都点评新东方主播董宇辉，"在一定程度上赋予了带货主播这个职业更加丰富的精神价值"。
>
> 且不论"知识+带货"的另类直播方式在当下直播生态是否能长期发展下去，但新东方独特的带货风格，确实给不少消费者带来了一个全新的直播体验，并且不少消费者也愿意为"知识"付费，大家都觉得新东方的直播方式算的是直播界的一股清流，也希望新东方能够带来更多新颖的直播方法。
>
> 新东方的爆红很难说没有背后资本的推波助澜，但是主播身上难以复制的学识素养才是新东方直播爆红的关键词。正如之前"央视男团"直播，四位主播凭借过硬的文化知识和业务能力，让当场的销售额超过5亿。一场直播下来，一个接一个的段子让网友应接不暇。更有网友表示，有文化的人，连卖东西都能让人看得津津有味。
>
> **2 "文化底蕴"是独一无二的竞争力**
>
> 有才华有学识的人，即使在当下流量至上的时代，也能散发出独特耀眼的光芒。
>
> 自国家"双减"政策实施以来，教培行业开始纷纷转型，新东方也不例外，授课老师从三尺讲台走向一方屏幕，从直播间无人问津到现在每场直播火爆。他们是运气好吗？并不是！
>
> 受"双减"政策影响，新东方一度陷入转型困境，也正是去年开始新东方开始转战电商，开启了首场助农直播，三个小时只拿下了500万的销售额度。而在之后的两个月26场直播中，累计销售额只有454.76万元，销售额度惨淡。
>
> 新东方主播董宇辉曾感叹道：新东方转型六个月，终于被大家看到了。而且并没有所谓的一夜爆红，因为这样子的直播方式，他已经持续了半年之余，但关注者却极少。

> 有人说，是俞敏洪是运气太好，才能逆盘翻转。其实并不是，所谓的好运气都不过是厚积薄发而已。
> 为什么新东方的直播间会爆红呢？
> 因为吸引到大家的不是产品有多优惠，而是主播的学识素养。
> 再多的财富都有消亡的时机，但头脑里的学识，骨子里的文化底蕴，永远都不会消失。

## 任务 11.3　企业财务管理

### 名人名言

量入以为出。

——《礼记·王制》

生财有大道，生之者众，食之者寡；为之者疾，用之者舒，则财恒足矣。

——《礼记·大学》

### 11.3.1　财务管理概述

创业是一个复杂的过程，从企业最初的资金筹集，到企业运行中的资金运用，再到税后利润的分配、债务的偿还等，这个过程从始至终都与财务管理关系密切。

财务管理是在一定的整体目标下，对资产的购置、资本的融通、经营中的现金流及利润分配的管理。财务管理是企业管理的一个重要组成部分，它是根据财经法规制度，按照财务管理的原则，组织企业财务活动，处理财务关系的一项经济管理工作。简单地说，财务管理是组织企业财务活动，处理财务关系的一项经济管理工作。财务管理讲求成本效益原则，目的在于使企业资金更有效地为企业带来效益。

### 11.3.2　企业账目管理

对于创业初期的企业来说，虽然各方面都需要完善，但是财务方面的"人财物，进销存"是最重要也是最根本的基础，一旦出现失误，会给企业带来致命的打击。创业初期的企业应当记好以下 4 种账目。

#### 1. 现金账

企业要详细记录每月几个重要的现金结算日期，如何时发工资，何时交房租，何时交水电费、上网费等。还要记住重要的回款账期，即每月几日是某项工程（或某长期客户）的回款账期。要知晓何时资金最紧张，何时资金最充裕。资金紧张前，要提前准备好相应的资金以预备支付；资金充裕时，要思考清楚好如何支配这笔钱。现金账以月度为周期记录，目的是防止现金流断裂。

## 2. 销售账

企业要用流水账方式记录每天卖掉多少产品及销售额，每天的进货量及进货成本，记录发生的人工费、交通费运输费等。销售账要按时间顺序详细记录，以单日为周期记录，最好做到"日清月结"。

## 3. 费用账

企业经营期间发生的费用都要记录在费用账目内，包括人员工资、房租、水电费、上网费、交通费、通信费、办公室耗材、设备折旧等，因为这些费用都会从毛利中支出。如果创业者对于必然要发生的费用不清楚，就会造成"表面上赚钱，实际上赔钱"的结果。费用账一般以表格形式记录，每月记录一次即可。

## 4. 库存账

要建立定期盘库和专人理货的制度。每次盘库和理货都需要至少两人，并及时整理库存账。尤其是超市类企业，如果理货不及时，就容易造成提货时将新货物卖出去，而旧的货物反而留下的情况。如果是有保质期的货物，就会因为盘库和理货不及时造成不必要的损失。库存账要记录进货日期、出货日期、进货批次、批量、存放货架等信息，便于及时掌握库存周转周期，有利于资金的分配使用。

### 11.3.3 企业的财务风险与防范措施

财务风险是导致企业失败的第一风险，创业者必须要重视财务风险，并在企业经营中注意防范财务风险。

#### 1. 企业创业初期的财务风险

企业创业初期的财务风险包括以下几种。

（1）赊销造成回款困难。赊销是以信用为基础的销售，卖方与买方签订购货协议后，卖方让买方取走货物，而买方按照协议在规定日期付清货款或分期付款的形式付清货款。在企业创业初期，由于新产品尚未被市场和顾客接受，赊销是难免的。虽然赊销能够刺激顾客购买，但存在很大的风险。例如，赊销出去的货物不能及时回款，给客户的账期过长，货款被拖延支付，都将导致企业资金周转不灵。

（2）货物积压或销售不畅。由于刚开始经营时，销路尚未打开，客户少，货物销售不畅，致使很多货物积压严重，资金被大量占用，无法变现，这在很大程度上阻碍了企业的发展，有些企业甚至因此面临破产倒闭的危险。

（3）房租等固定支出在经营成本中所占比例太大。很多创业企业在选址时只考虑了地段等因素，忽略了房租等费用在经营成本中的比例，结果是生意虽然很好，但房租等固定支出过多，等于是在给房东打工。

（4）创业启动资金被固定资产占用太多。有些创业者拿到启动资金或风险投资后，第一件事就是买车、买房，缺少风险意识，导致资金周转困难或现金流断裂。

#### 2. 防范财务风险的常用措施

企业在经营过程中面临各类财务风险，一旦处理不当将直接影响企业的财务状况甚至导致企业财务危机的发生。因此，创业者应采取相应措施，积极防范财务风险。

1）加强对企业现金流的管理

在创业初期，创业者需要特别关注现金流。随着企业成长，需要更多现金来服务客户。除此之外，企业必须谨慎管理现金流，确保有足够的现金来发放薪水并支付其他短期债务。通常，企业成长会提高而非降低对现金流管的要求。

要做好现金流管理工作，必须做好以下三个方面。首先，要加强对现金流的预算与控制。现金流是企业的命脉，对现金流的预算与控制是财务管理的一个关键点。新企业需要通过对现金流预算管理来做好现金流控制，确保企业的账上有不少于6个月的现金储备，以避免出现财务危机。要认真对年度和季度现金流进行预测，及时发现问题，防患于未然。其次，需要加强应收账款管理，可以通过加强应收账款管理改善现金流。再次，需要加强应付账款管理。应认真审视各项费用，找出可以削减和控制应付账款。

2）多渠道筹措资金

当现金流断裂时，首先应该去寻找帮扶资金，想办法解决资金问题。目前我国各级政府和社会上各种创业扶持基金很多，创业者应多留意这些政策，在遇到资金困难时，可以申请帮扶基金扶持，以渡过难关。

其次，可以出让部分股份，以换取周转资金。创业者最初占有自己企业的股权比例多数是100%，在资金遇到困境时，可以采取出让部分股份给企业、机构、个人的方法，吸纳新股东，以维持企业生存。

另外，如果是因为商品销售不畅导致的资金紧张，可采取促销手段，加快商品流通和销售。

> **案例阅读**
>
> **中原地产规避经济危机风险的策略**
>
> 中原集团创立于1978年，是一家以房地产代理业务为主，涉足物业管理、测量估价、按揭代理、资产管理等多个领域的大型综合性企业。中原集团立足中国香港特别行政区，以服务中国房地产市场为业务发展核心，经过35年发展，已经在38个城市成立分公司，业务遍布全国上百个城市，聘任员工逾5万人，跨地城分店总数逾2000间，是目前房地产代理行业内最具规模的企业之一。
>
> 集团创始人施永青在接受记者采访时，就中原集团的发展历程说起，他讲述了在2008年全球金融危机来临时，他果断地把当时所有的分店全部关掉，只留一家总店，把优秀的人才集中在总店，当经济危机过去之后，总店每一个人都能成为新店的经理，所以他能在经济好转时，一下就开出遍布全国的分店，重现往日的辉煌。

3）做好各项开支的节流工作

节流不是简单地减少支出，而是通过分析费用支出结构、支出的必要性和经济性，采取相应的措施来改善费用支出的使用效果。对于创业初期的企业来讲，研发费用和销售费用是需加强管理和控制的主要对象。创业初期，企业不宜添置太多的固定资产，有些设备能租就租、能借就借，避免固定资产占用启动资金。如果公司形象与业务并无直接关系，在创业初期，一般不需要豪华装修，可以等公司业务、客户、盈利模式稳定之后，视企业发展需要再进行装修。

4）合理控制应收账款

在市场竞争异常激烈的今天，很多企业往往不得不用信用形式进行业务交易，从而导致经营中的应收账款较多。应收账款是指尚未收回的货款或所提供服务应得的款项。许多大企业认为可以延迟支付小企业或新企业的账款，因为小企业或新企业几乎没有讨价议价的能力。控制应收账款应做到以下几点：一是客观评价客户信用；二是建立合理的信用评价标准；三是对应收账款和客户加强管理，制订催款计划，定期向赊销客户寄送对账单，同时要对有经常性业务往来的赊销客户进行单独管理。

### 11.3.4　中小企业上市途径

上市是一个过程，在这个过程中，企业以出售股票的形式将企业的一部分股权卖给公众，从而将由一个人或几个人拥有的企业变成由公众所拥有的企业。成功的企业家应当了解如何建立一个广泛的、卓有成效的团队，以便完成企业上市的目标。

**1. 上市涉及的主要中介机构及其职责**

（1）保荐机构

保荐机构在推荐发行人首次公开发行股票前，应当按照中国证监会的规定对发行人进行辅导。保荐机构负责证券发行的主承销工作，依法对公开发行募集的文件进行核查，并向中国证监会出具保荐意见。保荐机构应当尽职推荐发行人证券发行上市，在发行人证券上市后，保荐机构应当持续督导发行人履行规范运作、信守承诺、信息披露等义务。

（2）律师事务所

企业股票公开发行上市必须依法聘请律师事务所担任法律顾问。律师事务所主要对股票发行与上市的各种文件的合法性进行判断，并对有关发行上市涉及的法律问题出具法律意见。

（3）会计师事务所

股票发行的审计工作必须由具有证券从业资格的会计师事务所承担。会计师事务所对企业的账目进行检查与审验，主要工作包括审计、验资、盈利预测等，同时也为企业提供财务咨询和会计服务。

（4）资产评估机构

企业在股票发行之前往往需要对公司的资产进行评估。这一工作通常是由具有证券从业资格的资产评估机构承担的，资产评估具有严格的程序，整个过程一般包括申请立项、资产清查、评定测算和出具评估报告等几个环节。

**2. 上市的法定程序**

根据《中华人民共和国公司法》《中华人民共和国证券法》、中国证券监督管理委员会和证券交易所颁布的规章和规则等，公开发行股票并上市时，应该遵循以下程序。

（1）改制与设立股份有限公司。拟定改制重组方案，聘请保荐机构和会计师事务所、资产评估机构、律师事务所等中介机构对改制重组方案进行可行性论证，对拟改制的资产进行审计、评估，签署发起人协议和起草公司章程等文件，设立规范的股份有限公司。

（2）保荐机构和其他中介机构对企业进行辅导。辅导具体包括尽职调查、问题诊断、专业培训和业务指导等，完善企业组织结构和内部管理，规范企业行为，明确业务发展目标和募集资金投向，对照发行上市条件对存在的问题进行整改，准备首次公开发行申请文件。

（3）申请文件申报和受理。企业和所聘请的中介机构，按照证监会的要求制作申请文件，保荐机构进行内部审核并负责向中国证监会尽职推荐。中国证监会在5个工作日内受理符合申报条件的申请文件。

（4）申请文件的审核。中国证监会对正式受理的申请文件进行初审，同时征求发行人所在地省级人民政府、国家发展和改革委员会的意见，并向保荐机构反馈审核意见，保荐机构再组织发行人和中介机构对反馈的审核意见进行回复或整改。初审结束后至发行审核委员会审核前，进行申请文件预披露，最后提交发行审核委员会审核。

（5）路演、询价与定价。发行申请经发行审核委员会审核通过后，中国证监会进行核准，企业在指定报刊上刊登招股说明书摘要及发行公告等信息，证券公司与发行人进行路演，向投资者推介和询价，并根据询价结果协商确定发行价格。

（6）发行与上市。根据中国证监会规定的发行方式公开发行股票，向证券交易所提交上市申请，办理股份的托管与登记，挂牌上市。上市后由保荐机构按规定负责持续督导。

上述程序适用于拟在主板市场或深圳中小企业板市场上市的公司。

## 项目实训

1. 以小组为单位，完成对运动鞋市场的调研，并试着发现是否存在市场机会，如果有，请为新的市场机会设计一款新产品，为该产品设计品牌名称、标识，以及国庆推广方案，并撰写推广方案计划书。

2. 以小组为单位，走访几家企业，通过各种途径搜集资料，深入了解企业的财务管理情况，从财务管理的角度来分析其岗位设置是否合理，会计制度是否健全，是否有规范的财务风险防范措施。选择其中一家企业，撰写一份1000字左右的分析报告，分析该企业在财务管理中的主要问题，提出改进意见。

3. 分析以下案例并回答问题。

### 专访全国大学生创业上市第一人：电子科大博士生马天琛

马天琛，1981年生，青岛人。首家在全国性股票转让市场挂牌上市的高校第一股"成都泰聚泰科技股份有限公司"创始人、全国高校全职在校生创业挂牌上市"第一人"、"面聊"创始人。

2015年，电子科技大学博士研究生马天琛创办的成都泰聚泰科技股份有限公司成功登陆新三板，成为全国高校在校生创业挂牌上市"第一股"。一时间，马天琛成为了创新创业领域的风云人物。

在四川省学联第十次代表大会"中国梦·学子说——青春、责任、担当"主题分享会上，马天琛与广大学子分享了自己的"创业梦"，用自己的精彩故事，带给了与会者深深的震撼。

**创业的灵感：源于生活中的痛点**

记者：作为创新创业领域的代表人物之一，你认为创业首先要考虑什么？

马天琛：先想明白自己为什么创业。我创业是为了做出一个超乎寻常的产品，从而实现自己的梦想。

记者：可以具体阐述一下吗？

马天琛：我举个例子吧。苹果的iPod为什么成功？因为它不是为了追求销量而设计的，它是为了把全世界热爱音乐的人联系在一起而设计的。这个区别就是iPod成功的原因。

记者：你是文科出身，现在做着工科方面的事儿，你是怎么处理这种跨界带来的困难的？

马天琛：我不可能什么技术都懂，所以我懂得放权，专业的事情让专业的人来做。我要做的就是把有梦想的人集合在一起，让每个人都发挥自己的优势。产品是大家一起做出来的，因为大家的梦是结合在一起的。

记者：在那么多的创业方向里，是怎么精准定位到"面聊"这个产品上的？

马天琛：这源于我的一个梦想。我在国外读书，知道对留学生来说，最大的痛点是孤独与寂寞。我想和国内的朋友沟通交流，国内的朋友也想知道我的近况，但是当时没有这种交流工具，只能发邮件。当时没有Facebook，MSN又不能留言。再加上时差原因，虽然后来有了QQ，沟通还是不方便。当时我就想做个产品，不仅仅是沟通和交流，还可以对接国内外的各个社团的活动，这种产品至今还没有。

记者：创业的灵感源于生活中的痛点？

马天琛：可以这样说。我的点子确实来自我的生活经历。因为有国外的那段经历，所以我知道痛点在哪儿，应该怎么去做。

**创业的出发点必须是梦想 成功只是附带产品**

记者：你创业前在物流中心搬了一年箱子，又跑到外企当实习生。你自己形容是卧薪尝胆。你希望创业者学习或者模仿这种模式吗？

马天琛：我建议这样做。创业也要务实，我去搬箱子，去当实习生，都是为了弥补自己的短处。不要因为害怕别人的嘲笑就浪费自己的青春和梦想。每个人都有自己的天时地利人和，你自己留心的话，你能感觉到时机来了。我觉得，创业就是先想清楚要什么，然后想该怎么做，最后就是付诸实践。

记者：很多人创业，都会先问3个问题，我没钱怎么办？没资源怎么办？没关系怎么办？你怎么看这种问题？

马天琛：我讲一个简单的小故事。20世纪20年代的飞行热，跟现在的互联网热不相上下，大家都知道莱特兄弟的故事，但那时最有名的人不是他们，当时很多人都在研发飞机，还有人拿到了美国国防部的资金援助，但是最后只有莱特兄弟成功了，就是因为他们只专注于实现自己的梦想，而不是走到一半就跑去追求利润、名誉和社会地位去了。有梦想，他们缺钱时就修自行车挣钱；有梦想，他们缺资源时就四处求学，比如拜师学习数学；有梦想，没社会关系时他们就一家一户地拜访，然后推荐自己。最后他们成功了。我觉得这些问题在梦想面前不是问题，是可以克服的。创业的出发点必须是梦想，成功只是这个过程中的附带产品。梦想不会因为坚持就一定成功，但如果不坚持，一定不会成功。

**现在是创业机会期 一定要抓住**

记者：你觉得你赶上好时候了吗？

马天琛：现在确实是一个创业机会期。现在的大学生如果想创业，场地容易找到，学业可以跟项目相关，还有各种资金支持，更重要的是不必荒废学业。想想真的很让人羡慕，比比尔盖茨、乔布斯他们那时好太多了。所以一定要抓住这个创业机会期。

记者：你是在困难重重的情况下做到让企业逆势发展的？

马天琛：一是公司运作规范，尽可能把可能遇到的问题都想到。比如我们企业，创立一年就拿到了 140 多个商标，10 多个软件著作权，还有一个专利也在申请，这些都是维系企业生存的营养。所以企业一上来就要绝对正规化运作，尽量避免走弯路。开始创业时就要做好各种准备，不要有一帆风顺的想法。要好好评估好自己。别盲目创业，要结合自己的优势和长处来创业。头脑一热的行动不叫创业。二是自己养成良好的职业习惯。我每天只睡 4 到 5 个小时，养成绝不把问题带给客户的习惯，每天都要反省和规划。还有就是招聘最有价值的人才，把权力交给技术人才，但是通过管理规范他们。比如给你 1000 万的运营费用，你必须有详细的计划书，年终你为公司省下了 200 万，那好，奖励你 100 万，如果你没有完成任务，就算省钱了也要惩罚你。

记者：创业初期是不是最难的阶段？

马天琛：对，我们公司也是从两三个人开始的。慢慢去汇聚越来越多的人，用梦想吸引有梦想的人。多和人沟通，讲自己的梦想，"咱俩一块儿干行不行？"不行就找下一个人，就是这么慢慢来的，说来也很简单。

记者：有没有预测过自己的企业可能会遇到什么困难？

马天琛：其实从创办企业第一天起，我就觉得自己的企业会倒闭。我每一天都如履薄冰，每一天都在思考怎么活下去。未来谁都说不清楚，所以每一天都要兢兢业业工作，和自己的团队认认真真的呵护企业。

**无论面对什么困难 随时想到你与梦想就差一道墙**

记者：梦想要是太大了怎么办？比如"我要超过乔布斯"？

马天琛：想要超过乔布斯，行，列个清单，我离乔布斯还有多远？然后找出差距，一步一步来努力。想要超过乔布斯也不可能一夜之间就完成吧。

记者：有没有什么创业关键词和大家分享？

马天琛：第一个词是"梦想"，创业的过程应该是实现梦想的过程，利润、名誉都是附带产品。第二个词是"如履薄冰"。作为创业者，脸皮一定要厚，要多请教多学习。我就是这样，四处请教老师，不理我我就再去，不管怎样一定要学到东西，要使情况得到改善。创业者只有跪着生存，企业才能站着发展。第三个词是"激情"，创业者应该随时保持亢奋。无论面对什么困难，要随时想到你与梦想就差一道墙，翻过去就是另一片天地。第四个词是"敬业"，保持专注，尽可能多地和自己的团队在一起，每天的事情都要做完，今日事要今日毕。

记者：未来有怎样的目标？

马天琛：我觉得现在只是一个起点，我希望公司以后能把全球的高校师生通过互联网"+"在一起，打造一个中外校园文化交流的平台。

（资料来源：四川日报）

（1）马天琛在创业初期，运用了哪些方法管理企业，让企业实现逆势发展？

（2）马天琛为什么能够成为全国高校全职在校生创业挂牌上市"第一人"？他的故事对你有什么启发？